KB237468

朱子集註 四書講讀 倫理道德 仁政德治

改訂新釋 大學章句·中庸章句

張 基 槿 編著

明文堂

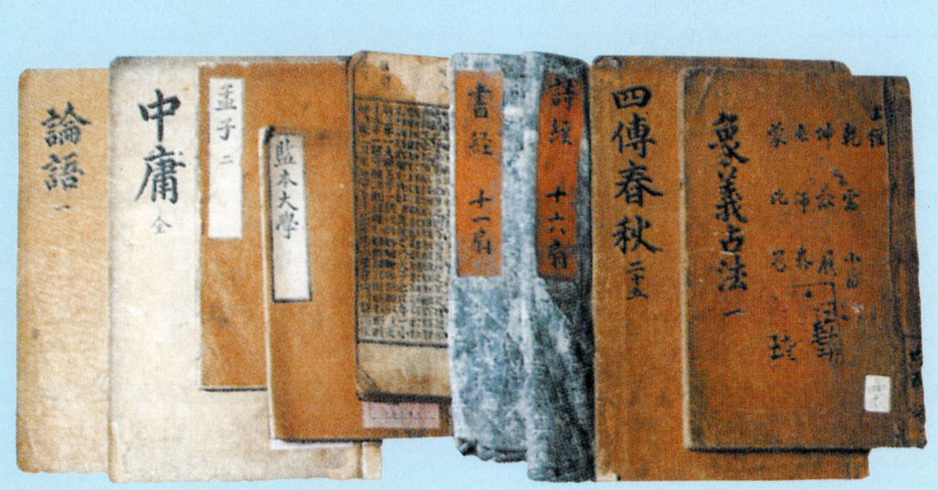

▲ 사서오경(四書五經) 사서는 논어(論語)·맹자(孟子)·대학(大學)·중용(中庸)이고, 오경은 시경(詩經)·서경(書經)·역경(易經)·춘추(春秋)·예기(禮記)이다. 유가(儒家)의 기본적 경전의 총칭이다.

◀ 대학언해(大學諺解) 조선 선조(宣祖) 명편(命編). 교서관 목활자(校書館木活字).

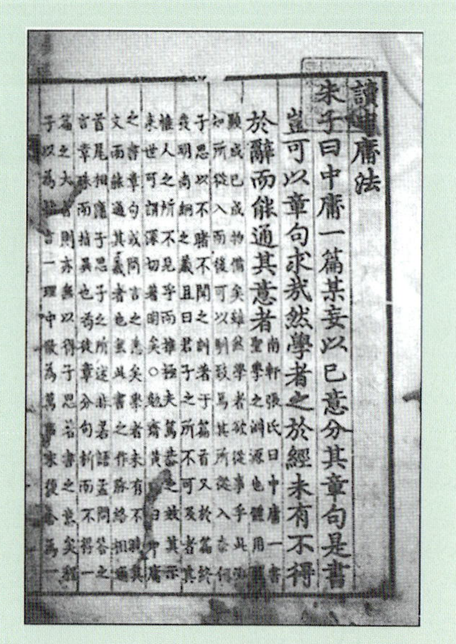

◀ 주자(朱子: 朱熹) 사서(四書)에 주(註)를 달아 새로 편찬하였다.

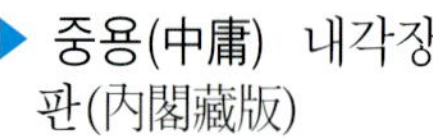

▶ 중용(中庸) 내각장판(內閣藏版)

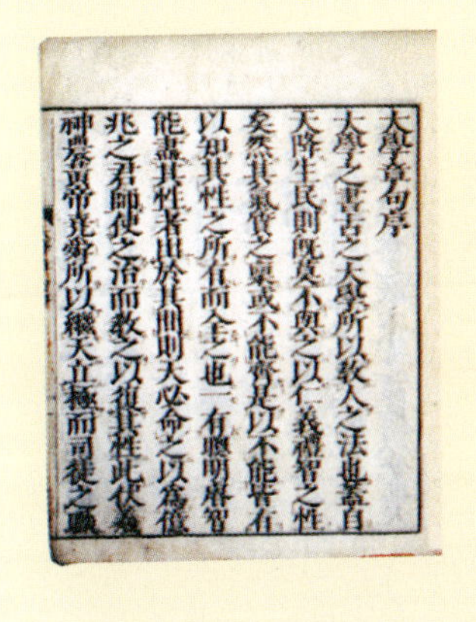

▲ 대학장구대전(大學章句大全) 이 책의 원본인 책 앞에 '영조(英祖)의 서문'이 있는 '경진신간(庚辰新刊) 내각장판(內閣藏板)'의 영인본

▲ 고대의 죽간(竹簡) 종이가 없었던 옛날에는 이런 죽간에 글을 썼었다. 1975년 호북성 수호지(睡虎地) 11호 묘에서 발견된 진(秦)나라 때의 죽간

◀ 대학(大學) 서문(序文).

▶ 정호(程顥: 왼쪽)와 정이(程頤: 오른쪽) 형 정호와 동생 정이는 이정자(二程子)라고도 불리는데 대학의 기본적인 의미와 요강을 밝혀냈다.

▲ 문왕(文王: 왼쪽)과 무왕(武王: 오른쪽) 문왕은 무왕의 아버지로, 천하의 반 이상을 통일하였고, 아들인 무왕은 주(周)나라를 세워 어버이의 뜻을 계승하고, 사업을 이었다 한다. 중용(中庸) 제18, 19장에 잘 나타나 있다.

▼ 하늘이 나에게 덕(德)을 주셨다 중용 제27~32장에서는 덕을 설명하였는데, 논어(論語) 술이편(述而篇)에서 공자(孔子)는 '천생덕어여(天生德於予)'라고 하였다.

朱子集註 四書講讀 倫理道德 仁政德治

改訂新釋 大學章句·中庸章句

張基槿 編著

明文堂

「사서집주 신석(四書集註新釋)」 간행사

(1)

「주자(朱子)의 사서집주(四書集註)」는 유교(儒敎)의 핵심경전(核心經典)으로 다음과 같다.

대학장구(大學章句)
중용장구(中庸章句)
논어집주(論語集註)
맹자집주(孟子集註)

(2)

동서고금을 막론하고 사람은 심성(心性)을 함양하고 인격(人格)을 고결하게 높여야 한다. 그래야 가정적으로 효제(孝悌)를 돈독히 지키고, 사회적으로 서로 화합하고 윤리 도덕을 실천할 수 있다. 국가적으로는 천도(天道)를 따라 경세제민(經世濟民)하고 인정덕치(仁政德治)를 펴고, 세계적으로는 모든 나라들이 공생(共生) 공영(共榮) 공진화(共進化)하여 진정한 인류대동(人類大同)의 평화세계(平和世界)를 창건할 수 있다.

오늘의 인류는 대전환기에 처해 있다. 눈부시게 발전한 과학기술 및 공업생산은 인류에게 부유한 삶과 세계화를 촉진하고, 또 하나의 공동체 의식을 높여 주고 있다. 그러나 아직도 많은 사람이나 국가가 혹심한 이기주의적 탐욕을 채우기 위해 서로 다투고 있으며, 심한 경우에는 폭력을 휘둘러 약자를 유린하고 있다.

이와 같은 인류위기를 극복하기 위해서는 먼저 세계의 지식인이 유교의 학문과 사상 및 윤리 도덕을 체득하고 솔선수범해야 한다. 그 첫발이 한문공부다.

(3)

  명문당(明文堂)은 1923년 10월 1일에 설립되었으며 많은 한문 경전을 출판해 왔다. 차제에 지식인의 한문공부에 도움이 되기 위하여 장기근(張基槿) 박사의 「사서집주 신석(四書集註新釋)」을 출판하게 된 것을 기쁘게 생각한다.

2008. 10. 1

명문당 대표 **김 동 구**(金東求)

범 례(凡例)

1. 「사서집주신석(四書集註新釋)」은 특히 고대 한문의 독해(讀解)를 위한 기본 학습서이다.

1. 표준으로 삼은 저본은 「내각판(內閣版) 사서집주대전(四書集註大全)」이다.

1. 아울러 명문당에서 간행한 「대학장구(大學章句), 중용장구(中庸章句), 논어집주(論語集註), 맹자집주(孟子集註)」를 참고로 했다.

1. 권(卷)과 편(篇)의 분류 단락 및 명칭은 「내각판」을 따랐다.

1. 경문(經文)은 다음같이 풀이했다.

    ① 경문 한문　② 자음 및 토

    ③ 한글 풀이　④ 어구 설명

1. 집주(集註)는 다음같이 풀이했다.

    ① 집주 한문　② 한글 풀이

1. 경문과 집주의 긴 원문은 학습의 편의를 위해 나누었다.

1. 참고 보충(參考 補充) : 여러 가지 사항을 알기 위한 설명을 덧붙였다.

1. 대학(大學)의 전문(傳文)이나 중용(中庸)의 장문(章文)도 「경문같이 다루었다.」

* 「주자집주 사서 강독」은 특히 「세계서국 갑종판(1982.5.26)」을 기준으로
  했다.

* 정성을 기울여 치밀하게 교정·편집을 한 명문당 편집부의 이은주씨에게
  감사한다.

현옥련재사(玄玉蓮齋士)　　장기근(張基槿)　근서

차   례

중용장구(中庸章句)

大學章句

大學首章　釋明明德

子程子曰、大學、孔氏之遺書、而初學入德之門也。於今可見古人為學次第者、獨賴此篇之存、而論孟次之。學者必由是而學焉、則庶乎其不差矣。

서언(序言)

* 공자(孔子)가 논어(論語) 첫머리에서 말했다. 「학이시습지 불역열호(學而時習之 不亦說乎)」 공자가 말하는 「학습(學習)」은 「절대선(絶對善)인 천도(天道)를 깨닫고 몸에 익히고 때맞추어 실천한다」는 뜻이다.

* 경전(經典)에 있는 성현(聖賢)의 말이나 글은 천도(天道)를 바탕으로 한 윤리(倫理) 도덕(道德)의 숭고한 가르침이다.

* 성현의 글을 배우고 실천해야 「심성함양(心性涵養), 수기치인(修己治人), 도덕정치(道德政治)」를 구현(具現)할 수 있다.

* 하늘이 내려준 「선본성(善本性)」을 바탕으로 모든 사람이 서로 사랑하고 협동해야 함께 잘사는 도덕정치를 실현하고, 진정한 평화세계를 창건할 수 있다.

* 그러나 오늘의 세계는 포학무도(暴虐無道)한 악덕정치(惡德政治)를 펴고 있다. 즉 「악덕한 이기심(利己心)을 바탕으로 남을 기만하거나 또는 무자비한 무력으로 남을 살상하고 남의 재물이나 토지를 겁탈하는 것을 당연시하고 있다.」 그래서 심각한 위기를 초래한 것이다.

* 성현의 글인 한문을 배우고 익히자. 절대선(絶對善)인 천도(天道)를 깨닫고 실천해서 인애(仁愛)가 넘치는 도덕세계(道德世界)를 창건하자.

* 한문 공부는 마음과 몸에 사무치게 철저히 해야 한다.

大學章句序　　朱子

* 주자의 「대학장구서(大學章句序)」는 「중용장구서(中庸章句序)」와
함께 명문(名文)이며 주자학(朱子學)의 귀중한 자료이기도 하다. 주자
사상을 알기 위해서는 이 글을 깊이 음미해야 한다. 분단(分段)은 대체
로 원본을 따랐으나 편의상 세분(細分)한 곳도 있다.

(1) 大學之書 古之大學 所以教人之法也.

⑴ 대학의 글은 옛날의 태학(太學)에서 사람에게 교육한 바의 법도를
적은 글이다.

(2) 蓋自天降生民 則既莫不與之 以仁義禮智之性矣.

⑵ 무릇 하늘이 강림하시어 사람을 낳고 살게 해주었을 때부터 이미
모든 사람에게 「인의예지」의 도덕적 본성을 주었다.

(3) 然其氣質之稟 或不能齊 是以不能 皆有以知 其性之所有 而全之也.

⑶ 그러나 사람은 저마다 타고난 기질이 같을 수 없다. <즉 맑은 사람
도 있고 탁한 사람도 있게 마련이다.> 그러므로 <모든 사람이> 한결
같이 도덕적 본성을 지니고 있음을 알고, 또 온전하게 실천하지 못하는
것이다.

(4) 一有聰明睿智 能盡其性者 出於其間 則天必命之 以爲億兆之君師 使之治而教之 以復其性.

⑷ 총명하고 예지를 가지고 능히 본성을 다 발휘하고 행할 수 있는
<그런 사람이> 나타나면 하늘은 반드시 그에게 명을 내려서 억조 만민
의 임금이자 스승으로 삼고, 또 그로 하여금 <만민을> 다스리고 또
교화해서 <사람들로 하여금> 각자의 본성을 원상대로 회복하게 한다.

(5) 此伏羲神農 黃帝堯舜 所以繼天立極 而司徒之職 典樂之官 所由設也.

⑸ 그러므로 복희·신농·황제 및 요임금·순임금이 <천명을 받고 임금이 되어 천하를 다스리게 되자> 하늘의 뜻과 도리를 계승하고 지극히 착한 법도를 세우고 아울러 사도의 직이나 전악의 관직을 설치했던 바이다.

(6) 三代之隆 其法寖備 然後王宮國都 以及閭巷 莫不有學.

⑹ 하(夏)·은(殷)·주(周) 세 왕조가 융성했을 때는 하늘의 도리를 따라 법도가 점차로 갖추어졌다. 그래서 왕궁이 있는 국도는 물론 지방의 마을에 이르기까지 학교가 없는 곳이 없었던 것이다.

(7) 人生八歲 則自王公以下至於 庶人之子弟皆入小學而教之 以灑掃應對進退之節 禮樂射御書數之文.

⑺ 사람이 태어나 8세가 되면 군왕 공경으로부터 서민의 자제에 이르기까지 모두 소학에 입학시키고 그들에게 「물 뿌리고, 소제하고, 어른에게 응대하는 예절과 행동거지의 절도」와 아울러 「예절, 음악, 활쏘기, 말이나 수레 몰기, 글쓰기, 수학」 등의 교양과목을 교육했다.

(8) 及其十有五年 則自天子之元子衆子 以至公卿大夫元士之適子 與凡民之俊秀 皆入大學 而教之 以窮理正心 修己治人之道 此又學校之教 大小之節所以分也.

⑻ 열다섯 살이 되면 천자의 원자나 왕자 및 공경 대부와 원사의 적자 기타 서민의 준수한 아들들이 대학에 들어가서 「궁리 정심」과 「수기 치인」의 도리를 배운다. 이것이 또한 학교 교육의 크고 작음이 나누어진 이유이다.

(9) 夫以學校之設 其廣如此 教之之術 其次第節目之詳 又如

此 而其所以爲敎 則又皆本之人君躬行心得之餘 不待求之民
生日用彝倫之外 是以當世之人 無不學 其學焉者 無不有以
知其性分之所固有 職分之所當爲 而各俛焉以盡其力.

⑼ 대학 설치의 <뜻과 목적이> 이렇게 넓고 크다. 대학 교육의 방법이
나 순서 및 과목 등도 역시 이와 같이 상세하다. 아울러 교육의 바탕도
「임금이 몸소 도를 실천하고 마음으로 터득한 나머지 넘쳐 나오는 덕」
에 두었으며, 또 「백성들이 일상생활에서 따르고 지킬 윤리 도덕 밖의
것」을 구하고자 한 것이 아니다. 고로 당시의 사람들은 배우지 않은
사람이 없었다. 그렇게 배웠으므로 모든 사람이 「저마다 본성 속에 특별
히 주어진 고유의 도덕성이 있다는 것과 각자 자기의 직책을 당연히
실천해야 한다는 것」을 잘 알았으며, 또 각자가 노력하고 힘을 다하여
행할 바를 수행했다.

(10) 此古昔盛時 所以治隆於上 俗美於下 而非後世之所能
及也 及周之衰 賢聖之君不作 學校之政不修 敎化陵夷 風俗
穨敗 時則有若孔子之聖 而不得君師之位 以行其政敎 於是
獨取先王之法 誦而傳之 而詔後世.

(10)그래서 고대의 태평성세에는 위로는 덕치를 융성하게 펼쳤고, 아래
로는 백성의 풍속이 아름다웠던 것이다. 그 때는 <도덕이 쇠퇴한> 후세
가 능히 좇을 수 있는 <그런 낮은 차원의> 세상이 아니었다. 주나라가
쇠퇴함에 이르러 현명하고 성덕을 갖춘 임금이 나타나지 않았으며, 옛
날같이 소학과 대학의 제도와 교육이 잘 시행되지 않고, 덕치의 교화가
무너져 쇠퇴하고 백성의 기풍이나 풍속이 퇴폐하고 타락했다. 그 때에
공자 같은 성인이 나타났으나 「임금이면서 스승의 자리」를 얻지 못했
으므로 덕치와 교화를 아울러 시행하지 못하고, 공자는 다만 스승으로
써 선왕들의 덕치의 법도를 취해서 그들의 역사적 기록을 가르치고

전했으며, 후세로 하여금 도통을 이어가게 했다.

(11) 若曲禮少儀內則弟子職諸篇 固小學之支流餘裔 而此篇 者則因小學之成功 以著大學之明法 外有以極其規模之大 而 內有以盡其節目之詳者也.

(11) 「곡례, 소의, 내칙, 제자직」 같은 여러 편의 글은 원래가 소학의 지류와 말단에 속하는 가르침이다. 그러나 이 대학의 글과 가르침은 소학에서 실천적으로 배우고 익힌 공부와 성과를 바탕으로 하는 <높은 경지의> 「대학의 밝은 법도」를 적은 <글이다.> 대학은 밖으로는 지극 히 규모가 방대하게 전개되고, 내면적으로 마음 다스리는 절차와 조목 이 상세하게 기술되어 있다.

(12) 三千之徒 蓋莫不聞其說 而曾氏之傳 獨得其宗 於是作 爲傳義 以發其意 及孟子沒 而其傳泯焉 則其書雖存 而知者 鮮矣 自是以來 俗儒記誦詞章之習 其功倍於小學 而無用 異 端虛無寂滅之敎 其高過於大學 而無實.

(12) 공자의 제자 3천 명이 있었다. 아마 그들 모두가 공자의 가르침을 들었을 것이다. 그러나 증자의 전승만이 유독 공자의 근본 종지를 터득 했다. 그러므로 증자와 증자의 제자들만이 대학에 대한 바른 해석과 주석을 하고, 대학의 뜻을 바르게 들추어내고 밝혔던 것이다. <그 후 증자의 학문을 계승한> 맹자가 죽은 다음에는 대학에 대한 바른 해석과 전승도 없어졌다. 그래서 대학의 글이 비록 남아 있어도 대학을 바르게 알고 중요시한 사람은 거의 없었다. 맹자가 죽고 도통이 단절된 이후에 는 저속한 유학자들이 글을 외우거나 읽기만 하고, 또 아름답게 문장을 쓰는 데 전념했으며, 그 힘이 소학 공부보다 배가 더 될 것이다. 그러나 아무런 공용이 없었다. 한편 이단의 학문인 도교나 불교는 지나치게 허무와 사멸을 주장하고, 또 그 가르침과 이론이 대학보다 훨씬 높고

어렵지만 알맹이가 없고 비현실적이었다.

(13) 其他權謀術數 一切以就功名之說 與夫百家衆技之流
所以惑世誣民 充塞仁義者 又紛然雜出乎其間 使其君子不幸
而不得聞大道之要 其小人不幸 而不得蒙至治之澤 晦盲否塞
反覆沈痼 以及五季之衰 而壞亂極矣.

(13) 그 외의 권모술수나 기타 일체의 공명을 취하려는 주장이나 학설
및 모든 잡다한 기능이나 예능 등의 아류가 혹세무민하는 바탕이 되고
인의도덕을 막고 방해했으며 <그와 같은 이단 사설이> 그 간 혼잡하고
어지럽게 나타나 판을 쳤다. 그래서 군자들로 하여금 불행하게도 대도
의 덕치의 요령을 알지 못하게 했으며, 또 일반 백성들도 불행하게 지극
히 좋은 덕치의 혜택을 받지 못하게 되었다. 그 결과 세상이 어둡고
사람들이 보지 못하고, 하늘과 땅이 교통하지 못하여 천지 사방이 꽉
막혔으며, 그와 같은 심각한 고질병이 반복되면서 오대(五代)의 난세까
지 도덕적 파괴와 혼란이 가장 심했던 것이다.

(14) 天運循環 無往不復 宋德隆盛 治敎休明 於是河南程氏
兩夫子出 而有以接乎孟氏之傳 實始尊信此篇 而表章之 旣
又爲之次其簡編 發其歸趣 然後古者大學敎人之法 聖經賢傳
之指 粲然復明於世 雖以熹之不敏 亦幸私淑 而與有聞焉.

(14) 하늘의 운세는 두루 돌고 갔다가 다시 되돌아오게 마련이다. <그래
서 그 간 쇠퇴했던 도통의 가르침이 다시 흥성할 운세라> 송대에 이르
러 도덕이 다시 융성하게 되었으며, 덕치와 교화가 바야흐로 밝게 빛나
게 되었다. 이에 하남에서 정씨 형제 두 선생이 나타나 맹자가 전한
도통의 학문을 다시 이었으며, 참으로 새삼 대학의 가르침을 높이고
믿고 아울러 대학을 표창하게 되었다. 그에 앞서 정자 두 선생이 대학의
글귀를 다시 추리고 보충하여 대학의 기본적인 의미와 요강을 밝혀냈

다. 그래서 옛날의 대학에서 학생들을 교육하던 법도나 방법 및 성인 공자가 말한 경문과 현인 증자가 풀이한 전문의 내용과 의미가 찬연히 이 세상에 다시 밝혀지게 되었다. 비록 주희(朱熹) 나는 불민하나 요행히 정자 선생을 사숙할 수 있었으며, 나도 역시 정자의 학문 사상을 배우고 알 수 있었다.

(15) 顧其爲書猶頗放失 是以忘其固陋 釆而輯之 間亦竊附己意 補其闕略 以俟後之君子 極知僭踰無所逃罪 然於國家化民成俗之意 學者修己治人之方 則未必無小補云

淳熙己酉二月甲子新安朱熹書.

(15) 허나 내가 생각하건대 정자의 대학의 글도 역시 흐트러지고 일실된 부분이 많았다. 이에 나는 자신의 고루함을 돌보지 않고 감히 나서서 자료를 수집하고 다시 대학의 글을 편집했으며, 중간에 외람되게 나의 생각을 넣어 정자의 대학에 빠지고 부족한 곳을 보충했다. 그리고 후세의 학자들을 기다려 비판을 받으려고 했다. 나도 방자하고 분수에 넘치는 짓이며, 또 그 죄를 피할 수 없음도 잘 안다. 그러나 국가가 백성을 교화하고 풍속을 바로잡으려는 뜻과 학자가 자신을 수양하고 백성을 다스리려는 방도나 방법에 있어 <나의 대학장구가> 작은 도움이 없지 않을 것이라고 생각한다.

남송(南宋) 효종(孝宗) 순희(淳熙) 16년

서기 1189년 2월 4일 신안(新安) 주희(朱熹) 씀.

大學　朱熹章句

* 주희(朱熹)는 주자(朱子)다. 희(熹)는 이름이다. 장구(章句)는 장(章)과 구(句)를 편집했다는 뜻이다. 「대(大)」를 옛날에는 태(泰)로 읽었다. 그러나 지금은 「대」로 읽는다.

[설명] (1) 子程子曰 大學孔子之遺書 而初學入德之門也 於今可見 古人爲學之次第者 獨賴此篇之存 而論孟次之 學者必由是而學焉 則庶乎其不差矣.

(1) 정자 선생이 말했다. 대학은 공자가 남겨준 글이며 초학자가 덕을 닦는 공부에 들어가는 문에 해당하는 가르침이다. 오늘 옛사람들의 공부하던 순서와 단계를 알 수 있는 것도 오직 이 대학편의 글이 있기 때문이다. 먼저 대학을 공부하고 다음에 논어 맹자를 배워야 한다. 그러므로 학자가 반드시 그와 같은 순서를 따라서 배운다면 대체로 <덕에 들어감에 있어> 가깝게 되고 크게 어긋나지 않을 것이다.

[어구 설명] ○說明註(설명주) : 주자(朱子)가 특히 정자(程子)의 말을 인용해서 「대학(大學)」을 설명한 것이다. ○子程子(자정자) : 앞의 「자(子)」는 존칭으로 선생님의 뜻. 정자(程子)는 북송(北宋)의 학자로 형제다. 형은 정명도(程明道), 이름은 호(顥), 동생은 정이천(程伊川), 이름은 이(頤)다. 함께 「정자」라고 부른다.

大學章句 ： 經文과 傳文

* 주자(朱子)가 편집한 대학장구(大學章句)는 「경문(經文)과 전문(傳文)」으로 편집되었다. 경문은 원래 「예기(禮記) 제42편」에 있는 글이었다. 이를 주자가 다시 추렸다. 「경문은 총 1장」이다. 경문을 다시 「7절」로 나눈다. 「전문」은 「총 10장」이다. 「각 장의 전문」은 다시 여러 구절(句節)로 꾸며져 있다.

大學 經文 : 총1장 7절

1절 大學之道 在明明德 在親民 在止於至善.
2절 知止而后有定 定而后能靜 靜而后能安 安而后能慮 慮而
　　后能得.
3절 物有本末 事有終始 知所先後 則近道矣.
4절 古之欲明明德於天下者 先治其國 欲治其國者 先齊其家 欲
　　齊其家者 先修其身 欲修其身者 先正其心 欲正其心者 先
　　誠其意 欲誠其意者 先致其知 致知在格物.
5절 物格而后知至 知至而后意誠 意誠而后心正 心正而后身修
　　身修而后家齊 家齊而后國治 國治而后天下平.
6절 自天子以至於庶人 壹是皆以修身爲本.
7절 其本亂 而末治者否矣 其所厚者薄 而其所薄者厚 未之有
　　也.

[대학 경문 1장 1절]

大學之道 在明明德 在親民 在止於至善.

대학지도(는) 재명명덕(하며) 재친민(하며) 재지어지선(이니라)

〔직역〕 대학의 도는 명덕을 밝힘에 있고, 백성을 친애함에 있고,
지극한 선에 머무름에 있다.

〔의역〕 대학의 기본 도리는 <다음의 세 가지 강령을 행함이다.>
먼저 위정자가 자신의 밝은 덕성을 밝혀내야 한다. 다음에 만민을
사랑으로 교화해서 저마다 새롭게 혁신케 해야 한다. 마지막으로
위정자와 만민이 함께 지극한 선의 경지에 가서 머물러야 한다.

[어구 설명] ○大學之道(대학지도) : 대학(大學)의 교육이념이나 정신, 혹은 도
덕정치의 기본원리로 확대해석할 수 있다. 「대학」에는 크게 세 가지 뜻이 있다.

①고대의 최고 교육기관인 태학(太學), ②그곳에서 배우고 익히는 학문 내용이나 도리, ③책이름으로서의 대학. 「도(道)」는 기본 원리와 도리.

ㅇ在明明德(재명명덕) : 「명덕을 밝힘에 있다.」 곧 「임금이나 지도자가 자신의 밝은 덕성(明德)을 밝게 나타내다.」 앞의 「명(明)」은 동사로 「밝힌다, 발현한다」는 뜻이다. 다음의 「명덕(明德)」은 「하늘이 내려준 밝은 덕성(德性)」이다. 「재(在)」는 「……에 있다」, 「바로 ……이다」.

ㅇ在親民(재친민) : 백성을 친애함에 있다. 즉 백성을 사랑해야 한다.

ㅇ在止於至善(재지어지선) : 지극한 선(善)에 가서 머물러 있어야 한다.

[集註] (1) 程子曰 親當作新.

(1) 정자가 말했다. 「친(親)을 신(新)으로 고쳐야 한다.」

[어구 설명] ㅇ친(親)과 신(新) : 「백성을 친애(親愛)하는 것」은 곧 「백성을 새롭게 혁신하고 보다 발전되고 잘살게 함」이다. 유교에는 「혁신적(革新的) 발전관(發展觀)」이 있다.

[集註] (2) 大學者 大人之學也 明 明之也 明德者 人之所得於天 而虛靈不昧 以具衆理 而應萬事者也.

(2) 「대학(大學)」은 「큰사람 되게 하는 학문」이다. 앞의 「명(明)」은 동사로 밝힌다는 뜻이다. 「명덕(明德)」은 「사람이 하늘로부터 받아서 지니고 있는 덕성으로, 그 형체나 모양은 공허하지만, 그 작용이나 기능은 영특하다.」 「<설사 일상생활에 그 밝음이 제대로 발휘되지 않는 수가 있으되> 완전히 꺼져 어둡게 되는 법은 없다.」 그 명덕에 「모든 도리가 다 갖추어져 있으며, 아울러 그 명덕은 만사에 적응되고, 또 만사를 처리할 수 있다.」

[어구 설명] ㅇ大學(대학) : 아동은 8세에 소학(小學)에 들어가 기본교양 및 예의범절을 배운다. 성장하여 15세 이상이 되면 대학에 들어가 학문과 덕행을 높인다. ㅇ大人之學也(대인지학야) : 대인(大人)은 곧 덕성(德性)과 덕행(德行)이 높은 사람을 지칭한다. ㅇ明明之也(명명지야) : 「명(明)」은 「밝힌다는 뜻이다.」 ㅇ人之所得於天(인지소득어천) : 사람이 하늘로부터 내려받은 것, 즉 하늘이 사람에게 준

것. ㅇ虛靈(허령) : 형체(形體)는 공허(空虛)하지만, 그 <기능 작용은> 신령(神靈)하고 영민(靈敏)하다. ㅇ不昧(불매) : 어둡지 않다. <설사 일상생활에 명덕(明德)이 밝게 발현(發顯)하지 않아도> 완전히 꺼져서 어둡게 된 것이 아니다. ㅇ具衆理(구중리) : 명덕(明德) 속에 모든 도리가 다 갖추어져 있다. ㅇ應萬事(응만사) : 만사에 대응하고 처리할 수 있다.

[集註] (3) 但爲氣稟所拘 人欲之所蔽 則有時而昏 然其本體之明 則有未嘗息者 故學者 當因其所發而遂明之 以復其初也.

(3) 그러나 선천적으로 타고난 기질에 구속되고, 또 이기적 욕심에 가려서 이따금 어둡고 흐리게 되기도 한다. 그러나 그 본체의 밝음은 절대로 꺼지고 없어지는 법이 없다. 그러므로 글공부를 하는 사람은 마땅히 <명덕이> 발현할 수 있는 계기와 단서를 따라 자신의 명덕을 충분히 밝혀내야 하며, 그렇게 함으로써 하늘이 내려준 본연의 처음으로 되돌아가야 한다.

[어구 설명] ㅇ爲氣稟所拘(위기품소구) : 기품(氣稟)에 의해서 구속된다. 기품은 타고난 기질(氣質)이나 혈통(血統). 성인(聖人)의 기질은 청명(淸明)하다. 악인(惡人)의 기질은 혼탁(混濁)하다. ㅇ人欲之所蔽(인욕지소폐) : 인욕(人欲)에 가리고 덮임을 당한다. 욕심 때문에 <명덕이> 가리워지고 덮여진다. 인욕은 「나 혼자만 잘살려는 이기적 욕심」. 이는 곧 「돈이나 물질, 권세나 명예를 탐내고, 또 관능적 쾌락을 추구하는 탐욕」에 직결된다. ㅇ則有時而昏(즉유시이혼) : 그러므로 때로는 어둡게 된다. 명덕은 본래 밝게 빛나는 것이다. 그러나 「기질과 인욕」에 구속되고 덮여서 일시적으로 빛을 발하지 못하고 어둡게 된다. ㅇ然其本體之明(연기본체지명) : 그러나 그 본래의 밝은 빛. ㅇ則有未嘗息者(즉유미상식자) : 절대로 완전히 꺼져 없어지는 법이 없다. 명덕은 없어지는 법이 없다. ㅇ當因其所發(당인기소발) : 마땅히 명덕이 발현할 수 있는 계기나 단서를 따라. <윤리 도덕을 따르고 실천하고> ㅇ而遂明之(이수명지) : 끝내 명덕을 밝게 나타나게 해 가지고. ㅇ以復其初也(이복기초야) : 본연의 원래의 착한 상태로 되돌아가게 해야 한다.

[集註] (4) 新者 革其舊之謂也 言旣自明其明德 又當 推及人 使之亦有以去其舊染之汚也.

(4) 「새 신(新)」은 곧 「낡은 것을 혁신(革新)한다」는 뜻이다. 즉 다음 같은 뜻을 말한 것이다. 「먼저 나 자신의 명덕을 밝히고 더 나아가 마땅히 남에게도 덕을 뻗고 미치게 해야 한다. 그리고 남으로 하여금 역시 과거의 오염된 허물과 때를 제거하게 해야 한다.」

[어구 설명] ○言(언) : 「다음 같은 뜻을 말한 것이다」. ○旣自明其明德(기자명기 명덕) : 먼저 <임금이> 스스로 자기의 명덕을 밝히고. <그 다음에> ○又當(우 당) : 다시 마땅히. ○推及人(추급인) : 남에게도 미치게 한다. ○使之(사지) : 남으로 하여금. ○亦有以去其舊染之汚也(역유이거기구염지오야) : 역시 그 낡고 오염된 것을 제거하게 해야 한다. <「당(當)」은 여기까지 걸린다.>

[集註] (5) 止者 必至於是 而不遷之意, 至善則事理當然之極也.

(5) 「멈출 지(止)」는 「반드시 먼저 <지극히 좋은> 그곳에 가고, 그리고 <그곳에 머무르고 다른 곳으로> 옮기지 않는다」는 뜻이다. 「지극한 선(至善)」은 「사물의 당연한 도리의 극치이다.」

[어구 설명] ○止者(지자) : 「멈출 지(止)」는. ○必至於是(필지어시) : 반드시 그 곳에 가다. ○而不遷之意(이불천지의) : <그리고> 다른 곳으로 옮기지 않음이다. ○至善(지선) : 지극한 선, 최고로 좋은 선. ○則事理當然之極也(즉사리당연지극 야) : 즉 모든 사물에 <내재하고 있는> 당연한 도리의 극치, 최고의 정점이다. ○至善(지선) : 모든 사물에는 가장 합당한 도리, 즉 가장 좋은 도리가 있다. 주자학 (朱子學)에서는 이(理)의 극치는 태극(太極), 즉 형이상(形而上)의 천리(天理)라고 했다. 「인간이나 인류의 지선(至善)」은 곧 「윤리 도덕」이다.

[集註] (6) 言明明德新民皆當止於至善之地而不遷 蓋必其 有以盡夫天理之極 而無一毫人欲之私也.

(6) 다음 같은 뜻을 말한 것이다. 「명덕을 밝히거나(明明德), 백성

을 새롭게 하거나(新民), 다 마땅히 지극한 선의 경지에 도달하고 다른 곳으로 옮기지 않아야 한다.」 「<지선의 경지에 머무름이란> 반드시 하늘의 도리의 극치를 다해야 한다. <그리고> 털끝만큼의 사사로운 욕심도 없게 함이다.」.

[集註] (7) 此三者 大學之綱領也.

(7) 이상 셋이 대학의 강령이다.

[참고 보충] 「대학(大學)의 삼강(三綱)」

고대의 대학에서 가르친 도덕정치의 핵심이 바로 삼강(三綱)이다.

<1> 나라와 백성을 다스리는 임금 자신이 먼저, 하늘이 내려준 명덕(明德)을 밝히고 덕을 세워야 한다.(在明明德)

<2> 백성을 사랑하고 백성을 교화(敎化)해서 혁신한다.(在親民)

<3> 임금과 백성이 다 함께 최고선(最高善)의 경지, 즉 천도(天道) 천리(天理)를 따르고 실천해야 한다.(在止於至善)

<4> 천리의 극점은 크고 높은 데에만 있지 않고, 낮고 작은 데에도 있다. 우주 천지 만물이 다 천리에 따라 생성 변화하고 있다. 그러므로 천리를 따라야 한다. 욕심을 따르면 안 된다.

[대학 경문 1장 2절]

知止而后有定 定而后能靜 靜而后能安 安而后能慮 慮而后能得.

지지이후(에) 유정(이니) 정이후(에) 능정(하며) 정이후(에) 능안(하며) 안이후(에) 능려(하며) 여이후(에) 능득(이니라)

[직역] 머무를 곳을 알아야 정함이 있고, 정해야 조용할 수 있고, 조용해야 편안할 수 있고, 편안해야 사려할 수 있고, 사려해야 얻을 수 있다.

[의역] 마땅히 가서 머물러야 할 가장 좋은 도리를 알아야, 지향(志向)이 바르게 정해진다. 지향이 바르게 정해져야 마음이 조용할 수 있고, 마음이 조용해야 몸가짐이 안온할 수 있고, 몸가짐이 안온해야 깊게 사려할 수 있고, 사려가 깊어야 지극한 선의 경지에 가서 머무를 수 있다.

[어구 설명] ○知止而后有定(지지이후유정) : 머무를 곳을 알아야 마음이 정해진다. 「지(知)」는 「알고 행한다.」「지(止)」는 「좋은 곳, 혹은 도리」의 뜻이다. 「유정(有定)」은 「마음이 안정된다. 즉 향방(向方)이나 지향(志向)이 바르게 정해진다.」
○定而后能靜(정이후능정) : 향방과 도리가 바르게 정해지면 마음이 영정(寧靜), 평정(平靜)할 수 있다. <마음이 동요하지 않고 안정된다.>
○靜而后能安(정이후능안) : 마음이 안정된 다음에 비로소 몸가짐이 안온(安穩)하게 된다. 즉 태도와 행동이 편하고 온당하다.
○安而后能慮(안이후능려) : 몸가짐과 행동이 안온해야 사려를 깊이 정밀하게 할 수 있다.
○慮而后能得(여이후능득) : 사려가 깊고 정밀해야 지선(至善)을 얻을 수 있다.

[集註] (1) 止者 所當止之地 卽至善之所在也.

(1) 「나가서 머무를 곳」은 「마땅히 가서 머물러야 할 곳, 즉 지극한

선의 경지이다.」

[集註] (2) 知之 卽志有定向 靜謂心不妄動 安謂所處
而安 慮謂處事精詳 得謂得其所止.

(2) 「지지(知之), 즉 지극한 선의 경지에 가서 머무를 곳을 알아야」
「뜻을 세움에 있어, 향방이 바르게 정해진다.」 「정(靜)」은 곧 「마음
이 망동하지 않고 영정(寧靜)하게 된다」는 뜻이다. 「안(安)」은 「어
디에 처해도 안정(安定)된다」는 뜻이다. 「여(慮)」는 「사물을 처리
함에 있어 정밀하고 자상하게 생각한다」는 뜻이다. 「득(得)」은 「마
땅히 머무를 곳, 즉 지선(至善)의 경지를 얻는다」는 뜻이다.

[참고 보충] 「지선(至善)을 얻는 단계」

<1> 지지(知止) : 「머무를 곳을 안다」고 함은 곧 「절대선(絕對善)의 천도(天道)를
알고 천도를 따르고 행한다」는 뜻이다.

<2> 유정(有定) : 「마음이 안정된다」. 즉 「삶을 살거나 또는 사물을 처리하는
바른 향방(向方)이나 지향(志向)이 바르게 정해진다」는 뜻이다.

<3> 능정(能靜) : 「향방과 도리가 바르게 정해지고 서면」, 곧 「마음이 영정(寧靜),
평정(平靜)해질 수 있다. 즉 마음이 동요하지 않고 안정된다.」

<4> 능안(能安) : 「마음이 안정된 다음에 비로소 몸가짐이 안온(安穩)하게 된다.
즉 태도와 행동이 편하고 온당하게 된다.」

<5> 능려(能慮) : 「몸가짐과 행동이 안온해야 사려를 깊이 정밀하게 할 수 있다.」

<6> 능득(能得) : 「사려가 깊고 정밀해야 지선(至善)을 얻을 수 있다」. 즉 「삶을
살거나 사물을 처리하거나 절대선의 천도를 따르고 실천할 수 있다.」

[대학 경문 1장 3절]

物有本末 事有終始 知所先後 則近道矣.

물유본말(하고) 사유종시(하니) 지소선후(면) 즉근도의(니라)

[직역] 물에는 본말(本末)이 있고 사에는 종시(終始)가 있다. 그러므로 먼저 할 바와 나중에 할 바를 알아야 곧 도에 가깝게 된다.

[의역] 모든 사물에는 뿌리에 해당하는 근본과 끝가지에 해당하는 결과적 효험이 있게 마련이다. 또 모든 사물에는 먼저 해야 할 것과 나중에 할 것이 있게 마련이다. 모든 사물을 처리함에 있어 먼저 할 바와 나중에 할 바를 알고 행하면 도에 가깝게 될 수 있다.

[어구 설명] ○物有本末(물유본말) : 모든 사물에는 뿌리에 해당하는 근본이 있고 동시에 끝가지에 해당하는 결과적 효험이 있다. 「물(物)과 사(事)」를 나누어 말했으나 실은 「모든 사물(事物)」의 뜻이다.

○事有終始(사유종시) : 모든 사물에는 시작과 끝이 있다. 「시(始)」는 원인에 해당하는 출발, 「종(終)」은 결과에 해당하는 종말의 뜻.

○知所先後(지소선후) : 먼저 할 일과 뒤로 할 일을 알고 행해야.

○則近道矣(즉근도의) : 도에 가까이 갈 수 있다.

[集註] (1) 明德爲本 新民爲末 知止爲始 能得爲終 本始所先 末終所後 此結上文兩節之意.

(1) 자신의 덕을 밝히는 것이 근본 뿌리에 해당하고, 백성을 새롭게 혁신하는 것이 끝가지 효험에 해당한다. 지극한 선에 가서 머무름을 아는 것을 처음으로 삼아야, 능히 종말을 잘 지을 수 있다. 근본이 되는 것과 처음 할 일을 먼저 앞세우고, 끝가지와 결과에 해당하는 일을 뒤에 해야 한다. 이 경문은 앞의 두 경문의 뜻을 함께 묶은 것이다.

[어구 설명] ○明德爲本(명덕위본) : 명덕을 근본 뿌리로 삼는다. ○新民爲末(신민위말) : 신민을 끝가지로 삼는다. ○知止爲始(지지위시) : 지지(知止)를 먼저 하면. ○能得爲終(능득위종) : 나중에 능득(能得)하게 된다. ○本始所先(본시소선) : 근본이 되는 명덕(明德)과 먼저 할 지지(知止)를 앞세우고. ○末終所後(말종소후) : 끝가지에 해당하는 신민(新民)과 결과에 해당하는 능득(能得)을 뒤로 한다. ○此結上文兩節之意(차결상문량절지의) : 「경문 3절」은 앞의 「경문 1절」「경문 2절」을 묶어 말한 것이다.

[참고 보충] 「본말(本末) 시종(始終) 선후(先後)」

<1> 본말(本末) : 나무에 비유하면, 본(本)은 뿌리, 말(末)은 가지에 해당한다. 나무의 뿌리가 굳고 튼튼해야 가지들이 잘 뻗고 잎이나 꽃이 피어난다. 그와 마찬가지로 도덕정치(道德政治)에 있어서는 임금의 「명명덕(明明德)」이 근본이 된다. 임금이 「하늘이 내려준 천리를 따르고 실천하는 명덕을 밝히면」, 자연히 「만민을 사랑하고 교화해서 그들을 혁신하여 저마다의 명덕을 밝히게 할 것이다.」 그 때에 참다운 평천하(平天下)가 이루어진다. 그래서 「명덕(明德)은 본(本)이고, 신민(新民)은 말(末)에 해당한다」고 말한 것이다.

<2> 시종(始終) : 먼저 바르게 시작을 해야 나중에 좋은 결과를 얻는다. 먼저 바른 길을 알고 그 길을 타야 바르게 목적지에 도달할 수 있다. 도덕정치를 펴거나 사물을 처리할 때, 「지지(知止)」를 먼저 시발점으로 삼아야, 종착점에 해당하는 「능득(能得)」한다. 「지지」는 「가장 좋고 합당한 도리를 알고 또 굳게 지킨다」는 뜻이고, 「능득」은 「가장 좋고 합당한 도리대로 사물을 처리할 수 있다」는 뜻이다.

<3> 선후(先後) : 앞세우고 먼저 할 일과 뒤에 할 일. 「명덕(明德)과 지지(知止)」를 앞세워 먼저 하고, 그것을 바탕으로 「신민(新民)과 능득(能得)」해야 한다. 도덕정치나 사물 처리에는 「본말(本末), 시종(始終), 선후(先後)」가 있게 마련이다.

[대학 경문 1장 4절]

古之欲明明德於天下者 先治其國 欲治其國者 先齊其家 欲齊其家者 先修其身 欲修其身者 先正其心 欲正其心者 先誠其意 欲誠其意者 先致其知 致知在格物.

고지 욕명명덕어천하자(는) 선치기국(하고) 욕치기국자(는) 선제기가(하고) 욕제기가자(는) 선수기신(하고) 욕수기신자(는) 선정기심(하고) 욕정기심자(는) 선성기의(하고) 욕성기의자(는) 선치기지(하니) 치지(는) 재격물(하니라)

〔직역〕옛날에 밝은 덕을 천하에 밝히고자 하는 자는 먼저 그 나라를 다스리고, 그 나라를 다스리고자 하는 자는 먼저 그 집안을 가지런히 하고, 그 집안을 가지런히 하고자 하는 자는 먼저 그 몸을 닦고, 그 몸을 닦고자 하는 자는 먼저 그 마음을 바르게 하고, 그 마음을 바르게 하고자 하는 자는 먼저 그 뜻을 성실하게 하고, 그 뜻을 성실하게 하고자 하는 자는 먼저 바르게 알아야 한다. 바른 앎은 곧 사물의 도리를 터득함에 있다.

〔의역〕옛날의 명덕을 천하에 밝히고자 한 사람은 먼저 나라를 잘 다스렸으며, 그 나라를 잘 다스리고자 한 사람은 먼저 자신의 집안을 가지런하게 했으며, 그 집안을 가지런하게 하고자 한 사람은 먼저 자신의 몸을 닦았으며, 그 몸을 닦고자 한 사람은 먼저 자신의 마음을 바르게 했으며, 그 마음을 바르게 하고자 한 사람은 먼저 자신의 뜻을 성실하게 했으며, 그 뜻을 성실하게 하고자 한 사람은 먼저 <모든 사물에 대한> 인식을 바르게 이루었다. 인식을 바르게 이루는 바탕은 사물의 도리를 잘 파악함에 있다.

[어구 설명] ○古之欲明明德於天下者(고지욕명명덕어천하자) : 옛날에 명덕을 천하에 밝히려고 한 성왕은. <옛날의 성왕이 명덕을 천하에 밝히기 위해서는.>
○先治其國(선치기국) : 먼저 자기 나라를 다스린다.
○欲治其國者(욕치기국자) : 그 나라를 잘 다스리려는 사람.
○先齊其家(선제기가) : 먼저 집안을 가지런히 한다. 「제(齊)」는 「가족 각자가 도를 따르게 한다」는 뜻. <* 각자가 윤리 도덕을 한결같이 지킨다.>
○欲齊其家者(욕제기가자) : 자기 집안을 가지런히 하기 위해서는.
○先修其身(선수기신) : 먼저 자기 몸을 잘 닦는다. 가장(家長)이 솔선해서 인덕(仁德)을 베풀고, 또 윤리 도덕을 실천해야 한다. <그래야 가족들이 감화된다. 즉 윗사람이 「명명덕(明明德)」하면, 모든 가족이 「신민(新民)」하게 된다.>
○欲修其身者(욕수기신자) : 자기 몸을 잘 수양하기 위해서는.
○先正其心(선정기심) : 먼저 자기의 마음을 바르게 한다.
○欲正其心者(욕정기심자) : 마음을 바르게 하기 위해서는.
○先誠其意(선성기의) : 먼저 자기의 뜻을 성실하게 한다. 「의(意)」는 「의식, 의욕, 의지.」 <동기나 목적의식 등으로 확대 해석할 수 있다.> 이 때의 「성(誠)」은 「성실(誠實)」, 즉 「하늘의 도리를 성실하게 따르고 행해서 좋은 열매를 거둔다」는 뜻이다.<* 악덕하게 돈을 벌고 부를 축적하는 것은 참다운 「성실」이 아니다.>
○欲誠其意者(욕성기의자) : 자기의 뜻을 성실하게 하려면.
○先致其知(선치기지) : 먼저 모든 사물의 도리(道理)를 잘 알아야 한다.
○致知在格物(치지재격물) : 올바르게 안다는 것은 곧 사물에 <내재하고 있는> 깊은 도리를 바르게 파악함에 있다.

[集註] (1) 明明德於天下者 使天下之人 皆有以明其明德也.

(1) 「명덕을 천하에 밝힌다(明明德於天下者)」고 함은 「천하 모든 사람들로 하여금 저마다의 명덕을 밝히게 한다」는 뜻이다.

[集註] (2) 心者身之所主也 誠實也 意者心之所發也 實其心之所發 欲其必自慊 而無自欺也.

⑵ 「마음(心)」은 「몸의 주체」이다. 「성(誠)」은 「참되고 실하다」는 뜻이다. 「의(意)」는 「마음의 나타남이다.」 「마음의 나타남」을 성실하게 하는 것은 곧 「반드시 자신에게 즐겁고 흡족하며, 스스로 속이는 바 없게 함이다.」

[集註] ⑶ 致推極也 知猶識也 推極吾之知識 欲其所知無不盡也 格至也 物猶事也 窮至事物之理 欲其極處無不到也 此八者大學之條目也.

⑶ 치(致)는 끝까지 밀고 나간다는 뜻이다. 지(知)는 식(識)과 같은 뜻이다. 나의 지식을 끝까지 밀고 나가서 자기의 앎에 미진함이 없게 함이다. 격(格)은 도달함이다. 물(物)은 사(事)와 같은 뜻이다. 사물의 도리를 끝까지 구명하고 <앎에 있어> 이르지 못함이 없게 함이다. 이상의 여덟 가지가 대학의 팔조목(八條目)이다.

[참고 보충] 「대학의 팔조(大學八條)」

도덕정치의 여덟 단계를 「팔조(八條)」라고 한다.

평천하(平天下)하기 위해서는 치국(治國)해야 한다. 그러기 위해서는 제가(齊家)해야 한다. 제가의 바탕은 수신(修身)이다. 수신의 바탕은 곧 정심(正心)과 성의(誠意) 및 치지(致知)와 격물(格物)이다.

격물(格物)과 치지(致知)해야 성의(誠意)와 정심(正心)할 수 있다. 그렇게 하는 것이 곧 수신(修身)의 바탕이다. 가장(家長)을 비롯해서 가족 모든 사람이 수신해야 제가(齊家)가 이루어진다. 제가해야 치국(治國)과 평천하(平天下)가 이루어 진다.

<* 자세한 것은 경문 끝에 있는 「참고 보충」에 있다.>

[대학 경문 1장 5절]

物格而后知至 知至而后意誠 意誠而后心正 心正而后身修 身修而后家齊 家齊而后國治 國治而后天下平.

물격이후(에) 지지(하고) 지지이후(에) 의성(하고) 의성이후(에) 심정(하고) 심정이후(에) 신수(하고) 신수이후(에) 가제(하고) 가제이후(에) 국치(하고) 국치이후(에) 천하평(하니라)

［직역] 물(物)이 격(格)한 후에 지(知)이 지(至)하고, 지(知)이 지(至)한 후에 의(意)이 성(誠)하고, 의(意)이 성(誠)한 후에 마음이 정(正)하고, 마음이 정(正)한 후에 몸이 닦아지고, 몸이 닦아진 후에 집안이 고르게 되고, 집안이 고르게 된 후에 나라가 치(治)해지고, 나라가 치해야 천하가 평(平)하게 된다.

［의역］ 사물의 도리를 잘 구명한 후에 사물을 참되게 알 수 있고, 사물을 참되게 안 후에 뜻을 성실하게 세울 수 있고, 뜻을 성실하게 세운 다음에 마음을 바르게 잡을 수 있고, 마음이 바르게 된 다음에 몸을 닦을 수 있고, 몸이 닦아진 다음에 집안을 가지런하게 할 수 있고, 집안이 가지런하게 된 연후에 나라를 잘 다스릴 수 있고, 나라가 잘 다스려진 다음에 비로소 천하를 평화롭게 할 수 있다.

[集註] (1) 物格者 物理之極處 無不到也 至知者 吾心之所知 無不盡也 知既盡 則意可得而實矣 意既實 則心可得而正矣.

(1) 「물격(物格)」은 사물의 도리의 궁극의 경지에 이르지 못함이 없다는 뜻이다. 「지지(至知)」는 내 마음의 아는 바에 다하지 못함

이 없다는 뜻이다. 이름을 다하면 즉 「뜻의 발동(意)」을 성실하게 할 수 있다. 뜻이 먼저 성실하게 되어야 마음을 바르게 할 수 있다.

[集註] (2) 修身以上 明明德之事也 齊家以下 新民之事也 物格知至 則知所止矣 意誠以下 皆得所止之序也.

⑵ 「수신(修身)」 이상은 명덕을 밝히는 일이다. 「제가(齊家)」 이하는 모두 백성을 혁신케 하는 일이다. 「물격(物格) 지지(知至)」는 곧 「머무를 곳을 아는(知所止)」 일이다. 「의성(意誠)」 이하는 「머무를 곳을 바르게 얻는(得所止)」 단계이며 순서이다.

[대학 경문 1장 6절]

自天子以至於庶人 壹是皆以修身爲本.

자천자이지어서인(이) 일시개이수신위본(이니라)

〔의역〕 천자에서 서민까지 다 수신을 근본으로 삼는다.

[集註] (1) 壹是一切也 正心以上 皆所以修身也 齊家以下 則擧此而錯之耳.

⑴ 일시(壹是)는 일체의 뜻이다. 정심 이상, 즉 「격물 치지 성의 정심」은 다 수신의 바탕이다. 제가 이하, 즉 「제가 치국 평천하」는 수신만을 높이 내세우고 다른 것은 버려도 된다.

[대학 경문 1장 7절]

其本亂 而末治者 否矣 其所厚者薄 而其所薄者厚 未之有也.

기본란 이말치자(는) 부의(며) 기소후자(에) 박(하고) 이기소박자(에) 후(는) 미지유야(니라)

［의역］ 근본이 흐트러지고 끝이 다스려질 수 없다. 후하게 할 바를 박하게 하고, 박하게 할 바를 후하게 하는 일이 있어서는 아니 된다.

[集註] (1) 本謂身也 所厚謂家也 此兩節結上文兩節之意.

(1) 「본(本)」은 몸을 말한다. 「후하게 할 바」는 곧 「가(家)」를 말한다. 이 두 구절은 앞의 두 경문, 즉 「경문 4절, 5절」의 뜻을 묶은 것이다.

[설명] (1) 右經一章 蓋孔子之言 而曾子述之.

(1) 이상 「경문 1장」은 공자의 말이며 증자가 기술한 것이다.

[설명] (2) 其傳十章 則曾子之意 而門人記之也 舊本頗有錯簡 今因程子所定 而考經文 別爲序次如左.

(2) 「전문 10장」은 〈경문에 대한〉 증자의 뜻풀이며, 그의 문인이 〈증자의 말을 받아서〉 기술한 것이다. 옛 책에는 착간이 퍽 많았다. 이를 정이(程頤)가 바로잡은 대학정본(大學定本)과, 또 경서의 글을 참고하여 다음과 같이 추렸다.

[설명주] 凡千五百四十六字 凡傳文雜引經傳 若無統紀 然文理接續 血脈貫通 深淺始終 至爲精密 熟讀詳味 久當見之 今不盡釋也.

글자는 총 1,546자이다. 전문 10장은 저마다 경전과 그 풀이의 글귀를 이것저것 인용해서 마치 계통이 없는 것같이 보일 것이다. 그러나 문리가 잘 이어지고 혈맥이 잘 관통하고 얕은 데서 깊은 데로 처음에서 끝으로 옮김에도 지극히 정밀하게 짜여져 있다. 깊이 읽고 공부가 무르익으면 그 묘미를 상세히 알 것이고, 또 오래 되면 잘 보이게 될 것이다.

그러므로 이 대학장구(大學章句)에서는 세밀하게 이것저것을 다 주석하지 않았다.

[참고 보충] 「삼강(三綱)과 팔조(八條)의 상관 관계」

<1> 「명덕(明德)」의 바탕 : 「격물(格物), 치지(致知), 성의(誠意), 정심(正心)」.

<2> 「명덕을 밝힘(明明德)」 : 「수신(修身)」이다.

<3> 「친민(親民)과 신민(新民)」 : 백성을 사랑으로 교화(敎化)해서 저마다 새롭게 혁신함은 곧 저마다 「명명덕(明明德)」하게 함이다. 이는 가정에서는 제가(齊家)이고, 국가에서는 치국(治國)이고, 세계적인 차원에서는 평천하(平天下)다.

<4> 「지어지선(止於至善)」 : 임금과 백성이 다 함께 최고선(最高善)의 경지, 즉 천도(天道) 천리(天理)를 따르고 실천함을 뜻한다.

[참고 보충] 「삼강령(三綱領)과 팔조목(八條目)」

대학의 핵심은 「삼강령(三綱領)」이다. 삼강령을 실천하는 단계를 「팔조목(八條目)」이라 한다. 「삼강령」과 「팔조목」의 관계를 다음같이 도시할 수 있다.

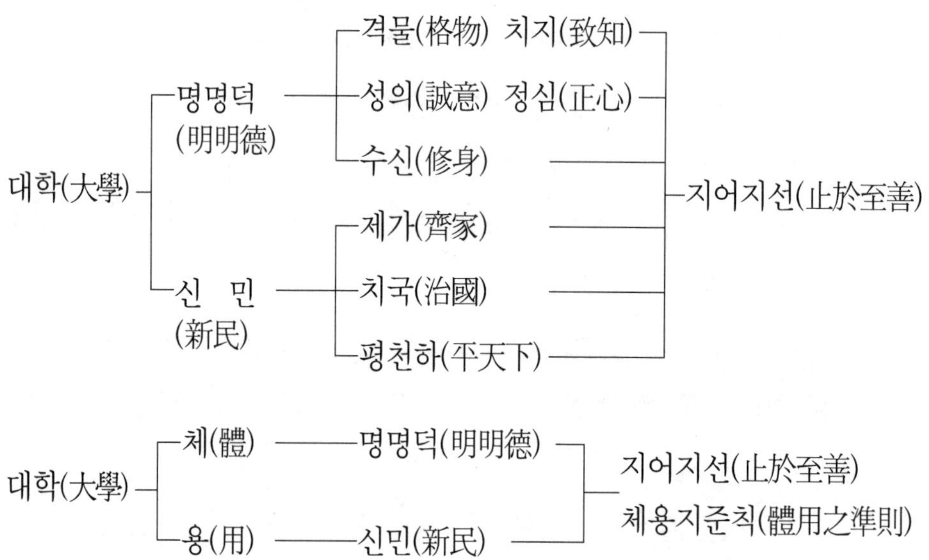

大學 傳文 : 총10장

* 주자(朱子)는 전문(傳文)을 총 10장으로 추렸다. 다시 「1장」을 「여러 절(節)」로 나누어 주석(註釋)했다. 이 책은 원칙적으로 주자의 분절(分節)을 따랐다. 그러나 학습의 편의상 절을 다시 세분하고 풀이한 경우도 있다.

* 전문(傳文) 10장의 내용은 대략 다음과 같다.

  1장 : 「명명덕(明明德)」에 대한 주석.

  2장 : 「신민(新民)」에 대한 주석.

  3장 : 「지어지선(止於至善)」에 대한 주석.

  4장 : 「본말(本末)」에 대한 주석.

  5장 : 「격물치지(格物致知)」에 대한 보전(補傳).

  6장 : 「성의(誠意)」에 대한 주석.

  7장 : 「정심수신(正心修身)」에 대한 주석.

  8장 : 「수신제가(修身齊家)」에 대한 주석.

  9장 : 「제가치국(齊家治國)」에 대한 주석.

  10장 : 「치국평천하(治國平天下)」에 대한 주석.

[大學 傳文 제1장] : 총 4절

* 「전문(傳文) 제1장」은 「명명덕(明明德)」에 대한 풀이다. 4절로 나누어 풀이하겠다. 「전문 제1장 총 4절」의 원문은 다음과 같다.

1절 : 康誥曰 克明德.

2절 : 大甲曰 顧諟天之明命.

3절 : 帝典曰 克明峻德.

4절 : 皆自明也.

[대학 전문 1장 1절]

康誥曰 克明德.

강고(에) 왈 극명덕(이라하며)

서경 주서 강고편에 적혀 있다. 「문왕이 능히 명덕을 밝혔다.」

[어구 설명] ㅇ康誥曰(강고왈) : 서경(書經) 주서(周書)의 강고편(康誥篇)이다. 「서경」은 상서(尙書)라고도 하며 고대의 「우(虞)·하(夏)·상(商)·주(周)」 네 나라 임금들의 훈계나 기록을 추린 경전이다. 「주서」는 주(周)나라의 기록이다. 「강고편」을 고주(古注)에서는 「성왕(成王)」이 「강숙(康叔 : 무왕의 동생)」을 은(殷)의 유민(遺民)이 살고 있는 위(衛)나라에 봉하면서 내린 훈계를 적은 글이라고 했다. 「성왕」은 당시 어렸으므로 실제로는 「섭정(攝政)한 주공(周公)」이 「강숙」에게 한 말이다. 이를 주자는 「무왕(武王)」이 「동생 강숙」에게 내린 훈계라고 수정했다. ㅇ克明德(극명덕) : 문왕(文王)께서 능히 덕을 밝혔다. 주자(朱子)는 극(克)을 능(能)으로 풀었다. 즉 「사욕(私欲)을 극복하고 능히 명덕(明德)을 밝힐 수 있었다」는 뜻이다.

[傳文註] (1) 康誥周書 克能也.

(1) 「강고(康誥)」는 「서경(書經) 주서(周書)」에 있는 글이다. 「극(克)」은 「능(能)」의 뜻이다.

[대학 전문 1장 2절]

大甲曰 顧諟天之明命.

태갑(에) 왈 고시천지명명(이라하며)

태갑편에 적혀 있다. 「탕왕은 하늘이 내린 밝은 명령을 항상 주시하고 지켰다.」

[어구 설명] ㅇ大甲(태갑) : 「대(大)」를 「태(泰)」로 읽는다. 「서경(書經) 상서(商書) 태갑편(太甲篇)」이다. 「상(商)」을 뒤에는 「은(殷)」이라 했다. 「태갑」은 은나라 탕왕(湯王)의 손자다. 탕왕이 죽고 태자(太子)도 요절하고 뒤를 이은 외병(外丙)도

2년 만에 죽었다. 그래서 손자 태갑이 자리에 올랐다. 그러나 무도(無道)했으므로 이윤(伊尹)이 글을 지어 훈계했다. 이윤은 탕왕을 보좌하고 은나라를 창건한 개국 공신(開國功臣)이자 현명한 재상이었다.

ㅇ顧諟天之明命(고시천지명명) : <은나라를 창건한 탕왕(湯王)은> 하늘의 밝은 명령, 즉 하늘이 사람의 본성 속에 내려준 명덕(明德)을 돌아보고 따랐다.「고(顧)」는 돌아보고 살피다.「시(諟)」는「시(是)」의 옛 글자.「천지명명(天之明命)」은 하늘이 내려준 밝은 명령. 주자는 곧「명덕(明德)」의 뜻으로 풀었다. 즉 하늘이 엄한 명령으로 내려준 것은 곧 사람이 받은 명덕(明德)이다.

[傳文註] (1) 大甲商書 顧謂常目在之也.

(1) 태갑편(大甲篇)은 상서(商書)에 있는 글이다. 고(顧)는 눈을 항상 그곳에 둔다는 뜻이다.

[傳文註] (2) 諟猶此也 或曰審也.

(2)「시(諟)」는「차(此)」와 같다. 혹은「살필 심(審)」으로 풀기도 한다.

[傳文註] (3) 天之明命 卽天之所以與我 而我之所以 爲德者也 常目在之 則無時不明矣.

(3)「하늘의 밝은 명령」은 곧 하늘이 나에게 준 것이며, 따라서 내가 덕으로 삼고 있는 것 <즉 명덕>이다. 항상 눈을 그곳에 두고 있으면 언제나 밝지 않음이 없다.

[대학 전문 1장 3절]

帝典曰 克明峻德.

제전(에) 왈 극명준덕(이라하니)

요전에 있다.「요임금이 능히 큰 덕을 밝힐 수 있었다.」

[어구 설명] ㅇ帝典(제전) : 서경(書經) 우서(虞書)의 요전편(堯典篇).

[傳文註] (1) 帝典 堯典 虞書 峻大也.

(1) 「제전(帝典)」은 「서경(書經) 우서(虞書)의 요전편(堯典篇)」이다. 「준(峻)」은 「크다는 뜻」이다.

[대학 전문 1장 4절]

皆自明也.

개자명야(니라)

모두가 스스로 명덕을 밝혔음을 말한 것이다.

[어구 설명] ㅇ皆自明也(개자명야) : 세 구절이 다 <옛날의 성군이> 명덕을 밝힌 역사적 사실을 말한 것이다.

[傳文註] (1) 結所引書 皆言自明己德之意.

(1) 인용한 바의 글뜻을 종합하면 그 모두가 <옛날의 성군들이> 저마다 명덕을 밝혔다는 뜻을 말한 것이다.

[설명] (1) 右傳之首章 釋明明德.

(1) 이상이 「전문(傳文) 제1장」이며 <경문(經文)> 「명명덕(明明德)」에 대한 해석이다.

[설명주] 此通下三章 至止於信 舊本 誤在沒世不忘之下.

여기서부터 「지어신(止於信)」까지를 옛날 책은 잘못하여 「몰세불망(沒世不忘)」 다음에 넣었다.

[어구 설명] ㅇ舊本 誤(구본 오) : 옛날 책은 잘못 적었다. 즉 「전문 1장」부터 「지어신(止於信)」까지를 「고본대학(古本大學)」에서는 잘못하여 「전문 3장 4절」 끝에 있는 「몰세불망(沒世不忘)」 다음에 들어가게 했다.

[大學 傳文 제2장] : 총 4절

* 경문(經文) 삼강령(三綱領)의 두 번째 강령 「신민(新民)」에 대한 풀이
로 「전문 제2장 : 총4절」의 원문은 다음과 같다.

1절 湯之盤銘曰 苟日新 日日新 又日新.
2절 康誥曰 作新民.
3절 詩曰 周雖舊邦 其命維新.
4절 是故 君子無所不用其極.

[대학 전문 2장 1절]

湯之盤銘曰 苟日新 日日新 又日新.

탕지반명(에) 왈 구일신(이어든) 일일신(하고) 우일신(이라하며)

탕왕(湯王)의 대야 명문에 「진실로 <지난날의 낡고 얼룩진 때와 허물을 씻고> 날로 새롭게 하며, 또 나날이 계속해서 새롭게 하고, 또 거듭 날로 새롭게 한다」고 적혀 있다.

[어구 설명] ○湯之盤銘(탕지반명) : 탕왕(湯王)의 세숫대야의 명문. 반명(盤銘)은 청동(靑銅)으로 만든 세숫대야에 새겨놓은 글, 명문(銘文). 「반(盤)」을 목욕하는 물동이로 해석하기도 한다.

○苟日新(구일신) : 진실로 날로 새롭게 되다.

○日日新(일일신) : 하루하루 새롭게 되다.

○又日新(우일신) : 또 날로 더욱 새롭게 되다. 과거의 잘못을 청산하고 새롭게 혁신한다는 뜻.

[傳文註] (1) 盤 沐浴之盤也.

(1) 반(盤)은 목욕할 때 쓰는 대야이다.

[어구 설명] ○沐浴之盤(목욕지반) : 목욕(沐浴)은 「세수하고 머리를 감는다」는 뜻이다. 「전신목욕(全身沐浴)」의 뜻이 아닐 것이다.

[傳文註] (2) 銘名其器以自警之辭也 苟誠也.

(2) 「명(銘)」은 기명에 새겨서 스스로 훈계로 삼는 글귀이다. 「구(苟)」는 성(誠)의 뜻이다.

[어구 설명] ○銘名其器以自警之辭也(명.명기기 이자경지사야) : 「명(銘)」이라고 한 것은 「그릇에 글자를 새겨서 자신을 깨우치고 훈계하는 글귀이다」. ○苟誠也(구성야) : 「구(苟)」는 「성실하게, 진실로」의 뜻이다.

[傳文註] (3) 湯以人之洗濯其心 以去惡 如沐浴其身 以去垢 故銘其盤 言誠能一日 有以滌其舊染之汚 而自新 則當因其已新者 而日日新之 又日新之 不可略 有間斷也.

(3) 탕왕은 사람이 마음을 세척하여 낡은 허물을 제거하는 것을 마치 목욕하고 몸의 때를 씻는 것과 같다고 생각했으므로 자기가 일상 쓰는 대야에 명문을 새겨넣었다. 「진실로 어느 하루 능히 자신의 낡고 오염된 더러움을 씻고 스스로 새롭게 덕을 밝힐 수 있어야 하며, 또 마땅히 새로워진 자기를 바탕으로 쉬지 않고 나날이 새로워지고, 또 날로 더욱 새로워져야 한다.」 즉 「새로워지는 데 잠시도 사이가 있으면 안 된다」는 뜻을 말한 것이다.

[어구 설명] ○人之洗濯其心以去惡(인지세탁기심이거악) : 사람들이 자기 마음을 세척해서 악을 제거하는 것이. ○如沐浴其身以去垢(여목욕기신이거구) : 마치 자기 몸을 목욕해서 때를 씻어내는 것과 같다. ○銘其盤言(명기반언) : 대야 바닥에 말을 새겨넣었다. ○誠能一日(성능일일) : 진실로 능히 하루만이라도. <할 수 있다면.> ○有以滌其舊染之汚(유이척기구염지오) : 자신의 낡고 오염된 더러움을 세척하고. ○而自新(이자신) : 스스로 새로워질 수 있다면. ○則當因其已新者(즉당인기기신자) : 마땅히 새로워진 자신을 바탕으로 하고. ○而日日新之(이일일신지) : 또 나날이 자신을 새롭게 하고. ○又日新之(우일신지) : 또 다시 나날이 새롭게 하고. ○不可略有間斷也(불가략유간단야) : 잠시도 소홀하거나 단절하면

안된다.

[대학 전문 2장 2절]
康誥曰 作新民.

강고(에) 왈 작신민(이라하며)

서경 강고편에는 「임금은 백성을 진작해서 그들이 스스로 새롭게 혁신되도록 교화해야 한다」는 구절이 있다.

[어구 설명] ㅇ康誥(강고) : 서경(書經) 상서(商書) 강고편(康誥篇).
ㅇ作新民(작신민) : <백성들을 사랑으로 교화해서> 그들이 스스로 새롭게 혁신되도록 진작하고 돋아준다.

[傳文註] (1) 鼓之舞之 之謂作 言振起其自新之民也.

(1) 북을 치고 춤을 추게 하는 것이 곧 「작(作)」이다. 「작신민(作新民)」은 곧 「스스로 새롭게 혁신되려는 백성들을 진작하고 일어나게 한다」는 뜻이다.

[어구 설명] ㅇ鼓之舞之(고지무지) : 「내가 북을 치고, 남으로 하여금 춤을 추게 한다」는 뜻. ㅇ之謂作(지위작) : 그것을 곧 「작(作)」이라 한다.

[대학 전문 2장 3절]
詩曰 周雖舊邦 其命維新.

시(에) 왈 주수구방(이나) 기명유신(이라)

시경 대아 문왕편에 「주는 비록 오래된 나라이지만 <문왕에 이르러 스스로 덕을 밝히고 백성들도 저마다의 덕을 밝히고 혁신되게 했으므로> 하늘이 천명을 새롭게 내렸다」는 말이 있다.

[어구 설명] ㅇ詩(시) : 시경(詩經) 대아(大雅) 문왕편(文王篇).
ㅇ周雖舊邦(주수구방) : 주나라는 비록 오래된 나라이지만.
ㅇ其命維新(기명유신) : <문왕(文王)에게> 내린 명이 새롭다. 「유(維)=유(惟)」.

[傳文註] (1) 詩 大雅文王之篇 言周國雖舊 至於文王
能新其德 以及於民 而始受天命也.

(1) 시경(詩經) 대아(大雅) 문왕편(文王篇)의 시다. 즉 「주나라가
오래되었으나 문왕에 이르러 덕을 새롭게 하고 백성들에게 미칠
수가 있었다. 그래서 <하늘로부터> 천명을 새로 받게 되었다.」

[어구 설명] ○周國雖舊(주국수구) : 주나라는 그 역사가 비록 오래이지만. ○至於
文王 能新其德(지어문왕 능신기덕) : 문왕 때에 능히 인덕을 새롭게 하고. ○以及
於民(이급어민) : 만민에게 베풀 수 있었다. ○而始受天命也(이시수천명야) : 그래
서 비로소 <임금이 되어 천하 만민을 다스리라는> 천명(天命)을 받게 되었다.

[대학 전문 2장 4절]

是故君子 無所不用其極.

시고(로) 군자 무소불용기극(이니라)

그러므로 군자는 스스로 덕을 밝히거나, 또는 백성들을 새롭게 혁
신케 함에 있어 항상 지극한 최선의 경지에 있어야 한다.

[어구 설명] ○是故君子(시고군자) : 그러므로 옛날의 임금 혹은 군자.
○無所不用其極(무소불용기극) : 지극한 선(善)을 쓰지 않음이 없다.

[傳文註] (1) 自新新民 皆欲止於至善也.

(1) 스스로 새롭게 함에 있어서나 백성을 새롭게 혁신함에 있어서
나, 모두 지극한 선의 경지에 가서 머물러 있고자 해야 한다.

[설명] (1) 右傳之二章 釋新民.

(1) 이상이 「전문 2장」으로 경문(經文)의 「신민(新民)」을 해석한 것
이다.

[大學 傳文 제3장] : 총5절

　　＊「전문 제3장」은 「지어지선(止於至善)」에 대한 풀이다. 「전문 제3
　　장 : 총5절」의 원문은 다음과 같다.

　1절 詩云 邦畿千里 惟民所止.

　2절 詩云 緡蠻黃鳥 止于丘隅 子曰 於止知其所止 可以人而不
　　　　如鳥乎.

　3절 詩云 穆穆文王 於緝熙敬止 爲人君止於仁 爲人臣止於敬
　　　　爲人子 止於孝 爲人父止於慈 與國人交止於信.

　4절-(1) 詩云 瞻彼淇澳 菉竹猗猗 有斐君子 如切如磋 如琢如
　　　　磨 瑟兮僩兮 赫兮喧兮 有斐君子 終不可諠兮.

　4절-(2) 如切如磋者道學也 如琢如磨者自修也 瑟兮僩兮者恂
　　　　慄也 赫兮喧兮者威儀也 有斐君子終不可諠兮者 道盛德至
　　　　善民之不能忘也.

　5절 詩云 於戲前王不忘 君子賢其賢而親其親 小人樂其樂而利
　　　　其利 此以沒世不忘也.

[대학 전문 3장 1절]

詩云 邦畿千里 惟民所止.

시운 방기천리(여) 유민소지(라하니라)

시경 상송 현조편에 「왕도 주변 사방 천리 지방이 바로 백성들이
머물러 살 곳이다」라고 했다.

[어구 설명] ○詩(시) : 시경(詩經) 상송(商頌) 현조편(玄鳥篇). 「현조편」은 상(
商), 즉 은(殷)나라의 개국을 칭송하는 시다. 탕왕(湯王)이 세운 은나라의 시조는
설(契)이다. 탕왕의 어머니 간적(簡狄)이 하늘에서 떨어진 현조의 알을 먹고 그를
잉태했다.

○邦畿(방기) : 왕기(王畿)라고도 한다. 왕도(王都)를 중심으로 사방 천리(千里)

를 말한다. 천자의 직속 영지다. 그러므로 백성들이 안락하게 살 수 있는 곳이기도 하다. 왕기를 중심하고 밖으로 9개의 지역을 나누어 구기(九畿)라고 일컬었다. ○惟民所止(유민소지) : 오직 그곳이 백성들이 머물러 살 곳이다. 시경에는 「유(惟)」를 「유(維)」로 썼다.

[傳文註] (1) 詩 商頌玄鳥之篇 邦畿 王者之都也 止居也 言物各有所當止之處也.

(1) 「시(詩)」는 시경(詩經) 상송(商頌) 현조편(玄鳥篇)이다. 「방기(邦畿)」는 왕자의 도읍이다. 「지(止)」는 「산다는 뜻」이다. <인용한 시는> 「모든 것에는 마땅히 머물러야 할 지극히 좋은 경지가 있음」을 말한 것이다.

[어구 설명] ○邦畿(방기) : 국도(國都)를 중심으로 한 주변의 지역, 경기(京畿), 왕기(王畿)라고도 한다. 천자(天子)의 경우는 사방 천리(千里), 왕(王)의 경우는 사방 5백리. ○王者之都也(왕자지도야) : 임금의 도읍이다. 엄격히 말하면 임금의 도읍을 중심으로 한 주변의 토지다. ○止居也(지거야) : 「지(止)」는 「살 거(居)」의 뜻이다. ○言物各有所當止之處也(언물각유소당지지처야) : 「모든 사물에는 저마다 마땅히 머물러야 할 경지나 혹은 도리가 있다」는 뜻을 말한 것이다. ○物(물) : 모든 사물의 뜻. ○各有(각유) : 저마다. ○所當止之處(소당지지처) : 「마땅히 가서 머물러 있어야 할 곳, 혹은 도리」의 뜻이다.

[대학 전문 3장 2절]

詩云 緡蠻黃鳥 止于丘隅 子曰 於止知其所止 可以人而不如鳥乎.

시운 면만황조(여) 지우구우(라하야늘) 자왈 어지(에) 지기소지(로소니) 가이인이불여조호(아)

시경 소아 면만편에 「우짖고 있는 저 꾀꼬리, 숲이 우거진 높은 언덕 모퉁이에 머물고 있네」라는 시구가 있다. 이에 대해서 공자가 말했다. 「머무름에 있어 새도 마땅히 머무를 곳을 알거늘 사람이 새만 못해서야 되겠느냐.」

[어구 설명] ㅇ詩(시) : 시경(詩經) 소아(小雅) 면만편(綿蠻篇)의 시.

ㅇ緡蠻(면만) : 새의 우짖는 소리, 의성자(擬聲字). 작은 새의 형용으로 풀기도 하나, 주자는 새소리로 풀었다. 「면(緡)」을 시경에는 「면(綿)」으로 썼다.

ㅇ黃鳥(황조) : 꾀꼬리.

ㅇ丘隅(구우) : 숲이 울창한 언덕, 혹은 높이 솟은 산언덕 구석.

ㅇ子曰(자왈) : 공자가 시의 구절을 인용해서 말했다.

ㅇ於止知其所止(어지지기소지) : 새도 깃들거나 머무름에 있어 가장 안전하게 머무를 곳을 알고 있다.

ㅇ人而不如鳥(인이불여조) : 사람이 되어 새만도 못하면.

ㅇ可以人而不如鳥乎(가이인이불여조호) : 사람이 되어 새만큼도 <머무를 곳을> 알지 못하면 되겠는가?

[傳文註] (1) 詩 小雅緡蠻之篇 緡蠻鳥聲 丘隅 岑蔚 之處.

(1) 시경 소아 면만편의 시구다. 면만은 새소리다. 구우(丘隅)는 언덕이나 산의 한 구석이다. 높으면서도 나무가 울창한 곳이다.

[어구 설명] ㅇ丘隅(구우) : 높은 산, 한 모퉁이로 험준한 곳. ㅇ岑蔚之處(잠울지처) : 높고 나무가 울창하게 우거진 곳. 「岑」의 속음은 「잠」이다. 「蔚」의 속음은 「울」.

[傳文註] (2) 子曰以下 孔子說詩之辭 言人當知所當 止之處也.

(2) 「자왈(子曰)」 이하는 공자가 시경의 뜻을 설명한 말이다. 즉 사람은 마땅히 가서 머물러 살아야 할 곳을 알아야 한다는 뜻이다.

[대학 전문 3장 3절]

詩云 穆穆文王 於緝熙敬止 爲人君 止於仁 爲人臣

止於敬 爲人子 止於孝 爲人父 止於慈 與國人交 止於信.

시운 목목문왕(이여) 오즙희경지(라하니) 위인군(엔) 지어인(하시고) 위인신(엔) 지어경(하시고) 위인자(엔) 지어효(하시고) 위인부(엔) 지어자(하시고) 여국인교(엔) 지어신(이러시다)

시경 대아 문왕편에 「덕이 깊고 원대한 문왕은 계속해서 덕을 빛나게 밝히시고, 또 공경하게 지극한 선에 머무르셨다」고 했으니, 이는 곧 문왕이 「임금으로서는 인덕을 지극히 높이고 베풀었으며, 신하로서는 지극한 공경으로 임금을 섬겼으며, 아들 된 몸으로서는 지극한 효도로 어버이를 섬겼으며, 아버지로서는 지극한 자애로써 아들을 키웠으며, 나라 사람들과 사귈 때에는 지극하게 신의를 높이고 지켰음」을 말한 것이다.

[어구 설명] ㅇ詩(시) : 시경(詩經) 대아(大雅) 문왕편(文王篇)의 시.
ㅇ穆穆文王(목목문왕) : 깊고 원대한 덕(德)을 지닌 문왕. 「穆(화목할 목)」. 주자는 「목목(穆穆)」을 「심원(深遠)의 뜻」으로 풀었다.
ㅇ於(오) : 아! <감탄사>. 「주(註)」에 있다. 「어(於)」의 음은 「오(烏)」다.」
ㅇ緝熙(즙희) : <문왕이 자신의 명덕(明德)을> 계속해서 빛내고 밝히다. 「緝(빛날 집, 이을 즙)」
ㅇ敬止(경지) : 항상 경건한 자세로, 지극한 선의 경지에 가서 머물다.
ㅇ爲人君(위인군) : 임금이 되어서는, 남을 다스리는 임금으로서는.
ㅇ止於仁(지어인) : 인(仁)에 머물다. 이 때의 「지(止)」는 「지어지선(止於至善)」의 뜻이다. 그러므로 「위인군지어인(爲人君止於仁)」을 「임금으로서는 인덕(仁德)을 지극한 선으로 높이고 행했다」로 풀이한다.
ㅇ爲人臣止於敬(위인신지어경) : 남의 신하로서는 공경을 지극한 선으로 높이고 행했다. 문왕은 서백(西伯)으로서 나라를 다스리고, 또 제후(諸侯)들을 지도했다. 특히 문왕은 포학무도한 은(殷)의 주왕(紂王)에게 충간(忠諫)하고 유리(羑里)에 갇히기도 했다.

ㅇ爲人子止於孝(위인자지어효) : 남의 아들 된 몸으로서는 효도를 지극한 선으로 높이고 행했다. 문왕은 태공(太公) 계창(季昌)의 아들이며, 효성이 지극했다.
ㅇ爲人父止於慈(위인부지어자) : 남의 아버지 된 몸으로서는 자애를 지극한 선으로 높이고 베풀었다. 문왕은 무왕(武王)과 주공(周公) 소공(召公) 등의 아버지이다.
ㅇ與國人交止於信(여국인교지어신) : 나라 사람들과 사귀고 어울릴 때는 신의(信義)를 지극한 선으로 높이고 지켰다.

[傳文註] (1) 引此 而言聖人之止 無非至善 五者乃其 目之大者也 學者於此 究其精微之蘊 而又推類以盡其 餘 則於天下之事 皆有以知其所止 而無疑矣.

(1) <증자(曾子)가> 시경의 시구를 인용해서 「성덕을 갖춘 문왕의 머무름이 지극한 선(善)의 경지가 아닌 것이 없음」을 말한 것이다. 이상의 다섯 가지는 덕목 중에서 큰 것만을 추린 것이다. 배우는 사람은 이것을 바탕으로 더욱 정밀하고 깊은 것을 추궁하고, 또 유추하여 <다섯 가지 이외의> 나머지 덕행들도 다 실천해야 한다. 그래야 천하의 모든 사물에 대해서 마땅히 머물러야 할 경지를 알고, 또 의심나는 점이 없게 된다.

[어구 설명] ㅇ五者(오자) : 다섯 가지. 「爲人君 止於仁」 「爲人臣 止於敬」 「爲人子 止於孝」 「爲人父 止於慈」 「與國人交 止於信」

[대학 전문 3장 4절]

  * 「전문 3장 4절」을 다시 여러 단락으로 나누어 풀이한다.

「4-(1)」 詩云 瞻彼淇澳 菉竹猗猗 有斐君子 如切如磋 如琢如磨 瑟兮僩兮 赫兮喧兮 有斐君子 終不可諠兮.

시운 첨피기욱(하니) 녹죽의의(로다) 유비군자(여) 여절여차(하며) 여탁여마(라) 슬혜한혜(며) 혁혜훤혜(니) 유비군자(여) 종불가훤혜(라)

시경 위풍 기욱편에 있다. 「저 기수 물 굽이 깊은 곳을 바라보니, 푸른 대나무 아름답게 우거졌네. 저렇듯 아름답고 빛나는 군자가, 절차탁마하며 더욱 학문을 높이고 자신을 수양하니, 그의 인품이 장엄하고 위엄이 있고, 용모가 의연하고 훤하게 빛나네. 저렇듯 아름답고 빛나는 군자를 영영 잊을 수가 없노라.」

[어구 설명] ㅇ詩(시) : 시경(詩經) 위풍(衛風) 기욱편(淇澳篇)의 시. 이 시는 위(衛)나라 무공(武公)의 덕을 칭송한 시다. 무공은 주(周) 선왕(宣王) 16년(B.C. 812)에 위나라의 제후(諸侯)가 되었다. 그는 학식이 많고 또 예절을 잘 지킨 군자 중의 군자로, 나이 90이 넘어도 여전히 절차탁마(切磋琢磨)하여 학덕(學德)을 더욱 높였다. 주나라 동천(東遷) 시에는 평왕(平王)을 도운 공으로 재상이 되었으며, 평왕 16년(B.C. 758)에 사망했다.

ㅇ瞻(첨) : 바라다본다.

ㅇ淇澳(기욱) : 「기(淇)」는 강 이름. 「욱(澳)」은 물이 곡절(曲折)하는 깊고 후미진 곳. 시경에는 「오(奧)」라고 적었다. 속음은 「오」. 기수(淇水)는 하남성(河南省) 북쪽 대호산(大號山)에서 발원하여 위나라 기현(淇縣)을 지나 바다로 흘러간다.

ㅇ菉竹(녹죽) : 푸른 대나무. 「녹(菉)」을 시경에는 녹(綠)으로 썼다.

ㅇ猗猗(의의) : 아름답고 무성한 모양. 「의(猗)」는 시운을 맞출 때는 '아'로 발음한다.(猗叶韻音阿)」라 했다. 「녹죽의의(菉竹猗猗)」는 「푸른 대나무가 아름답고, 잎이 무성하다」는 뜻이다. 이 구절은 곧 시경에서 말하는 「흥(興)」이며, 다음의 「유비군자(有斐君子)」를 이끌기 위한 시구다.

ㅇ有斐君子(유비군자) : <학문과 덕성을 겸하여> 아름답게 빛나는 군자가 있다.

ㅇ切磋琢磨(절차탁마) : 「절(切)」은 칼이나 톱으로 자르고 절단하다. 「차(磋)」는 줄로 쓸거나 깎고 닦아서 연마(研磨)하다. 「절차(切磋)」의 원래 뜻은 「기물을 만들기 위하여 뼈[骨]나 뿔[角]을 쓸고 자르고 다듬는다.」 「탁(琢)」은 옥돌을 쪼고 다듬어 형상을 만들다. 「마(磨)」는 갈고 닦아서 부드럽게 윤을 내다. 「탁마(琢磨)」는 「옥이나 돌을 쪼아 모양을 내고 다시 갈고 닦아서 윤을 내다.」

ㅇ如切如磋 如琢如磨(여절여차 여탁여마) : 「절차탁마(切磋琢磨)하듯 학문과 덕을 닦고 높인다는 뜻으로 쓰인다.」 즉 학문에 힘쓰고 더욱 덕행을 닦고 높이는

것을 비유하여 절차탁마라고 한다.
ㅇ瑟兮(슬혜) : 장중(莊重)하고 엄숙한 품.
ㅇ僩兮(한혜) : 굳세고 무위(武威)가 있다. 즉 위엄이 있고 의연하다.
ㅇ瑟兮僩兮(슬혜한혜) : 신중하고 겸손하고 아울러 엄숙하고 의연하다.
ㅇ赫兮(혁혜) : <외면적인 용모나 내면적인 덕이> 밝게 빛나다.
ㅇ喧兮(훤혜) : 빛나다. 「喧(의젓할 훤)」. 여기서는 「빛날 훤(煊)」의 뜻.
ㅇ赫兮喧兮(혁혜훤혜) : 밝게 빛나고 광채가 나다.
ㅇ諼(훤) : 여기서는 「잊을 훤(諼)」의 뜻으로 푼다.
ㅇ有斐君子 終不可諼兮(유비군자 종불가훤혜) : 저렇듯 빛나는 군자이기에 끝내 잊을 수가 없다.

「4-(2)」 如切如磋者 道學也 如琢如磨者 自修也 瑟兮僩兮者 恂慄也 赫兮喧兮者 威儀也 有斐君子 終不可諼兮者 道盛德至善 民之不能忘也.

여절여차자(는) 도학야(요) 여탁여마자(는) 자수야(요) 슬혜한혜자(는) 순율야(요) 혁혜훤혜자(는) 위의야(요) 유비군자(이) 종불가훤혜자(는) 도성덕지선(은) 민지불능망야(라)

시에서 「여절여차자(如切如磋者)」라고 한 것은 「위나라의 무공이 학문에 힘을 썼음」을 말한 것이다. 시에서 「여탁여마자(如琢如磨者)」라고 한 것은 「그가 스스로 덕을 닦았음」을 말한 것이다. 시에서 「슬혜한혜(瑟兮僩兮)」라고 한 것은 「그의 인품이 고결하고 위엄이 있다」는 뜻이다. 시에서 「혁혜훤혜(赫兮喧兮)」라고 한 것은 「그의 덕성이나 의용이 높고 의젓하다」는 뜻이다. 시에서 「유비군자 종불가훤혜(有斐君子 終不可諼兮)」라고 한 것은 「성덕(盛德)을 갖추고 지선(至善)의 경지에 있는 군자를 백성들이 언제까지나 잊지 못한다」는 뜻이다.

[어구 설명] ㅇ「4-(2)」는 앞에서 인용한 시에 대한 증자(曾子)의 풀이다.

○如切如磋者 道學也(여절여차자 도학야) : 「여절여차자(如切如磋者)」라는 구절은 「위나라의 무공이 학문에 힘을 썼음」을 말한 것이다.

○如琢如磨者 自修也(여탁여마자 자수야) : 「여탁여마자(如琢如磨者)」는 「그가 스스로 덕을 닦았음」을 말한 것이다.

○瑟兮僩兮者 恂慄也(슬혜한혜자 순율야) : 「슬혜한혜자(瑟兮僩兮者)」는 「그의 인품이 고결하고 위엄이 있다」는 뜻이다. 「순(恂)」은 「준(峻, 俊)」, 「율(慄)」은 「위엄이 넘치고 두렵다」는 뜻.

○赫兮喧兮者 威儀也(혁혜훤혜자 위의야) : 「혁혜훤혜자(赫兮喧兮者)」는 「덕성이나 의용이 높고 의젓하다」는 뜻이다. 「위(威)」는 「높고 위엄이 있다」. 「의(儀)」는 의용(儀容)이나 태도가 모범적이라는 뜻.

○有斐君子 終不可諠兮者(유비군자 종불가훤혜자) : 시경에서 「빛나는 군자는 끝내 잊을 수가 없다」고 한 구절은.

○道盛德至善 民之不能忘也(도성덕지선 민지불능망야) : 「성덕을 갖추고 지선의 경지에 머물고 있는 군자」를 「백성들이 잊지 못함」을 말한 것이다.

[傳文註] (1) 詩衛風淇澳之篇 淇水名 澳隈也 猗猗美盛貌興也 斐文貌.

(1) 시는 시경 위풍 기욱편의 시다. 기는 강물의 이름이다. 욱(澳)은 외(隈)이다. 강물이 굽고 구석진 곳이다. 의의(猗猗)는 아름답고 무성한 모양. 시경의 육의(六義) 중의 흥(興)에 속한다. 비(斐)는 무늬가 빛나고 화려한 모양.

[傳文註] (2) 切以刀鋸 琢以椎鑿 皆裁物使成形質也 磋以鑢錫 磨以沙石 皆治物使其滑澤也 治骨角者 既切而復磋之 治玉石者 既琢而復磨之 皆言其治之有緒而益致其精也.

(2) 「절(切)」은 칼이나 톱으로 <자르고 베다.> 「탁(琢)」은 몽치나 끌로 <자르고 쪼아서> 물체를 재단하고 형질을 가꾸어 만든다.

「차(磋)」는 줄이나 대패질을 하다. 「마(磨)」는 모래와 자갈로 갈다. 모두 <재료가 되는> 물건을 연마해서 매끈하고 윤이 나게 한다. 뼈나 뿔로 기물을 만드는 사람은 먼저 자르고 다시 줄로 갈고, 옥이나 돌 같은 재료를 다룰 적에는 먼저 쪼아내고 다시 연마한다. 「절차탁마」는 곧 <학문 수양에 있어서도 마찬가지로> 처음 단계가 있고 다음에 점차로 더욱 정밀하게 한다는 뜻을 말한 것이다.

[어구 발음] ○鋸(거) : 거(居)와 어(御)의 반절(反切). ○椎(추) : 직(直)과 추(追)의 반절. ○鑢(여) : 여(慮)와 같은 음. ○錫(탕) : 타(他)와 낭(浪)의 반절. ○復(부) : 부(扶)와 우(又)의 반절. 다음의 「復」도 같다.<이상은 모두 원주(原註)>

[傳文註] (3) 瑟嚴密之貌 僩武毅之貌 赫喧宣著盛大之貌 諠忘也 道言也 學謂講習討論之事 自修者省察克治之功 恂慄戰懼也 威可畏也 儀可象也.

(3) 「슬(瑟)」은 엄숙하고 정밀한 품이다. 「한(僩)」은 올곧고 의연한 품이다. 「혁훤(赫喧)」은 밝게 빛나고 의용(儀容)이 성대한 모양이다. 「훤(諠)」은 잊을 망(忘)이다. 「도(道)는 말하다」의 뜻이다. 「학(學)」이라고 한 것은 「학문을 강습하고 토론한다」는 뜻이다. 「자수(自修)」라고 한 것은 「자신을 돌이켜 살피고 능히 자신을 다스리는 공부를 한다[省察克治之功]」는 뜻이다. 「준률(恂慄)」은 벌벌 떨고 두려워한다는 뜻이다. 「위(威)」는 두려워한다는 뜻이다. 「의(儀)」는 의표가 훌륭하다는 뜻이다.

[傳文註] (4) 引詩而釋之 以明明明德者之止於至善 道學自修 言其所以得之之由 恂慄威儀 言其德容表裏之盛 卒乃指其實而歎美之也.

(4) 시경의 시를 인용하여 해석하고 「위나라 무공의 명명덕(明明德)이 지어지선(止於至善)했다는 뜻」을 밝힌 말이다. 「배움을 말

하고 스스로 성찰하고 몸을 닦음(道學自修)」이라고 한 것은 그가
훌륭하게 될 수 있었던 연유를 말한 것이다. 「준율(恂慄)하고 위의
(威儀)」하다고 한 것은 그의 학덕(學德)과 의용(儀容)이 겉으로나
안으로나 성대함을 말한 것이다. 결국 그의 실질과 실상을 가리키
고, 아울러 「그의 성대한 학덕과 의용」을 높이고 감탄하고 미화한
것이다.

[대학 전문 3장 5절]

詩云 於戲 前王不忘 君子賢其賢 而親其親 小人樂其樂 而利其利 此以沒世不忘也.

시운 오호(라) 전왕불망(이라하니) 군자(는) 현기현 이친기친(하고) 소인(은) 낙기
락 이리기리(하나니) 차이몰세불망야(니라)

시경 주송 열문편에 「아아! 선왕들을 잊지 못하네!」라는 시구가
있다. 후세의 현명한 임금이나 군자들도 선왕의 현덕(賢德)을 슬기
롭게 받들고, 선왕이 친애한 바를 친애했다. 한편 백성들도 <선왕
이 안락하게 다스린 바탕 위에서> 안락하게 잘살았고, 또 <선왕이
이롭게 해준 바탕 위에서> 이롭게 잘살았다. 그러므로 <후세의
임금이나 백성들은> 선왕이 돌아간 후에도 그 은덕이나 공적을
잊지 않고 높인 것이다.

[어구 설명] ㅇ詩云(시운) : 시경(詩經) 주송(周頌) 열문편(烈文篇)의 시.
ㅇ於戲 前王不忘(오호 전왕불망) : 오호, 옛날의 임금을 잊지 못한다. 문왕(文王),
무왕(武王)의 은덕이나 공적을 잊지 못한다. 「오호(於戲)」=「오호(烏乎)」.
ㅇ賢其賢(현기현) : 선왕의 현덕(賢德)을 높이고 현명하게 따르고 행했다.
ㅇ親其親(친기친) : 선왕이 친애한 바를 친애하다. 문왕 무왕은 부모에 효성하고
일가 친척을 친애하고, 또 제후들에게 예양(禮讓)하고, 또 백성들을 사랑했다.
ㅇ樂其樂(낙기락) : 선왕이 안락하게 살게 해준 바탕 위에서 안락하게 산다.

○利其利(이기리) : 선왕이 이롭게 해준 바탕 위에서 이롭게 잘산다. 「이(利)」는 경제적으로 부유하고 문화적으로도 발달한 삶을 산다는 뜻.

○此以沒世不忘也(차이몰세불망야) : 선왕이 죽어도 은덕을 잊지 않는다.

[傳文註] (1) 詩周頌烈文之篇 於戲歎辭 前王謂文武也 君子謂後賢後王 小人謂後民也 此言 前王所以新民者 止於至善 能使天下後世 無一物不得其所 所以旣沒世 而人思慕之愈久而不忘也.

(1) 시경 주송 열문편의 시다. 「오호(於戲)」는 감탄사다. 전왕(前王)은 문왕(文王)과 무왕(武王)을 말한다. 군자(君子)는 그 이후의 현인(賢人)이나 현왕(賢王)을 말한다. 소인(小人)은 그 이후의 백성들을 말한다. 「전문 3장 5절」의 시는 <다음 같은 뜻을 말한 것이다.> 전왕, 즉 문왕과 무왕이 신민(新民)에 있어 「지어지선(止於至善)」하여 능히 후세의 만민으로 하여금 모든 사물을 잘 이루게 해주었다. 그러므로 문왕과 무왕이 돌아간 후에도 길이 사모하고 더욱 잊지 않았던 것이다.

[傳文註] (2) 此兩節 咏歎淫泆 其味深長 當熟玩之.

(2) <서경에 있는> 이 두 구절은 <문왕과 무왕에 대한> 감탄이 넘치고 있으며 의미가 심장(深長)하다. 그러므로 마땅히 잘 익히고 음미(吟味)해야 한다. <* 「음일(淫泆)」은 넘치다의 뜻.>

[설명] 右傳之三章 釋止於至善.

이상은 「전문 3장」이며, 「경문 1장」의 「지어지선(止於至善)」을 풀이한 말이다.

[설명주] 此章內 自引淇澳詩以下 舊本 誤在誠意章下.

이 장에 있는 「기욱시(淇澳詩)」에서 인용한 다음의 글이 옛날 책에는 잘못하여 「성의장(誠意章)」 다음에 들어가 있다.

[大學 傳文 제4장] : 총1절

*「전문(傳文) 4장」은「경문(經文) 본말(本末)」을 풀이한 것으로「총 1절」이다. 증자(曾子)의 말이다. 증자는「논어(論語) 안연편(顔淵篇)」에서「자왈 청송 오유인야 필야사무송호(子曰 聽訟 吾猶人也 必也使無訟乎)」를 인용하고, 다시 자기의 말을 덧붙여「이것이 근본을 앎이다(此謂知本)」라고 했다.

  1절 : 子曰 聽訟 吾猶人也 必也使無訟乎 無情者不得盡其辭
     大畏民志 此謂知本.

[대학 전문 4장 1절]

子曰 聽訟 吾猶人也 必也使無訟乎 無情者不得盡 其辭 大畏民志 此謂知本.

자왈 청송(은) 오유인야(이나) 필야사무송호(인져하시니) 무정자(로) 부득진기사(는) 대외민지(니) 차위지본(이니라)

공자가 말했다.「백성들의 송사를 듣고 처리하는 일은 나도 남과 같이 할 수 있다. 그러나 나는 반드시 그들로 하여금 송사를 일으키지 않게 하겠다.」<이에 대해서 증자가 다음같이 부연했다.>「진실하지 않은 자는 자기의 거짓된 말을 끝까지 주장하고 세우지 못한다. <그 까닭은 명덕(明德)의 빛이> 크게 백성들의 마음을 두렵게 하기 때문이다. 이와 같이 하는 것이 곧 지본(知本)이다.」

[어구 설명] ㅇ子曰(자왈) : 공자(孔子)의 말. 논어(論語) 안연편(顔淵篇)에 있다.
ㅇ聽訟(청송) : 송사(訟事)를 듣고, 바르게 재판한다는 뜻.
ㅇ吾猶人也(오유인야) : 나도 남같이 잘 처리할 수 있다.
ㅇ必也使無訟乎(필야사무송호) : 반드시 송사를 일으키지 않게 하겠다.
ㅇ無情者(무정자) : 진정(眞情)이나 정성(精誠)이 없는 사람. 즉 남을 속이는 사람.
「정(情)」은 진실되고 성실한 심정(心情)과 인정(仁情)의 뜻을 다 포함한다.「무정자(無情者)」는 「무자비한 사람, 거짓말하는 사람」의 뜻.

ㅇ不得盡其辭(부득진기사) : 그 말을 다 하지 못한다. 즉 「무정자」는 자신의 거짓된 주장을 끝까지 펴지 못한다.

ㅇ大畏民志(대외민지) : <임금이나 성인의 「명명덕(明明德)」이> 크게 백성들의 마음을 두렵게 하기 때문이다. 외(畏)는 두렵게 한다, 경외(敬畏)하게 만든다. 지(志)는 심지(心志), 마음이나 뜻.

ㅇ此謂知本(차위지본) : 이를 「지본(知本)」이라고 한다. 위가 「명명덕(明明德)」하면 백성들도 경외(敬畏)하고 감화되어 송사를 일으키지 않는다.

[傳文註] (1) 猶人不異於人也 情實也 引夫子之言 而言聖人能使無實之人 不敢盡其虛誕之辭 蓋我之明德旣明 自然有以畏服民之心志 故訟不待聽 而自無也 觀於此言 可以知本末之先後矣.

(1) 「남과 같음[猶人]」은 「남과 다르지 않다는 뜻」이다. 「정(情)」은 「진실, 성실」의 뜻이다. 공자의 말을 인용해서 「성인(聖人)이 능히 진실성이 없는 사람으로 하여금 감히 허망한 말을 끝내 통하지 못하게 한다는 뜻」을 말한 것이다. 무릇, 백성을 다스리는 임금의 명덕(明德)이 이미 밝혀졌으므로 자연히 백성의 심지(心志)가 경외(敬畏)하게 되며, 따라서 송사 듣기를 기다리지 않아도 백성들이 스스로 송사를 없게 한다. 이와 같은 말로써 본말(本末)과 선후(先後)의 뜻을 잘 알 수 있다.

[설명] 右傳之四章 釋本末.

이상은 「전문(傳文) 4장」으로 「경문(經文)의 본말(本末)의 뜻」을 해석한 것이다.

[설명주] 此章舊本誤在止於信下.

이 장이 옛날 책에는 잘못하여 「지어신(止於信)」 다음에 들어갔다.

[傳文 衍文] 此謂知本 此謂知之至也.

「차(此)가 지본(知本)이다.」「차(此)는 지지지(知之至)를 말한다.」

[어구 설명] ㅇ「차위지본(此謂知本)」을 정자(程子)는 연문(衍文)이라 했다. 연문은 쓸데없는 글이란 뜻이다.

[설명] 此句之上 別有闕文 此特其結語耳 右傳之五章 蓋釋格物致知之義 而今亡矣.

이 구절 앞의 글이 빠졌으며 이는 다만 맺는 글이다. <아마> 앞은 전문 5장일 것이며, 대략 격물치지(格物致知)에 대한 뜻풀이일 것이다. 그러나 지금은 없어졌다.

[설명주] 此章舊本 通下章 誤在經文之下.

「이 장의 글」이 옛날 책에는 잘못하여 「다음 6장」과 함께 「경문 끝」에 들어가 있다.

<* 그래서 주자가 다음같이 보충하고 바로잡았다.>

[補充 傳文 제5장] : 총4절

[설명] 間嘗竊取程子之意 以補之 曰補傳.

중간에 외람되게 정자의 뜻을 따라 글을 보충하고 「보전(補傳)」이라 했다.

* 「격물치지(格物致知)」에 대한 전문(傳文)이 일실(逸失)되었으므로 주자(朱子)가 정자(程子)의 뜻에 따라 보충한 것이다. 이 「격물보전(格物補傳)」은 경문 팔조목(八條目) 중 「격물치지」에 대한 풀이다. 이 책에서는 해독의 방편상, 다시 「4절」로 나누어 풀이했다.

1절 所謂致知在格物者 言欲致吾之知 在卽物而窮其理也.

2절 蓋人心之靈 莫不有知 而天下之物 莫不有理 惟於理有未窮 故其知有不盡也.

3절 是以大學始敎 必使學者 卽凡天下之物 莫不因其已知之理 而益窮之以求至乎其極 至於用力之久 而一旦豁然貫通焉 則衆物之表裏精粗 無不到 而吾心之全體大用無不明矣.

4절 此謂物格 此謂知之至也.

[격물 보전 5장 1절]

所謂致知在格物者 言欲致吾之知 在卽物而窮其理也.

소위 치지재격물자(는) 언욕치오지지(면) 재즉물이궁기리야(이니라)

경문(經文)에서 「치지(致知)의 바탕은 격물(格物)에 있다」고 한 것은 다음 같은 뜻이다. 「내가 <사물을 바르게> 알려고 하면 직접 사물에 붙어, 그 도리를 궁구(窮究)함을 바탕으로 해야 한다.」

[어구 설명] ○致知在格物者(치지재격물자) : 치지(致知)가 격물(格物)에 있다고 함은. <다음 같은 뜻을 말한 것이다.>

○欲致吾之知(욕치오지지) : 나의 앎을 이루기 위해서는.

ㅇ卽物(즉물) : 직접 사물에 붙어서.
ㅇ窮其理(궁기리) : 도리를 궁구(窮究)해야 한다.

[격물 보전 5장 2절]

蓋人心之靈 莫不有知 而天下之物 莫不有理 惟於理 有未窮 故其知 有不盡也.

개인심지령(이) 막불유지(요) 이천하지물(이) 막불유리(이나) 유어리(에) 유미궁(이라) 고(로) 기지 유부진야(니라)

무릇 인간의 마음은 영특하므로 알지 못하는 것이 없다. <즉 모든 것을 다 알게 마련이다.> 그리고 또 천하 만물에는 저마다 도리가 있지 않은 것이 없다. <즉 저마다 다 도리가 있다.> 다만 사람이 사물의 도리를 궁구(窮究)하지 않기 때문에 앎에 미진함이 있는 것이다.

[어구 설명] ㅇ蓋人心之靈(개인심지령) : 무릇 인간의 마음은 영특하다.
ㅇ莫不有知(막불유지) : 알지 못하는 것이 없다.
ㅇ而天下之物(이천하지물) : 그리고 천하 만물은.
ㅇ莫不有理(막불유리) : 도리 없는 것이 없다.
ㅇ惟於理有未窮(유어리유미궁) : 다만 사람이 사물의 도리에 있어, 끝까지 추구하고 밝히지 않기 때문에.
ㅇ故其知有不盡也(고기지유부진야) : 그 앎에 다함이 없게 되는 것이다.

[격물 보전 5장 3절]

是以大學始教 必使學者 卽凡天下之物 莫不因其已知之理 而益窮之 以求至乎其極 至於用力之久 而一旦豁然貫通焉 則衆物之表裏精粗 無不到 而吾心之全體大用 無不明矣.

시이(로) 대학시교(에) 필사학자(로) 즉범천하지물(하야) 막불인기이지지리(하고) 이익궁지(하고) 이구지호기극(하나니) 지어용력지구(하여) 이일단활연관통언(이면) 즉중물지표리정조(이) 무부도(하고) 이오심지전체대용(이) 무불명의(리라)

그러므로 대학에서 처음 가르칠 때에 반드시 학생으로 하여금 모든 천하 만물에 대해서 <기왕의 지식을 바탕으로 하고> 더욱 사물의 이치나 도리를 끝까지 추궁하고, 그 극치에 도달하기를 구하게 해야 한다. 이 같은 공부와 노력을 오래 하게 되면 하루아침에 모든 사물의 도리가 훤하게 트이고 사방으로 관통하게 되며, 즉시 모든 사물의 겉과 속, 정밀함과 조잡한 것들을 다 <가리고> 알게 되고, 따라서 내 마음이 모든 도리를 갖추거나 모든 사물에 응용함에 있어 밝게 나타나지 않음이 없게 된다. <즉 명명덕(明明德)하게 된다.>

[어구 설명] ㅇ大學始敎(대학시교) : 대학에서 처음 가르칠 때에.

ㅇ因其已知之理(인기이지지리) : 자기가 이미 알고 있는 도리를 바탕으로 하고.

ㅇ而益窮之(이익궁지) : 더욱 도리를 추궁하고 구명하다. 「궁(窮)」은 「궁구(窮究)」, 즉 추궁하고 구명하다.

ㅇ以求至乎其極(이구지호기극) : <도리의> 극치에 도달하기를 구하게 하고.

ㅇ至於用力之久(지어용력지구) : <그와 같은> 공부와 노력을 오래 하게 되면.

ㅇ而一旦(이일단) : 그렇게 하면, 하루아침에.

ㅇ豁然貫通焉(활연관통언) : <모든 사물의 도리가> 훤하게 트이고 사방으로 관통하게 된다.

ㅇ而吾心之全體大用(이오심지전체대용) : 아울러, 내 마음의 전체를 크게 씀에 있어. <즉 「구중리(具衆理)하고 응만사(應萬事)」 함에 있어>

ㅇ無不明矣(무불명의) : 밝게 나타나지 않음이 없다. <즉 「명명덕(明明德)」하게 된다.>

[격물 보전 5장 4절]
此謂物格 此謂知之至也.

차위물격(이며) 차위지지지야(니라)

이러한 경지를 「사물의 도리에 도달했다[物格]」고 말한다. <이러한 경지를 「앎이 지극하게 되었다[知之至]」고 말한다.>

[참고 보충] 「이(理)의 극치(極致)」

<1> 주자(朱子)는 「태극(太極)은 이(理)」라고 했다. 「이(理)」는 「우주(宇宙)의 이법(理法), 자연만물의 생성변화(生成變化)의 법칙, 사물을 처리하는 도리 및 인간의 도리」를 다 포함한다.

<2> 따라서 이(理)의 극치(極致)는 우주의 이법(理法), 천도(天道)이다.

<3> 사람에게 있어서는 윤리 도덕의 실천이고, 인의(仁義)의 도덕정치의 실현이다. 그 바탕이 대학의 가르침이다.

[참고 보충] 「도심(道心)·인심(人心)·수심(獸心)」

<1> 마음을 크게 「도심(道心)」과 「인심(人心)」으로 나눈다.

<2> 천리를 깨닫고 윤리 도덕을 실천하고 남을 사랑하고 인류의 역사와 문화 발전에 창조적으로 기여하려는 마음이 도심(道心)이다.

<3> 이와 반대로 동물적·육체적·이기주의적 탐욕을 채우기 위해 남을 살상하고 남의 재물을 탈취하고, 나만의 순간적 쾌락을 취하려는 마음이 수심(獸心), 혹은 인심(人心)이다.

<4> 주자는 「마음은 사람의 신명이며, 모든 도리를 갖추고 만사에 대응한다.(心者人之神明 具衆理而應萬事) <大全疏註>」라고 말했다. 이 때의 마음은 곧 「명덕(明德)」「도심(道心)」이다.

<5> 주자는 「도심(道心)을 바탕으로 바르게 알고, 바르게 사물을 처리하고, 바르게 살고, 더 나가서 제가(齊家), 치국(治國), 평천하(平天下)하기를 가르쳤다.」

　　<* 오늘의 세계정치는 수심(獸心)을 바탕으로 하고 있다.>

[大學 傳文 제6장] : 총4절

* 경문(經文) 팔조목(八條目) 중 「성의(誠意)」를 풀이한 전문이다. 대학 장구에서는 앞의 「전문 제5장 : 격물 보전」과 함께 가장 중요한 전문으로 친다. 총 4절로 나눈다.

1절 所謂誠其意者 無自欺也 如惡惡臭 如好好色 此之謂自謙 故君子必愼其獨也.
2절 小人閒居 爲不善 無所不至 見君子以后 厭然 揜其不善 而 著其善 人之視己 如見其肺肝然 則何益矣 此謂誠於中 形 於外 故君子必愼其獨也.
3절 曾子曰 十目所視 十手所指 其嚴乎.
4절 富潤屋 德潤身 心廣體胖 故君子必誠其意.

[대학 전문 6장 1절]

所謂誠其意者 毋自欺也 如惡惡臭 如好好色 此之 謂自謙 故君子必愼其獨也.

소위 성기의자(는) 무자기야(니) 여오악취(하며) 여호호색(이니) 차지위자겸(이라) 고(로) 군자(는) 필신기독야(하니라)

이른바 「마음속의 뜻을 성실하게 함」은 「자신을 속이지 않음」이다. 악취를 싫어하듯이 <악을 미워하고> 미색을 좋아하듯이 <선을 좋아하니> 이를 자겸(自謙)이라고 한다. 고로 군자는 자신을 신중하게 해야 한다. <즉 자기 혼자만이 아는 마음가짐이나 몸가짐을 신중하게 해야 한다.>

[어구 설명] ○所謂誠其意者(소위성기의자) : 이른바 「자기의 뜻을 성실하게 한다(誠意)」고 함은.
○毋自欺也(무자기야) : 스스로 속이지 않음이다.

○如惡惡臭(여오악취) : 나쁜 냄새를 싫어하듯이. <악을 미워한다.>
○如好好色(여호호색) : 미색(美色)을 좋아하듯이. <선을 좋아한다.>
○此之謂自謙(차지위자겸) : 그와 같이 <본성적으로 선을 행하고, 악을 물리치는 것을>「자겸(自謙)」이라 한다.「자겸」은「선본성(善本性)에 비추어 스스로 즐겁고 흡족하다」는 뜻이다.
○故君子必愼其獨也(고군자필신기독야) : 고로 군자는 반드시 자기 혼자만이 알 수 있는 자신의 깊은 마음가짐을 신중하고 성실하게 지닌다. 즉 자신의 속마음이나, 자기 홀로 있는 경우에도 <자기의 마음가짐이나 몸가짐을> 신중하게 한다.

[傳文註] (1) 誠其意者 自修之首也.

(1) 자기의 뜻을 성실하게 하는 것이 자기 수양의 시발이다.

[傳文註] (2) 毋者 禁止之辭 自欺云者 知爲善以去惡 而心之所發 有未實也.

(2)「무(毋)」는「하지 말라는 뜻이다.」「스스로 속인다고 말한 것」은「선을 행하고 악을 제거해야 함을 알면서, 마음이 나타날 때, 성실하지 못하다」는 뜻이다.

[어구 설명] ○毋者禁止之辭(무자금지지사) :「무(毋)」는「하지 말라는 뜻」이다. ○自欺云者(자기운자) :「스스로 속인다[自欺]라고 한 말」은. ○知爲善以去惡(지위선이거악) : 선을 행하고 악을 제거해야 함을 알면서. ○而心之所發(이심지소발) : 그러나 마음이 발동할 때에. ○有未實也(유미실야) : 성실하지 못함이다.

[傳文註] (3) 謙快也足也 獨者人所不知 而己所獨知之地也.

(3)「겸(謙)」은「快(기뻐할 쾌), 足(흡족할 족)」의 뜻이다.「독(獨)」은「남은 모르고 자기 혼자 아는 경지라는 뜻이다.」

[傳文註] (4) 言欲自修者 知爲善以去其惡 則當實用其力 而禁止其自欺 使其惡惡則如惡惡臭 好善則如好

好色 皆務決去 而求必得之 以自快足於己 不可徒苟
且以殉外而爲人也 然其實與不實 蓋有他人所不及知
而己獨知之者 故必謹之於此 以審其幾焉.

⑷ 다음 같은 뜻을 말한 것이다. 「자신을 수양하려면, 선을 행하고 악을 제거해야 한다.」 〈그러기 위해서는〉 곧 「마땅히 자기의 힘을 성실하게 쓰고 아울러 스스로 속이지 말아야 한다.」 「즉 악을 미워함을 악취를 싫어함과 같이 하고, 선 좋아하기를 미색 좋아하듯 하고, 〈모든 것을 본성을 바탕으로〉 결단하고, 반드시 선을 얻고, 스스로 자신의 본성을 즐겁게 해주어야 한다.」 「함부로 구차하게 밖이나 남을 위해서 〈마음이나 힘을〉 쓰면 안 된다.」 「그러나 그것이 성실한 것인지 아닌지는 남들은 알 수 없고 자기 혼자만이 안다.」 「고로 〈자기 혼자만이 아는 경지, 즉 마음을〉 신중하고 근신하게 지니고 그 기미한 마음의 발동을 신중하게 살펴야 한다.」

[어구 설명] ○言(언) : 곧 다음 같은 뜻을 말한 것이다. 다음의 구절 전부에 걸린다. ○欲自修者(욕자수자) : 자신을 수양하려고 하면. ○知爲善以去其惡(지위선이거기악) : 「선을 행하고 악을 제거해야 함」을 알아야 한다. ○則當實用其力(즉당실용기력) : 마땅히 실지로 힘을 쓰고 노력해서. ○而禁止其自欺(이금지기자기) : 스스로 자기의 마음을 속이는 일을 금해야 한다. ○使其惡惡則如惡惡臭(사기오악즉여오악취) : 악을 미워하는 행동으로 하여금 곧 악취를 싫어함과 같이 해야 한다. ○好善則如好好色(호선즉여호호색) : 선 좋아하기를 곧 미색 좋아하는 듯이 해야 한다. 「사(使)」는 여기까지 걸린다. ○皆務決去(개무결거) : 〈선과 악 모두를 다〉 노력해서 결단코 행한다. 「힘써 결행한다」로 풀 수도 있다. ○而求必得之(이구필득지) : 그래서 구하는 것을 반드시 얻게 해야 한다. 〈즉 치지(致知), 성의(誠意), 자수(自修)를 달성한다는 뜻이다.〉 ○以自快足於己(이자쾌족어기) : 그래서 자신이 본심으로 즐겁고 흡족하게 여기게 된다. ○不可徒苟且(불가도구차) : 다만 구차하게 하면 안 된다. ○以殉外而爲人也(이순외이위인야) : 겉치레만을 좇고 남에게 보이기 위한 〈기만적인 것이면〉 안 된다. ○然其實與不實(연기실여불실) : 그러

나 그것이 성실한 것인지 아닌지는. ○蓋有他人所不及知(개유타인소불급지) : 원래, 타인은 알 수 있는 바가 아니다. ○而己獨知之者(이기독지지자) : 나 혼자만이 아는 바이다. ○故必謹之於此(고필근지어차) : 그러므로 <자기 혼자만이 아는 속마음을> 신중하고 근신하게 지니고. ○以審其幾焉(이심기기언) : 그 기미한 마음의 발동을 신중하게 살펴야 한다. <* 「성(誠)」은 「성실하게 한다」이다. 그러나 주자가 말하는 「성의(誠意)」의 뜻은 깊다. 「뜻을 천도나 천리에 맞게 하는 것」이 곧 「성의(誠意)」이다. 「의(意)」는 「어떻게 하겠다는 목적의식이다.」>

[대학 전문 6장 2절]

小人閒居 爲不善 無所不至 見君子以后 厭然揜其 不善 而著其善 人之視己 如見其肺肝然 則何益矣 此謂誠於中 形於外 故君子必愼其獨也.

소인(이) 한거(에) 위불선(하야) 무소부지(하다가) 견군자이후(에) 안연엄기불선(하고) 이저기선(하나) 인지시기(이) 여견기폐간연(이니) 즉하익의(리오) 차위성어중(이면) 형어외(니) 고(로) 군자(는) 필신기독야(니라)

소인은 혼자 있을 때에는 <남의 눈을 속이고> 착하지 않은 짓을 하며 이르지 않는 곳이 없다. <그러나> 군자가 나타나면 풀죽고 서둘러 덮고 감추고 자기의 잘못을 가리고 착한 것만을 내보이려고 한다. 그러나 남들은 나의 소행을 흡사 속에 있는 폐나 간을 보듯이 훤히 꿰뚫어본다. 그러니 <감추고 숨긴들> 무슨 소용이 있겠느냐. 이를 일컬어 「속뜻이 성실하면 밖으로 나타난다」고 말하는 것이다. 고로 군자는 반드시 혼자 있을 때의 <마음이나 몸가짐을> 신중하게 해야 한다.

[어구 설명] ○小人閒居(소인한거) : 소인은 혼자 있을 때나 남이 보지 않을 때.
○爲不善(위불선) : 착하지 않은 짓을 한다. 악을 행한다.
○無所不至(무소부지) : 이르지 않는 곳이 없다. 온갖 악을 다 한다.
○見君子以后(견군자이후) : 군자를 본 다음에는. 자기 앞에 군자가 나타나면.

「견(見)」을 「현」으로 읽어도 된다. <아무도 안 보는 곳에서는 나쁜 짓을 하다가도, 눈앞에 군자가 나타나면.>

ㅇ厭然(안연) : <군자 앞에서> 풀죽고 <서둘러 잘못을> 덮어 가리고 깊이 감추려고 한다. 「염(厭)」을 정현(鄭玄)은 「黶(안 : 於簡反)」으로 읽었다.

ㅇ揜其不善(엄기불선) : 자기의 잘못을 가려 덮는다. 「揜(가릴 엄)」

ㅇ而著其善(이저기선) : 그리고 자기의 착한 것만을 나타내 보인다.

ㅇ人之視己(인지시기) : 다른 사람이 나의 소행을 볼 때에.

ㅇ如見其肺肝然(여견기폐간연) : 흡사 속에 있는 폐나 간을 들여다보듯이 <나의 소행을> 꿰뚫어본다.

ㅇ則何益矣(즉하익의) : <가리고 감추어도> 무슨 소용이 있겠느냐.

ㅇ誠於中形於外(성어중형어외) : 속의 뜻이 성실하면 밖으로 나타난다. 이 때의 「誠於中」의 「誠」은 「진실무망(眞實無妄)」의 뜻.

ㅇ故君子必愼其獨也(고군자필신기독야) : 고로 군자는 반드시 혼자 있을 때에 신중하게 하고 근신한다.

[傳文註] (1) 閒居 獨處也.

(1) 「한거(閒居)」는 「혼자 거처하고 있다」는 뜻이다.

[傳文註] (2) 厭然 消沮閉藏之貌.

(2) 「안연(厭然)」은 「풀죽고 자기의 악을 감추고 덮으려고 야단을 떠는 모양이다.」

[어구 설명] ㅇ厭然消沮閉藏之貌(안연소저폐장지모) : 「안연(厭然)」은 「<군자 앞에서> 풀죽고(消沮), 또 자기의 악을 <지워 없애고> 감추고 덮으려 하는 모양」. 「소저(消沮)」를 「풀죽다」와 「악을 지워 없애다」로 풀이할 수 있다. 「염(厭)」의 속음은 「싫을 염」. 여기에서는 「안」으로 읽는다.

[傳文註] (3) 此言 小人陰爲不善 而陽欲揜之 則是非 不知善之當爲與惡之當去也 但不能實用其力而至此 耳 然欲揜其惡而卒不可揜 欲詐爲善而卒不可詐 則亦

何益之有哉 此君子所以重以爲戒 而必謹其獨也.

(3) 다음과 같은 뜻을 말한 것이다. 「소인이 음으로 나쁜 짓을 하고 양으로는 <자기의 나쁜 짓을> 가리고 덮으려고 한다.」 「이는 곧 그가 마땅히 선을 행하고 악을 물리쳐야 함을 모르지 않고 <잘 알지만> 다만 실지로 힘을 쓰지 못하고 그렇게 된 것이다.」 「그러나 자기의 악을 가리고 덮으려 해도 끝까지 가리고 덮을 수가 없으며, 또 착하게 한 것처럼 속이려 해도 끝까지 속일 수가 없으니 또한 무슨 이득이 있겠느냐.」 「그러므로 군자는 거듭 경계를 하고 아울러 반드시 홀로 있을 때를 근신해야 한다.」

[어구 설명] ㅇ小人陰爲不善(소인음위불선) : 소인이 음으로 나쁜 짓을 하고. ㅇ而陽欲揜之(이양욕엄지) : 양으로는 <자기의 나쁜 짓을> 가리고 덮으려고 한다. ㅇ非不知(비부지) : 모르지 않는다. 잘 안다는 뜻. ㅇ善之當爲(선지당위) : 마땅히 선을 행하는 것과. ㅇ與惡之當去也(여악지당거야) : <마땅히> 악을 물리쳐야 함을. <잘 알지만> ㅇ但不能實用其力(단불능실용기력) : 다만 실지로 힘을 쓰지 못한다. ㅇ而至此耳(이지차이) : 음으로 악을 행하고 양으로 숨기려 한다. ㅇ然欲揜其惡(연욕엄기악) : 그러나 자기의 악을 가리고 덮으려 해도. ㅇ而卒不可揜(이졸불가엄) : 끝까지 가리고 덮을 수가 없다. ㅇ欲詐爲善(욕사위선) : 착하게 한 것처럼 속이려 해도. ㅇ而卒不可詐(이졸불가사) : 끝까지 속일 수가 없다. ㅇ則亦何益之有哉(즉역하익지유재) : 즉 또한 무슨 이득이 있겠느냐. ㅇ君子所以重以爲戒(군자소이중이위계) : 군자가 거듭 경계를 하는 바이며. ㅇ而必謹其獨也(이필근기독야) : 아울러 반드시 홀로 있을 때를 근신해야 한다.

[대학 전문 6장 3절]

曾子曰 十目所視 十手所指 其嚴乎.

증자왈 십목소시(며) 십수소지(니) 기엄호(인져)

증자가 말했다. 열 사람의 눈이 보는 바이며, 열 사람의 손이 지적하는 바이니, 참으로 엄하고 두려워해야 한다.

[어구 설명] ㅇ曾子曰(증자왈) : 증자가 말했다.

ㅇ十目所視(십목소시) : 열 사람의 눈이 보는 바다. 「십(十)」은 「많은 사람」.

ㅇ十手所指(십수소지) : 열 사람의 손이 지적하는 바다.

ㅇ其嚴乎(기엄호) : 참으로 엄격하게 하고 두려워해야 한다. 경외(敬畏)해야 한다.

[傳文註] (1) 引此以明上文之意 言雖幽獨之中 而其善惡之不可揜如此 可畏之甚也.

(1) 이 말을 인용해서 앞글의 뜻을 밝힌 것이다. 즉 <행동의 근원이 되는> 뜻[意]은 비록 그윽하고 혼자만이 아는 마음속에 있는 것이지만 <반드시 행동으로 나타나므로 자신이 뜻한 바> 선악은 <결국> 감출 수 없다. 이렇게 뜻이 반드시 나타나고 모든 사람이 알게 되므로 <뜻 세우기가> 심히 두려운 것이다.

[참고 보충] 여기 있는 「십목소시(十目所視), 십수소지(十手所指)」를 「중용(中庸) 1장」에서는 「숨어 있는 것보다 더 잘 나타나 보이는 것이 없다(莫見乎隱)」 「미세한 것보다 더 잘 나타나 보이는 것이 없다.(莫顯乎微)」 「그래서 군자는 반드시 홀로 있을 때 신중하게 한다(故君子 必愼其獨也)」라고 했다.

[대학 전문 6장 4절]

富潤屋　德潤身　心廣體胖　故君子必誠其意.

부윤옥(이요) 덕윤신(이라) 심광체반(하나니) 고(로) 군자(는) 필성기의(니라)

부는 집을 윤택하게 하고, 덕은 몸을 윤택하게 한다. 마음이 넓으면 몸이 편안하다. 고로 군자는 반드시 마음속의 뜻을 성실하게 한다.

[어구 설명] ㅇ富潤屋(부윤옥) : 부는 집을 윤택하게 한다.

ㅇ德潤身(덕윤신) : 덕은 몸을 윤택하게 한다. 마음속에 인덕(仁德)이 넘치면 밖으로 나타나는 몸가짐이나 행동이 빛나고 숭고하다.

ㅇ心廣體胖(심광체반) : <속에 덕이 넘쳐 몸을 윤택하게 하므로 그 결과> 마음도 넓고 몸도 편안하다. 「胖(반)」은 「步丹反(보단반)」.

ㅇ故君子必誠其意(고군자필성기의) : 고로 군자는 반드시 마음속의 뜻을 성실하

게 한다.

[傳文註] (1) 胖安舒也 言富則能潤屋矣 德則能潤身矣.

(1) 「반(胖)」은 편안하고 느긋하다는 뜻이다. 다음 같은 뜻을 말한 것이다. 「부(富)는 집을 윤택하게 하고, 덕(德)은 몸을 윤택하게 한다.」

[傳文註] (2) 故心無愧怍 則廣大寬平 而體常舒美 德之潤身者然也 蓋善之實於中 而形於外者如此 故又言此以結之.

(2) 고로 마음에 부끄러움이 없으면 <마음이> 넓고 크고, 관대하고 태평하게 되고 아울러 몸도 항상 편안하고 아름답게 빛난다. 속의 덕이 밖의 몸을 그와 같이 윤택하게 만든 것이다. 대략 속에 선(善)이 알차면 그와 같이 밖의 몸으로 나타나게 마련이다. 그러므로 다시 들어 말하고 결론지은 것이다.

[설명] 右傳之六章 釋誠意.

이상이 전문 제6장이며 「성의(誠意)」를 풀이한 것이다.

[설명주] (1) 經曰 欲誠其意 先致其知 又曰 知至而后意誠 蓋心體之明有所未盡 則其所發必有不能實用其力 而苟焉以自欺者.

(1) 경문에 「뜻을 성실하게 하려면 먼저 앎을 이루어야 한다」고 했으며 또 「앎이 이르러야 뜻이 성실하게 된다」고 말했다. 대개 「마음의 본체의 밝음(心體之明)」에 미진한 점이 있으면, 그 마음이 발현할 때에 필연적으로 <마음의 본체의 밝음의> 힘을 알차게 쓰지 못하고 구차하게 할 것이며, 따라서 「스스로 속이게(自欺)」 된다.

[설명주] (2) 然或已明而不謹乎此 則其所明又非己有 而無以爲

進德之基.

(2) 그러나 마음의 본체의 밝음을 밝혀도 근독(謹獨)하지 않으면 그 밝힌 바가 있지 않게 되고, 따라서 「덕으로 나가는 기본이」 되지 못한다.

[설명주] (3) 故此章之指 必承上而通考之 然後有以見其用力之 始終 其序不可亂 而功不可闕如此云.

(3) 고로 이 6장의 가르침을 반드시 앞의 장과 함께 통괄해서 생각해보아야 한다. 그러면 힘들여 공부할 처음과 끝을 알게 될 것이다. 그 순서를 어지럽힐 수 없고, 또 공부를 빠뜨릴 수 없음이 <바로 이 장에서> 말한 것과 같다.

[참고 보충] 「대전주소선역(大全註疏選譯)」

<1> 삼산 진씨가 말했다. 「지(知)가 이른 다음에도 역시 자신의 성(誠)을 듣지 않는다. <그러니> 일각도 계근(戒謹)의 공부를 하지 않으면 안 된다.(三山陳氏曰 於知已至後 亦非聽之自誠 蓋無一刻不用 其戒謹之功)」

<2> 신안 진씨가 말했다. 「앎이 이른 후에도 뜻을 성실하게 한다는 말이다. 무릇 성의는 덕으로 가는 기본이다.(新安陳氏曰 此言知至後 又不可不誠其意 蓋誠意者 進德之基本也.)」

<3> 옥계 노씨가 말했다. 「치지(致知)를 거쳐야 비로소 성의(誠意)할 수 있다. 이는 순서를 어지럽히지 않음이다. 이미 치지하면 또 불가불 성의해야 한다. 이는 공부를 빠뜨리지 않음이다. 성의에서 평천하(平天下)에 이르기까지 순서를 어지럽게 하거나 공부를 빠뜨리면 안 된다. 순서를 어지럽히지 않음은 곧 단계를 뛰어넘으면 안 된다는 뜻이고, 공부를 빠뜨리지 않음은 도중에 그만두고 폐하지 않는다는 뜻이다.(玉溪盧氏曰 由致知方能誠意 此序之不可亂 旣致知又不可不誠意 此功之不可闕 誠意至平天下 序皆不可亂 功皆不可闕 序不可亂 則不可躐等而進 功不可闕 則不可半途而廢云)」

<* 대학에서 말하는 성의(誠意)는 뜻을 성실하게 한다는 뜻을 기본으로 하고 있다. 그러나 성(誠)에는 깊은 뜻이 있다. 중용(中庸)에 나온다.>

[大學 傳文 제7장] : 총3절

　*「전문(傳文) 제 7장」은 경문(經文)의 팔조목(八條目) 중, 「정심(正心)
　과 수신(修身)」을 풀이한 글이다. 총3절로 다음과 같다.

　1절　所謂修身在正其心者　身有所忿懥　則不得其正　有所恐懼
　　　　則不得其正　有所好樂　則不得其正　有所憂患　則不得其正.
　2절　心不在焉　視而不見　聽而不聞　食而不知其味.
　3절　此謂修身　在正其心.

[대학 전문 7장 1절]

**所謂修身 在正其心者 身有所忿懥 則不得其正 有
所恐懼 則不得其正 有所好樂 則不得其正 有所憂
患 則不得其正.**

소위수신(이) 재정기심자(는) 신유소분치 즉부득기정(하고) 유소공구 즉부득기정
(하고) 유소호요 즉부득기정(하고) 유소우환 즉부득기정(이니라)

이른바 수신(修身)의 요체는 마음을 바르게 함에 있다. 마음에 성
내고 화내는 바가 있으면 마음을 바르게 지닐 수 없고, 마음에 두렵
고 겁내는 바가 있으면 마음을 바르게 지닐 수 없고, 마음에 좋아하
고 사랑하는 바가 있으면 마음을 바르게 지닐 수 없고, 마음에 근심
하고 걱정하는 바가 있으면 마음을 바르게 지닐 수 없다.

[어구 설명] ○所謂修身(소위수신) : 이른바 수신의. <요체는>
○在正其心者(재정기심자) : 자기 마음을 바르게 가짐에 있다. 즉 「정심(正心)」이
「수신(修身)」의 바탕이다.
○身有所忿懥(신유소분치) : 정자(程子)는 「신(身)」을 「심(心)」으로 고치라고 했
다. 「마음에 성을 내고 노여움이 있으면」의 뜻. 「忿(성낼 분), 懥(성낼 치)」
○則不得其正(즉부득기정) : 바르게 할 수 없다. 「부득기정(不得其正)」은 「마음

이 바르지 않으면 곧 행동을 바르게 할 수 없다」를 겸한 뜻이다.
○有所恐懼(유소공구) : <마음속에> 겁내고 두려워하는 바가 있으면.
○有所好樂(유소호요) : <마음속에> 좋아하고 사랑하는 바가 있으면.
○有所憂患(유소우환) : 걱정하고 근심하는 바가 있으면.

[傳文註] (1) 程子曰 身有之身當作心 忿懥怒也.

(1) 정자가 말했다. 「신유(身有)의 신(身)」은 마땅히 「심(心)」으로
써야 한다. 「분치(忿懥)」는 「성낼 노(怒)」의 뜻이다.

[傳文註] (2) 蓋是四者 皆心之用 而人所不能無者 然 一有之 而不能察 則欲動情勝 而其用之所行 或不能 不失其正矣.

(2) 대개 네 가지 <즉 분치(忿懥), 공구(恐懼), 호요(好樂), 우환(憂
患)은> 모두가 다 마음의 작용으로 사람이라면 없을 수 없는 바다.
그러나 <누구나 다> 같이 있지만 <마음을 쓸 때에> 잘 살피지
않으면 곧 욕심이 발동하고 감정이 넘치게 되고 따라서 마음의
작용이 행동화 할 때에 간혹 <마음의> 중정(中正)을 잃을 수 있다.

[어구 설명] ○蓋是四者(개시사자) : 이 네 가지, 즉 「분치(忿懥), 공구(恐懼), 호요
(好樂), 우환(憂患)」. ○皆心之用(개심지용) : 다 마음의 작용이다. ○人所不能無者
(인소불능무자) : 사람은 없을 수 없다. ○然一有之(연일유지) : 그러나 한결같이
있으나. ○而不能察(이불능찰) : 잘 살필 줄 모르면. ○則欲動情勝(즉욕동정승) :
욕심이 발동하고 감정이 승하여. ○而其用之所行(이기용지소행) : <마음을> 쓰고
나타날 때에. ○或不能不失其正矣(혹불능불실기정의) : 혹 마음의 중정(中正)이나
평정을 잃지 않을 수 없게 된다.

[대학 전문 7장 2절]

心不在焉 視而不見 聽而不聞 食而不知其味.

심부재언(이면) 시이불견(하며) 청이불문(하며) 식이부지기미(니라)

마음이 있지 않으면 보아도 보이지 않고, 들어도 들리지 않고, 먹어도 그 맛을 모른다.

[어구 설명] ○心不在焉(심부재언) : 마음속에 「성리(性理)」가 없으면.
○視而不見(시이불견) : 보아도 바르게 볼 수 없다.
○聽而不聞(청이불문) : 들어도 바르게 들을 수 없다.
○食而不知其味(식이부지기미) : 음식을 먹어도 바르게 맛을 알 수 없다.
<즉 사물(事物)의 도리를 바르게 보거나, 듣거나 하지 못한다는 뜻이다.>

[傳文註] (1) 心有不存 則無以檢其身 是以君子必察乎此 而敬以直之 然後此心常存 而身無不修也.

(1) 마음속에 <본연의 성리(性理)가> 없으면 그 몸을 바르게 검속(檢束)할 수 없다. 그러므로 군자는 반드시 이 점을 깊이 살피고 경건하게 <본연의 성리를> 지니고 곧게 해야 한다. 그런 다음에 마음속에 항상 <본연의 성리가> 있게 되고, 따라서 몸도 닦아지지 않음이 없게 될 것이다.

[대학 전문 7장 3절]

此謂修身 在正其心.

차위수신(이) 재정기심(이니라)

이를 일컬어 「수신의 바탕이 마음을 바르게 함에 있다」고 한 것이다.

[설명] 右傳之七章 釋正心修身.

이상이 「전문 7장」이며, 「정심(正心)과 수신(修身)」을 풀이한 것이다.

[설명주] (1) 此亦承上章 以起下章.

(1) 이 「전문 7장」도 역시 앞의 「전문 6장」을 이어받고, 다음의 「전문 8장」을 이끌어 내고 있다.

[설명주] (2) 蓋意誠 則眞無惡 而實有善矣 所以能存 是心以檢
其身.

(2) 대개 뜻이 성실하면 참으로 악함이 없게 되고, 아울러 실지로 착함이
있게 되며, 따라서 본성적인 착한 마음을 지니고 자기 몸을 단속할 수
있게 된다.

[설명주] (3) 然或但知誠意 而不能密察 此心之存否 則又無以
直內 而修身也.

(3) 그러나 혹 뜻을 성실하게 하는 것만을 알고 그 마음이 있는지 없는지
를 세밀하게 살피지 못하면, 역시 마음을 강직하게 하고, 또 몸을 수양하
지 못한다.

[설명주] (4) 自此以下 竝以舊文爲正.

(4) 다음부터는 옛날의 대학의 글을 맞는 것으로 삼았다. <즉 전문 제
8장, 9장, 10장을 다 옛날 대학의 글을 그대로 쓴다는 뜻이다.>

[참고 보충] 「심자 신지주(心者 身之主)」

<1> 「심자 신지주(心者 身之主)」 : 「마음이 몸의 주체다.」 사람은 몸으로 살고
활동하고 일을 한다.

<2> 마음은 눈에 보이지 않는다. 의학적으로 지적할 수도 없다. 마음은 지식(知
識), 기술(技術), 감각(感覺), 감정(感情), 가치(價値), 판단(判斷), 의지(意志), 욕구
(欲求) 등을 종합한 「기능」이다. 착한 마음을 바탕으로 하면 행동이 착하게 되고,
악한 마음을 바탕으로 하면 행동이 악하게 된다.

<3> 사람은 만물의 영장(靈長)이다. 그러므로 하늘의 도리를 따라 서로 사랑하고
협동하고 함께 잘살려는 「인애(仁愛)의 도덕심(道德心)」이 있다. 동시에 사람에게
는 동물적·육체적 삶을 사는 식색(食色)의 본능인 개별적(個別的)·이기적(利己
的) 욕심도 있다.

<4> 유교사상(儒敎思想)은 「인애(仁愛)의 도덕심(道德心)」을 인간의 본성(本性)
으로 보고 높인다. 그래서 「인애의 도덕정치」를 주장한다. 한편 이기적 욕심을
극복하라고 가르친다.

[大學 傳文 제8장] : 총3절

* 「전문(傳文) 제8장」은 경문(經文)의 팔조목(八條目) 중 「수신(修身), 제가(齊家)」를 풀이한 글이다. 총3절로 다음과 같다.

1절 所謂齊其家 在修其身者 人之其所親愛而辟焉 之其所賤惡
　　而辟焉 之其所畏敬而辟焉 之其所哀矜而辟焉 之其所敖惰
　　而辟焉 故好而知其惡 惡而知其美者 天下鮮矣.
2절 故諺有之 曰 人莫知其者之惡 莫知其苗之碩.
3절 此謂身不修 不可而齊其家.

[대학 전문 8장 1절]

**所謂齊其家 在修其身者 人之其所親愛而辟焉 之其
所賤惡而辟焉 之其所畏敬而辟焉 之其所哀矜而辟
焉 之其所敖惰而辟焉 故好而知其惡 惡而知其美者
天下鮮矣.**

소위제기가(이) 재수기신자(는) 인(이) 지기소친애이벽언(하며) 지기소천오이벽
언(하며) 지기소외경이벽언(하며) 지기소애긍이벽언(하며) 지기소오타이벽언(하
나니) 고(로) 호이지기악(하며) 오이지기미자(이) 천하(에) 선의(니라)

이른바 자기 집안을 가지런히 다스리는 바탕은 자신의 몸을 닦음
에 있다. 보통사람은 자기가 친애하는 사람에 대해서 치우친다.
자기가 천시하고 미워하는 사람에 대해서 치우친다. 자기가 경외
하고 존경하는 사람에 대해서 치우친다. 자기가 애련하고 긍휼히
여기는 사람에 대해서 치우친다. 자기가 거만을 떨고 무시하는 사
람에 대해서 치우친다. 그러므로 좋아하면서도 그의 나쁜 점을 알
거나, 미워하면서도 그의 좋은 점을 알아주는 그런 사람은 천하에

많지 않다. <대부분의 사람들은 극단적으로 한쪽으로 치우친다.>

[어구 설명] ㅇ所謂齊其家(소위제기가) : 이른바 일가를 가지런히 함.

ㅇ在修其身者(재수기신자) : <바탕이> 자기 몸을 닦음에 있다.

ㅇ人(인) : 보통사람, 평범한 사람은.

ㅇ之其所親愛而辟焉(지기소친애이벽언) : 자기가 친애하는 사람에 대해서는 편벽(偏僻)되게 한쪽으로 치우친다. 「지(之)」는 「어(於)」와 같은 뜻으로 푼다. 「벽(辟)」의 뜻은 「편벽되다, 치우친다」.

ㅇ之其所賤惡(지기소천오) : 자기가 천하게 여기고 미워하는 사람에 대해서.

ㅇ之其所畏敬(지기소외경) : 자기가 경외하고 존경하는 사람에 대해서.

ㅇ之其所哀矜(지기소애긍) : 자기가 애련(哀憐)하고 긍휼(矜恤)히 여기는 사람에 대해서.

ㅇ之其所敖惰(지기소오타) : 자기가 거만을 떨고 무시하는 사람이나 상대에 대해서.

ㅇ故好而知其惡(고호이지기악) : 그러므로 <대상을> 좋아하면서도 그의 나쁜 점을 알거나.

ㅇ惡而知其美者(오이지기미자) : 미워하되 장점을 알아주는 사람은.

ㅇ天下鮮矣(천하선의) : <그런 사람은> 천하에 적다.

[傳文註] (1) 人謂衆人 之猶於也 辟猶偏也.

(1) 「인(人)」은 평범한 많은 사람의 뜻이다. 「지(之)」는 「어(於)」와 같다. 「벽(辟)」은 「치우칠 편(偏)」과 같다.

[傳文註] (2) 五者在人 本有當然之則 然常人之情 惟其所向 而不可察焉 則必陷於一偏 而身不修矣.

(2) <친애(親愛), 천오(賤惡), 외경(畏敬), 애긍(哀矜), 오타(敖惰) 등> 다섯 가지 감정 표현에는, 저마다 사람이 본래 당연히 지키고 행할 법칙이 있게 마련이다. 그러나 평범한 많은 사람들은 감정을 나타낼 때에, 다만 내키는 대로 하고, 깊이 살피지 않는다. <그래서> 반드시 한쪽으로 치우치고 빠지고, 따라서 자신을 바르게 닦

지 못한다. <즉 당연한 법칙이나 절도에 맞게 남에게 대하지 못하게 된다.>

[어구 설명] ㅇ五者(오자) : 「친애(親愛), 천오(賤惡), 외경(畏敬), 애긍(哀矜), 오타(敖惰)」를 말한다. ㅇ在人(재인) : 사람에게는. ㅇ本有當然之則(본유당연지칙) : 본래 당연히 지키고 행할 규범과 절도가 있다. ㅇ然常人之情(연상인지정) : 그러나 평범한 사람들의 감정 표현에는. <즉 남에게 오자(五者)의 감정을 표현할 때에.> ㅇ惟其所向(유기소향) : 오직 감정이 향하는 대로. <표현하고.> ㅇ而不可察焉(이불가찰언) : 당연한 규범이나 절도를 깊이 살피지 않는다. ㅇ則必陷於一偏(즉필함어일편) : <그러므로> 반드시 한쪽으로 치우치고 빠진다. ㅇ而身不修矣(이신불수의) : 그래서 몸이 닦아지지 않는다.

[대학 전문 8장 2절]

故諺有之曰 人莫知其子之惡 莫知其苗之碩.

고(로) 언(에) 유지(하니) 왈 인(이) 막지기자지악(하며) 막지기묘지석(이라하니라)

고로 속담에서 말했다. 「보통사람은 자기 자신의 악함을 모르고, 자기의 곡식이 큼을 모른다.」

[어구 설명] ㅇ諺有之曰(언유지왈) : 속담에서 말했다. 「언(諺)」의 음은 「언(彦)」. ㅇ人(인) : 보통사람, 평범한 사람.
ㅇ莫知其子之惡(막지기자지악) : 자기 자신의 악한 점을 알지 못한다.
ㅇ莫知其苗之碩(막지기묘지석) : 자기 밭의 묘가 큰 것을 모른다. <* 「석(碩)」을 「대전주소」에는 「협운(叶韻)으로 時(시), 若(약)의 반절」이라 했다.>

[傳文註] (1) 諺俗語也 溺愛者不明 貪得者無厭 是則偏之爲害 而家之所以不齊也.

(1) 「언(諺)」은 속어다. 사랑에 빠지고 치우친 사람은 밝게 보지 못한다. 탐욕스럽게 얻으려는 사람은 만족하지 못한다. 이것이 치우친 해독이며, 또 집안을 가지런히 다스리지 못하는 원인이다.

[대학 전문 8장 3절]

此謂身不修 不可以齊其家.

차위신불수(면) 불가이제기가(니라)

이를 일러 「몸을 닦지 않고서는 그 집안을 가지런히 다스릴 수 없다」고 말하는 것이다.

[어구 설명] ㅇ此謂(차위) : 이는 다음 같은 뜻을 말하는 것이다.

ㅇ身不修(신불수) : <가장(家長)이 먼저> 몸을 닦지 않으면.

ㅇ不可以齊其家(불가이제기가) : 그 집안을 가지런히 다스리지 못한다.

[설명] 右傳之八章 釋修身齊家.

이상이 「전문 8장」이며 「수신(修身) 제가(齊家)」를 해석한 것이다.

[참고 보충] 「제가(齊家)」의 깊은 뜻」

<1> 「제(齊)」는 「고르다, 공평하다, 평등하다」의 뜻이다. 「가(家)」는 좁게는 「한 집안 식구」, 넓게는 「일가 친족을 포함한 모든 가족」의 뜻이다.

<2> 「제가(齊家)」는 「사람이나 사물을 공평무사(公平無私)하게 대하고, 또 처리한다」는 뜻이다. 「공평(公平)」은 「맹목적으로 똑같이 한다」는 뜻이 아니다. 노쇠한 조부모에게는 죽을 올리고, 유아는 젖을 먹게 하고, 힘차게 일하는 장정에게는 고봉밥을 주는 것이 「공평=제(齊)」의 뜻이다. 「무사(無私)」는 편벽(偏僻)된 감정으로 대하지 않는다는 뜻이다. 처(妻)나 자식(子息)에 대한 사랑에 빠져, 부모 형제를 소외하면 안 된다. 「윤리 도덕과 예의 범절」에 따라, 「상하(上下), 좌우(左右), 원근(遠近), 대소(大小)의 모든 가족들」을 「법도(法度)」에 맞게 「고르게[齊]」 대하고 모든 사물을 공평무사하게 도리에 맞게 처리하고 다스려야 한다.

<3> 「전문 8장 1절」의 「제가(齊家)」는 주로 집안을 다스리는 가장이나 어른만을 말하지 않고, 가족 모든 개개인이 서로 상대방에게 윤리 도덕 및 예의 범절의 도리에 맞게 대해야 함을 강조한 것이다. 즉 가족 개개인이 편벽된 마음이나 혹은 치우친 감정으로 차등을 두거나 서로 대립하면 가정이 고르게 될 수 없다.

<4> 우선 가장(家長)이 도를 따르고 수신(修身)해야 한다.

[大學 傳文 제9장] : 총9절

*「전문(傳文) 제9장」은「제가(齊家), 치국(治國)」의 바탕임을 강조한 글이다. 전체를 다시 9개의 절(節)로 나눈다.

1절 所謂治國 必先齊其家者 其家不可敎 而能敎人者無之 故君子不出家 而成敎於國 孝者所以事君也 弟者所以事長也 慈者所以使衆也.

2절 康誥曰 如保赤子 心誠求之 雖不中 不遠矣 未有學養子 而后嫁者也.

3절 一家仁 一國興仁 一家讓 一國興讓 一人貪戾 一國作亂 其機如此 此謂一言僨事 一人定國.

4절 堯舜帥天下以仁 而民從之 桀紂帥天下以暴 而民從之 其所令反其所好 而民不從 是故君子有諸己 而後求諸人 無諸己 而後非諸人 所藏乎身不恕 而能喩諸人者未之有也.

5절 故治國 在齊其家.

6절 詩云 桃之夭夭 其葉蓁蓁 之子于歸 宜其家人 宜其家人 而后可以敎國人.

7절 詩云 宜兄宜弟 宜兄宜弟 而后可以敎國人.

8절 詩云 其儀不忒 正是四國 其爲父子兄弟足法 而后民法之也.

9절 此謂治國 在齊其家.

[대학 전문 9장 1절]

所謂治國 必先齊其家者 其家不可敎 而能敎人者無之 故君子不出家 而成敎於國 孝者所以事君也 弟者所以事長也 慈者所以使衆也.

소위치국(이) 필선제기가자(는) 기가(를) 불가교(이오) 이능교인자(이) 무지(하니) 고(로) 군자(는) 불출가 이성교어국(하나니) 효자(는) 소이사군야(요) 제자(는) 소이사장야(요) 자자(는) 소이사중야(이니라)

이른바 치국(治國)은 반드시 먼저 자기 집안을 가지런히 함이라고 말하는 <까닭은> 자기 집안 사람들을 교화하지 못하고, 능히 다른 사람들을 교화한 예가 없기 때문이다. 고로 군자는 집을 나가지 않고도 <덕의 힘으로써> 모든 사람들에 대한 교화를 할 수 있다. <부모에 대한> 효도는 곧 <국가적으로는> 임금을 잘 섬기는 <충성의> 바탕이다. <형제간의 우애 공경인> 제(弟=悌)는 곧 <사회에서> 연장자나 선배를 잘 섬기는 바탕이다. <가정에서 자녀나 아랫사람에게 베푸는> 자애는 곧 <국가적인 차원에서> 백성이나 대중을 <인애(仁愛)로써> 부리고 쓰는 바탕이다.

[어구 설명] ㅇ所謂治國(소위치국) : 이른바 「치국(治國)」은.

ㅇ必先齊其家者(필선제기가자) : 반드시 먼저 자기 집안을 가지런히 함이다.

ㅇ其家不可教(기가불가교) : 자기 집안 사람들을 교화하지 못하고.

ㅇ而能教人者無之(이능교인자무지) : 능히 다른 사람들을 교화한 예가 없다.

ㅇ故君子不出家(고군자불출가) : 고로 군자는 집을 나가지 않고도.

ㅇ而成教於國(이성교어국) : 나라의 모든 사람들에 대한 교화를 할 수 있다.

ㅇ孝者(효자) : 부모에 대한 효도 효행은.

ㅇ所以事君也(소이사군야) : <국가에서> 임금을 잘 섬기는 바탕이다.

ㅇ弟者(제자) : 형님에 대한 존경 공순(恭順)은. 「弟=悌(형을 높이고 순종함)」

ㅇ所以事長也(소이사장야) : 연장자나 선배를 잘 섬기는 바탕이다.

ㅇ慈者(자자) : 가정에서 자녀나 아랫사람에게 자애를 베푸는 것은.

ㅇ所以使衆也(소이사중야) : 국가적인 차원에서 백성이나 대중을 인애(仁愛)로써 부리고 쓰는 바탕이다.

[傳文註] (1) 身修則家可教矣 孝弟慈所以修身 而教於家者也 然而國之所以事君事長使衆之道 不外乎此 此所以家齊於上 而教成於下也.

(1) 몸을 닦아야 비로소 집안사람들을 교화할 수 있다. 부모에 대한 효도, 형장에 대한 경애, 아랫사람에 대한 자애 셋이 자신을 수양하고 집안사람들을 교화하는 바탕이다. 그러나 나라에 있어 임금을 섬기고, 윗사람을 섬기고, 또 백성을 부려쓰는 도리도 이에서 벗어나지 않는다. 이 셋이 위로는 집안을 가지런하게 다스리고, 아래로는 백성들을 교화하는 바탕이다.

[대학 전문 9장 2절]

康誥曰 如保赤子 心誠求之 雖不中 不遠矣 未有學養子 而后嫁者也.

강고(에) 왈 여보적자(라하니) 심성구지(면) 수부중(이나) 불원의(니) 미유학양자 이후(에) 가자야(니라)

서경 강고편에 「갓난아이를 보육하는 것같이 하라」고 말했다. 마음속으로부터 성실하게 구하면, 비록 맞지 않아도 멀게 되지는 않을 것이다. 자식 양육하는 법을 배운 다음에 시집가는 사람은 없느니라.

[어구 설명] ○康誥(강고) : 서경(書經) 주서(周書) 강고편(康誥篇)의 글.
○如保赤子(여보적자) : 갓난아기를 보육(保育)하듯이 하라. 사람은 천성(天性)으로 자식을 낳고 사랑으로 양육한다.
○心誠求之(심성구지) : <하늘이 준 본연(本然)의> 자애심(慈愛心)을 가지고 성실하게 구하면.
○雖不中 不遠矣(수부중 불원의) : 비록 맞지 않아도 멀지 않다.

[傳文註] (1) 此引書而釋之 又明立敎之本 不假强爲 在識其端 而推廣之耳.

(1) 이는 서경의 구절을 인용하고 해석해서 교화의 근본을 세우는 일은 강제적 힘을 빌려서 하는 것이 아니고 <각자가 스스로 윤리

도덕의> 단서를 알고 아울러 미루어 넓혀나감에 있음을 밝힌 것
이다.

[대학 전문 9장 3절]

一家仁 一國興仁 一家讓 一國興讓 一人貪戾 一國 作亂 其機如此 此謂 一言僨事 一人定國.

일가(이) 인(이면) 일국(이) 홍인(하고) 일가(이) 양(이면) 일국(이) 홍양(하고)
일인(이) 탐려(하면) 일국(이) 작란(하나니) 기기여차(하니) 차위 일언(이) 분사
(며) 일인(이) 정국(이니라)

한 집안에 인(仁)이 넘치면 <백성들이 감화되어> 나라 전체에 인
이 홍성하게 된다. 한 집안에 겸양의 예(禮)가 잘 행해지면 나라
전체에 겸양의 예가 진작된다. 임금 한 사람이 탐욕하게 이(利)를
취하면 나라 모든 사람들도 <탐욕하게 이를 취하고 마침내는>
난(亂)을 일으키게 된다. 그 기틀이 이와 같이 기미(機微)하게 엮어
져 있다. 그래서 「임금의 그릇된 말 한마디가 국사(國事)를 망치기
도 하고, 임금 한 사람의 인덕(仁德)이 나라를 안정되게 한다」고
말하는 것이다.

[어구 설명] ○一家仁(일가인) : 한 집에서 인(仁)이 넘치면. <백성이 감화되어.>
○一國興仁(일국홍인) : 나라 전체에 인의 기풍이 진작된다.
○一家讓(일가양) : 한 집안에서 겸양의 예(禮)가 잘 행해지면.
○一國興讓(일국홍양) : 나라 전체에 겸양의 예(禮)가 진작된다.
○一人貪戾(일인탐려) : 임금 한 사람이 탐욕하게 이(利)를 취하면.
○一國作亂(일국작란) : 나라의 모든 사람들도 <탐욕하게 이(利)를 취하고 마침
내는> 난(亂)을 일으키게 된다.
○其機如此(기기여차) : 그 기미가 이와 같이 미묘하다.
○一言僨事(일언분사) : 임금의 <그릇된> 말 한마디가 국사를 망치고.
○一人定國(일인정국) : 임금 한 사람의 <인덕(仁德)이> 나라를 안정되게 하기

도 한다.

> [傳文註] (1) 一人謂君也 機發動所由也 僨覆敗也 此言教成於國之效.

(1) 「일인(一人)」은 임금을 말한다. 「기(機)」는 발동(發動)하는 기틀이다. 「분(僨)」은 뒤집어엎고 망친다는 뜻이다. 「이 3절」은 임금의 교화가 나라에 주는 효험이나 영향을 말한 것이다.

[대학 전문 9장 4절]

堯舜帥天下以仁 而民從之 桀紂帥天下以暴 而民從之 其所令 反其所好 而民不從 是故 君子有諸己 而後求諸人 無諸己 而後非諸人 所藏乎身不恕 而能喩諸人者 未之有也.

요순(이) 솔천하이인(하신대) 이민(이) 종지(하고) 걸주(이) 솔천하이포(한대) 이민종지(하니) 기소령(이) 반기소호(면) 이민(이) 부종(하나니) 시고(로) 군자(는) 유제기 이후(에) 구제인(하며) 무제기 이후(에) 비제인(하나니) 소장호신(이) 불서(요) 이능유제인자(이) 미지유야(니라)

요(堯)와 순(舜) 두 성제(聖帝)가 천하를 인덕(仁德)으로 통솔하고 다스리자, 천하 만민들이 잘 따르고 <감화되어 인덕을 높이고 실천했다.> 하(夏)의 걸왕(桀王)과 은(殷)의 주왕(紂王)은 천하를 포학무도(暴虐無道)하게 통솔했다. 이에 백성들도 <걸왕과 주왕을> 따라 <포학무도하게 되었다. 포학무도한 임금이> 내리는 명령이 자기들이 좋아하는 바와 반대가 되고 <즉 자기들은 포학무도한 짓을 좋아하고 행하면서 백성에게는> 반대로 <착하게 하라고> 명령을 내렸다. 그러므로 백성들은 <착하게 하라는> 명령을 안 따르고 <포학무도한 짓을 했다.> 그런 고로 군자는 먼저 자기가

<선한 덕을> 갖추어 가지고 그런 다음에 남에게 <선한 덕> 갖기를 구한다. <한편> 자기에게 <허물이> 없게 한 다음, 그리고 나서 남에게 <허물 있음을> 비난한다. 내가 속에 「불서(不恕)」를 지니고 있으면서 남을 능히 교화하고 깨우치게 할 사람은 절대로 없다.

[어구 설명] ○堯舜帥天下以仁(요순솔천하이인) : 요(堯)와 순(舜) 두 성제(聖帝)가 천하를 인덕(仁德)으로 통솔하고 다스리자. 「帥(수)」를 「솔」로 읽는다.

○而民從之(이민종지) : 천하 만민들이 잘 따르고. <감화되었다.>

○桀紂帥天下以暴(걸주솔천하이포) : 걸왕(桀王)과 주왕(紂王)이 천하를 포학(暴虐)하게 통솔하자.

○而民從之(이민종지) : 만민들도 <걸왕과 주왕을> 따라. <포학하게 되었다.>

○其所令(기소령) : <포학무도한 임금이> 내리는 명령이.

○反其所好(반기소호) : 자기들이 좋아하는 바와 반대가 된다. <즉 임금이나 백성들은 포학무도한 짓을 좋아서 하는데, 임금은 백성에게 반대로 착하게 하라고 명령을 내린다.>

○而民不從(이민부종) : 그러므로 백성들도 <착하게 하라는> 명령을 안 따르고. <반대로 포학한 짓을 했다.>

○君子有諸己(군자유제기) : 군자는 먼저 자기가 <선을> 갖추어 가지고.

○而後求諸人(이후구제인) : 그리고 나서 남에게 선하기를 구한다.

○無諸己(무제기) : 자기에게 <허물이> 없어야.

○而後非諸人(이후비제인) : 그리고 나서 <허물 있는> 남을 비난한다.

○所藏乎身不恕(소장호신불서) : 내가 속에 「불서(不恕)」를 깊이 지니고 있으면서. 「서(恕)」는 「추기급인(推己及人)」이다. 「내가 마음으로 좋아하는 바를 미루어 남에게 달성케 하고, 내가 싫어하는 바를 미루어 남에게 강요하지 않는다」는 뜻이다. 「불서(不恕)」는 「서(恕)」의 반대. 즉 「자기가 좋아하는 바를 남에게 주지 않고, 자기가 싫어하는 바를 남에게 강요한다」는 뜻이다. 「소장호신불서(所藏乎身不恕)」를 다음같이 의역(意譯)할 수 있다. 「좋은 것은 자기 혼자 독차지하고, 나쁜 것은 남에게 강요하려는 악한 마음씨를 속에 품고서는」.

○而能喩諸人者(이능유제인자) : 남을 능히 교화하고 깨우치게 할 사람은.

○未之有也(미지유야) : 있지 않다, 절대로 없다.

[傳文註] (1) 此又承上文一人定國而言.

(1) 이것은 앞의 3절에 있는 「일인정국(一人定國)」을 이어받는 말이다.

[傳文註] (2) 有善於己 然後 可以責人之善 無惡於己 然後 可以正人之惡 皆推己而及人 所謂恕也.

(2) 자신에게 선(善)이 있은 다음에 남에게 선(善)하기를 구할 수 있으며, 자신에게 악(惡)이 없게 된 다음에 남의 악을 바로잡을 수 있다. <이와 같이> 자기를 미루어 남에게 미치는 것을 이른 바 서(恕)라 한다.

[傳文註] (3) 不如是 則所令 反其所好 而民不從矣 喩曉也.

(3) 이와 같이 하지 않으면, 백성에게 내리는 명령이 자신이 좋아하는 바와 반대가 된다. 그래서 백성들이 따르지 않는 것이다. 「유(喩)」는 「깨달을 효(曉)」의 뜻이다.

[어구 설명] ㅇ不如是(불여시) : 이와 같이 하지 않으면. <추기급인(推己及人)하는 인애(仁愛)의 도리로써 백성들을 다스리지 않으면.> ㅇ則所令(즉소령) : 즉 <임금이 백성에게 내리는> 명령이. ㅇ反其所好(반기소호) : 임금 자신이 좋아하는 바와 반대가 된다. 즉 임금이 좋아하는 포학(暴虐)과 반대가 되므로. ㅇ而民不從矣(이민부종의) : 그러므로 백성들이 따르지 않는다. ㅇ喩曉也(유효야) : 「유(喩)」는 「깨달을 효(曉)」의 뜻이다.

[대학 전문 9장 5절]

故治國在齊其家.

고(로) 치국(이) 재제기가(나라)

그러므로 나라 다스림이 그 집을 가지런히 함에 있느니라.

[어구 설명] ㅇ故治國在齊其家(고치국재제기가) : 고로 치국(治國)은 제가(齊家)에 있다.

[傳文註] (1) 通結上文.

(1) 「전문 5절」은 앞의 「1절에서 4절까지」를 묶어서 말한 것이다.

[대학 전문 9장 6절]
詩云 桃之夭夭 其葉蓁蓁 之子于歸 宜其家人 宜其家人 而后可以敎國人.

시운 도지요요(여) 기엽진진(이로다) 지자우귀(여) 의기가인(이라하니) 의기가인이후(에) 가이교국인(이니라)

시경(詩經) 주남(周南) 도요편(桃夭篇)에 있다. 「복숭아나무가 싱싱하게 마냥 자라고, 그 잎이 푸르고 무성하다. 이 아이가 시집을 가니, 그 집안 사람들에게 잘하리라.」 <이 시는 곧> 「집안 사람들이 화목하고 제가(齊家)가 이루어진 후에 비로소 나라 사람들을 교화할 수 있다」는 뜻이다.

[어구 설명] ㅇ詩云(시운) : 시경(詩經) 주남(周南) 도요편(桃夭篇)의 시.
ㅇ桃之夭夭(도지요요) : 복숭아나무가 싱싱하다. 「요요(夭夭)」는 어리고 싱싱하다.
ㅇ其葉蓁蓁(기엽진진) : 그 잎이 푸르고 무성하다.
ㅇ之子于歸(지자우귀) : 이 아이가 시집을 가다. 「지자(之子)」는 「이 아이」. 시경에 자주 나오는 독특한 표현이다. <즉 싱싱하게 자라는 복숭아나무의 푸르고 무성한 잎같이 세차고 젊고 아름다운 이 아가씨가 시집을 간다는 뜻.>
ㅇ宜其家人(의기가인) : 그 집안 사람들에게 잘하리라. 혹은 그 집안 사람들이 화목하리라.
ㅇ而后可以敎國人(이후가이교국인) : <집안이 화목하고 잘 다스려진 다음에> 비로소 나라 사람들을 교화할 수 있다.

[傳文註] (1) 詩周南桃夭之篇 夭夭少好貌 蓁蓁美盛貌 興也 之子猶言是子 此指女子之嫁者而言也 婦人謂嫁曰歸 宜猶善也.

(1) 시경(詩經) 국풍(國風) 주남(周南)에 있는 도요편(桃夭篇)의 시다.「요요(夭夭)」는「어리고 좋은 모습(少好貌)」.「진진(蓁蓁)」은「아름답고 무성한 품(美盛貌)」. 이 시는 흥(興)에 해당한다.「지자(之子)」는「시자(是子)」와 같은 뜻이다. 여기서는 출가하는 여자를 말한다. 여자가 시집가는 것을「귀(歸)」라 한다.「의(宜)」는「좋을 선(善)」이다.

[대학 전문 9장 7절]

詩云 宜兄宜弟 宜兄宜弟 而后可以敎國人.

시운 의형의제(하나니) 의형의제 이후(에) 가이교국인(이니라)

시경(詩經) 소아(小雅) 육소편(蓼蕭篇)에「형에게도 잘하고 아우에게도 잘한다」고 읊었다. <이와 같이> 형제가 우애하고 화목한 다음에 비로소 나라 사람들을 가르칠 수 있느니라.

[어구 설명] ㅇ詩云(시운) : 시경(詩經) 소아(小雅) 육소편(蓼蕭篇)의 시.
ㅇ宜兄宜弟(의형의제) : <동생이> 형에게 잘하고 <형은> 아우에게 잘한다. 즉 형제가 저마다 제(弟=悌)를 따라 서로 우애하고 공경한다.
ㅇ而后(이후) : 그런 다음에, 즉「가제(家齊)」한 다음에.
ㅇ可以敎國人(가이교국인) : 나라 사람들을 가르칠 수 있다.

[傳文註] (1) 詩小雅 蓼蕭篇.

(1) 시경(詩經) 소아(小雅) 육소편(蓼蕭篇)의 시다.

[대학 전문 9장 8절]

詩云 其儀不忒 正是四國 其爲父子兄弟 足法 而后 民法之也.

시운 기의불특(이라) 정시사국(이라하니) 기위부자형제(이) 족법 이후(에) 민(이) 법지야(니라)

시경(詩經) 조풍(曹風) 시구편(鳲鳩篇)에 있다. 「그 위의(威儀)가 어긋나지 않으니 사방의 나라를 바르게 한다.」 <이 시는 곧 다음 같은 뜻을 말한 것이다.> 「그 집안의 부(父) 자(子) 형(兄) 제(弟)가 <효제 화목하니> 족히 법도로 삼을 만했다. 그러므로 백성들이 <그와 그의 집안을> 법도로 삼고 교화되었던 것이다.」

[어구 설명] ○詩云(시운) : 시경(詩經) 조풍(曹風) 시구편(鳲鳩篇).
○其儀不忒(기의불특) : 그 위의(威儀)가 어긋나지 않다.「忒(어긋날 특)」
○正是四國(정시사국) : 사방의 나라를 바르게 한다.
○其爲父子兄弟(기위부자형제) : <그 집안에서는> 부(父), 자(子), 형(兄), 제(弟)가 저마다 도리를 지키고 화목했으므로.
○足法(족법) : 충분히 모범으로 삼을 만하다.
○而后(이후) : 그런 다음에, 즉「가제(家齊)」한 다음에.
○民法之也(민법지야) : 모든 백성들이 <그의 집안을> 법도로 삼았다.

[傳文註] (1) 詩曹風鳲鳩篇 忒差也.

(1) 시(詩)는 조풍(曹風) 시구편(鳲鳩篇)이다. 특(忒)은「어긋날 차 (差)」의 뜻이다.

[대학 전문 9장 9절]

此謂治國 在齊其家.

차위치국(이) 재제기가(니라)

이상을 일컬어 치국(治國)이 「그 집안을 가지런히 함(齊其家)」에 있다고 말하는 것이다.

[어구 설명] ○此謂治國(차위치국) : 이를 일컬어 치국(治國)의. <바탕이.>
○在齊其家(재제기가) : 자기 집안을 가지런히 함에 있다. <한다.>

[傳文註] (1) 此三引詩 皆以詠歎 上文之事 而又結之 如此 其味深長 最宜潛玩.

(1) 이와 같이 세 번이나 시경을 인용한 것은 앞에 있는 전문(傳文)의 기술에 대해서 감탄하고, 또 시로 묶기 위해서다. <감탄할 만큼> 그 의미가 깊고 중요하니, 모름지기 속뜻을 잘 음미해야 한다.

[설명] 右傳之九章 釋齊家治國.

이상이 「전문 9장」이며, 「제가(齊家)와 치국(治國)」을 풀이한 것이다.

[참고 보충] 「대전주소선역(大全註疏選譯)」

옥계 노씨가 말했다. 「이 장에서 치국(治國)에 대한 말은 간략하고 제가(齊家)에 대한 말을 자세하게 했다. 그 이유는 『제가의 도를 밝히는 것(明齊家之道)』이 곧 『치국의 도(治國之道)』이기 때문이다. 또 사람은 같은 마음을 공유하고 있으며, 마음으로 공유하는 것이 곧 명덕이기 때문이다.(玉溪盧氏曰 此章言治國甚略 言齊家甚詳 所以明齊家之道 即治國之道 以人同此心 心同此明德故也)」

[大學 傳文 제10장] : 총8절

* 전문 10장은 치국(治國)과 평천하(平天下)를 풀이했다. 그러나 10장은 마지막 장이므로 대학의 삼강령(三綱領)과 팔조목(八條目)을 통합한 차원에서 「치국과 평천하」의 핵심 사항을 풀이했다.

* 그러므로 이 장은 대학 전체를 마무리하는 글이기도 하다. 주자는 전문 10장을 다시 「여덟 개의 절」로 나누어야 한다고 말했다.

1절 所謂平天下 在治其國者 上老老而 民興孝 上長長而 民興弟 上恤孤而 民不倍 是以 君子有絜矩之道也.

2절 所惡於上 毋以使下 所惡於下 毋以事上 所惡於前 毋以先後 所惡於後 毋以從前 所惡於右 毋以交於左 所惡於左 毋以交於右 此之謂絜矩之道也.

3절(1) 詩云 樂只君子 民之父母 民之所好 好之 民之所惡 惡之 此之謂民之父母.

3절(2) 詩云 節彼南山 維石巖巖 赫赫師尹 民具爾瞻 有國者 不可以不愼 辟則爲天下僇矣.

3절(3) 詩云 殷之未喪師 克配上帝 儀監于殷 峻命不易 道得衆則得國 失衆則失國.

4절(1) 是故 君子先愼乎德 有德此有人 有人此有土 有土此有財 有財此有用.

4절(2) 德者本也 財者末也.

4절(3) 外本內末 爭民施奪.

4절(4) 是故財聚則民散 財散則民聚.

4절(5) 是故言悖而出者 亦悖而入 貨悖而入者 亦悖而出.

4절(6) 康誥曰 惟命不于常 道善則得之 不善則失之矣.

5절(1) 楚書曰 楚國無以爲寶 惟善以爲寶.

5절(2) 舅犯曰亡人 無以爲寶 仁親以爲寶.

6절(1) 秦誓曰 若有一个臣 斷斷兮無他技 其心休休焉 其如有
容焉 人之有技 若己有之人之彦聖 其心好之 不啻若自其口
出 寔能容之 以能保我子孫黎民 尚亦有利哉 人之有技 媢疾
以惡之 人之彦聖 而違之 俾不通 寔不能容 以不能保我子孫
黎民 亦曰殆哉.

6절(2) 唯仁人 放流之 迸諸四夷 不與同中國 此謂唯仁人 爲能
愛人 能惡人.

6절(3) 見賢而不能擧 擧而不能先 命也 見不善而不能退 退而
不能遠 過也.

6절(4) 好人之所惡 惡人之所好 是謂拂人之性 菑必逮夫身.

7절 是故君子有大道 必忠信以得之 驕泰以失之.

8절(1) 生財有大道 生之者衆 食之者寡 爲之者疾 用之者舒 則
財恒足矣.

8절(2) 仁者以財發身 不仁者以身發財.

8절(3) 未有上好仁 而下不好義者也 未有好義 其事不終者也
未有府庫財 非其財者也.

8절(4) 孟獻子曰 畜馬乘 不察於鷄豚 伐氷之家 不畜牛羊 百乘
之家 不畜聚斂之臣 與其有聚 斂之臣 寧有盜臣 此謂國不以
利爲利 以義爲利也.

8절(5) 長國家而務財用者 必自小人矣 彼爲善之 小而之使爲
國家 菑害並至 雖有善者亦無 如之何矣 此謂國不以利爲利
以義爲利也.

[대학 전문 10장 1절]

所謂平天下 在治其國者 上老老而民興孝 上長長而民興弟 上恤孤而民不倍 是以君子有絜矩之道也.

소위평천하(이) 재치기국자(는) 상로로(하여) 이민홍효(하며) 상장장(하여) 이민홍제(하며) 상휼고(하여) 이민불배(하나니) 시이(로) 군자(는) 유혈구지도야(니라)

이른바 「평천하(平天下)의 바탕이 치기국(治其國)에 있다」고 함은 <다음 같은 뜻을 말한 것이다.> 윗사람이 자기 일가의 노인들을 노인에 대한 예절로 섬기므로 백성들이 감화되어 효도를 진작하게 되고, 윗사람이 자기 일가의 연장자들을 연장자에 대한 예절로 공경하므로 백성들이 감화되어 제(弟=悌)를 진작하게 되고, 윗사람이 <나라의 모든> 고아를 구휼하므로 백성들이 감화되어 등을 돌리지 않게 된다. 그러므로 임금이나 군자는 「혈구지도(絜矩之道)」를 따르고 실천해야 한다.

[어구 설명] ㅇ平天下在治其國者(평천하재치기국자) : 평천하(平天下)는 치국(治國)에 있다.
ㅇ上老老(상로로) : 임금이 자기 일가의 어른들을 잘 섬긴다.
ㅇ而民興孝(이민흥효) : 그러면 백성들도 교화되어 효도를 돈독하게 한다.
ㅇ上長長(상장장) : 윗사람이 자기 집안의 형님이나 연장자를 공경한다.
ㅇ而民興弟(이민흥제) : 백성들도 감화되어 제(弟=悌)를 진작하고 실천한다.
ㅇ上恤孤(상휼고) : 윗사람이 부모 없는 고아를 구휼(救恤)한다.
ㅇ而民不倍(이민불배) : 백성들이 윗사람을 배반하지 않는다. 「배(倍)=배(背)」.
ㅇ君子(군자) : 나라를 다스리는 임금이나 정치에 참여하는 군자.
ㅇ有絜矩之道也(유혈구지도야) : 「혈(絜)」은 「헤아리고, 맞게 하다.」 「구(矩)」는 「곡척(曲尺)이다.」 즉 「혈구지도(絜矩之道)」는 「기준이 되는 도리」, 즉 「천도(天道)나 인도(仁道)」를 말한다.

[傳文註] (1) 老老所謂老吾老也 興謂有所感發而興起也 孤者幼而無父之稱 絜度也 矩所以爲方也.

(1) 「노로(老老)」는 「자기 집안의 노인들을 노인을 섬기는 예절이나 도리로 잘 섬긴다[老吾老]」는 뜻이다. 「흥(興)」은 「감화되고 분발하고 진작(振作) 흥기(興起)한다」는 뜻이다. 「고자(孤者)」는 「부모 없는 아이를 일컫는다.」 「혈(絜)」은 「자로 재고 헤아리다」의 뜻이다. 「구(矩)」는 「네모지게 하는 도구」, 즉 곡척(曲尺)이다.

[어구 설명] ○度(탁) : 「대(待)와 낙(洛)의 반절음」. ○興謂有所(흥위유소) : 「흥(興)」은 「……하는 바가 있다」. ○感發(감발) : <백성들이> 감동하고 감화되어 스스로 분발하다. ○而興起也(이흥기야) : 그래서 <백성들이> 「효(孝)・제(弟=悌)・자(慈)의 덕행」을 진작(振作)하고 행하다.
<* 노로(老老)는 효(孝)에 통하고, 장장(長長)은 제(弟=悌)에 통하고, 휼고(恤孤)는 자(慈)에 통한다.>

[傳文註] (2) 言此三者 上行下效 捷於影響 所謂家齊而國治也.

(2) 이 세 가지는 「상행하효(上行下效)」를 말한 것으로, 그 속도가 그림자나 메아리보다도 빠르다. 이것을 두고 이른바 「가제(家齊)하고 국치(國治)한다」고 말하는 것이다.

[어구 설명] ○此三者(차삼자) : 이들 세 가지, 즉 「상로로이민흥효(上老老而民興孝)」, 「상장장이민흥제(上長長而民興弟)」, 「상휼고이민불배(上恤孤而民不背)」. ○上行下效(상행하효) : 위가 행하는 바를 아래가 본받고 따라 행한다. ○捷(첩) : 그 속도가 빠르다. 「위에서 행하는 바를 아래가 즉시 본받고 행한다」는 뜻. <*접으로도 읽는다.> ○於影響(어영향) : <상행하효(上行下效)하는 속도가> 그림자와 메아리보다 더 빠르다. 「어(於)」는 「……보다 더」. ○所謂家齊而國治也(소위가제이국치야) : 이른바 가제(家齊)해야 국치(國治)한다고 말하는 것이다.

[傳文註] (3) 亦可以見人心之所同 而不可使有一夫

之不獲矣.

(3) 또 사람의 마음이 같음을 알 수 있다. 그러므로 한 사람일지라도 얻지 못하는 바가 있게 해서는 안 된다.

[어구 설명] ㅇ亦可以見(역가이견) : 또 볼 수 있다. ㅇ人心之所同(인심지소동) : 사람의 마음이 같다. 이 때의 「같은 마음」은 곧 「마음속에 있는 도덕성(道德性)의 뜻이다.」 ㅇ而不可使有一夫之不獲矣(이불가사유일부지불획의) : 그러므로 한 사람일지라도 얻지 못하는 바가 있게 해서는 안 된다. 즉 효제자(孝弟慈)를 모든 사람이 행하게 해야 한다.

[傳文註] (4) 是以君子 必當因其所同 推以度物 使彼我之間 各得分願 則上下四旁 均齊方正 而天下平矣.

(4) 그러므로 군자는 반드시 마땅히 동등하게 지니고 있는 도덕성을 바탕으로 하고, 또 <나를> 미루어 상대를 헤아리고 저울질해서, 피차간에 서로가 각자 분수에 맞게 원하는 바를 얻게 해주어야 한다. <그러면> 즉 상하 사방이 균등하게 고르고 방정하게 되며, 천하가 태평하게 된다.

[어구 설명] ㅇ是以君子(시이군자) : 그러므로 군자는. ㅇ必當因其所同(필당인기소동) : 반드시 마땅히 그 같은 바를 바탕으로 하다. 곧 모든 사람이 다 같이 지니고 있는 도덕성(道德性)을 바탕으로 하다. ㅇ推以度物(추이탁물) : 미루어 상대방을 헤아리고 저울질해서. ㅇ使彼我之間(사피아지간) : 피차간에. ㅇ各得分願(각득분원) : 각자 분수에 맞게 소원을 얻게 <달성하게> 한다. ㅇ則上下四旁(즉상하사방) : 즉 상하 사방 모든 사람들이. ㅇ均齊方正(균제방정) : 균등하고 고르고 방정하게 되며. ㅇ而天下平矣(이천하평의) : 따라서 천하가 평등하고 화평하게 된다.

[대학 전문 10장 2절]

所惡於上 毋以使下 所惡於下 毋以事上 所惡於前
毋以先後 所惡於後 毋以從前 所惡於右 毋以交於

左 所惡於左 毌以交於右 此之謂絜矩之道也.

소오어상(으로) 무이사하(하며) 소오어하(로) 무이사상(하며) 소오어전(으로) 무이선후(하며) 소오어후(로) 무이종전(하며) 소오어우(로) 무이교어좌(하며) 소오어좌(로) 무이교어우(이) 차지위혈구지도야(니라)

윗사람에게 미움을 받는 〈불성실한 태도로〉 아랫사람을 부리고 쓰면 안 된다. 아랫사람에게 미움을 받는 태도로 윗사람을 섬기면 안 된다. 선배에게 미움을 받는 태도로 후배를 제쳐놓고 앞으로 나서면 안 된다. 후배에게 미움을 받는 태도로 홀로만 앞으로 나서면 안 된다. 오른쪽 사람에게 미움을 받는 태도를 가지고 왼쪽 사람에게 대하면 안 된다. 왼쪽 사람에게 미움을 받는 태도로 오른쪽 사람과 사귀면 안 된다. 이와 같이 하는 것을 「혈구지도(絜矩之道)」라고 한다. 〈* 「혈구지도」는 「절대선의 기준을 가지고 상하(上下) 사방(四方)을 공평하고 방정하게 틀 잡고 행동하는 도리이다.」〉

[어구 설명] ○所惡於上 毌以使下(소오어상 무이사하) : 윗사람에게 미움을 받는 〈불성실하고 무례한 태도를 가지고〉 아랫사람을 부려쓰면 안 된다.
○所惡於下 毌以事上(소오어하 무이사상) : 아랫사람에게 미움을 받는 〈오만하고 무도한 태도로〉 윗사람을 섬기면 안 된다.
○所惡於前 毌以先後(소오어전 무이선후) : 앞사람이나 선배에게 미움을 받는 〈참월(僭越)하고 무례한 태도로〉 뒷사람이나 후배의 앞에 서면 안 된다.
○所惡於後 毌以從前(소오어후 무이종전) : 뒷사람이나 후배에게 미움을 받는 〈불손(不遜)하고 무례한 태도로〉 남의 앞에 서면 안 된다.
○所惡於右 毌以交於左(소오어우 무이교어좌) : 오른쪽 사람에게 미움을 받는 태도로 왼쪽 사람에게 대하면 안 된다.
○所惡於左 毌以交於右(소오어좌 무이교어우) : 왼쪽 사람에게 미움을 받는 태도로 오른쪽 사람과 사귀면 안 된다.
○此之謂絜矩之道也(차지위혈구지도야) : 이와 같이 하는 것을 「혈구지도(絜矩之道)」라고 한다. 〈* 「혈구지도」는 절대선(絶對善)의 천도(天道)를 기준으로 상하

사방 동서남북 모든 사람에게 공평하게 인애(仁愛)를 베풀고 행함이다.>

[참고 보충]「두 가지 해석」

「소오어상 무이사하(所惡於上 毋以使下)」를 다음같이 능동적으로 해석할 수도 있다.「내가 윗사람을 미워하는 바, <윗사람의 무도(無道)한 오만(傲慢)과 무례(無禮)한 태도를 가지고> 아랫사람을 부려쓰면 안 된다.」

[傳文註] (1-1) 此覆解上文 絜矩二字之意 如不欲上之無禮於我 則必以此度下之心 而亦不敢以此無禮使之 不欲下之不忠於我 則必以此度上之心 而亦不敢以此不忠事之.

(1-1)「전문 10장 2절」도 앞의 혈구(絜矩) 두 글자의 뜻을 해석한 것이다. 만약에 윗사람이 나에게 무례하게 하기를 바라지 않으면 반드시 그 마음으로 아랫사람의 마음을 헤아려서 나도 역시 감히 그와 같은 무례한 태도로 그들을 부려쓰지 말아야 한다. 아랫사람이 나에게 불충하기를 원치 않으면 곧 반드시 그와 같은 마음으로 윗사람의 마음을 헤아려서 역시 감히 그와 같은 불충한 태도로 윗사람을 섬기지 말아야 한다.

[傳文註] (1-2) 至於前後左右 無不皆然 則身之所處 上下四旁 長短廣狹 彼此如一 而無不方矣 彼同有是心 而興起焉者 又豈有一夫之不獲哉.

(1-2) 전후 좌우에 대해서도 그렇지 않은 것이 없게 한다. 즉 자신의 처신과 행하는 바가 상하 사방에 대해서나 길거나 짧거나, 넓거나 좁거나, 모든 일에 대해서 피차여일(彼此如一)하게 될 것이며, 또 방정하지 않음이 없게 된다. 다른 사람도 그러한 마음을 가지고 감화되고 흥기(興起)할 것이므로, 어찌 한 사람일지라도 바르게 얻지 못함이 있겠느냐.

[傳文註] (2) 所操者約 而所及者廣 此平天下之要道
也 故章內之意 皆自此而推之.

⑵ <다스리는 사람이 마음속에 두고> 조종하는 바 도리는 간략하
지만 미치는 바 효과는 넓다. 이렇게 하는 것이 「평천하(平天下)」
의 긴요한 도리다. 그러므로 이 「전문 10장」 안에 있는 모든 글의
뜻을 다 「혈구의 도리(絜矩之道)」에서 풀이하고, 또 미루어 나가야
한다.

[어구 설명] ㅇ所操者約(소조자약) : <다스리는 사람이 마음속에 두고> 조종하는
바, 도리는 간략하지만. ㅇ而所及者廣(이소급자광) : 그러나 미치는 바 <백성에
대한> 효과는 넓다. ㅇ此平天下之要道也(차평천하지요도야) : 이렇게 하는 것이
「평천하(平天下)」의 긴요한 도리다. ㅇ故章內之意(고장내지의) : 그러므로 이 「전
문 10장」 안에 있는 모든 글의 뜻을. ㅇ皆自此而推之(개자차이추지) : 모두 이
「혈구의 도리(絜矩之道)」에서 풀이하고, 또 미루어 나가야 한다.

[대학 전문 10장 3절-1]

詩云 樂只君子 民之父母 民之所好 好之 民之所惡 惡之 此之謂民之父母.

시운 낙지군자(여) 민지부모(라하니) 민지소호(를) 호지(하고) 민지소오(를) 오지
(하니) 차지 위 민지부모(니라)

시경(詩經) 소아(小雅) 남산유대편(南山有臺篇)에 다음같이 있다.
「마냥 즐겁네! 군자다운 임금이시여! 저분이 백성들의 부모로다.」
백성들이 좋아하는 바를 임금이 좋아하고, 백성들이 싫어하는 바
를 임금도 싫어하니 이를 일컬어 백성들의 부모라 하노라.

[어구 설명] 「낙(樂)」의 음은 「낙(洛)」. 「지(只)」의 음은 「지(紙)」.
ㅇ詩云(시운) : 시경(詩經) 소아(小雅) 남산유대편(南山有臺篇)에 있다.
ㅇ樂只君子(낙지군자) : 즐거워라, 군자(君子)여! 「지(只)」는 어조사(語助辭).

「군자」는 「인덕(仁德)으로 다스리는 임금」.
ㅇ民之父母(민지부모) : 백성들의 부모로다.
ㅇ民之所好 好之(민지소호 호지) : 백성들이 좋아하는 바를 임금이 좋아한다.
ㅇ民之所惡 惡之(민지소오 오지) : 백성들이 싫어하는 바를 임금도 싫어한다.
ㅇ此之謂民之父母(차지위민지부모) : 이렇게 <하므로> 백성의 부모라 한다.

[傳文註] (1) 詩小雅南山有臺之篇 只語助辭 言能絜矩而以民心爲己心 則是愛民如子 而民愛之如父母矣.

(1) 시는 시경 소아 남산유대편이다. 지(只)는 어조사다. <임금이> 「혈구의 도리」로 백성의 마음을 자기 마음으로 삼을 수 있으면, 즉 백성을 자식같이 사랑하면, 백성도 임금을 부모같이 사랑한다는 뜻을 말한 것이다.

[어구 설명] ㅇ詩小雅南山有臺之篇(시소아남산유대지편) : 시는 시경 소아 남산유대편이다. ㅇ只語助辭(지어조사) : 지(只)는 어조사다. ㅇ能絜矩而以民心爲己心(능혈구이이민심위기심) : 「혈구의 도리」로 백성의 마음을 나의 마음으로 삼을 수 있으니. ㅇ則是愛民如子(즉시애민여자) : 곧 백성을 자식같이 사랑하며. ㅇ而民愛之如父母矣(이민애지여부모의) : 따라서 백성이 임금 사랑하기를 부모같이 한다. 「언(言)」은 여기까지 걸린다. 「이것은 능히 혈구의 도를 행한 윗사람의 효험을 말한 것이다.(此言能絜矩之效)」

[대학 전문 10장 3절-2]

詩云 節彼南山 維石巖巖 赫赫師尹 民具爾瞻 有國者不可以不愼 辟則爲天下僇矣.

시운 절피남산(이여) 유석암암(이로다) 혁혁사윤(이여) 민구이첨(이라하니) 유국자(이) 불가이불신(이니) 벽즉위천하륙의(니라)

시경(詩經) 소아(小雅) 절남산편(節南山篇)에 있다. 「우뚝 높이 솟은 남산이여! 암석이 높이 쌓여 장엄하다. 높이 빛나는 태사(太師) 윤씨(尹氏)여! 백성들이 모두 그대를 우러러보노라.」 <그러므로>

나라를 다스리는 임금이나 군자는 삼가지 않으면 안 된다. 치우치
고 사벽(邪辟)하면 천하 만민에게 살륙(殺戮)을 당한다.

[어구 설명] ○詩云(시운) : 시경(詩經) 소아(小雅) 절남산편(節南山篇)의 시.
○節彼南山(절피남산) : 우뚝 높이 솟은 남산이여! 「절(節)」은 우뚝 높다.
○維石巖巖(유석암암) : 암석이 높이 쌓였도다. 「유(維)」는 감탄 허사(虛詞). 「암
암(巖巖)」은 <산 전체가> 암석으로 높이 쌓이고 장엄하다.
○赫赫師尹(혁혁사윤) : 높이 빛나는 태사(太師) 윤씨(尹氏). 주(周)나라의 최고
관직인 삼공(三公)의 으뜸을 「태사」라 한다.
○民具爾瞻(민구이첨) : 백성들이 모두 그대를 우러러보고 있다.
○有國者(유국자) : 나라를 다스리는 임금이나 군자들.
○不可以不愼(불가이불신) : 삼가지 않으면 안 된다.
○辟(벽) : 치우친다. 「벽(辟)=벽(僻)」
○爲天下僇矣(위천하류의) : 천하 <만민에 의해서> 살륙(殺戮)을 당한다. 「육
(僇)」은 「육(戮)」. 주자(朱子)는 치욕(恥辱)을 받는다로 풀었다.

[傳文註] (1) 詩小雅節南山之篇 節截然高大貌 師尹 周太師尹氏也 具俱也 辟偏也 言在上者 人所瞻仰 不 可不謹 若不能絜矩而好惡徇於一己之偏 則身弑國亡 爲天下之大戮矣.

(1) 시경(詩經) 소아(小雅) 절남산(節南山)편의 시다. 절(節)은 우
뚝 높은 모양. 사(師)는 주(周)나라의 태사(太師) 윤씨(尹氏)다. 구
(具)는 다 함께, 모두의 뜻이다. 벽(辟)은 편(偏)이다. 이 시 구절은
「위에 있는 사람은 모든 사람이 우러러 쳐다보는 바로, 근신하지
않으면 안 된다. 만약에 혈구의 도를 지키지 못하고 도리어 호오(好
惡)를 자기 한 사람의 편벽에 맞추고 따르면 즉시 자신도 살해되고
나라도 망하고, 천하 만민에 의해 크게 주살될 것이다」라는 뜻이다.

[어구 설명] ○詩小雅節南山之篇(시소아절남산지편) : 시경(詩經) 소아(小雅) 절

남산(節南山)편의 시. ○節截然高大貌(절절연고대모) : 절(節)은 우뚝 높이 웅대한 모양. ○師尹周太師尹氏也(사윤주태사윤씨야) : 사(師)는 주(周)나라의 태사(太師) 윤씨(尹氏)다. ○具俱也(구구야) : 구(具)는 다 함께, 모두의 뜻이다. ○辟偏也(벽편야) : 벽(辟)은 편(偏)이다. ○言(언) : <다음과 같은 뜻을> 말한 것이다. ○在上者(재상자) : 위에 있는 사람은. ○人所瞻仰(인소첨앙) : 모든 사람이 우러러 쳐다보는 바다. ○不可不謹(불가불근) : 근신하지 않으면 안 된다. ○若不能絜矩(약불능혈구) : 만약에 혈구의 도를 지키지 못하고. ○而好惡徇於一己之偏(이호오순어일기지편) : 도리어 호오(好惡)를 자기 한 사람의 편벽에 맞추고 따르면. 「순(徇)=순(順)」. ○則(즉) : 곧, 즉시. ○身弑國亡(신시국망) : 자신도 죽고 나라도 망한다. ○爲天下之大戮矣(위천하지대륙의) : 천하 만민에 의해 크게 살해될 것이다. 「戮(죽일 륙)」

[대학 전문 10장 3절-3]

詩云 殷之未喪師 克配上帝 儀監于殷 峻命不易 道得衆則得國 失衆則失國.

시운 은지미상사(엔) 극배상제(러니) 의감우은(이어다) 준명불이(라하니) 도득중 즉득국(하고) 실중 즉실국(이니라)

시경(詩經) 대아(大雅) 문왕편(文王篇)에 있다. 「은(殷)나라가 백성의 마음을 잃지 않았을 때는 능히 상제와 잘 어울렸다. 마땅히 은나라를 거울로 삼고 살펴야 한다. 하늘이 내리는 큰 명은 <받기가> 쉽지 않다.」 이는 곧 「백성들의 마음을 얻으면 나라도 얻고, 백성들의 마음을 잃으면 나라도 잃는다」는 뜻을 말한 것이다.

[어구 설명] 「상(喪)」은 거성(去聲), 「의(儀)」를 시경에는 「의(宜)」로 적었다. 「준(峻)」을 시경에는 「준(駿)」으로 적었다. 「이(易)」는 거성(去聲).

○詩云(시운) : 시경(詩經) 대아(大雅) 문왕편(文王篇)에 있다.

○殷之未喪師(은지미상사) : 은(殷)나라가 아직 대중의 마음을 잃지 않았을 때는. 「사(師)」는 「무리[衆]」의 뜻.

○克配上帝(극배상제) : 능히 상제(上帝)와 어울렸다. 「상제」는 하늘. 「배(配)」는

짝이 되고 잘 어울리다. <* 은나라를 세운 탕왕(湯王) 같은 성군이 하늘의 뜻과 도리를 잘 따르고 잘 맞추었다.>

○儀監于殷(의감우은) : 마땅히 은나라를 <거울로 삼고> 살펴야 한다. 「의(儀)」를 「의(宜)」로 푼다. 「감(監)」을 「감(鑑)」으로 푼다.

○峻命不易(준명불이) : 하늘이 내리는 큰 명은 쉽지 않다. 즉 천명을 내려받고, 또 잘 다스리기는 쉽지 않다는 뜻.

○道得衆則得國(도득중즉득국) : 말이나 도리가 백성들의 마음을 얻으면 나라도 얻는다.

○失衆則失國(실중즉실국) : 백성들의 마음을 잃으면 나라도 잃는다.

[傳文註] (1) 詩文王篇 師衆也 配對也 配上帝 言其 爲天下君 而對乎上帝也 監視也 峻大也 不易言難保 也 道言也 引詩而言此以結上文兩節之意 有天下者能 存此心而不失 則所以絜矩而與民同欲者 自不能已矣.

(1) 시경(詩經) 문왕편(文王篇)의 시다. 사(師)는 무리(衆)의 뜻. 배(配)는 대(對)한다는 뜻. 「배상제(配上帝)」는 「그가 천하의 임금이 되어 상제와 대한다」는 뜻을 말한 것이다. 감(監)은 본다는 뜻. 준(峻)은 크다는 뜻. 불이(不易)는 나라를 간직하기 어렵다는 뜻. 도(道)는 말한다는 뜻. 시를 인용하여 앞의 「전문 10장 3절의 (1) (2) 두 구절」의 뜻을 묶은 것이다. <그러므로> 천하를 다스리는 사람은 능히 그와 같은 마음을 가질 수 있어야 나라를 잃지 않는다. 이는 곧 「혈구의 도」를 행하고 백성과 원하는 바를 <임금이> 같이 하는 바탕이므로 자의(恣意)로 그만둘 수 없다.

[어구 설명] ○有天下者(유천하자) : 천하를 다스리는 사람은. ○能存此心而不失 (능존차심이불실) : 능히 그와 같은 마음을 가지고 다스려야 나라를 잃지 않는다. ○則所以絜矩而與民同欲者(즉소이혈구이여민동욕자) : <그렇게 하는 것이> 곧 혈구의 도리를 따라 백성과 호오(好惡)의 마음을 같이하는 바탕이다.

[대학 전문 10장 4절-1]

是故 君子先愼乎德 有德此有人 有人此有土 有土此有財 有財此有用.

시고(로) 군자(는) 선신호덕(이니) 유덕(이면) 차유인(이요) 유인(이면) 차유토(요) 유토(면) 차유재(요) 유재(면) 차유용(이니라)

그러므로 군자는 먼저 덕에 신중해야 한다. 덕이 있어야 비로소 백성들이 있게 되고, 백성들이 있어야 비로소 국토가 있게 되고, 국토가 있어야 비로소 재물이 있게 되고, 재물이 있어야 비로소 재물을 써서 <국가를 경영할 수 있게 된다.>

[어구 설명] ○是故(시고) : 그러므로.
○君子先愼乎德(군자선신호덕) : 군자는 먼저 덕을 신중하게 닦아야 한다.
○有德此有人(유덕차유인) : 덕이 있어야 백성들이 있게 되고.
○有人此有土(유인차유토) : 백성들이 있어야 국토가 있게 되고.
○有土此有財(유토차유재) : 국토가 있어야 재물이 있게 되고.
○有財此有用(유재차유용) : 재물이 있어야 비로소 재물을 써서. <국가를 경영할 수 있게 된다.>

[傳文註] (1) 先愼乎德 承上文不可不謹而言 德卽所謂明德 有人謂得衆 有土謂得國 有國則不患無財用矣.

(1) 「먼저 덕을 삼가야 한다(先愼乎德)」는 구절은 앞의 「전문 10장 3절-(2)」를 받고 「삼가지 않으면 안 된다고 하는 말」이다. 「덕(德)」은 곧 명덕(明德)이다. 「유인(有人)」은 「무리를 얻음(得衆)」을 말한다. 「유토(有土)」는 「나라를 얻음(得國)」을 말한다. 나라가 있어야 쓸 재물 없음을 걱정하지 않게 된다.

[대학 전문 10장 4절-2]

德者本也 財者末也.

덕자(는) 본야(요) 재자(는) 말야(니라)

덕(德)이 근본이고, 재물은 말단이다.

[어구 설명] ○德者本也(덕자본야) : <다스림에 있어> 위정자(爲政者)의 덕(德)이 근본 뿌리가 된다.

○財者末也(재자말야) : 재물은 말단이 된다. 즉 나뭇가지에 해당한다. <* 덕(德)은 인(因)이고, 재(財)는 과(果 : 열매)다.>

[참고 보충] 「말(末)의 뜻」

<1> 「말(末)」을 「말단(末端)」으로 번역하면 혹 「소중하지 않은 것」으로 오해한다.

<2> 나무의 꽃이나 가지는 뿌리를 바탕으로 자라고 또 피어난다. 그와 마찬가지로 위정자의 「덕(德)」을 근본 뿌리로 삼고 재정(財政)이 운용되어야 한다.

<3> 국가 경영에 있어 재물(財物)이나 재용(財用)은 지극히 소중하다. 그러나 그보다 더 중요한 것은 위정자의 덕(德)이다.

<4> 위정자가 백성의 마음을 헤아리는 「혈구의 도(絜矩之道)」를 따르는 덕치(德治)를 바탕으로 재정을 펴야 백성이 안락하게 산다. 반대로 위정자가 사악한 욕심을 바탕으로 하면 국가 재정이 파탄나고, 백성이 고생한다.

[傳文註] (1) 本上文而言.

(1) 앞의 「전문 10장 4절-(1)」을 바탕으로 한 말이다.

[대학 전문 10장 4절-3]

外本內末 爭民施奪.

외본내말(이면) 쟁민시탈(이니라)

<위정자가> 근본이 되는 덕을 소외하고, 끝가지에 해당하는 재물을 높이면, 백성과 다투게 되고, 또 쟁탈하게 된다.

[어구 설명] ○外本內末(외본내말) : 근본을 밖으로 내몰고 가지를 안에 둔다.

즉 근본이 되는 덕(德)을 버리고 가지에 해당하는 재물(財物)을 중시한다.
ㅇ爭民施奪(쟁민시탈) : 주자(朱子)는 「쟁민(爭民)」을 「임금이 백성들과 재물을 다투게 된다」, 「시탈(施奪)」을 「그 결과 백성들이 서로 재물을 쟁탈하게 된다」로 풀었다.

[참고 보충] 「외본내말(外本內末)과 쟁민시탈(爭民施奪)」

<1> 「외본(外本)」의 「외(外)」는 동사로 「밖으로 내몰고 소외한다」는 뜻. 「본(本)」은 「근본이 되는 덕(德)=명덕(明德)」이다. 「내말(內末)」의 「내(內)」도 동사로 「안에 모시고 높인다」는 뜻. 「말(末)」은 「끝가지에 해당하는 재물(財物)」이다. 즉 위정자가 마음속에 「명명덕(明明德)하려는 생각이 없고, 반대로 재물에 대한 욕심만이 넘친다」는 뜻이다.

<2> 「쟁민시탈(爭民施奪)」을 고주(古注)는 「저마다 재물을 취하려고 서로 다툰다. 백성들이 서로 뺏기를 한다」는 뜻으로 풀었다.

<3> 그러나 「혈구(絜矩)의 도덕정치」를 강조하는 주자(朱子)는 다음같이 확대 해석했다. 「임금이 재물욕심(財物欲心)에 넘쳐 가렴주구(苛斂誅求)하면, 백성들이 반대하고 부당하게 뺏기지 않으려고 하며, 결국은 재물을 놓고, 임금과 백성들이 다투고 뺏기 내기를 하게 된다.」

<4> 「그 결과 악화(惡化)된 백성들이 서로 쟁탈하게 된다.」 즉 악덕(惡德)한 임금은 가렴주구하고 타락한 백성들도 서로 재물 탈취에 골몰하게 된다.

[傳文註] (1) 人君以德爲外 以財爲內 則是爭鬪其民 而施之以劫奪之敎也 蓋財者人之所同欲 不能絜矩而 欲專之 則民亦起 而爭奪矣.

(1) 사람을 다스리는 임금이 덕을 밖에 내몰고, 마음속에 재물에 대한 욕심만이 있으면, 결국 자기 나라 백성들과 <재물을> 다투고 싸우게 되고, 또한 백성들로 하여금 재물을 겁탈하게 만든다. 무릇 재물은 모든 사람이 다 얻고자 하는 것이다. <임금이> 「혈구(絜矩)의 도」를 따르지 않고 오직 재물을 제멋대로 취하려고 하면, 결국 백성들도 욕심을 일으키고 마침내는 서로 쟁탈하게 된다.

[대학 전문 10장 4절-4]

是故 財聚則民散 財散則民聚.

시고(로) 재취 즉민산(하고) 재산 즉민취(니라)

그러므로 <임금이 백성들로부터> 재물을 긁어모으면 백성들이 흩어지고, <반대로 백성들을 위해> 재물을 고르게 나누어 쓰면 백성들이 모여든다.

[어구 설명] ㅇ財聚則民散(재취즉민산) : 임금이 악덕하게 재물을 긁어모으면 백성들이 <임금에게 등을 돌리고> 흩어진다.

ㅇ財散則民聚(재산즉민취) : <임금이> 재물을 고르게 나누어 쓰면 백성들이 <임금의 덕을 높이고> 그 임금에게로 모여든다.

[傳文註] (1) 外本內末 故財聚 爭民施奪 故民散 反是 則有德 而有人矣.

(1) 임금이 「외본내말(外本內末)」하니깐 재물을 거두어들인다. 임금이 「쟁민시탈(爭民施奪)」하니깐 백성들이 흩어진다. 반대로 임금이 덕을 지니면 곧 백성들이 있게 된다.

[대학 전문 10장 4절-5]

是故 言悖而出者 亦悖而入 貨悖而入者 亦悖而出.

시고(로) 언패이출자(는) 역패이입(하고) 화패이입자(는) 역패이출(이니라)

그런 고로 말이 <도리에> 어긋나게 <입에서> 나가면, 역시 어긋나게 <귀에> 들어온다. 재화(財貨)를 도리에 어긋나게 거두어들이면, 역시 어긋나게 나가게 마련이다.

[어구 설명] ㅇ言悖而出者(언패이출자) : 말이 <도리에> 어긋나게 <입에서> 나가면.

ㅇ亦悖而入(역패이입) : 역시 어긋나게 들어온다. 즉 내가 말을 어긋나게 하면,

어긋난 말을 듣게 된다.

ㅇ 貨悖而入者(화패이입자) : 재화(財貨)를 도리에 어긋나게 거두어들이면.

ㅇ 亦悖而出(역패이출) : 역시 어긋나게 나가게 마련이다.

[傳文註] (1) 悖逆也 此以言之出入 明貨之出入也 自
先謹乎德以下至此 又因財貨 以明能絜矩 與不能者之
得失也.

(1) 「패(悖)」는 「거스를 역(逆)」의 뜻이다. 이 글은 말이 나가고
들어오는 이치를 가지고, 재화가 나가고 들어오는 이치를 밝힌 것
이다. <전문 10장 4절-(1)의> 「선신호덕(先愼〔謹〕乎德)」에서부터
이 구절까지는 역시 재화로 인한 혈구(絜矩)할 수 있는 사람과 못
하는 사람의 득실을 밝힌 것이다.

[대학 전문 10장 4절-6]

康誥曰 惟命不于常 道善則得之 不善則失之矣.

강고(에) 왈 유명(은) 불우상(이라하니) 도선즉득지(하고) 불선즉실지의(니라)

서경 강고편에 있다. 「오직 천명(天命)은 항상 있는 것이 아니다.」
이 말은 곧 「착하게 하면 <천명을> 얻지만, 착하지 않으면 <천명
을> 잃는다」는 뜻을 말한 것이다.

[어구 설명] ㅇ 康誥曰(강고왈) : 서경(書經) 강고편(康誥篇). 무왕(武王)이 강숙
(康叔)에게 훈계한 말을 적은 글.

ㅇ 惟命不于常(유명불우상) : 천명(天命)은 항상 있는 것이 아니다. 「우(于)」를
「유(有)」로 풀이한다.

ㅇ 道(도) : 말한다.

ㅇ 善則得之(선즉득지) : 착하게 하면 <천명을> 얻고.

ㅇ 不善則失之矣(불선즉실지의) : 착하지 않으면 잃는다.

[傳文註] (1) 道言也 因上文引文王詩之意 而申言之

其丁寧反覆之 意盒深切矣.

(1) 「도(道)」는 「언(言)」이다. 앞에서 <전문 10장 3절-(3)> 인용한 「문왕시(文王詩)」의 뜻을 거듭 말한 것이다. 그렇듯이 간곡하게 반복하니 뜻이 더욱 깊고 절실하게 된다.

[대학 전문 10장 5절-1]

楚書曰 楚國無以爲寶 惟善以爲寶.

초서왈 초국(은) 무이위보(요) 유선(을) 이위보(하니라)

초서에 있다. 「초나라에서는 보배로 여기는 것이 없다. 다만 선인(善人)을 보배로 여긴다.」

[어구 설명] ○楚書(초서) : 주(註)에 「초서(楚書)는 초어(楚語)」라고 했다. 즉 「국어(國語)」에 있는 「초어」의 기록이다.

○楚國無以爲寶(초국무이위보) : 초나라에서는 아무것도 보배로 여기지 않는다.

○惟善以爲寶(유선이위보) : 다만 선인(善人)만을 보배로 여긴다.

[傳文註] (1) 楚書楚語.

(1) 「초서(楚書)」는 초어(楚語)다.

[傳文註] (2) 言不寶金玉 而寶善人也.

(2) 「금이나 옥을 보배로 여기지 않고, 선인(善人)을 보배로 여긴다」는 뜻을 말한 것이다.

[대학 전문 10장 5절-2]

舅犯曰 亡人無以爲寶 仁親以爲寶.

구범왈 망인(은) 무이위보(요) 인친(을) 이위보(라하니라)

외삼촌 자범(子犯)이 말했다. 「망명중에 있는 사람은 아무것도 보배로 여기지 않는다. 오직 아버지를 친애하는 효성을 보배로 여긴다.」

[어구 설명] ㅇ舅犯(구범) : 구(舅)는 외삼촌, 이름은 호언(狐偃), 자(字)가 자범(子犯)이다. 그는 진(晋)나라 공자 중이(重耳)의 외삼촌이다.

ㅇ亡人(망인) : 망명중에 있는 사람, 즉 중이(重耳)다.

ㅇ無以爲寶(무이위보) : 보배로 여기는 것이 없다.

ㅇ仁親以爲寶(인친이위보) : 인친(仁親)만을 보배로 여긴다. 「인친」은 「부친을 사랑하고 효도한다」는 뜻.

[傳文註] (1) 舅犯 晋文公舅 狐偃 字子犯 亡人 文公 時爲公子 出亡在外也 仁愛也 事見檀弓.

(1) 「구범(舅犯)」은 진나라 문공의 외삼촌 「호언」이며, 자가 「자범」이다. 「망인(亡人)」은 문공이다. 당시는 공자(公子)로 나라 밖으로 가서, 다른 나라에서 망명 생활을 하고 있었다. 「인(仁)」은 친애(親愛)의 뜻이다. 사실은 예기(禮記) 단궁편(檀弓篇)에 보인다.

[傳文註] (2) 此兩節 又明不外本而內末之意.

(2) 이 두 구절, 즉 「10장 5절-(1)과 5절-(2)」도 역시 「외본내말(外本內末)하지 않는다는 뜻」을 밝힌 것이다.

[참고 보충] 「중이(重耳)와 자범(子犯)」

<1> 진(晋) 나라 헌공(獻公 : B.C. 676~651 재위)에게는 장성한 세 아들이 있었다. 이미 오래 전에 첫아들 신생(申生)이 태자가 되었으며, 둘째 중이(重耳)와 셋째 이오(夷吾)도 요직을 맡고 있었다. 그런데 헌공이 뒤늦게 취한 여희(驪姬)가 아들 해제(奚齊)를 낳고 요사(妖邪)한 그녀가 자기 아들을 후계자로 만들기 위해 태자 신생을 모살(謀殺)하고, 중이와 이오도 살해하려고 획책했다.

<2> 그래서 중이는 적(狄)으로, 이오는 양(梁)으로 망명했다. 헌공이 사망하자 진(晋)나라의 충신들이 해제를 죽이고, 여희의 도당을 축출하고 왕통(王統)을 되찾고자 했다. 이 때에 진(秦)나라의 목공(穆公)이 사신을 적에 망명중인 중이에게 보내 「망명을 중단하고 귀국하여 임금자리에 오르라」고 권했다. 그러나 당시는 아직도 정세가 불안했다. 이 때에 초(楚)나라의 고관(高官)이며 중이의 외숙

(外叔)인 자범(子犯 : 성은 狐, 이름이 偃)이 망명중인 중이에게 이상과 같은 말을 하고, 중이로 하여금 사절케 했던 것이다. 예기(禮記) 단궁편 하(檀弓篇下)에 보인다.

[대학 전문 10장 6절-1]

秦誓曰 若有一个臣 斷斷兮 無他技 其心 休休焉 其如有容焉 人之有技 若己有之 人之彦聖 其心好之 不啻若自其口出 寔能容之 以能保我子孫黎民 尙亦有利哉 人之有技 媢疾以惡之 人之彦聖 而違之 俾不通 寔不能容 以不能保 我子孫黎民 亦曰殆哉.

진서(에) 왈 약유일개신(이) 단단혜(오) 무타기(나) 기심(이) 휴휴언(하고) 기여유용언(이라) 인지유기(를) 약기유지(하고) 인지언성(을) 기심호지(하며) 불시약자기구출(하고) 식능용지(하니) 이능보아자손려민(이오) 상역유리재(인져) 인지유기(를) 모질이오지(하고) 인지언성(을) 이위지(하야) 비불통(이면) 식불능용(이라) 이불능보 아자손려민(이니) 역왈태재(인져)

<서경(書經) 주서(周書) 마지막 편> 진서(秦誓)에 있다. 만약에 한 사람이 있는데, 그의 인품이 성실하고 한결같으며 별로 다른 재주는 없어도 그의 마음이 솔직하고 착하고 <모든 것을> 받아들이고 잘 포용한다. <그는> 다른 사람이 재주 있는 것을 흡사 자신이 가진 것처럼 여기고, 다른 사람이 슬기로운 선비답게 신통한 것을, <그가> 진심으로 좋아하고, 또 자기 입으로 칭찬할 뿐만 아니라, 진실로 포용한다. <이와 같은 사람을 등용해 써야> 능히 우리 자손과 백성들을 보전할 수 있으며, 또 이롭기를 바랄 수 있다. <반대로> 다른 사람이 재주가 있으면 강샘을 하고 미워하고, 또 다른 사람의 인품이 선비답고 신통하면 <고의로> 그를 반대하거나 거역하고 그로 하여금 달통(達通)하지 못하게 방해하고 참으로

<그를> 받아들이지 못하는 <자도 있다. 이런 자를 쓰면> 우리 자손과 백성들을 보전하지 못하고, 또 나라도 위태롭게 된다.

[어구 설명] ㅇ秦誓(진서) : 서경(書經) 주서(周書)에 있는 글. 진(秦)나라 목공(穆公)이 패전(敗戰)한 다음에 군신에게 한 말이다.

ㅇ若有一个臣(약유일개신) : 만약에 한 신하가 있는데.

ㅇ斷斷兮(단단혜) : 인품이 성실하고 한결같다.

ㅇ無他技(무타기) : 별로 특출한 재주는 없지만.

ㅇ休休焉(휴휴언) : 솔직하고 착하고.

ㅇ其如有容焉(기여유용언) : <모든 것을> 넓게 받아들이고 포용한다.

ㅇ人之有技(인지유기) : 다른 사람이 재주 있는 것을.

ㅇ若己有之(약기유지) : 흡사 자신이 가진 것처럼 여기고.

ㅇ人之彦聖(인지언성) : 다른 사람이 선비답고 신통(神通)함을. 「彦(선비 언)」

ㅇ其心好之(기심호지) : 그가 진심으로 좋아한다.

ㅇ不啻(불시) : 다만 ……하지 않을 뿐만 아니라. 「啻(뿐 시)」

ㅇ若自其口出(약자기구출) : 자기 입으로 칭찬할. <뿐만 아니라>

ㅇ寔能容之(식능용지) : 진실로 그 사람을 받아들이고 포용한다. 「식(寔)」은 참으로, 진실로.

ㅇ以能保我子孫黎民(이능보아자손려민) : <그와 같이 포용력 있는 사람을 등용해 쓰면> 능히 우리들의 자손과 백성들을 보전(保全)할 수 있으며.

ㅇ尙亦有利哉(상역유리재) : 또 이롭기를 바랄 수 있다. 「상(尙)」은 「바란다」.

ㅇ人之有技(인지유기) : 다른 사람이 재주가 있으면.

ㅇ媢疾以惡之(모질이오지) : 강샘을 하고 미워한다. 「媢(강샘할 모)」

ㅇ人之彦聖(인지언성) : 다른 사람이 선비답고 신통하면.

ㅇ而違之(이위지) : 그를 반대하거나 거역하고.

ㅇ俾不通(비불통) : 그로 하여금 달통(達通)하지 못하게 방해한다.

ㅇ寔不能容(식불능용) : 참으로 <남을> 받아들이지 못한다.

ㅇ以(이) : 임금이 만약에 옹졸한 자를 등용해 쓰면.

ㅇ不能保我子孫黎民(불능보아자손려민) : 자손과 백성을 보전하지 못한다.

ㅇ亦曰殆哉(역왈태재) : 또한 나라도 위태롭게 된다.

[傳文註] (1) 秦誓周書 斷斷誠一之貌 彦美士也 聖通明也.

(1)「진서(秦誓)」는 서경(書經) 주서(周書) 맨 끝에 있는 글이다.「단단(斷斷)」은「성실하고(誠) 한결같은(一) 품(貌)」이다.「언(彦)」은「훌륭한 선비」이다.「성(聖)」은「신통(神通)하고 총명(聰明)하다」는 뜻이다.

[傳文註] (2) 尙庶幾也 娟忌也 違拂戾也 殆危也.

(2)「상(尙)」은「바란다[庶幾]」는 뜻이다.「연(娟)」은「기피(忌避)한다」는 뜻이다.「위(違)」는「반대하고 물리친다[拂戾]」는 뜻이다.「태(殆)」는「위태(危殆)하다」는 뜻이다.

[대학 전문 10장 6절-2]

唯仁人 放流之 迸諸四夷 不與同中國 此謂唯仁人 爲能愛人 能惡人.

유인인(이) 방류지(하고) 병제사이(하야) 불여동중국(하니) 차위 유인인(이) 위능애인(하고) 능오인(하니라)

오직 인인(仁人)은 그들을 추방 유배하고 사방의 오랑캐 땅으로 내몰아 쫓고, 중국에서 함께 살지 못하게 한다. 이를 두고 공자가「오직 인인(仁人)만이 진실로 사람을 사랑할 수도 있고, 미워할 수도 있다」고 말한 것이다.

[어구 설명]「迸(병)은 屛(병)으로 읽는다. 고자(古字)는 서로 통용한다.」
○唯仁人放流之(유인인방류지) : 오직 인인(仁人)은 그들을 추방(追放)하고 유배(流配)한다.「지(之)」는 모질(娟疾)하는 나쁜 사람들.
○迸諸四夷(병제사이) : 사방의 변방 오랑캐 땅으로 내몰아 쫓아버린다.
○不與同中國(불여동중국) : ＜문화국가인＞ 중국에서 함께 살지 못하게 한다.

○此謂(차위) : 이를 두고 <공자가 논어에서> 말했다.

○唯仁人 爲能愛人 能惡人(유인인 위능애인 능오인) : 오직 인덕(仁德)을 갖춘 사람만이 <진실로> 사람을 사랑할 수도 있고, 미워할 수도 있다. <論語 里仁篇>

[傳文註] (1) 迸猶逐也 言有此娟疾之人 妨賢而疾國 則仁人必深惡而痛絶之 以其至公無私 故能得好惡之 正 如此也.

(1) 「병(迸)」은 「쫓을 축(逐)」과 같다. 이는 곧 다음 같은 뜻을 말한 것이다. 남을 시샘하고 미워하는 사람은 현명한 사람의 진출을 방해하고 나라를 병들게 한다. <그러면> 곧 어진 사람은 반드시 그를 깊이 미워하고 단호하게 그를 끊어 버린다. <어진 사람은> 지공무사(至公無私)하기 때문에 능히 「호오(好惡)」를 바르게 하고 <따라서> 그와 같이 <나쁜 사람을> 단절할 수 있는 것이다.

[대학 전문 10장 6절-3]

見賢而不能擧 擧而不能先 命也 見不善而不能退 退而不能遠 過也.

견현이불능거(하며) 거이불능선(이) 명야(요) 견불선이불능퇴(하며) 퇴이불능원(이) 과야(니라)

현명한 사람을 보고 등용(登用)하지 못하거나, 등용하되 우선적으로 등용하지 못하는 것은 태만(怠慢)이다. 나쁜 사람을 보고도 물리치지 못하거나, 물리치되 멀리 추방해서 단절하지 못하면 잘못하는 것이다.

[어구 설명] ○見賢而不能擧(견현이불능거) : 현명한 사람을 보고도 등용(登用)하지 못하거나.

○擧而不能先(거이불능선) : 등용하되 우선적으로 등용하지 못하면.

○命也(명야) : 태만(怠慢)이다. 정현(鄭玄)은 「만(慢)」으로 풀었고, 정자(程子)는

「태(怠)」로 보았다.

ㅇ見不善而不能退(견불선이불능퇴) : 나쁜 사람을 보고도 물리치지 못하면.

ㅇ退而不能遠(퇴이불능원) : 물리치되 멀리 추방하지 못하면.

ㅇ過也(과야) : 잘못이다, 과실이다.

[傳文註] (1) 命鄭氏云當作慢 程子云當作怠 未詳孰 是 若此者 知所愛惡矣 而未能盡愛惡之道 蓋君子而 未仁者也.

(1) 「명(命)」을 정현(鄭玄)은 「마땅히 만(慢)」이라 했고, 정자(程子)는 「마땅히 태(怠)가 되어야 한다」고 말했다. <그러나 주자는> 「어느 것이 옳은지 모르겠다」고 했다. 그렇게 하는 사람은 「애오(愛惡)할 바」를 알되, 「애오의 도(愛惡之道)」를 충분히 실천하지 못한 것이다. 무릇 군자이되 아직 인자(仁者)는 아니다.

[대학 전문 10장 6절-4]

好人之所惡 惡人之所好 是謂拂人之性 菑必逮夫 身.

호인지소오(하며) 오인지소호(이) 시위불인지성(이라) 재필체부신(이니라)

남이 미워하는 바를 좋아하고, 남이 좋아하는 바를 미워하는 것은 <사람의> 본성(本性)에 어긋난다. 재앙이 반드시 그 몸에 미칠 것이다.

[어구 설명] 菑는 옛 글자로 「재앙 재(災)」이다.

ㅇ好人之所惡(호인지소오) : 남들이 미워하는 바를 좋아한다. 즉 「백성이 본성적으로 미워하고 싫어하는 바, 즉 비도덕적인 악덕을 윗사람이 <반대로> 좋아하고 악덕한 짓을 한다」는 뜻.

ㅇ惡人之所好(오인지소호) : 백성들이나 사람들이 본성적으로 좋아하는 선덕(善德)을 윗사람은 <반대로> 싫어하고 악덕한 짓을 한다.

○是謂拂人之性(시위불인지성) : 그와 같은 것을 사람의 본성(本性)에 어긋나는 짓이라고 말한다.

○菑必逮夫身(재필체부신) : 재앙이 반드시 그 몸에 미친다. 「逮(미칠 체)」

[傳文註] (1) 拂逆也 好善而惡惡 人之性也 至於拂人之性 則不仁之甚者也 自秦誓至此 又皆以申言好惡公私之極 以明上文所引南山有臺 節南山之意.

(1) 「불(拂)」은 「거역하다, 거스르다」의 뜻이다. 「선을 좋아하고 악을 미워하는 것(好善而惡惡)」이 「인간의 본성이다.(人之性也)」 「사람의 본성에 거역하는 지경에 이른 것(至於拂人之性)」은 곧 「불인(不仁)이 심한 것(則不仁之甚者)」이다. 「진서(秦誓) <6절(1)>」에서 「이 구절 <6절(4)>」까지는 다 「호오(好惡)」함에 있어 「공적(公的)과 사적(私的) 양극(兩極)의 경우」를 거듭 말하고, 앞에서 인용한 「남산유대(南山有臺) <3절(1)>」 및 「절남산(節南山) <3절(2)>」의 뜻을 밝힌 것이다.

[대학 전문 10장 7절]

是故 君子有大道 必忠信以得之 驕泰以失之.

시고(로) 군자(이) 유대도(하니) 필충신이득지(하고) 교태이실지(니라)

그러므로 군자가 <따르고 행할> 큰 도리가 있다. 반드시 충(忠)과 신(信)을 지키면 <나라와 백성을> 얻지만, 교(驕)와 태(泰)하면 잃는다.

[어구 설명] ○君子有大道(군자유대도) : 임금에게는 큰 도리가 있다.

○忠信以得之(충신이득지) : 충(忠)과 신(信)을 따르면 나라가 다스려진다.

○驕泰以失之(교태이실지) : 교(驕)와 태(泰)하면 나라도 백성도 잃는다.

<*「전문주 3, 4」 참조.>

[傳文註] (1) 君子以位言之.

(1) 「군자(君子)」는 자리를 두고 말한다. 즉 「임금자리에 올라 다스리는 군주를 말한다」는 뜻.

[傳文註] (2) 道謂居其位 而修己治人之術.

(2) 「도(道)」는 임금자리에 앉아 「수기치인(修己治人)」하는 도리를 말한다.

[어구 설명] ○修己治人(수기치인) : 자신을 수양하고 남을 다스리다. 임금이 먼저 자신의 덕을 닦고, 만민을 잘살게 다스리다.

[傳文註] (3) 發己自盡爲忠 循物無違謂信.

(3) 「자신을 발현함에 있어, 스스로 최선을 다함」을 「충(忠)」이라 한다. 「모든 사물의 도리를 따르고, 어긋나지 않게 함」을 「신(信)」이라 한다.

[어구 설명] ○發己(발기) : 자기 발현(發顯). 곧 「자신의 명덕을 밝혀냄(明明德)」이다. ○自盡(자진) : 스스로 다함은 곧 자기의 최선을 다한다는 뜻이다. 이는 바로 「명명덕(明明德)」에 있어 「지어지선(止於至善)」함이다. ○爲忠(위충) : <그렇게 하는 것이> 충(忠)이다. 그러므로 「충은 자기의 최선을 다함이다(盡己之謂忠)」라고 풀이한다. ○循物(순물) : 모든 사물의 도리를 따르다. 「물(物)」은 「대상(對象)」의 뜻이며 사람도 포함된다. 그러므로 「모든 사람에게 내재하고 있는 선본성(善本性), 즉 명덕(明德)을 따르다」의 뜻도 있다. ○無違(무위) : 어긋나지 않게 한다. 즉 사물을 처리할 때는 사물의 도리에 어긋나지 않게 하고, 사람을 다스릴 때는 사람의 착한 본성에 어긋나지 않게 다스린다. ○謂信(위신) : <그렇게 하는 것을> 「신(信)」이라 한다. 「신(信)」은 「신실(信實)」, 즉 「어김없이 뻗어나고 알차게 열매를 맺게 한다」는 뜻이다. 「백성으로 하여금 착한 본성을 발휘하여 덕(德)을 세우게 하는 것이 곧 신(信)이다.」

[傳文註] (4) 驕者矜高 泰者侈肆 此因上所引文王康誥之意而言 章內三言得失 而語盆加切 蓋至此而天理

存亡之幾決矣.

(4) 「교(驕)」는 「신분이 높음을 자랑한다[矜高]」는 뜻이다. 「태(泰)」
는 「사치(奢侈)하고 방자(放恣)하다」는 뜻이다. 이 구절은 앞에서
인용한 「문왕편(文王篇)의 시(詩) <3절(3)>」와 「강고편(康誥篇)
<4절(6)>」의 뜻을 바탕으로 하고 말한 것이다. 이 「10장」에서는
「득실(得失)」이란 말이 세 번 나오며, <뒤로 갈수록> 그 뜻이 절실
하다. 이 구절 <7절>에 와서 천리를 간직한 경우와 잃은 경우의
미묘한 기틀을 결정지은 것이다.

[어구 설명] ○「幾(기)는 평성(平聲)」. ○驕者矜高(교자긍고) : 「교(驕)」는 「신분이
높음을 자랑한다[矜高]」는 뜻이다. ○泰者侈肆(태자치사) : 「태(泰)」는 「사치(奢
侈)하고 방자(放恣)하다」는 뜻이다. ○此因上所引(차인상소인) : 이 구절은 앞에
서 인용한 <글을> 바탕으로 하고[因]. ○文王(문왕) : <앞 「3절(3)」> 문왕편(文王
篇)의 시(詩). ○康誥之意(강고지의) : <앞 「4절(6)」> 강고편(康誥篇)의 뜻을. <바
탕으로 하고> ○而言(이언) : 말한 것이다. ○章內三言得失(장내삼언득실) : 이
「10장」 속에는 「득실(得失)」이란 말이 세 번 나오며. ○而語益加切(이어익가절) :
더욱 절실하게 되었다. ○而天理存亡之幾(이천리존망지기) : 천리를 간직한 경우
와 잃은 경우의 미묘한 기틀을. ○決矣(결의) : 결정해서 말한 것이다.

[대학 전문 10장 8절-1]

生財有大道 生之者衆 食之者寡 爲之者疾 用之者
舒 則財恒足矣.

생재(에) 유대도(하니) 생지자중(하고) 식지자과(하며) 위지자질(하고) 용지자서
(하면) 즉재항족의(리라)

재물 생산에 기본 도리가 있다. 생산하는 사람이 많고, 먹고 <쓰
는> 사람이 적으며, 생산하는 사람이 빠르게 하고, 쓰는 사람이
느리게 하면, 즉 재물이 항상 풍족할 것이다.

[어구 설명] ○生財(생재) : 재물 생산, 재산을 증식함.

ㅇ有大道(유대도) : 큰 도리가 있다. 대원칙(大原則)이 있다.

ㅇ生之者衆(생지자중) : 생산하는 사람이 많다.

ㅇ食之者寡(식지자과) : 먹는 사람이 적다. 「식지자(食之者)」는 곧 「소비자(消費者)」 혹은 「불로도식(不勞徒食)하는 사람」의 뜻으로 풀어도 된다.

ㅇ爲之者疾(위지자질) : 생산하는 사람이 <생산을> 빠르게 하다. 혹은 생산을 때맞추어 빠르게 하다.

ㅇ用之者舒(용지자서) : 쓰는 사람이 <재물 소비를> 느리게 한다. 「서(舒)」는 「천천히 소비한다, 즉 절약한다」는 뜻이다.

ㅇ則財恒足矣(즉재항족의) : 그렇게 하면 재물이 항상 풍족하게 될 것이다.

[傳文註] (1) 呂氏曰 國無游民 則生者衆矣 朝無幸位 則食者寡矣 不奪農時 則爲之疾矣 量入爲出 則用之 舒矣 愚按 此因有土有財而言 以明足國之道 在乎務 本而節用.

(1) 여대림(呂大臨)이 말했다. 「나라에 유민(游民)이 없으면 생산이 많게 된다. 조정에 행위(幸位)가 없으면 먹고 축내는 자가 적게 된다. 농사짓는 때를 어기지 않고 <농사를 때맞추어 짓게 하면> 생산을 일찍 신속하게 한다. 수입을 헤아려 지출을 하면 씀씀이나 소비가 완만하게 된다.」 나는 생각한다. 「이것은 국토를 다스리고 재물을 다스리는 바탕을 말한 것이다. 나라를 풍족하게 만드는 도리가 근본이 되는 생산에 힘을 쓰고, 씀씀이를 절약함에 있음을 밝힌 말이다.」

[어구 설명] ㅇ呂氏(여씨) : 여대림(呂大臨)이다. 자는 여숙(與叔), 남전(藍田) 사람이다. ㅇ游民(유민) : 놀고먹는 사람. 곧 무위도식(無爲徒食)하는 사람. ㅇ朝無幸位(조무행위) : 조정에 「행위(幸位)」가 없으면. 「행위」는 요행으로 자리를 차지하고 있는 관원(官員), 군더더기 벼슬아치. 즉 학덕(學德)이나 능력(能力)이 없으면서 임금이나 권력자의 편애(偏愛)를 받고 벼슬자리를 차지하고 있는 건달 관리들. ㅇ則爲之疾矣(즉위지질의) : <백성으로 하여금 때맞추어 농사를 짓게 하면> 즉

생산을 일찍 신속하게 한다. ㅇ量入爲出(양입위출) : 수입을 헤아려 지출을 한다. ㅇ則用之舒矣(즉용지서의) : 씀씀이나 소비가 완만하게 된다. ㅇ此因有土有財而言(차인유토유재이언) : 이것은 「국토를 다스리고 재물의 <생산과 소비를> 다스리는 바탕을 말한 것이다.」 「유(有)」를 「다스리다(治)」로 풀 수 있다. ㅇ以明足國之道(이명족국지도) : 그래가지고 나라를 풍족하게 만드는 도리. ㅇ在乎務本而節用(재호무본이절용) : 「근본에 힘쓰고 재물을 절용함에 있음을」. <밝힌 것이다.> 「본(本)」을 「덕(德)」으로 풀기도 한다.

[傳文註] (2) 非必外本內末 而後財可聚也 自此以至終篇皆一意也.

(2) 반드시 「외본내말(外本內末)」해야지 재물을 모을 수 있는 것이 아니다. 여기서부터 끝까지는 다 같은 뜻을 말한 것이다.

[참고 보충] 「덕치(德治)와 재물(財物)」

<1> 유교는 실질적인 물질가치도 소홀히 한다. 무조건 예의 범절이나 윤리도덕만을 높인다고 오해(誤解)하면 안 된다.

<2> 공자를 위시하여 주자도 「재물(財物), 재용(財用), 재정(財政)」을 중시했다. 그러나 「물질이나 무력보다, 덕(德)을 더 높이고 강조했다.」

<3> 덕이 높아야 풍성하고, 또 평화롭게 살 수 있다. 폭군(暴君)은 남을 침략하고 재물을 탈취하여 일시적으로는 자만할 것이다. 그러나 오래가지 못한다. 폭군은 하늘과 백성에 의해서 멸망된다. 그것이 하늘의 도리이다.

[대학 전문 10장 8절-2]

仁者以財發身 不仁者以身發財.

인자(는) 이재발신(하고) 불인자(는) 이신발재(니라)

어진 사람은 재물로써 자신을 높이 돋아올린다. 어질지 않은 사람은 자기의 몸을 위해 재물만을 밝히고 낭비한다.

[어구 설명] ㅇ仁者(인자) : 인덕(仁德)을 베푸는 사람이나 임금. ㅇ以財發身(이재발신) : 재물로써 자신을 높이 나타낸다. 이 때의 「발신(發身)」은

「자신을 드러내다」, 즉 「자신의 존재와 지위를 높이고 명성을 얻는다」는 뜻이다.
○不仁者(불인자) : 어질지 않은 사람이나 악덕(惡德)한 임금.
○以身發財(이신발재) : 몸으로써 재물을 돋아나게 한다. 「이신(以身)」은 「자기 한 몸을 위해, 혹은 육신의 쾌락을 위해」. 「발재(發財)」는 「재물을 밝힌다」. 즉 「노골적으로 재물을 모아들이고 사치 낭비한다」는 뜻이다.

[傳文註] (1) 發猶起也 仁者散財以得民 不仁者亡身以殖貨.

(1) 「발(發)」은 「기(起)」와 같은 뜻이다. 「인자(仁者)」는 재물을 분산해서 백성을 얻는다. 「불인자(不仁者)」는 자신을 망치면서 재물을 늘이려 한다.

[대학 전문 10장 8절-3]

未有上好仁 而下不好義者也 未有好義 其事不終者也 未有府庫財 非其財者也.

미유상호인 이하불호의자야(니) 미유호의(요) 기사부종자야(며) 미유부고재(이) 비기재자야(니라)

위가 인(仁)을 좋아하면 아래가 의(義)를 좋아하지 않는 법이 없다. 의(義)를 좋아하면서 일을 잘 끝맺지 않는 법이 없다. 국고(國庫)의 재물은 임금의 재물 아닌 게 없다.

[어구 설명] ○未有上好仁 而下不好義(미유상호인 이하불호의) : 윗사람이 인(仁)을 좋아하는데, 아랫사람이 의(義)를 좋아하지 않는 일이 없다.
○未有好義 其事不終(미유호의 기사부종) : 의(義)를 좋아하면서 자기의 일을 잘 끝맺지 않는 일은 없다.
○未有府庫財 非其財者也(미유부고재 비기재자야) : <바르게 거두어들인> 나라 창고의 재물이 아니면 <임금은> 함부로 재물을 낭비할 수 없다.

[傳文註] (1) 上好仁以愛其下 則下好義以忠其上 所

以事必有終 而府庫之財 無悖出之患也.

(1) 윗사람이 인(仁)을 좋아하고 아랫사람들을 사랑하면, 아랫사람들이 의(義)를 좋아하고 윗사람에게 충성(忠誠)한다. 그러므로 모든 일을 반드시 잘 매듭짓는다. 아울러 국고(國庫)의 재물이 패악(悖惡)하게 유출될 걱정도 없게 된다.

[참고 보충] 「악덕한 폭군」

하(夏)의 걸왕(桀王)과 은(殷)의 주왕(紂王)을 폭군의 대표자로 친다. 그들은 덕으로 나라를 다스리지 않고, 포학한 무력으로 백성을 억압하고 백성의 재물을 가렴주구(苛斂誅求)했다. 그렇게 악덕하게 탈취한 재물을 독점하고 저희들끼리만 사치하고 낭비하고 방탕했다. 그 결과는 뻔하다. 백성들의 민심을 잃고 결국은 나라를 잃었으며, 종국에는 임금도 피살되었다.
<⇒ 「고대 중국의 제왕학(帝王學)」「고대 중국의 인간상」 명문당 간행 참고>

[대학 전문 10장 8절-4]

孟獻子曰 畜馬乘 不察於鷄豚 伐氷之家 不畜牛羊 百乘之家 不畜聚斂之臣 與其有聚斂之臣 寧有盜臣 此謂國不以利爲利 以義爲利也.

맹헌자왈 축마승(은) 불찰어계돈(하고) 벌빙지가(는) 불축우양(하고) 백승지가(는) 불축취렴지신(하나니) 여기유취렴지신(으론) 영유도신(이라하니) 차위 국(은) 불이리위리(요) 이의위리야(니라)

노(魯)나라의 대부(大夫) 맹헌자(孟獻子)가 말했다. 「마승(馬乘)을 기르는 대부(大夫)가 되면 닭이나 돼지를 살펴보지 않는다. 겨울에 얼음을 자르고 떠서 상례(喪禮)나 제례(祭禮) 때 쓰는 집안은 <즉 경(卿)이나 대부(大夫)는> 소나 양을 기르지 않는다. 전차(戰車) 백 대를 차출하는 경(卿)의 집안에서는 취렴(聚斂)하는 신하를 두지 않는다. 취렴하는 신하를 둘 바에야 차라리 도둑질하는 신하를 두는 편이 낫다. 이를 일컬어 나라는 이(利)를 이(利)로 여기지 않고, 의(義)를 이(利)로 여긴다고 하는 것이다.」

[어구 설명] ㅇ孟獻子(맹헌자) : 노(魯)나라의 대부(大夫) 중손멸(仲孫蔑)이다. 총명한 경(卿)으로서 약 50년 간 나라를 다스렸다.

ㅇ畜馬乘(축마승) : 마승(馬乘)을 기르다(畜). 「마승」은 「수레를 끄는 네 마리의 말」을 뜻한다. 사(士)가 새로 대부(大夫)가 되면 수레를 타기 때문에 비로소 마승을 기른다.

ㅇ不察於鷄豚(불찰어계돈) : 닭이나 돼지를 살펴보지 않는다. 즉 계돈사육(鷄豚飼育)으로 돈을 벌려고 하지 않는다.

ㅇ伐氷之家(벌빙지가) : 겨울에 얼음을 베고 떠서 저장했다가 상례(喪禮)나 제례(祭禮) 때 쓰는 집안, 즉 경(卿)이나 대부(大夫) 이상의 신분.

ㅇ不畜牛羊(불축우양) : 소나 양을 기르지 않는다. 즉 가축사육(家畜飼育)으로 돈을 벌려고 하지 않는다.

ㅇ百乘之家(백승지가) : 전차(戰車) 백 대를 차출하는 경(卿)이나 영주(領主). 경이나 영주는 가신(家臣)을 두고 봉지(封地)와 백성을 다스린다.

ㅇ不畜聚斂之臣(불축취렴지신) : 취렴(聚斂)하는 신하를 두지 않는다. 「취렴」은 「백성들로부터 재물을 가혹하게 거둬들인다」는 뜻. 「불축(不畜)」은 「나쁜 신하를 두지 않는다」는 뜻.

ㅇ與其有聚斂之臣(여기유취렴지신) : 취렴하는 신하를 둘 바에야.

ㅇ寧有盜臣(영유도신) : 차라리 도둑질하는 신하를 둔다.

ㅇ不以利爲利(불이리위리) : 이(利)를 이(利)로 여기지 않는다. 앞의 「이」는 「악덕하게 모은 재물」의 뜻.

ㅇ以義爲利也(이의위리야) : 의(義)를 이(利)로 여긴다, 친다.

[傳文註] (1) 孟獻子 魯之賢大夫 仲孫蔑也 畜馬乘 士初試爲大夫者也 伐冰之家 卿大夫以上 喪祭用冰者也

(1) 「맹헌자(孟獻子)」는 노(魯)나라의 현명한 대부 중손멸(仲孫蔑)이다. 「마승을 기른다」는 곧 「사(士)가 처음으로 등용되어 대부(大

夫)가 된 사람」을 가리키는 말이다. 「얼음을 베고 떠서 쓰는 집안」
은 「경(卿)이나 대부 이상의 집안에서는 장사 지낼 때나 제사 때에
얼음을 쓴다.」 이를 가리키는 말이다.

[傳文註] (2) 百乘之家 有采地者也 君子寧亡己之財
而不忍傷民之力 故寧有盜臣 而不畜聚斂之臣 此謂以
下釋獻子之言也.

(2) 「전차 백 대의 집안」은 봉지(封地)를 가진 <경대부(卿大夫)>
이다. <영지(領地)를 다스리는> 군자는 차라리 자기의 재물을 잃
을지언정, <가렴(苛斂)하는 신하들이> 백성의 힘을 손상하는 일
을 참고 견디지 못한다. 그러므로 「차라리 도신(盜臣)이 있으되,
취렴(聚斂)하는 신하를 두지 않는다」고 말한 것이다. 「차위(此謂)
다음」은 맹헌자(孟獻子)의 말을 <요약해서> 풀이한 것이다.

[어구 설명] ○「채(采)」의 음은 「채(菜)」. 「채지(采地)」는 신하의 「식읍(食邑)」이
다.(采音菜 采地臣之食邑也)」

[대학 전문 10장 8절-5]

**長國家而務財用者 必自小人矣 彼爲善之 小人之使
爲國家 菑害竝至 雖有善者 亦無如之何矣 此謂 國
不以利爲利 以義爲利也.**

장국가 이무재용자(는) 필자소인의(니) 피위선지(하야) 소인지사위국가(면) 재해
병지(라) 수유선자(나) 역무여지하의(니) 차위 국불이리위리(요) 이의위리야(니
라)

나라의 어른이 되어서 백성의 재물을 취렴(聚斂)하고 낭비하는 일
에 힘을 쓰는 <까닭은> 반드시 소인으로부터 연유한다. 임금이
그를 착하다고 생각하고, 소인으로 하여금 나라를 다스리게 하면,

여러 가지 재해가 함께 나타날 것이다. <그렇게 된 다음에는> 비록 착한 사람이 나타나도 역시 어찌할 수 없게 된다. 이를 가리켜 「나라는 물질적 이득을 이(利)로 여기지 않고, 의(義)를 이(利)로 여긴다」고 말하는 것이다.

[어구 설명] ○長國家(장국가) : 국가의 어른이 되다.

○而務財用者(이무재용자) : 그러면서 「재용(財用)」에 힘을 쓰는 사람. 이 때의 「재용」은 「백성들의 재물을 혹독하게 거둬서 나쁘게 유용(流用)한다」는 뜻. 즉 「취렴(聚斂)하고 사치 낭비한다」는 뜻이다.

○必自小人矣(필자소인의) : 반드시 소인으로부터 비롯된다. <임금이 소인을 등용해 쓰기 때문이다.>

○彼爲善之(피위선지) : 임금(彼)은 그 소인(之)을 좋다고 생각한다. 혹은 잘한다고 여긴다.

○小人之使爲國家(소인지사위국가) : 소인으로 하여금 나라를 다스리게 하면.

○菑害竝至(재해병지) : 재해가 함께 나타난다.

○雖有善者(수유선자) : 비록 <뒤늦게> 착한 사람을 등용해. <고치려 해도>

○亦無如之何矣(역무여지하의) : 역시 어찌할 방도가 없다.

○國(국) : 나라에 있어서는, 나라를 다스림에 있어서는.

○不以利爲利(불이리위리) : 물질적 이득을 이(利)로 여기지 않고.

○以義爲利也(이의위리야) : 의(義)를 이(利)로 여긴다.

[傳文註] (1) 彼爲善之 此句上下 疑有闕文誤字.

(1) 「피위선지(彼爲善之)」 이 구절 앞뒤에 빠진 글이나 혹은 오자가 있을 것으로 의심이 간다.

[傳文註] (2) 自由也 言由小人導之也 此一節 深明以利爲利之害 而重言以結之 其丁寧之意切矣.

(2) 「자(自)」는 「말미암을 유(由)」의 뜻이다. 즉 「소인(小人)에 의해서 인도(引導)된다」는 뜻을 말한 것이다. 이 구절 「8절-(5)」는 「물질적 이득을 이(利)로 삼는 해독을 심각하게 밝히고, 또 거듭

말함으로써 끝을 맺었다.」 즉 훈계하려는 의도가 절실하다.

[설명] (1) 右傳之十章 釋治國平天下.

(1) 이는 전문 10장이며 치국(治國)과 평천하(平天下)를 풀이한 것이다.

[설명주] 此章之義 務在與民同好惡 而不專其利 皆推廣絜矩之意也 能如是 則親賢樂利 各得其所 而天下平矣.

이 장의 대의는 「힘쓸 바를 백성과 호오(好惡)를 같이하고 재물의 이득을 전단(專斷)하지 않음에 두라는 것이다.」 <이는 곧> 모두가 혈구(絜矩)의 도를 미루어 넓히라는 뜻이다. 능히 그와 같이 하면, 즉 <군자나 소인이 다 같이> 「친현락리(親賢樂利)」하고 각자가 자리를 얻고 천하가 태평하게 된다.

[어구 설명] ○親賢樂利(친현락리) : 「전문 3장 5절」에 「군자현기현이친기친(君子賢其賢而親其親)」 「소인락기락이리기리(小人樂其樂而利其利)」라고 있다. 군자(君子), 즉 나라를 다스리는 윗사람은 문왕(文王)과 무왕(武王)의 현덕(賢德)을 현명하게 높이고, 주(周)나라 왕실의 일가 친족을 친애한다. <그렇게 해서 국가의 정통(正統)을 지킨다.> 한편 소인(小人), 즉 만민이나 백성들은 저마다의 「즐거운 생업(生業)을 즐기고, 바른 이득(利得)을 이롭게 활용한다」는 뜻이다.

[설명] (2) 凡傳十章 前四章 統論綱領指趣 後六章 細論條目工夫 其第五章 乃明善之要 第六章 乃誠身之本 在初學 尤爲當務之急 讀者不可以其近而忽之也.

(2) 전문은 모두 열 개의 장이다. 그 중 앞의 네 장은 삼강령(三綱領)의 취지를 통합적으로 논하고, 뒤의 여섯 장은 팔조목(八條目)의 공부를 세론(細論)했다. 특히 제5장은 곧 「선을 밝히는 요점」을 말하고, 제6장은 곧 「몸을 성실하게 하는 근본」을 말했다. 처음 배우는 사람은 더욱 마땅히 서둘러 힘써야 할 것이다. 독자들도 비근한 가르침이라고 소홀히 하면 안 된다.

中庸章句

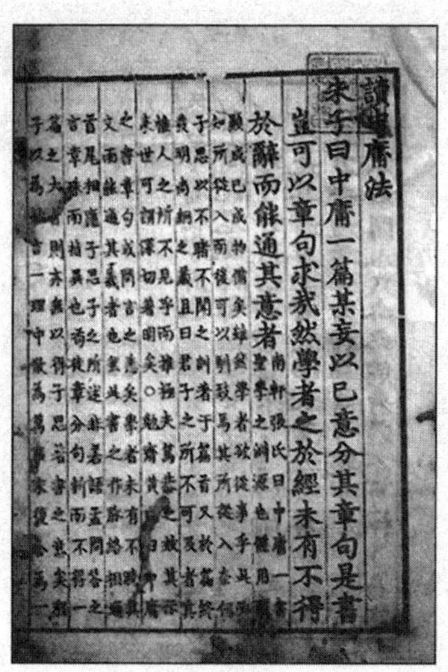

서언(序言)

(1) 이 책은 주자(朱子)의 「중용장구집주(中庸章句集註)」를 전부 새롭게 번역한 책이다. 체제는 대략 다음과 같다.

(2) 먼저 「경문(經文)」, 다음에 「한글 음과 토」를 달고, 다음에 「한글로 뜻풀이」를 하고 또 다음에 자세한 「어구 설명」을 붙였다. 그리고 「집주 본문」과 「한글 풀이」 및 「어구 설명」을 붙였다.

(3) 필요에 따라 「참고 보충」 난에 중요한 항목에 대한 설명을 기술했다. 그리고 다시 「어류(語類)」나 「대전주소(大全註疏)」에서 적절한 것을 선역(選譯)했다.

(4) 체재는 「중용장구대전(中庸章句大全)」을 바탕으로 했으나, 필자가 독자의 편의를 위해 더 세분(細分)하기도 했다.

(5) 사상이나 의미 해석은 원칙적으로 주자(朱子)를 따랐다. 그러나, 오늘의 독자의 이해를 돕기 위해 현대적 뜻풀이를 가한 곳도 있다.

(6) 우리가 오늘 중용을 읽는 목적은 여러 가지가 있을 것이다. 즉 고대 한문 자체를 해독하기 위해서, 혹은 고전의 사상 내용을 알기 위해서, 그 목적이 다를 수 있다. 필자도 그와 같은 목적을 달성하기 위해서, 오랜 시일을 두고 연구했으며, 힘들여 번역하고 여러 가지로 설명을 덧붙였다.

(7) 중용을 출판하는 필자의 의도 속에는 고매한 생각이 담겨져 있다. 즉 많은 사람, 특히 지도층의 지식인들로 하여금 중용을 읽고, 자기 자신을 수양하고 더 나가서, 우리나라 및 국제사회를 하늘의 도리에 맞는 선세계(善世界)로 높이게 하기 위해서다.

中庸章句序

> * 주자(朱子)의 「중용장구서(中庸章句序)」는 명문이다. 중용의 전래 (傳來)와 깊은 사상과 도리를 알기 위해서는 반드시 읽어야 한다. 단락 은 「중용장구대전」을 따랐으나 세분한 곳도 있다.

(1) 中庸何爲而作　子思子憂道學之失其傳　而作也.

⑴ 중용을 왜 저술했는가. 자사 선생이 도학의 바른 전달이 없어질까 염려하고 <이를 바르게 전하려고> 저술한 것이다.

[어구 설명] ○子思子(자사자) : 자사(子思) 선생님. ○道學之失其傳(도학지실기 전) : 도학의 바른 전수(傳授)가 일실(逸失)될 것을. <걱정하다.>

(2) 蓋自上古　聖神繼天立極　而道統之傳　有自來矣.

⑵ 무릇 상고 때에 신령한 성인이 하늘의 도리를 계승하고 최고의 기준 을 세웠으며, 그런 다음에 비로소 도통의 전래와 전수가 줄곧 있게 되었 던 것이다.

[어구 설명] ○蓋自上古(개자상고) : 무릇 상고(上古) 때부터. 즉 삼황(三皇), 오제 (五帝) 때부터. ○聖神(성신) : 신령한 경지에 도달한 성인(聖人), 성왕(聖王), 성제 (聖帝) 등을 총괄한다. 맹자(孟子)는 말했다. 「크게 빛나고 만물을 교화하는 사람 이 성인(聖人)이다. 성(聖)하면서 알 수 없는 것을 신(神)이라 한다.(大而化之 之謂 聖 聖而不可知之 之謂神)」 ○繼天立極(계천립극) : 하늘의 도리를 계승하고 최고 의 기준을 세운다. ○道統之傳(도통지전) : 도통의 전수(傳授).

(3) 其見於經　則允執厥中者　堯之所以授舜也　人心惟危　道心 惟微　惟精惟一　允執厥中者　舜之所以授禹也　堯之一言　至矣 盡矣　而舜復益之　以三言者　則所以明夫堯之一言　必如是而 後　可庶幾也.

⑶ <도통에 관한 말로> 경전에 나타난 것은, 즉 「참되게 그 중을 잡고

행하라(允執厥中)」이다. <이 말은> 요임금이 순에게 일러준 말이다. <그 다음은> 「인심은 참으로 위태롭다. 도심은 참으로 은미(隱微)하다. <마음을> 어디까지나 정밀하게 하고 또 한결같이 지니고, 참되게 그 중을 잡아라(人心惟危 道心惟微 惟精惟一 允執厥中)」고 한 말이다. 이 말은 순임금이 우에게 일러준 말이다. 요임금이 순에게 한 말도 지극하고 충분하다. 그런데 순임금이 다시 덧붙여서, 세 구절을 더 말한 까닭은 아마도 요임금의 말, 「윤집궐중(允執厥中)」하기 위해서는 반드시 그와 같이 해야, 가히 가깝게 되기를 바랄 수 있기 때문이다.

[어구 설명] ○其見於經(기견어경) : <도통의 전수에 관한 말로써> 경전에 나타난 것은. ○則允執厥中者(즉윤집궐중자) : 즉 「윤집궐중(允執厥中)」이란 말이다. 「윤집궐중」은 「참되게 그 중(中)을 잡고 행하라」는 뜻이다. 논어(論語) 요왈편(堯曰篇)에도 보인다. ○堯之所以授舜也(요지소이수순야) : <이 말은> 요임금이 순에게 일러준 말이다. ○人心惟危 道心惟微 惟精惟一 允執厥中者(인심유위 도심유미 유정유일 윤집궐중자) : 「인심은 참으로 위태롭다. 도심은 참으로 은미(隱微)하다. <마음을> 어디까지나 정밀하게 하고 또 한결같이 지니고, 참되게 그 중을 잡아라」라고 한 말. 이것은 서경(書經) 대우모편(大禹謨篇)에 있다. ○舜之所以授禹也(순지소이수우야) : 순임금이 우에게 일러준 말이다. ○堯之一言(요지일언) : 요임금이 순에게 한 한마디 말, 즉 「윤집궐중(允執厥中)」은. ○至矣盡矣(지의진의) : 지극하고 충분하다. ○而舜復益之 以三言者(이순부익지 이삼언자) : 그런데 순임금이 다시 말을 덧붙여서, 세 구절을 더 말한 까닭은. ○夫堯之一言(부요지일언) : 요임금의 한마디 말, 즉 「윤집궐중」. ○必如是而後(필여시이후) : 반드시 그와 같이 한 다음에. ○可庶幾也(가서기야) : 가히 가깝게 되기를 바랄 수 있기 때문이다. 「庶(바랄 서), 幾(가까울 기)」

(4) 蓋嘗論之 心之虛靈知覺 一而已矣.

(4) 여기서 잠시 논해 보자. 마음은 <형체가 없고> 공허하다. <그러나 그 작용은> 영묘하며, 모든 도리를 알고, 또 모든 것을 느끼고 대응한다. <사람의 마음은> 다 같다.

[어구 설명] ㅇ蓋嘗論之(개상론지) : 여기서 잠시 <마음에 대해서> 논해 보겠다. 「상(嘗)」을 여기서는 「지금, 혹은 시험삼아」의 뜻으로 푼다. 「논지(論之)」는 「논해 보겠다.」 즉 논구(論究)를 해보겠다. 그 핵심은 「마음(心)」이다. ㅇ心之虛靈知覺 (심지허령지각) : 마음의 형체(形體)는 공허(空虛)하다. 그러나 작용은 영묘(靈妙) 하다. 그래서 모든 것을 지각(知覺)할 수 있다. 「지각」을 「도리를 알고 깨닫는다」로 풀기도 한다. 한편 「지(知)」를 「도리를 알고 도리에 맞게 다스리다」, 「각(覺)」을 「사물을 감각적으로 알고, 또 감각적으로 대응한다」는 뜻으로 확대 해석할 수 있다.

(5) 而以爲有人心道心之異者 則以其或生於形氣之私 或原 於性命之正 而所以爲知覺者不同 是以或危殆而不安 或微妙 而難見耳.

(5) 그러나 인심(人心) 혹은 도심(道心)의 다른 두 개의 마음이 있다고 하는 것은 <마음이 발동할 때에> 혹은 「형기의 사」에서 나타나거나, 혹은 「성명의 정」에서 근원하기 때문이며, 그래서 지각(知覺)이 같지 않게 되기 때문이다. 그러므로 <형기의 사에서 나타난 인심은> 혹은 위태하고 불안하다. 한편 <성명의 정에서 근원한 도심은> 혹은 미묘하 고 발현하기가 어렵게 마련이다.

[어구 설명] ㅇ而以爲有人心道心之異者(이이위유인심도심지이자) : 그러나 「인 심(人心) 혹은 도심(道心)의 다른 두 개의 마음이 있다」고 생각하는 것은. ㅇ則以 其(즉이기) : 즉 그 마음이 ……하기 때문이다. ㅇ或生於形氣之私(혹생어형기지 사) : 혹은 「형기의 사(形氣之私)」에서 나타나거나. ㅇ或原於性命之正(혹원어성 명지정) : 혹은 「성명의 정(性命之正)」에서 근원하기 <때문이다>. ㅇ而所以爲知 覺者不同(이소이위지각자부동) : 그래서 지각(知覺)이 같지 않게 되기 때문이다. ㅇ或危殆而不安(혹위태이불안) : 혹은 위태하고 불안하고. ㅇ或微妙而難見耳(혹 미묘이난견이) : 혹은 미묘하고 잘 나타나기 어렵다.

(6) 然人莫不有是形 故雖上智不能無人心 亦莫不有是性 故 雖下愚不能無道心.

(6) 그러나 사람은 누구나 다 형체(形體), 즉 육체(肉體)를 가지고 있다. 고로 뛰어나게 지혜로운 사람, 즉 상지(上智)라도 인심(人心)이 없을 수 없다. 사람은 또한 <천명으로 주어진> 본성을 가지고 있다. 고로 가장 어리석은 사람, 즉 하우(下愚)라도 도심(道心)이 없을 수 없다.

[어구 설명] ○然人莫不有是形(연인막불유시형) : 그러나 사람은 누구나 다 형체(形體), 즉 육체(肉體)를 가지고 있다. 「막불유(莫不有)」는 「갖지 않음이 없다」. ○故雖上智不能無人心(고수상지불능무인심) : 고로 뛰어나게 지혜로운 사람, 즉 상지(上智)라도 인심(人心)이 없을 수 없다. ○亦莫不有是性(역막불유시성) : 사람은 또한 <천명으로 주어진> 본성을 누구나 다 가지고 있다. ○故雖下愚不能無道心(고수하우불능무도심) : 고로 가장 어리석은 사람, 즉 하우(下愚)라도 도심(道心)이 없을 수 없다.

(7) 二者雜於方寸之間 而不知所以治之 則危者愈危 微者愈微 而天理之公 卒無以勝夫人欲之私矣.

(7) 도심과 인심이 한 치 크기의 작은 마음 안에 섞여 있다. 그러나 마음 다스리는 법을 모르면 위태로운 인심이 더욱 위태롭게 되고, 미미하게 나타나는 도심이 더욱 미미하게 되며, 마침내 천리(天理)의 공정(公正)이 끝내 인욕의 사사로움을 이기지 못하게 될 것이다.

[어구 설명] ○二者雜於方寸之間(이자잡어방촌지간) : 도심과 인심이 한 치 크기의 작은 마음 안에 섞여 있다. ○而不知所以治之(이부지소이치지) : 그러나, 마음 다스리는 법을 모르면. ○則危者愈危(즉위자유위) : 위태로운 인심이 더욱 위태롭게 되고. ○微者愈微(미자유미) : 미미하게 나타나는 도심이 더욱 미미하게 되며. ○而天理之公(이천리지공) : 마침내 천리의 공정(公正)이. ○卒無以勝夫人欲之私矣(졸무이승부인욕지사의) : 끝내, 인욕의 사사로움을 이기지 못하게 될 것이다.

(8) 精則察夫二者之間 而不雜也 一則守其本心之正而不離也.

(8) 정밀하게 <도심과 인심의 사이를> 살피고 분별해야 곧 혼잡하지

않게 된다. 아울러 <도심을> 한결같이 지키고 간직하면 <도심에서> 이탈하지 않게 된다.

[어구 설명] ○精(정) : 정밀하게 살피고 분별(分別)한다. <즉 순(舜)이 우(禹)에게 「유정유일(惟精惟一)」하라고 가르친 것과 같이 한다.> ○則察夫二者之間(즉찰부이자지간) : 즉 도심과 인심의 사이를 잘 살피고 분별해야. ○而不雜也(이부잡야) : 그러면, 둘은 혼잡하지 않는다. ○一(일) : 한결같이. <도심만을 지킨다는 뜻.> ○則守其本心之正(즉수기본심지정) : 본심의 공정함, 즉 도심을 굳게 지키고 간직한다. ○而不離也(이불리야) : 그리고 이탈하지 않는다.

(9) 從事於斯 無少間斷 必使道心 常爲一身之主 而人心 每聽命焉 則危者安 微者著 而動靜云爲 自無過不及之差矣.

(9) 이와 같은 가르침을 따르고 실행하고 조금도 쉬거나 중단하는 바 없이 하고, 또 반드시 도심으로 하여금 항상 한 몸의 주체가 되게 하고, 인심(人心)이 매사에 도심(道心)의 명령을 듣고 따르면 즉 위태롭던 것이 안정되고, 미미하게 나타나기 어렵던 것이 잘 나타나게 되고, 또 동(動)할 때나 정(靜)할 때나 혹은 모든 언어 동작에 있어 자연히 지나치거나 혹은 모자라는 차이가 없게 될 것이다.

[어구 설명] ○從事於斯(종사어사) : 이와 같은 가르침을 따르고 실행하다. ○無少間斷(무소간단) : 조금도 사이를 두거나 중단하는 바가 없다. ○必使道心(필사도심) : 반드시 도심으로 하여금. ○常爲一身之主(상위일신지주) : 항상 한 몸의 주체가 되게 하고. ○而人心每聽命焉(이인심매청명언) : 인심(人心)이 매사에 도심(道心)의 명령을 듣고 따르면. ○則危者安(즉위자안) : 위태롭던 것이 편안하게 되고. ○微者著(미자저) : 미미하게 나타나기 어렵던 것이 잘 나타나게 된다. ○而動靜云爲(이동정운위) : 그리고 움직일 때나 멈출 때나 혹은 모든 언어 동작이. ○自無過不及之差矣(자무과불급지차의) : 지나치거나 모자라는 차가 없게 될 것이다.

(10) 夫堯舜禹 天下之大聖也 而天下相傳 天下之大事也 以天下之大聖 行天下之大事 而其授受之際 丁寧告戒 不過如

此 則天下之理 豈有以加於此哉.

(10) 요임금·순임금 및 우임금은 천하의 큰 성인이다. 또한 천하를 서로 전하는 일은 천하의 가장 큰 일이다. 천하의 큰 성인들이 천하를 전하는 큰 일을 행했으며, 그들이 서로 수수(授受)할 때에 간곡히 훈계한 말이 오직 이 말뿐이었다. 그러한즉 <그 말 속에> 천하의 귀중한 도리가 <다 들어가 있는 것이다.> 어찌 그 말에 더 붙일 것이 있겠는가.

[어구 설명] ○夫堯舜禹 天下之大聖也(부요순우 천하지대성야) : 요임금·순임금·우임금은 천하의 큰 성인이다. ○而天下相傳 天下之大事也(이천하상전 천하지대사야) : 그리고 천하를 서로 전수(傳授)하는 일은 천하의 큰 일이다. ○以天下之大聖(이천하지대성) : 천하의 큰 성인들이. ○行天下之大事(행천하지대사) : 천하를 전하는 큰 일을 행했다. ○而其授受之際(이기수수지제) : 그들이 서로 수수(授受)할 때에. ○丁寧告戒(정녕고계) : 간곡히 훈계한 말이. ○不過如此(불과여차) : 오직 이 말뿐이었다. <즉 「允執厥中」 「人心惟危 道心惟微 惟精惟一 允執厥中」> ○則天下之理(즉천하지리) : <그렇다면 그 말 속에> 천하의 귀중한 도리가. <다 있다.> ○豈有以加於此哉(기유이가어차재) : 어찌 말에 더 붙일 것이 있겠는가.

(11) 自是以來 聖聖相承 若成湯文武之爲君 皐陶伊傅周召之爲臣 旣皆以此 而接夫道統之傳.

(11) 그 다음에도 성인과 성인이 <도통을> 서로 이어나갔다. 예를 들면 은나라의 탕왕, 주나라의 문왕과 무왕은 임금으로서, 순의 신하인 고요(皐陶), 탕의 신하인 이윤(伊尹), 은나라 고종(高宗)의 신하인 부열(傅說), 주나라의 주공단(周公旦)과 소공석(召公奭) 등은 신하로서 이미 「윤집궐중(允執厥中)」의 가르침을 가지고 도통의 전수에 접하고 참가했던 것이다.

[어구 설명] ○自是以來(자시이래) : 그로부터 다음에도. 즉 요(堯)·순(舜)·우(禹) 이후에도. ○聖聖相承(성성상승) : 성인과 성인이 도통(道統)을 서로 이어나갔다. ○若成湯文武之爲君(약성탕문무지위군) : 예를 들면 은나라의 탕왕, 주나라의 문왕과 무왕은 임금으로서. ○皐陶伊傅周召之爲臣(고요이부주소지위신) : 순

의 신하인 고요(皐陶), 탕의 신하인 이윤(伊尹), 은나라 고종(高宗)의 신하인 부열(傅說), 주공단(周公旦), 소공석(召公奭) 등은 신하로서. ○旣皆以此(기개이차) : 이미 다 「윤집궐중(允執厥中)」의 가르침을 가지고. ○而接夫道統之傳(이접부도통지전) : 도통의 전수에 접하고 참가했던 것이다.

(12) 若吾夫子 則雖不得其位 而所以繼往聖開來學 其功反 有賢於堯舜者.

(12) 우리 선생님 공자 같은 분은 비록 <성인으로서 마땅히 얻을> 높은 자리를 얻지는 못했다. 그러나 과거의 성인의 학문을 계승하고 미래에 올 학자들의 길을 계발해 줌으로써 그 공적이 도리어 요임금·순임금보다 더 훌륭한 점이 있다.

[어구 설명] ○若吾夫子(약오부자) : 우리 선생님 같은 분은, 즉 공자는. ○則雖不得其位(즉수부득기위) : 비록 <성인으로서 마땅히 얻을> 높은 자리를 얻지는 못했으나. ○而所以繼往聖開來學(이소이계왕성개래학) : 그러나, 과거의 성인의 학문을 계승하고, 후세의 학자들을 계발해 줌으로써. ○其功反有賢於堯舜者(기공반유현어요순자) : 그 공적이 도리어 요임금·순임금보다 더 훌륭한 점이 있다.

(13) 然當是時 見而知之者 惟顔氏曾氏之傳 得其宗 及其曾 氏之再傳 而復得夫子之孫子思 則去聖遠 而異端起矣.

(13) 그러나 공자 생존시에 공자를 직접 보고 배워서 도를 안 사람은 오직 안회(顔回)와 증자(曾子)만이 <직접 배우고> 전수를 받고, 공자의 종지(宗旨)를 터득했다. 증자가 다시 <학문을> 전수하게 되자, 공자의 손자 자사가 <가르침을> 받았던 것이다. <그러나 시대가> 성인에서 멀어지자, <노자·장자·묵자 등> 이단의 학설이 나타났다.

[어구 설명] ○然當是時(연당시시) : 그러나 공자 생존시에. ○見而知之者(견이지지자) : 공자를 직접 보고 배워서 도를 안 사람은. ○惟顔氏曾氏之傳(유안씨증씨지전) : 오직 안회(顔回)와 증자(曾子)만이 <직접 배우고> 전수를 받고. ○得其宗(득기종) : 공자의 종지(宗旨)를 알았다. ○及其曾氏之再傳(급기증씨지재전) : 증자가

다시 전수하게 되자. ○而復得夫子之孫子思(이부득부자지손자사) : 그래서 다시 공자의 손자 자사가 <가르침을> 받았던 것이다. ○則去聖遠而異端起矣(즉거성원이이단기의) : <그러나 시대가> 성인에서 멀어지자, <노자·장자·묵자 등> 이단의 학설이 나타났다.

(14) 子思懼夫愈久 而愈失其眞也 於是 推本堯舜以來相傳之意 質以平日所聞父師之言 更互演繹 作爲此書 以詔後之學者 蓋其憂之也深 故其言之也切 其慮之也遠 故其說之也詳.

(14) 자사가 세월이 흐르면 흐를수록 가르침의 참모습이 없어질 것을 걱정했다. 그래서 요와 순이 서로 전수한 근본의 뜻을 미루어 생각하고, 평소에 부친 백어(伯魚)와 스승 증자(曾子)에게 들은 말을 바탕으로 질정(質正)하고 뜻을 더욱 연역하여 중용의 글을 저술하고 후세의 학자에게 알게 한 것이다. 허기는 자사의 걱정이 심각했으므로 <그가 저술한 중용의> 말이 절실하고, 그 생각이 원대했으므로 그의 설명이 자상했던 것이다.

[어구 설명] ○子思懼夫愈久 而愈失其眞也(자사구부유구 이유실기진야) : 자사(子思)는 세월이 흐르면 흐를수록 가르침의 진면목(眞面目)이 없어질 것을 걱정했다. ○於是推本堯舜以來相傳之意(어시추본요순이래상전지의) : 그래서 요와 순이 서로 전수한 근본의 뜻을 미루어 생각하고. ○質以平日所聞父師之言(질이평일소문부사지언) : 평소에 부친 백어(伯魚)와 스승 증자(曾子)에게 들은 말을 바탕으로 질정(質正)하고. ○更互演繹(경호연역) : 더욱 연역하고. ○作爲此書(작위차서) : 이 중용의 글을 저술하고. ○以詔後之學者(이조후지학자) : 후세의 학자에게 알렸다. ○蓋其憂之也深(개기우지야심) : 허기는 자사의 걱정이 심각했으므로. ○故其言之也切(고기언지야절) : 말이 절실하고. ○其慮之也遠(기려지야원) : 그 생각이 원대했으므로. ○故其說之也詳(고기설지야상) : 그의 설명도 자상했던 것이다.

(15) 其曰 天命率性 則道心之謂也 其曰 擇善固執 則精一之

謂也 其曰 君子時中 則執中之謂也 世之相後千有餘年 而其
言之不異 如合符節 歷選前聖之書 所以提挈綱維 開示蘊奧
未有若是 其明且盡者也.

(15) 중용에서 「천명솔성(天命率性)」이라고 한 말은 곧 <순이 우에게
말한> 「도심(道心)」을 이르는 것이다. 중용에서 「택선고집(擇善固執)」
이라고 한 말은 곧 <순이 우에게 말한> 「정일(精一)」이다. 중용에서
「군자시중(君子時中)」이라고 한 말은 곧 <순이 우에게 말한> 「집중(執
中)」이다. 시대적으로 전후의 차이가 천여 년이나 된다. 그런데도 양자
의 말이 다르지 않고 흡사 부절같이 딱 맞는다. 옛날 성인들의 책을
두루 살펴보아도 도통의 대강을 내걸고, 도통 속에 숨어 있는 깊은 뜻을
펼쳐서 밝힌 것으로 중용같이 명백하게 충분히 밝힌 책은 아직 없다.

[어구 설명] ㅇ其曰 天命率性 則道心之謂也(기왈 천명솔성 즉도심지위야) : 중용
에서 「천명솔성(天命率性)」이라고 한 말은 곧 <순이 우에게 말한> 「도심(道心)」
을 이르는 것이다. ㅇ其曰 擇善固執 則精一之謂也(기왈 택선고집 즉정일지위
야) : 중용에서 「택선고집(擇善固執)」이라고 한 말은 곧 <순이 우에게 말한>
「정일(精一)」을 이르는 것이다. ㅇ其曰 君子時中 則執中之謂也(기왈 군자시중
즉집중지위야) : 중용에서 「군자시중(君子時中)」이라고 한 말은 곧 <순이 우에
게 말한> 「집중(執中)」을 이르는 것이다. ㅇ世之相後千有餘年(세지상후천유여
년) : 시대적으로 전후의 차이가 천여 년이나 된다. 요순(堯舜) 시대에서 자사(子
思) 시대까지는 천년 이상이다. ㅇ而其言之不異(이기언지불이) : 그런데도 양자
의 말이 다르지 않고. ㅇ如合符節(여합부절) : 부절같이 딱 맞는다. ㅇ歷選前聖之
書(역선전성지서) : 옛날 성인들의 책을 두루 골라 보아도. 즉 서경(書經), 시경
(詩經), 춘추(春秋) 등을 보아도. ㅇ提挈綱維(제설강유) : 도통의 대강을 내걸고.
ㅇ開示蘊奧(개시온오) : 도통 속에 숨어 있는 깊은 뜻을 펼쳐서 밝힌 책은. ㅇ未
有若是 其明且盡者也(미유약시 기명차진자야) : 중용같이 명백하게 충분히 밝힌
것은 아직 없다.

(16) 自是而又再傳 以得孟氏 爲能推明是書 以承先聖之統

及其沒而遂失其傳焉 則吾道之所寄 不越乎言語文字之間 而
異端之說 日新月盛 以至於老佛之徒出 則彌近理而大亂眞矣.

(16) 그로부터 거듭 도통이 전해져 맹자가 나타나 능히 중용의 뜻을
더욱 미루어 밝혔다. 그래서 옛 성인들의 도통을 이을 수 있었다. 그러나
맹자가 죽은 다음에는 그 도통의 전함도 없어지게 되었으며, 그래서
우리들이 의지하고 근거로 할 바, 도(道)나 도통(道統)도 오직 언어나
문자로 쓰여진 책이나 글을 넘지 못하게 되었다. 그런데 한편으로는
이단(異端)의 사상이나 학설이 날로 새롭게 나타나고 달로 성행하게
되었으며, 마침내 노자나 불교의 무리들이 나타나게 되자, 더욱 <우리
의 도통의 설과> 가까운 이론을 가지고 <우리의 도통의> 참된 진리를
크게 혼란케 했다.

[어구 설명] ○自是而又再傳(자시이우재전) : 그로부터 다시 전해졌으며. ○以得
孟氏(이득맹씨) : <그래서> 맹자가 나타나. ○爲能推明是書(위능추명시서) : 능히
중용의 뜻을 더욱 미루어 밝혔다. ○以承先聖之統(이승선성지통) : 그래서 옛 성인
들의 도통을 이어받았다. ○及其沒而遂失其傳焉(급기몰이수실기전언) : 그러나
맹자가 죽은 다음에는 그 도통의 전함도 없어지게 되었다. ○則吾道之所寄(즉오도
지소기) : 그래서 우리들이 의지하고 근거로 할 바, 도(道)나 도통(道統)도. ○不越
乎言語文字之間(불월호언어문자지간) : 언어나 문자로 쓰여진 책이나 글을 넘지
못하게 되었다. 즉 살아 있는 성현(聖賢)에게 직접 접하고 배울 수 없게 되었다.
○而異端之說(이이단지설) : 그런데, 한편으로는 이단(異端)의 사상이나 학설이.
○日新月盛(일신월성) : 날로 새롭게 나타나고 달로 성행하게 되었으며. ○以至於
老佛之徒出(이지어노불지도출) : 마침내 노자나 불교의 무리들이 나타나게 되자.
○則彌近理(즉미근리) : 더욱 <우리의 도통의 설과> 가까운 이론을 가지고. ○而
大亂眞矣(이대란진의) : <우리의 도통의> 참된 진리를 크게 혼란케 했다.

(17) 然而尙幸此書之不泯 故程夫子兄弟者出 得有所考 以
續夫千載不傳之緖 得有所據 以斥夫二家似是之非 蓋子思之
功 於是爲大 而微程夫子 則亦莫能因其語而得其心也.

(17) 그러나 다행히 중용의 글이 없어지지 않고 남아서 전했다. 고로 정자 형제 두 선생이 나타나서, <예기의 원문을 바탕으로> 고증할 수 있었으며, <맹자 이후> 천년이나 전하지 않았던 <도와 도통의> 줄기를 다시 이었고, 또 근거할 바를 얻어 가지고 노자와 불교의 사이비(似而非) 사상이나 학설을 물리치고 배척할 수 있었다. 허기는 <중용의 글을 저술한> 자사의 공은 그 자체로서 크지만, 그러나 만약에 정자 선생이 아니면 역시 중용의 글을 바탕으로 자사의 마음을 알지 못했을 것이다.

[어구 설명] ○然而尙幸此書之不泯(연이상행차서지불민) : 그러나 다행히 중용의 글이 민멸(泯滅)하지 않고 남아서 전했다. 즉 예기(禮記) 제31편에 있는 글이 중용의 원문이다. ○故程夫子兄弟者出(고정부자형제자출) : 고로 정자 형제, 두 선생이 나타나서. 즉 형은 정호(程顥 : 明道), 동생은 정이(程頤 : 伊川). 주자는 이들을 선생이라고 높였다. ○得有所考(득유소고) : <예기의 원문을 바탕으로> 고증할 수 있었다. ○以續夫千載不傳之緒(이속부천재부전지서) : <맹자 이후> 천년이나 전하지 않았던 <도와 도통의> 줄기를 다시 이었고. ○得有所據(득유소거) : 근거할 바를 얻어 가지고. ○以斥夫二家似是之非(이척부이가사시지비) : 노자와 불교의 사이비(似而非) 사상이나 학설을 물리치고 배척할 수 있었다. ○蓋子思之功於是爲大(개자사지공 어시위대) : 허기는 <중용의 글을 저술한> 자사의 공은 그 자체로도 크다. ○而微程夫子(이미정부자) : 그러나 만약에 정자 선생이 아니면. ○則亦莫能因其語而得其心也(즉역막능인기어이득기심야) : 역시 중용의 글을 바탕으로 자사의 마음을 알지 못했을 것이다.

(18) 惜乎 其所以爲說者不傳 而凡石氏之所輯錄 僅出於其門人之所記 是以大義雖明 而微言未析 至其門人所自爲說 則雖頗詳盡而多所發明 然倍其師說而淫於老佛者亦有之矣.

(18) 아깝게도, 정자 형제가 직접 한 말이나 쓴 글이 전하지 않는다. 그리고 석자중(石子重)이 집록(集錄)한 「중용집해(中庸集解)」라는 책은 정자의 문인들이 적은 글을 모으고 추린 것이다. 그러므로 대의는

밝혔으나 정미(精微)한 뜻은 잘 알 수 없다. 또 정자의 제자들이 자신의
견해를 기술한 말들은 비록 제법 자세하게 설명하고, 또 뜻을 밝혀낸
곳도 많기는 하지만, 그러나 자기 선생의 뜻과 어긋나게 노자나 불교의
사상에 지나치게 물들은 결점도 있다.

[어구 설명] ○惜乎 其所以爲說者不傳(석호 기소이위설자부전) : 아깝게도, 정자
형제가 직접 한 말이나 쓴 글이 전하지 않는다. 형인 명도는 책을 쓰지 않고, 동생
이천은 쓴 책이 마음에 들지 않아서 소각했다고 전한다. ○而凡石氏之所輯錄(이범
석씨지소집록) : 그리고, 석자중(石子重)이 집록(集錄)한 「중용집해(中庸集解)」라
는 책은. ○僅出於其門人之所記(근출어기문인지소기) : 정자의 문인들이 적은 글
을 모으고 추린 것이다. ○是以大義雖明(시이대의수명) : 그러므로 대의는 밝혔으
나. ○而微言未析(이미언미석) : 정미(精微)한 뜻은 잘 밝히지 못했다. 「析=晣(밝
을 석)」 ○至其門人所自爲說(지기문인소자위설) : 정자의 제자들이 자신의 견해를
기술한 말들은. ○則雖頗詳盡 而多所發明(즉수파상진 이다소발명) : 비록 제법
자세하게 설명하고, 또 뜻을 밝혀낸 곳도 많기는 하지만. ○然倍其師說(연배기사
설) : 그러나 자기 선생의 뜻과 어긋나게. ○而淫於老佛者亦有之矣(이음어로불자
역유지의) : 노자나 불교의 사상에 지나치게 물들은 결점도 있다. <* 유교에서는
「유위(有爲)」를 주장한다. 노자(老子)는 허무(虛無)를 높이고, 불교(佛敎)는 무욕
(無欲)을 높이지만 세밀한 점에서는 다르다.>

(19) 熹自蚤歲 卽嘗受讀而竊疑之 沈潛反復 蓋亦有年 一旦 恍然 似有以得其要領者.

(19) 나는 어린 나이에 중용의 글을 받아서 읽었으며 여러 가지 의문을
품었다. 그리고 깊이 생각하고 반복해서 읽기를 한 1년이 지난 후, 하루
아침에 어슴푸레하게나마, 그 요령을 터득한 것같이 느꼈다.

[어구 설명] ○熹自蚤歲(희자조세) : 주희(朱熹) 나는 어린 나이, 혹은 일찍이. ○卽
嘗受讀(즉상수독) : 중용의 글을 받아 가지고 읽었으며. ○而竊疑之(이절의지) :
여러 가지로 의문을 품었다. ○沈潛反復(침잠반복) : 깊이 생각하고 반복해서
읽었으며. ○蓋亦有年(개역유년) : 대략 1년 가량 되었을 때에. ○一旦恍然(일단황
연) : 하루아침에 어슴푸레하게나마 홀연히. ○似有以得其要領者(사유이득기요령

자) : 요령을 터득한 것같이 되었다.

(20) 然後 乃敢會衆說而折其衷 既爲定著章句一篇 以俟後之君子 而一二同志 復取石氏書 刪其繁亂 名以輯略 且記所嘗論辨取舍之意 別爲或問 以附其後.

(20) 그리고 감히 여러 사람의 설을 모으고 절충해서 먼저 장구(章句) 한 권을 저술하고, 뒤이어 군자들의 <비판을> 기다리기로 작정했다. 그러나 한두 사람의 동지, 즉 제자들이 다시 석씨의 책에서 번잡하게 엉킨 글을 삭제하고 <편집해서>「집략(輯略)」이라고 이름을 붙였다. 아울러 일찍이「장구」를 만들 때에 변론하고 취사 선택한 뜻을 추리고 적어서 별도로「혹문(或問)」이라고 이름하고 책 뒤에 붙였다.

[어구 설명] ○然後乃敢會衆說而折其衷(연후내감회중설이절기충) : 그리고, 감히 여러 사람의 설을 모으고 절충해서. ○既爲定著章句一篇(기위정저장구일편) : 먼저 장구(章句) 한 권을 저술하고. ○以俟後之君子(이사후지군자) : 군자들의 <비판을> 기다리기로 작정했다. ○而一二同志(이일이동지) : 그러나, 한두 사람의 동지, 즉 제자들이. ○復取石氏書(부취석씨서) : 다시 석씨의 책을 취해서. ○刪其繁亂(산기번란) : 번잡하게 엉킨 글을 삭제하고. ○名以輯略(명이집략) : <편집해서>「집략(輯略)」이라고 이름을 붙였으며. ○且記所嘗論辨取舍之意(차기소상론변취사지의) : 또 일찍이「장구」를 만들 때에 변론하고 취사 선택한 말들을 추리고 적어서. ○別爲或問 以附其後(별위혹문 이부기후) : 별도로「혹문(或問)」이라 이름하고 책 뒤에 붙였다.

(21) 然後 此書之旨 支分節解 脈絡貫通 詳略相因 巨細畢學 而凡諸說之同異得失 亦得以曲暢旁通 而各極其趣.

(21) <주자 장구를 저술함으로써> 비로소 이 책, 즉 중용의 총체적인 뜻과 중용의 몸통에 해당하는 중요한 글과 사지(四肢)에 해당하는 설명의 글이 확연하게 되고, 또 전체의 맥락이 관통되고 자상하게 풀이한 말과 간략하게 기술한 말의 뜻이 서로 이어지고, 또 큰 부분과 세밀한

부분을 다 배울 수 있게 되었다. 그리고 여러 사람이 풀이한 여러 설명의 같고 다름과 옳고 그름도 <알 수 있고>, 또 굽은 해석과 잘 통하는 설명을 다 알 수 있게 했다. 그래서 <이 중용장구는> 모든 학자의 설명이나 취지를 가장 잘 알게 한 것이다.

[어구 설명] ○支分節解(지분절해) : 중용의 몸통에 해당하는 중요한 글과 사지(四肢)에 해당하는 설명의 글이 확연하게 나누었다. ○脈絡貫通(맥락관통) : 전체의 맥락이 관통되고. ○詳略相因(상략상인) : 자상하게 풀이한 말과 간략하게 기술한 말의 뜻이 서로 이어지고. ○巨細畢學(거세필학) : 큰 부분과 세밀한 부분을 다 배울 수 있게 되었다. ○而凡諸說之同異得失(이범제설지동이득실) : 그리고 여러 사람이 풀이한 여러 말들의 같고 다름과 옳고 그름을 <알 수 있고>. ○亦得以曲暢旁通(역득이곡창방통) : 또 <여러 학자의> 막히는 설명과 통하는 설명이 두루 통할 수 있게 했으며. ○而各極其趣(이각극기취) : 모든 취지를 가장 잘 알게 했다.

(22) 雖於道統之傳 不敢妄議 然初學之士 或有取焉 則亦庶乎升高行遠之 一助云爾

　淳熙己酉春三月戊申　新安朱熹書

(22) <내가 저술한 중용장구를 가지고> 비록 도통을 전수한 것이라고, 감히 망발되게 말하지 않겠다. 그러나 초학자(初學者)가 혹 이 책을 가지고 공부를 한다면 높이 오르고 멀리 감에 있어 도움이 될 것이라고 바랄 수 있다.

　남송(南宋) 효종(孝宗) 16년 <서기 1189년> 봄 3월 18일

　　　　　　　　　　신안(新安) 주희(朱熹) 씀.

中庸章句 朱子

[集註] (1) 中者不偏不倚 無過不及之名 庸平常也.

(1) 중(中)은 「편벽되거나 치우치지 않고, 또 지나치거나 모자람이 없다」는 뜻이다. 용(庸)은 「평상(平常)」의 뜻이다.

[어구 설명] ○中者不偏不倚(중자불편불의) : 「중(中)」은 편벽되거나 치우치지 않는다는 뜻이다. 「偏(치우칠 편), 倚(의지할 의)」 ○無過不及之名(무과불급지명) : 지나치거나 미치지 못함이 없게 한다는 뜻이다. 「過(지나칠 과), 及(미칠 급)」 ○庸平常也(용평상야) : 「용(庸)」은 평상(平常)이라는 뜻이다. 「평(平)과 상(常)」을 다시 나누어 풀이한다. 「평(平)」은 「공간적으로 어디에서나 평등(平等), 평범(平凡)하다」는 뜻. 「상(常)」은 「시간적으로 항상, 언제나 변하지 않는다」는 뜻. 즉 「평상(平常) 모든 사람이 항상 따르고 행할 도리. 아울러 자연의 불변의 도리라는 뜻이다.」 「庸(쓸 용)」

[集註] (2) 子程子曰 不偏之謂中 不易之謂庸 中者天下之正道 庸者天下之定理.

(2) 정자 선생이 말했다. 치우치지 않음이 중(中)이고, 변하지 않음이 용(庸)이다. 중은 곧 천하의 바른 도리이고, 용은 곧 천하의 변치 않는 일정한 도리다.

[어구 설명] ○子程子曰(자정자왈) : 정자 선생이 말했다. 정자는 정씨 형제를 함께 부른 말이다. 형은 정호(程顥 : 明道), 동생은 정이(程頤 : 伊川)이다. ○不偏之謂中(불편지위중) : <하늘의 도리는 공간적으로 한쪽에> 치우치지 않고, 또 속에 있으므로 「중(中)」이라 한다. ○不易之謂庸(불역지위용) : <하늘의 도리는 시간적으로 영원히> 변하지 않으므로 「용(庸)」이라 한다. ○中者天下之正道(중자천하지정도) : 「중(中)」은 천하의 바른 길이고 도리이다. <* 공간적으로 만물에 맞고 또 공평무사(公平無私)한 바른 도리다.> ○庸者天下之定理(용자천하지정리) : 「용(庸)」은 사람은 물론 천하 만물이 따르고 행하는 정해진 도리, 즉 필수의 도리다.

<* 중(中)은 시간적으로나 역사적으로 영구불변(永久不變)의 진리(眞理)라는 뜻이다.> <* 주자는 자기가 사숙(私淑)한 정자(程子)의 설을 제시함으로써, 자기의 설이 정자를 계승하고 아울러 더 발전시킨 것임을 암시했다.>

[集註] (3) 此篇乃孔門傳授心法 子思恐其久而差也 故筆之於書以授孟子.

(3) 이 글은 공자 문중에서 전해 내려온 심법(心法)이다. 세월이 오래 지나면 <가르침의 내용이> 다르게 될 것을 우려하고 자사(子思)가 붓을 들고 글로 써서 맹자에게 전수했다.

[어구 설명] ○此篇乃孔門傳授心法(차편내공문전수심법) : 이 편, 즉 중용의 글은 바로 공자 문중에서 전수해 내려온 「마음을 다스리는 법」이다. ○子思恐其久而差也(자사공기구이차야) : 자사(子思)는 세월이 오래 되면 <가르침의 내용이> 변질될 것을 걱정했다. ○故筆之於書以授孟子(고필지어서이수맹자) : 그래서 붓을 들고 글로 적어서 맹자에게 전수했다. <* 중용의 저자는 정확하지 않다. 주자는 대학은 증자(曾子), 중용은 자사(子思)의 글이라고 말했다.>

[集註] (4) 其書始言一理 中散爲萬事 末復合爲一理 放之則彌六合 卷之則退藏於密 其味無窮 皆實學也 善讀者玩索而有得焉 則終身用之 有不能盡者矣.

(4) 이 책은 처음에는 한가지 도리를 말했으나, 중간에서는 흩어져 만사에 나타남을 말하고, 끝에서는 다시 한가지 도리로 합치는 것을 말했다. <중용의 도리를> 풀어놓으면 육합(六合)에 가득 차지만 거두어 말아들이면 은밀한 속에 들어가 숨어서, 보이지 않게 된다. <중용의 학문은> 그 맛이 무궁하면서 또 사실적인 학문이다. <그러므로> 잘 읽고 깊이 탐구하면, 터득하는 바가 많을 것이며, 평생 <그 가르침을> 활용해도 다하지 못할 것이다.

[어구 설명] ○其書始言一理(기서시언일리) : 중용의 책은 처음에는 하나의 도리를 말했다. <* 제1장에서 「만물의 근본이 되는 하나의 도리, 곧 하늘의 도리」를

말했다.> ㅇ中散爲萬事(중산위만사) : 중간에서는 도가 여러 가지로 흩어져 나타나고 작용함을 말했다. <* 삼달덕(三達德), 오달도(五達道), 구경(九經) 등을 말했다.> ㅇ末復合爲一理(말부합위일리) : 끝에 가서 다시 하나의 도리로 합친다는 것을 말했다. <* 제33장에서 만물이 도(道)에 귀일(歸一)함을 말했다.> ㅇ放之則彌六合(방지즉미육합) : 도(道)를 밖으로 퍼뜨리면 상하 사방 육합(六合)에 두루 차고 넘친다. <* 우주 천지 자연 만물의 모든 현상이 도에서 벗어나지 않는다는 뜻.>「放(놓을 방), 彌(두루 미)」ㅇ卷之則退藏於密(권지즉퇴장어밀) : 말아서 거두어들이면 은밀한 속에 물러가 숨는다. <* 도(道)는 보이지 않는 자연 만물 속에 있는 도리다. 사람의 경우는 마음속에 있는 성리(性理)다.>「卷(말을 권), 藏(감출 장), 密(빽빽할 밀)」ㅇ其味無窮(기미무궁) : 도(道)의 작용은 무궁무진하다.「미(味)」는「기능(技能=機能), 작용(作用) 및 의미(意味)」의 뜻이다. ㅇ皆實學也(개실학야) : <중용의 가르침은> 모두가 실질적인 학문이다. ㅇ善讀者玩索而有得焉(선독자완색이유득언) : <중용의 가르침을> 잘 공부하고 <현상세계의 사실과 대비하여> 연구하고, 또 그 깊은 뜻을 찾아보면 <스스로> 터득하는 바가 있을 것이다.「玩(희롱할 완), 索(찾을 색)」ㅇ則終身用之(즉종신용지) : 그러므로 평생을 두고 활용해도. ㅇ有不能盡者矣(유불능진자의) : 다 쓰지 못하고 <남음이> 있을 것이다.

中庸 제1장 (총5절)

1절 天命之謂性 率性之謂道 脩道之謂敎.

2절 道也者 不可須臾離也 可離 非道也 是故君子 戒愼乎其所
　　　不睹 恐懼乎其所不聞.

3절 莫見乎隱 幕顯乎微 故君子 愼其獨也.

4절 喜怒哀樂之未發 謂之中 發而皆中節 謂之和 中也者 天下
　　　之大本也 和也者 天下之達道也.

5절 致中和 天地位焉 萬物育焉.

중용 제1장 1절 : 「性・道・敎」

天命之謂性 率性之謂道 修道之謂敎.

천명지위성(이오) 솔성지위도(요) 수도지위교(니라)

하늘이 절대 명령으로 내려준 것이 바로 본성이다. 본성 속에 주어진 이(理)를 따르는 것을 도(道)라고 한다. 도를 닦고 알맞게 조절하는 것을 교(敎)라고 한다.

[어구 설명] ㅇ天命之謂性(천명지위성) : 하늘이 절대적인 명령으로 내려준 것을 성(性), 즉 본성(本性)이라 한다. 「性(성품 성)」 <* 「천명(天命)」은 「하늘이 절대적인 명령으로 내려주었다」는 뜻이다. 사람에게는 사람의 본성이 있고, 식물에게는 식물의 본성이 있고, 동물에게는 동물의 본성이 있다. 본성은 하늘이 내려준 것이다. 그 본성 속에 각자가 살아나가야 할 바른 길[道]과 도리(道理)가 있다. 사람이면서 동물의 도리를 따라 살면 안 된다.>

ㅇ率性之謂道(솔성지위도) : 하늘이 내려준 본성을 따라 사는 것이 길이자 도리이다. 「率(따를 솔)」 <* 본성을 따른다고 함은 곧 본성 속에 주어진 도리를 따른다는 뜻이다. 즉 사람은 윤리 도덕을 따르고 실천해야 한다. 그것이 사람의 특성이자, 사람답게 사는 길이자 도리이다. 동물에도 하늘을 나는 새와, 말같이 뛰는 사족수(四足獸)와 물속을 헤엄치는 물고기는 각기 그 특성과 도리가 다르다.>

ㅇ修道之謂敎(수도지위교) : 길이나 도리를 저마다의 품격에 맞게 닦고 조절하는 것이 교(敎)다. <* 이 구절도 사람과 만물을 포괄한 말이다. 「교(敎)」의 뜻은 광범하다. 사람의 경우는 교육(敎育), 교화(敎化) 및 예교(禮敎), 더 나가서는 법률(法律)이나 제도(制度)가 다 포함된다. 범법자에게 형벌을 가하는 것도 교육(敎育)과 수도(修道)의 한 방법이다. 사람은 항상 여러 가지 사물(事物)을 대하고 또 처리한다. 그러므로 모든 사물의 특성과 도리에 맞게 활용할 수 있게 해야 한다. 이것도 넓은 의미의 교(敎)이다.>

[集註] (1) 命猶命令也　性則理也.

(1) 명은 곧 절대적 명령이다. 본성은 곧 도리다.

[어구 설명] ㅇ命猶命令也(명유명령야) : 명(命)은 명령과 같은 뜻이다. ㅇ性則理

(성즉리) : 본성은 곧 도리다. 즉 본성 속에 저마다의 도리가 주어져 있다는 뜻.

[集註] (2) 天以陰陽五行 化生萬物 氣以成形 而理亦 賦焉 猶命令也.

(2) 하늘은 음양(陰陽) 오행(五行)의 기(氣)를 변화해서 만물을 낳고 살게 하고 있다. 기(氣)로써 형체(形體)를 꾸몄으며 아울러 <본성 속에 저마다의> 도리도 부여해 주었다. 흡사 명령하듯 절대적으로 부여해 준 것이다.

[어구 설명] ㅇ天以陰陽五行(천이음양오행) : 하늘은 음양과 오행의 기(氣)를 가지고. ㅇ化生萬物(화생만물) : 변화해서 만물을 낳는다. <*「생(生)」은 「낳고(生), 자라고(育), 남녀(男女), 음양(陰陽)이 어울려 번식(繁殖)하고 또 발전(發展)한다」는 뜻을 다 포함한다.> ㅇ氣以成形(기이성형) : 기로써 형질(形質)을 만들다. ㅇ而理亦賦焉(이이역부언) : <기로 꾸며진 형질 속에> 이(理)도 부여되어 있다. ㅇ猶命令也(유명령야) : 명령같이, 절대적이라는 뜻이다.

[集註] (3) 於是人物之生 因各得其所賦之理 以爲健 順五常之德 所謂性也.

(3) 그러므로 사람이나 만물은 태어나면서 저마다 하늘로부터 주어진 본성적인 도리를 부여받고 있다. 그래서 양적(陽的)인 강건(强健) 혹은 음적(陰的)인 유순(柔順)과 「인의예지신(仁義禮智信)」의 오상(五常)의 불변의 도덕성을 지니고 있는 것이다. <한편 만물의 경우는 「목금화수토(木金火水土)」의 다섯 가지 질료나 성질을 지니고 있다. 그와 같이 저마다 하늘로부터 내려받은 특성을> 곧 저마다의 본성이라 한다.

[어구 설명] ㅇ於是人物之生(어시인물지생) : 이에, 사람이나 만물이 태어날 때에. <사람은 가장 영특한 기(氣)를 받아서, 만물의 영장인 사람이 되었다. 그러나 식물이나 동물은 치우치고 편협한 기를 받았다.> ㅇ因各得其所賦之理(인각득기소부지리) : 저마다 각기 하늘로부터 부여된 도리를 얻어 가지고 있기 때문에.

<* 식물은 식물의 도리를 얻고, 동물은 동물의 도리를 얻고, 사람은 사람의 도리를 얻어 가지고 있다.> ㅇ以爲健順五常之德(이위건순오상지덕) : 건순(健順)과 오상(五常)의 덕성을 형성하고 지니게 된다. <* 사람의 경우는 양적(陽的)인 강건(剛健), 음적(陰的)인 유순(柔順) 및 인의예지신(仁義禮智信)의 덕성(德性)이다. 그러나 동물의 경우는 양기(陽氣)가 넘치는 놈은 사납고, 음기(陰氣)가 많은 놈은 순하다. 저마다 타고난「목화토금수(木火土金水)」의 오행(五行)의 기(氣)에 따라 각기 특성이 다르게 된다.> ㅇ所謂性也(소위성야) : 이것을 이른바 특성 혹은 본성이라고 한다. <* 이 구절을 인간의 경우에 국한해서 풀이하면 안 된다. 주(註)에서「화생만물(化生萬物)」,「인물지생(人物之生)」이라고 한 의미가 제대로 나타나지 못한다.>

[集註] (4) 率循也 道猶路也 人物各循其性之自然 則其日用事物之間 莫不各有當行之路 是則所謂道也.

(4)「솔(率)」은「따르다」의 뜻이다.「도(道)」는 도로(道路)와 같은 뜻이다. 사람이나 만물은 하늘로부터 받은 저마다의 본성 속에 내재하고 있는 본연(本然)의 도리(道理)를 따른다. 그러므로 일상시에 모든 사물을 대하거나 처리함에 있어서도 당연히 따르고 행해야 할 길과 도리가 있게 마련이다. 그것을 이른바「길(道) 혹은 도리」라고 한다.

[어구 설명] ㅇ率循也(솔순야) :「솔(率)」은「따라간다」는 뜻이다.「循(좇을 순)」 ㅇ道猶路也(도유로야) :「도(道)」는「길 로(路)」와 같은 뜻이다. ㅇ人物各循其性之自然(인물각순기성지자연) : 사람이나 만물이 저마다 <천명으로 주어진> 본성의 자연스러움<즉 본성 속에 있는 본연의 도리>을 따라가므로. ㅇ其日用事物之間(기일용사물지간) :「기(其)」는 주어로「사람」으로 파악해야 한다. 즉 사람이 매일 대하고 쓰고 또 처리하는 사물(事物)에 있어. ㅇ莫不各有 當行之路(막불각유 당행지로) : 저마다 마땅히 행해야 할 길이 있게 마련이다. ㅇ是則所謂道也(시즉소위도야) : 이것이 곧「도(道)」의 뜻이다.

[集註] (5) 修品節之也 性道雖同 而氣稟或異 故不能

無過不及之差 聖人因人物之所當行者 而品節之 以爲 法於天下 則謂之教 若禮樂刑政之屬是也.

⑸「수(修)」는 품격에 맞게 조절한다는 뜻이다. <하늘로부터 받은 본성이나 가야 할> 길이나 도리는 비록 같지만 그러나 타고난 기(氣)의 형질(形質)이 각기 다르므로 <도를 따르고 실천함에 있어> 넘치거나 혹은 못 미치거나 하는 차이가 없을 수 없다. <그래서> 성인(聖人)이 사람이나 만물이 당연히 따라가야 할 도리를 바탕으로 저마다의 품격에 맞게 조절하여 천하의 법도로 삼았으니, 그것이 이른바 교육, 교화 및 교령(教令)이다. 즉 예악이나 형벌·정치 등이 다 이에 속한다.

[어구 설명] ○修品節之也(수품절지야) : 「수(修)」는 품격(品格)이나 품질(品質)에 맞게 조절한다는 뜻이다. ○性道雖同(성도수동) : <하늘이 천명으로 사람이나 만물의> 본성 속에 준 도리는 다 같지만. ○而氣稟或異(이기품혹이) : 그러나 타고난 형체(形體)나 기질(氣質)이 저마다 다르다. ○故不能無過不及之差(고불능무과불급지차) : 고로 <도리를 따르고 행함에 있어> 지나치거나 혹은 못 미치거나 하는 차이가 없을 수 없다. ○聖人因人物之所當行者(성인인인물지소당행자) : 성인이 사람이나 만물이 저마다 마땅히 따르고 행할 바, 도리를 기준으로 하고. ○而品節之(이품절지) : 저마다의 품격에 맞게 조절하고. ○以爲法於天下(이위법어천하) : 그래가지고[以], 천하의 <모든 사람과 모든 사물에 대한> 법도로 삼게 했다. ○則謂之教(즉위지교) : 즉 그것을 이른바 교(教)라고 한다. <* 「교(教)」는 여러 가지 뜻을 다 포함한다. 기본적으로는 「교육(教育), 교화(教化), 교령(教令), 예교(禮教)」 등이다. 더 확대하면 「예의범절(禮儀凡節), 사회제도(社會制度), 정치법령(政治法令)」 등을 다 포함한다.> <이들 모두가 사람으로 하여금 도를 따라 살고, 또 도를 따라 사물을 처리하게 제도(制度)하는 규범이다.> ○若禮樂刑政之屬是也(약례악형정지속시야) : 예를 들면 예악(禮樂)·형벌(刑罰)·정치(政治) 등이, 모두 이에 속하는 것들이다. <* 고대 중국에서는 「예악」을 중시했다. 「예(禮)」는 위계와 질서를 바로잡는 예법이나 제도이다. 「악(樂)」은 모든 사람을 화락(和樂)하게 하는 바탕이다.>

[集註] (6) 蓋人知 己之有性 而不知其出於天 知事之
有道 而不知其由於性 知聖人之有敎 而不知 其因吾
之所固有者 裁之也 故子思於此 首發明之 而董子所
謂道之大原出於天 亦此意也.

(6) 무릇 사람은 자기에게 본성이 있는 줄을 알지만, 그것이 하늘에
서 나온 것임을 모른다. 사람은 모든 사물의 도리가 있는 줄은 알지
만, 그것이 <모든 사물의> 특성에서 연유한 것인지는 모른다. 사
람은 성인들이 제정한 가르침이 있는 줄은 알지만, 그 가르침이
본래 나에게 <내재하고 있는 본성을> 바탕으로 꾸며진 것인 줄은
모른다. 그래서 자사가 먼저 그 뜻을 밝혀낸 것이다. 아울러 이는
동중서(董仲舒)가 말한 바, 도의 대원이 하늘에서 나왔다고 말한
것과도 같다.

[어구 설명] ○蓋人知己之有性(개인지기지유성) : 대체로 사람들은 자기에게 본성
이 있음을 안다. ○而不知其出於天(이부지기출어천) : 그러나, 그 본성이 하늘에서
나온 것임을 모른다. ○知事之有道(지사지유도) : 모든 사물에 도리가 있음을 알지
만. ○而不知其由於性(이부지기유어성) : 그러나 <사물의 도리가> 그 사물의 특
성에서 나온 것인 줄을 모른다. ○知聖人之有敎(지성인지유교) : 성인이 <교육이
나 교화로써> 가르침을 주고 있다는 것은 알지만. ○而不知 其因吾之所固有者
裁之也(이부지 기인오지소고유자 재지야) : 그러나 <성인의 가르침이> 내가 고유
하고 있는 바 <본성과 도리를> 바탕으로 하고 만들어진 것이라는. <사실은 모른
다.> ○故子思於此(고자사어차) : 고로 자사(子思)가 여기, 즉 중용에서. ○首發明
之(수발명지) : 먼저 분명하게 밝힌 것이다. ○而董子所謂(이동자소위) : 그리고
한(漢)대의 동중서(董仲舒)가 말한 바. ○道之大原出於天(도지대원출어천) : 모
든 도리의 가장 큰 근원이 하늘에서 나왔다고 <말한 것도>. ○亦此意也(역차의
야) : 역시 이와 같은 뜻을 말한 것이다.

중용 제1장 2절 : 「道不可離」

道也者 不可須臾離也 可離 非道也 是故 君子戒愼 乎 其所不睹 恐懼乎 其所不聞.

도야자(는) 불가수유리야(니) 가리(면) 비도야(라) 시고(로) 군자(는) 계신호 기소 부도(하며) 공구호 기소불문(이니라)

도나 도리는 잠시도 떨어질 수 없다. 만약에 떨어질 수 있다면 참다 운 도나 도리가 아니다. 그러므로 군자는 보이지 않는 곳이나 <보 이지 않는 자기의 마음을> 경계하고 신중하게 지녀야 한다. 또 소리를 들을 수 없는 곳이나 <소리 없는 자기의 마음을> 겁내고 두렵게 여겨야 한다.

[어구 설명] ○道也者 不可須臾離也(도야자 불가수유리야) : 도는 잠시도 떠나 거나 이탈할 수 없다. 이탈해서는 안 된다.

○可離非道也(가리비도야) : 떠나거나 이탈할 수 있다면, <그것은> 도나 도리가 아니다.

○君子(군자) : 학문과 덕행을 겸비한 선비나 지식인. <＊ 군자는 지인용(知仁勇) 을 겸유(兼有)하고 행해서 덕(德)을 세워야 한다.>

○戒愼乎(계신호) : 경계하고 신중하게 한다.

○其所不睹(기소부도) : 보이지 않는 곳, 혼자 있을 때나 자기의 마음가짐.

○恐懼乎(공구호) : 겁내고 두려워하다.

○其所不聞(기소불문) : 들을 수 없는 곳, 혼자 있을 때나 자기의 마음속.

 <＊「기소부도(其所不睹), 기소불문(其所不聞)」을 고주(古注)에서는 「다른 사람 이 보고 듣지 않는 곳, 즉 자기 혼자 있는 곳에서」로 풀이했다. 주자는 「보거나 들을 수 없는 마음」으로 풀이했다. 이 책에서는 양자의 설을 절충했다.>

[集註] (1) 道者日用事物當行之理 皆性之德 而具於 心 無物不有 無時不然 所以不可須臾離也 若其可離 則豈率性之謂哉.

(1) 도(道)는 사람이 날마다 사물을 대하고 처리할 때에 마땅히 따르고 행해야 할 도리이다. <동시에> 모든 도나 도리는 곧 본성적인 이(理)를 따르고 행해서 좋은 성과(成果), 즉 덕(德)을 얻는 바탕이며, <그와 같은 도와 덕은 다> 마음속에 갖추어져 있다. 모든 사물에는 도리가 없는 것이 없다. 또 어느 때인들 그렇지 않은 때도 없다. <즉 언제나 도리가 있고 나타난다.> 그러므로 순간도 도를 이탈할 수 없다. 만약에 이탈할 수 있다면, 어떻게 「본성을 따르는 것이 도」라고 말하겠느냐.

[어구 설명] ○道者 日用事物當行之理(도자 일용사물당행지리) : 도는 곧 매일 사물을 <대하고> 쓸 때에, 당연히 따르고 행해야 할 도리이다. ○皆性之德(개성지덕) : 「모두가 성의 덕이다.」 <* 「성지덕(性之德)」의 깊은 뜻을 알기 위해서는 먼저 「도(道)와 덕(德)」의 뜻을 잘 알아야 한다. 도(道)는 이(理)이고 체(體)다. 덕(德)은 <도를 행해서> 얻어진 좋은 성과(成果)이고 용(用)이다. 그러므로 「성지덕(性之德)」을 「본성적인 도리를 따르고 행해서 얻어진 좋은 성과, 즉 덕(德)이다」로 의역해야 한다.> ○具於心(구어심) : <도(道)는 체(體)이고, 덕(德)은 용(用)이며, 모두가> 마음속에 갖추어져 있는 것이다. 즉 사람은 마음을 바탕으로 도를 깨닫고, 또 마음을 바탕으로 도를 행해서 덕을 세울 수 있다. ○無物不有(무물불유) : 도리 없는 사물은 없다. 즉 천하의 모든 사물에는 저마다의 도리가 있다. ○無時不然(무시불연) : 그렇지 않을 때가 없다. 즉 시간적으로 언제나 모든 사물이 도리를 따른다. ○所以不可須臾離也(소이불가수유리야) : 그러므로 도나 도리는 순간도 떨어지거나 이탈할 수 없다. ○若其可離(약기가리) : 만약에 도나 도리를 떨어지거나 이탈할 수 있다면. 즉 이탈해도 무관하다면. ○則豈率性之謂哉(즉기솔성지위재) : 어찌 「솔성지위도(率性之謂道)」라고 말하겠느냐.

[集註] (2) 是以君子之心 常存敬畏 雖不見聞 亦不敢忽 所以存天理之本然 而不使離於須臾之頃也.

(2) 그러므로 학덕(學德)을 겸비한 군자는 마음속으로 항상 <하늘의 도리를 잘 간직하고 행하도록> 경외(敬畏)해야 한다. 비록 나타

나 보이거나 소리로 들리지 않는 <마음이지만, 도를 간직함에> 역시 감히 소홀하게 하면 안 된다. 그 까닭은 천리의 본연을 보존하고, 또 잠시도 <도에서> 이탈하지 않게 하기 위해서다.

[어구 설명] ㅇ是以君子之心常存敬畏(시이군자지심상존경외) : 그러므로 군자는 마음으로 <중용지도를> 항상 경건하게 받들고 높이고 두려워해야 한다. ㅇ雖不見聞(수불견문) : 비록 보고 듣지 않고. <혼자 있는 곳이나 자기만이 아는 마음속에.> ㅇ存天理之本然(존천리지본연) : 천리의 본연을 보존하고. ㅇ而不使離於須臾之頃也(이불사리어수유지경야) : <자기나 자기 마음으로 하여금> 순간도 도에서 이탈하지 않게 해야 한다.

중용 제1장 3절 : 「愼其獨」

莫見乎隱 莫顯乎微 故君子 愼其獨也.

막현호은(하며) 막현호미(라) 고(로) 군자(는) 신기독야(니라)

숨은 것보다 더 잘 드러나는 것이 없고, 미세한 것보다 더 크게 발현하는 것이 없다. 고로 군자는 자기 혼자만 아는 경지나 마음을 더욱 신중하게 한다.

[어구 설명] ㅇ莫見乎隱(막현호은) : 속에 숨어 있는 도리나 속에 있는 마음보다, 더 잘 나타나는 것이 없다. 즉 보이지 않는 도리가 현상으로 나타난다. 남이 모르는 나의 속마음도 결국은 행동으로 나타난다. 주자는 「은(隱)」을 「은밀한 자기의 마음, 혹은 어떻게 하겠다는 상념(想念)이나 의념(意念)의 뜻」으로 확대해서 풀었다.
ㅇ莫顯乎微(막현호미) : 미세(微細)한 것보다 더 크게 나타나 보이는 것이 없다. 미세한 천리도 결국은 크게 나타난다. 주자는 「미(微)」를 「마음속에 싹트고 발동하는 미세한 생각이나 뜻」으로 풀었다.
ㅇ愼其獨也(신기독야) : 남이 보고 듣지 않는 곳에 혼자 있을 때에도 각별히 몸가짐을 신중하게 한다. 주자는 뜻을 확대해서 「자기 혼자만이 아는 마음속의 기미(機微)한 생각, 뜻을 신중하게 한다」로 풀었다. 즉 도심(道心)을 간직하고 나쁜 인욕(人欲)이 끼어들지 못하게 계신(戒愼) 공구(恐懼)한다.

[集註] (1) 隱暗處也 微細事也 獨者人所不知 而己所
獨知之地也.

(1) 「은(隱)」은 어두운 곳에 숨은 듯이 보이지 않는다는 뜻이다.
「미(微)」는 미세(微細)하고 기미(機微)한 일이란 뜻이다. 「독자(獨
者)」는 남들은 알지 못하고 자기 혼자만 아는 경지의 뜻이다.

[어구 설명] ○隱暗處也(은암처야) : 「은(隱)」은 어두운 곳이다. ○微細事也(미세
사야) : 「미(微)」는 작은 일이다. ○獨者人所不知(독자인소부지) : 「독(獨)」은 남은
모르고. ○而己所獨知之地也(이기소독지지지야) : 자기 혼자만이 아는 경지. 주자
는 「자기 마음속의 생각이나 뜻」으로 확대했다.

[集註] (2) 言幽暗之中 細微之事 跡雖未形 而幾則已
動 人雖不知 而己獨知之 則是天下之事 無有著見明
顯 而過於此者.

(2) 다음 같은 뜻을 말한 것이다. 어둠 속에 숨어있는 듯하고, 또
지극히 미세한 것이, 비록 미처 형상이 나타나지 않아도, 그 기미
(幾微)는 이미 동했으며, 남은 모르되 자기는 알고 있는 것이다.
그러므로 곧 천하의 모든 일이 이보다 더 잘 밝게 나타나 보이지
않는 것이 없는 것이다.

[어구 설명] ○幽暗之中(유암지중) : 그윽하고 어둠 속에 있는. <자기 마음의 생각
이나 뜻> ○細微之事(세미지사) : <자기 마음속에> 싹트는 미세한 일. ○跡雖未
形(적수미형) : 비록 그 형상이나 자취가 아직은 나타나지 않았으나. ○而幾則已動
(이기즉이동) : 그러나 그 기미가 이미 동했으며. ○人雖不知(인수부지) : 남들은
모르지만. ○而己獨知之(이기독지지) : 자기 혼자는 알고 있다. ○則是天下之事
(즉시천하지사) : <그러므로> 천하의 모든 일들은. ○無有著見明顯 而過於此者
(무유저현명현 이과어차자) : 밝게 나타나 보이는 것이 이보다 더한 것이 없다.
<*만물은 천도가 나타난 것이다. 사람은 본성(本性)의 도리(道理)를 발현(發顯)해
야 한다. 욕심(欲心)을 부리면 안 된다.>

[集註] (3) 是以君子旣常戒懼 而於此 尤加謹焉 所以
遏人欲於將萌 而不使其潛滋 暗長於隱微之中 以至離
道之遠也.

(3) 그러므로 군자는 이미 항상 계구(戒懼)하지만, 특히 여기서 근신(謹愼)을 가해야 한다. 그렇게 하는 까닭은 인욕(人欲)이 싹트려 하는 것을 막고, 아울러 <그 인욕이> 어둠 속에 숨어서 자라고, 또 은미(隱微)한 속에서 몰래 자라나 도리에서 멀리 이탈하는 지경에 이르지 못하게 하기 위해서이다.

[어구 설명] ○是以(시이) : 그러므로. ○君子旣常戒懼(군자기상계구) : 군자는 이미 항상 삼가고 두려워하지만. ○而於此尤加謹焉(이어차우가근언) : 이에 대해서 더욱 근신(謹愼)을 가(加)해야 한다. ○遏人欲於將萌(알인욕어장맹) : 인욕(人欲)이 싹틀 것을 막고. ○而不使(이불사) : 「……하지 못하게 한다.」 <끝까지 걸린다.> ○其潛滋(기잠자) : <인욕이> 숨어서 자라나고. ○暗長於隱微之中(암장어은미지중) : <인욕이> 은미(隱微)한 속에서 몰래 자라나고. ○以至離道之遠也(이지리도지원야) : 마침내 도에서 멀리 이탈하지. <않게 하기 위해서이다(所以)> <* 신기독(愼其獨)은 곧 계구신독(戒懼愼獨)이다. 「계구」는 도심(道心)을 바탕으로 천리를 보존하고 지킨다(保守天理). 「신독」은 인욕을 엄하게 막고(檢防人欲), 또 항상 성찰하는 일이다(省察之事)>.

중용 제1장 4절 : 「喜怒哀樂」

**喜怒哀樂之未發 謂之中 發而皆中節 謂之和 中也
者 天下之大本也 和也者 天下之達道也.**

희노애락지미발(이) 위지중(이오) 발이개중절(이) 위지화(니라) 중야자(는) 천하지대본야(이오) 화야자(는) 천하지달도야(라)

희노애락(喜怒哀樂)의 정(情)이 미처 나타나지 않은 <마음속의 본연의 성리(性理)를> 중(中)이라 하고, 정(情)이 나타나되 모두 고르게 절도에 맞게 나타남을 화(和)라고 한다. 중(中)은 천하의 대본

(大本)이고, 화(和)는 천하가 도(道)를 달성하는 바탕이다.

[어구 설명] ○喜怒哀樂之未發(희노애락지미발) : 「기쁨(喜), 노여움(怒), 슬픔(哀), 즐거움(樂)」 등의 감정(感情)이 아직 밖으로 나타나지 않은. <마음의 본연의 상태, 즉 성리(性理) 자체>

○謂之中(위지중) : 중(中)이라고 한다.

○發而皆中節(발이개중절) : 감정이 발동하되 도리와 절도에 맞게 한 상태를.

○謂之和(위지화) : 화(和)라고 한다.

○中也者 天下之大本也(중야자 천하지대본야) : 「중(中)」은 천하의 대본(大本).

○和也者 天下之達道也(화야자 천하지달도야) : 「화(和)」는 천하의 달도(達道)다. <* 「천하의 달도」는 「천하의 모든 사람 만물이 도와 일치하고, 또 도를 달성한다」는 뜻이다. 바꾸어 말하면 사람이나 사물이 도와 하나가 된 상태이다.>

[集註] (1) 喜怒哀樂情也 其未發則性也 無所偏倚 故謂之中.

(1) 기뻐하고 노여워하고 슬퍼하고 즐거워하는 것이 정(情)이다. 그 정이 아직 나타나지 않은 상태가 성(性)이다. 그 성은 편벽되거나 치우치지 않는다. 그러므로 중(中)이라고 말한다.

[어구 설명] ○喜怒哀樂情也(희노애락정야) : 「기뻐하고(喜), 노여워하고(怒), 슬퍼하고(哀), 즐거워하는(樂) 것」이 「사람의 감정(感情), 인정(人情)」이다.

○其未發則性也(기미발즉성야) : 그와 같은 「감정이나 인정이 미처 나타나지 않은 <마음 상태는 천명으로 부여된> 본성 그대로다.」 <* 주자학에서는 「성즉리(性卽理)」라고 했다. 즉 「천리(天理)와 혼연일체를 이루고 있다」는 뜻이다.>

○無所偏倚(무소편의) : 마음과 본성 속에 있는 도리가 한쪽으로 쏠리고 기우는 법이 없다. ○故謂之中(고위지중) : 고로 중이라고 한다. 즉 발동하지 않은 본연의 성리(性理)는 중정(中正) 그대로이다. <* 「감정 및 욕구」는 외물(外物)과의 접촉으로 발생한다. 자극이 없으면, 마음은 허정(虛靜), 적연(寂然)하게 마련이다.>

[集註] (2) 發皆中節 情之正也 無所乖戾 故謂之和.

(2) 정(情)이 나타나되 성리(性理)와 절도에 맞아야 하며, <그것이

곧> 정의 바름이다. <그 정은 성리에> 어긋나거나 거슬리는 바가 없다. 그러므로 화(和)라고 한다.

[어구 설명] ○發皆中節(발개중절) : 정(情)이 발하되, 중정(中正)한 성리(性理)에 맞는 것이. ○情之正也(정지정야) : 정의 바름이다. 즉 바르게 나타난 정이다. ○無所乖戾(무소괴려) : <바른 정은> 성리에 어긋나지 않는다. ○故謂之和(고위지화) : 그래서 화(和)라고 말한다. <* 「화(和)」는 「천리(天理) 및 성리와 일치(一致)한다」는 뜻과 동시에 「모든 사람 및 자연만물과 화합(和合)한다」는 뜻을 다 포함한다.>

[集註] (3) 大本者 天命之性 天下之理 皆由此而出 道之體也.

(3) 「대본(大本)」은 바로 「천명으로 주어진 성리(性理)」이다. 천하의 도리가 모두 그 성리에서 연유하고 나오며, 그것이 도의 본체(本體)이다.

[어구 설명] ○大本者 天命之性(대본자 천명지성) : 「대본(大本)」은 곧 「천명으로 주어진 성리(性理)」라는 뜻이다. 「성리는 하늘이 사람이나 만물의 본성 속에 심어준 본연의 도리, 즉 천리(天理)」다. ○天下之理(천하지리) : 천하의 모든 도리가. ○皆由此而出(개유차이출) : 성리에서 연유하고 나온다. 즉 성리를 바탕으로 하고 모든 도리가 나온다. ○道之體也(도지체야) : 도(道)의 본체(本體)이다.

[集註] (4) 達道者 循性之謂 天下古今之所共由 道之用也.

(4) 「달도(達道)」는 <모든 사람이나 사물이> 저마다의 성리(性理)를 따르고, 또 천하가 고금을 통해 공통으로 따르고 행할 바이며, 이는 곧 도(道)의 용(用)이다.

[어구 설명] ○達道者(달도자) : 「도(道)에 도달하고 도를 달성한다」는 것은. ○循性之謂(순성지위) : 「<천명으로 주어진> 본성의 천리를 따른다」는 뜻이다. ○天下古今之所共由(천하고금지소공유) : 천하 만물이 고금을 통해 다같이 따르고 행

하는 바이다. ○道之用也(도지용야) : 도(道)의 용(用)이다.

[集註] (5) 此言性情之德 以明道不可離之意.

(5) 이 구절은 성(性)과 정(情)의 덕을 말하고, 아울러 도를 이탈하면 안됨을 밝힌 말이다.

[어구 설명] ○言性情之德(언성정지덕) : 성(性)과 정(情)의 덕을 말하고. ○以明道不可離之意(이명도불가리지의) : 도(道)를 떠날 수 없다는 뜻을 밝힌 것이다. <* 정(情)은 인정(人情)과 사정(事情)을 합친 뜻이다.>

중용 제1장 5절 : 「致中和」

致中和 天地位焉 萬物育焉.

치중화(면) 천지위언(하며) 만물육언(하니라)

중화를 이루어야, 하늘과 땅이 제자리에 안정되고, 또 만물이 살아 자란다.

[어구 설명] ○致中和(치중화) : 중화(中和)를 이루다. 「중(中)」은 「희노애락(喜怒哀樂)의 정(情)이 아직 발동하지 않은 상태」, 즉 「마음속에 주어진 성리(性理)의 본연(本然) 상태다」. 「화(和)」는 「본연의 성리가 절도에 맞게 나타난 상태다」.
○天地位焉(천지위언) : 하늘과 땅이 바르게 자리하고 안정이 된다.
○萬物育焉(만물육언) : 만물이 저마다 고르게 자란다. 「육(育)」은 「생육화성(生育化成)」의 뜻이다.

[集註] (1) 致推而極之也 位者安其所也 育者遂其生也.

(1) 「치(致)」는 끝까지 미루어 나간다는 뜻이다. 「위(位)」는 저마다의 자리에 안정된다는 뜻이다. 「육(育)」은 저마다의 삶을 완수함이다.

[어구 설명] ○致推而極之也(치추이극지야) : 「치(致)」는 밀고 나가 지극한 경지에

이른다는 뜻이다. ○位者安其所也(위자안기소야) : 「위(位)」는 저마다의 자리에 안정된다는 뜻이다. ○育者遂其生也(육자수기생야) : 「육(育)」은 저마다의 삶을 완수함이다. <* 「삶의 완수」는 「생육화성(生育化成)」을 이룬다는 뜻이다. 봄에는 싹이 나고, 여름에는 자라고, 가을에는 열매로 변하고, 겨울에는 새로운 생명의 씨로 굳어진다. 이를 곧 「생생불이(生生不已)」라고도 한다.>

[集註] (2) 自戒懼而約之 以至於至靜之中 無所偏倚 而其守不失 則極其中 而天地位矣.

(2) 스스로 겁내고 두려워하고, 또 단속하여서 <성리(性理)가> 지극히 정밀(靜謐)하고 중정(中正)한 경지에 이르고, 또 그 지킴을 잃지 않으면 곧 <그 성리가> 지극히 중정(中正)하게 되고, 따라서 하늘과 땅이 제자리에서 안정될 것이다.

[어구 설명] ○自戒懼而約之(자계구이약지) : 스스로 계구(戒懼)하고 단속하다. 「계구」는 경계하고 두려워한다. 즉 성리(性理)를 온전하게 지니고 또 행하며 동시에 「사심(私心=邪心)」이 끼어들지 못하게 항상 경계한다. 「성리」는 「본성 속에 주어진 천리(天理)」. ○以至於至靜之中(이지어지정지중) : 「이(以)」는 「그래 가지고, 그렇게 해서」의 뜻. 「지어(至於)」는 「……에 이르다, 이르게 한다」의 뜻. 「지정지중(至靜之中)」은 「지극히 정밀(靜謐)하고 중정(中正)한 경지」. <* 「성리의 본연(本然)」은 「적연부동(寂然不動)하며, 만물 속에 있는 중정(中正)의 도리」이다. 그러므로 「지어지정지중(至於至靜之中)」이란 곧 「성리의 본연」과 하나가 된다는 뜻이다. 그러기 위해서는 철저하게 「이기적 물욕(物欲)이나 사심(私心＝邪心)」을 극복해야 한다.> ○無所偏倚(무소편의) : 치우치고 기우는 바가 없게 한다. 「성리」는 본래 「편의(偏倚)」가 없다. 「무소편의」는 곧 「물욕과 사심을 극복하고 본연의 성리를 굳게 지킴이다.」 ○而其守不失(이기수불실) : 그래서, 자기가 지키는 바 <본성의 성리를> 잃지 않게 하면. ○則極其中(즉극기중) : 곧 만물 속에 있는 중정(中正)의 도리가 지극하게 된다. 즉 천지 만물이 중정의 도리대로 자라고 번성하게 된다. ○而天地位矣(이천지위의) : 하늘과 땅이 바르게 자리하고 안정된다. <* 즉 천도(天道)와 지덕(地德)이 일치하고 천지만물이 중정(中正)의 도를 따라 「생생불이(生生不已)」한다.>

[集註] (3) 自謹獨而精之 以至於應物之處 無少差謬 而無適不然 則極其和 而萬物育.

(3) 처음에는 홀로 자신을 근신하고 정성으로 <절대선의 천도를> 따르고 지키고, 점차로 모든 사람이나 사물을 대하고 처리함에 있어, 작은 차질이나 오류도 없게 하고 더욱 저마다의 도리대로 되지 않음이 없게 하면, 즉 천하 만물이 조화의 극치를 이루고 다 잘 자라고 번성할 것이다.

[어구 설명] ㅇ自謹獨而精之(자근독이정지) : 스스로 근독(謹獨)하고, 또 더욱 정밀하게 한다. 「근독」은 「신독(愼獨)」과 같다. 당시의 임금 이름 「신(愼)」을 기피하여 「근(謹)」으로 고쳤다. 「신독」은 「1장 3절」에 있는 「신기독(愼其獨)」이다. 혼자 있을 때나 혼자만이 아는 마음을 신중하게 지닌다는 뜻이다. ㅇ以至於(이지어) : 그래 가지고 ……에 이르게 한다. ㅇ應物之處(응물지처) : <내가 사물을 대하고> 처리할 경우. ㅇ無少差謬(무소차류) : 조그마한 차질이나 오류도 없게 한다. 「유(謬)」의 본래의 음은 「뮤」다. ㅇ而無適不然(이무적불연) : 어디에서나 그렇지 않음이 없게 한다. ㅇ則極其和(즉극기화) : <그렇게 하면> 곧 화(和)가 지극해진다. 즉 성(性) 과 정(情)이 조화된다. ㅇ而萬物育(이만물육) : 아울러 만물이 잘 자라고 번성하게 된다. 이 「육(育)」도 역시 「생육화성(生育化成)」의 뜻이다.

[集註] (4) 蓋天地萬物 本吾一體 吾之心正 則天地之 心亦正矣 吾之氣順 則天地之氣亦順矣.

(4) 무릇 천지 만물은 본래 나와 한몸이다. 나의 마음이 바르면 천지의 마음도 바르게 되고, 나의 기가 순하면 천지의 기도 순하게 된다.

[어구 설명] ㅇ蓋天地萬物 本吾一體(개천지만물 본오일체) : 무릇 천지 만물은 본래가 나와 한몸이다. 천지 만물도, 나도 다 하늘의 소생(所生)이다. ㅇ吾之心正 (오지심정) : <천지 만물을 주재하는 사람인> 나의 마음이 바르면. ㅇ則天地之心 亦正矣(즉천지지심역정의) : 천지의 마음도 바르게 된다. 「천지지심(天地之心)」은

곧 「천지의 도리」다. 도리가 올바르면 나타나는 모든 것도 도리에 맞고 바르게 나타난다. ○吾之氣順(오지기순) : 나의 기가 천리에 순응하면. ○則天地之氣亦順矣(즉천지지기역순의) : 천지 만물의 기도 순응하게 마련이다. 이를 가리켜 「치중화 천지위언 만물육언(致中和 天地位焉 萬物育焉)」이라고 한 것이다.

[集註] (5) 故其效驗 至於如此 此學問之極功 聖人之能事 初非有待於外 而修道之敎 亦在其中矣.

(5) 고로 효험도 그와 같이 나타난다. 이것이 바로 학문의 지극한 공이며, 성인만이 능히 할 수 있는 일이다. 애당초부터 <본성의 도를 따라서 이루는 것이지> 밖의 다른 힘을 빌리는 것이 아니다. <나와 만물을> 품절해서 도에 맞게 하는 교육이나 교화도 그 속에서 이루어지는 것이다.

[어구 설명] ○故其效驗 至於如此(고기효험 지어여차) : 고로, 중화(中和)의 효험(效驗)이 이와 같이. <위대하다.> ○此學問之極功(차학문지극공) : 이와 같이 <위대한 것을 알고 행할 수 있게 하는 것이> 바로 학문의 지극한 공효(功效), 공덕(功德)이다. ○聖人之能事(성인지능사) : 성인만이 능히 할 수 있는 일이다. ○初非有待於外(초비유대어외) : <그러나> 처음부터 외부의 다른 힘을 빌리는 것이 아니다. <즉 본성의 성리를 바탕으로 하는 것이다.> ○修道之敎(수도지교) : 도리에 맞게 품절(品節)하는 모든 가르침도. ○亦在其中矣(역재기중의) : 역시 <본성의 성리> 안에서 이루어지는 것이다.

[集註] (6) 是其一體一用 雖有動靜之殊 然必其體立而後用有以行 則其實亦非有兩事也 故於此 合而言之 以結上文之意.

(6) 이와 같이 저마다 체(體)와 용(用)이 비록 동(動)과 정(靜)의 차이가 있어도 반드시 체가 바르게 선 다음에, 용이 바르게 행해지는 법이다. 그러나 실지로는 서로 다른 둘이 아니다. 고로 자사가 여기서 합쳐서 말하고 앞글의 결론으로 삼은 것이다.

[어구 설명] ○是其一體一用(시기일체일용) : 이와 같이 <중화(中和)의> 체(體)와 용(用)이. <중(中)은 체(體), 화(和)는 용(用)이다.> ○雖有動靜之殊(수유동정지수) : 비록 발동(發動)할 때와 정지(靜止)하고 있을 때는 다르지만. ○然必其體立(연필기체립) : 그러니 반드시 체(體)가 바르게 서야. 즉 본연의 성리대로 맑고 바르게 서야 한다. 잡된 욕심이 끼어들면 안 된다. ○而後用有以行(이후용유이행) : 그 다음에 용(用)이 천리(天理)나 성리(性理)에 맞게 나타나게 마련이다. ○則其實亦非有兩事也(즉기실역비유량사야) : 그러한즉 사실에 있어서는 <체(體)와 용(用)이> 다른 둘이 아니다. ○故於此 合而言之(고어차 합이언지) : 그래서 이를 통합해서 말한 것이다. ○以結上文之意(이결상문지의) : 앞글의 뜻을 결론지은 것이다.

[설명주] (1) 右第一章 子思述所傳之意 以立言 首明道之本原 出於天 而不可易 其實體備於己 而不可離 次言存養省察之要 終言聖神功化之極.

(1) 이상이 중용 제1장이다. 자사가 전수한 바의 뜻을 글로 적은 것이다. 먼저 도의 본원이 하늘에서 나와 영구히 변하지 않으며, 또 그 실체가 나에게 갖추어져 있으므로 떠날 수 없음을 밝혔다. 다음으로 존양과 성찰의 필요를 말했다. 끝으로 성신의 공덕과 조화가 지극함을 말했다.

[설명주] (2) 蓋欲學者於此 反求諸身而自得之 以去夫外誘之私 而充其本然之善 楊氏所謂一篇之體要 是也.

(2) 모든 학자들이 이 <중용의 도를> 자신에게 돌이켜 구해 스스로 터득하고 나가서 외면적인 이기적 유혹을 제거하고 <자신에게 주어진> 본연의 선을 확충하기를 바란다. 그것이 바로 양씨(楊氏 : 이름은 時)가 말하는 바 중용 일편의 요체이다.

[설명주] (3) 其下十章 蓋子思引夫子之言 以終此章之義.

(3) 다음의 열 장의 글은 대개 자사가 공자의 말을 인용해서 이 장의 뜻을 완결하려고 한 글일 것이다. <* 제2장에서 제11장까지>

中庸 제2장 (총2절)

1절 仲尼曰 君子中庸 小人反中庸.

2절 君子之中庸也 君子而時中 小人之反中庸也 小人而無忌憚
也.

* 앞의 제1장은 중용의 대강을 말했다. 제2장부터 제11장까지는 중용에 관한 공자의 말을 인용해서 뜻을 부연한 것이다. 제2장은 모두 2절이다. 군자와 소인의 상반되는 태도를 기술했다.

중용 제2장 1절 : 「君子中庸」

仲尼曰 君子中庸 小人反中庸.

중니왈 군자(는) 중용(이요) 소인(은) 반중용(이니라)

중니, 즉 공자가 말했다. 군자는 중용을 지키고 실천한다. 소인은 중용에 반대되는 행동을 한다.

[어구 설명] ○仲尼(중니) : 공자의 자(字). 공자의 어머니 안씨(顏氏)가 이구산(尼丘山)에 기도를 드려서 낳았으므로, 중니라 했다. <* 일반적으로는 공자(孔子)라 부른다. 중니라고 한 것은 친근감을 나타내기 위해서이다.>

○君子中庸(군자중용) : 군자는 중용을 지키고 실천한다. 즉 군자는 마음으로 중용의 도리를 체득하고 몸으로 실천한다.

○小人反中庸(소인반중용) : 소인은 중용과 반대되는 짓을 한다.

<* 숭고한 정신적 삶이나, 윤리 도덕적 삶을 모르고 오직 동물적 생존, 육체적 삶만을 사는 우매한 사람을 소인이라 한다.> <* 절대선(絶對善)의 천도를 따르는 것이 중용이다. 우매한 소인은 사리사욕(私利私慾)을 따른다.>

[集註] (1) 中庸者 不偏不倚 無過不及 而平常之理 乃天命所當然 精微之極致也 唯君子爲能體之 小人反是.

(1) 중용(中庸)은 편벽되지 않고 치우치지 않고, 또 지나치거나 미치지 못함도 없으며 <아울러> 평이하면서도 항상 살아있는 <불변의> 도리이다. <중용은> 곧 하늘이 명하여 부여해준 바 당연하면서, 또 정밀한 도리의 극치이다. 오직 군자만이 능히 체득할 수 있으며, 소인은 이를 어기고 반대되는 짓을 한다.

[어구 설명] ㅇ中庸者(중용자) : 중용은. ㅇ不偏不倚(불편불의) : 한쪽으로 쏠리지 않고, 또 한쪽으로 치우치지도 않는다. ㅇ無過不及(무과불급) : 지나침도 모자람도 없다. 「偏(치우칠 편), 倚(의지할 의)」ㅇ平常(평상) : 항상 언제나. 「평(平)」은 「평범(平凡), 평이(平易), 평등(平等), 공평(公平)」 등을 다 합친 뜻이다. 「상(常)」은 「일상(日常), 항상(恒常)」을 합친 뜻이다. ㅇ而平常之理(이평상지리) : <중용의 도리는> 「평상의 도리다.」 ㅇ乃天命(내천명) : <중용의 도리는> 곧 하늘이 명령적으로 <자연 만물에게> 부여해준. ㅇ所當然(소당연) : 당연히. <따르고 지키고 행해야 할 도리다.> ㅇ精微之極致也(정미지극치야) : <중용의 도리는 보이지 않는 형이상(形而上)의 도리다. 그러나 중용의 도리는 천지 만물에> 정밀(精密)하고 미세(微細)하게 작용하고, 또 나타나는 지극한 도리다. 중용의 도리는 대우주(大宇宙)의 운행에도 정밀하게 작용한다. 반대로 보이지 않는 세포(細胞) 속에도 미세하게 작동하고 있다. 「精(면밀할 정), 微(작을 미), 極(다할 극), 致(보낼 치)」 ㅇ君子爲能體之(군자위능체지) : 군자만이 능히 중용의 도리를 체득할 수 있다. ㅇ小人反是(소인반시) : 소인은 그와 반대로 <사리사욕을 채우려고> 중용과 반대되는 짓을 한다.

중용 제2장 2절 : 「君子時中」

君子之中庸也 君子而時中 小人之反中庸也 小人而無忌憚也.

군자지중용야(는) 군자이시중(이요) 소인지반중용야(는) 소인이무기탄야(니라)

군자는 중용의 도리를 실천한다. <그 태도는 곧> 군자는 <마음에 천명으로 주어진 본성의 도리를 함양하고> 때와 장소와 처지에

맞게 실천하고 <행동으로> 발현한다. 소인은 중용의 도리에 반대
되게 행한다. <그 태도는 사리사욕을 채우기에 바빠서> 기탄하는
것 없이 악덕을 자행한다.

[어구 설명] ○君子之中庸也(군자지중용야) : 군자는 중용의 도리를 실천한다.
○君子而時中(군자이시중) : 군자는 <마음에 천명으로 주어진 본성의 도리를
함양하고> 때와 장소와 처지에 맞게 실천하고 <행동으로> 발현한다. 「시중(時
中)」의 「시(時)」는 「어느 때에나, 어느 곳에서나, 어떠한 경우에서나」 등의 뜻이
다 포함되어 있다.
○小人之反中庸也(소인지반중용야) : 소인은 중용의 도리에 반대되게 한다.
<* 고본(古本)은 「소인지중용야(小人之中庸也)」로 「반(反)」자가 없다.>
○小人而無忌憚也(소인이무기탄야) : 소인은 <사리사욕을 채우며> 기탄하는
것 없이 악덕을 행한다.

[集註] (1) 王肅本作小人之反中庸也 程子亦以爲然
今從之.

(1) 위(魏) 왕숙(王肅)의 본 책에는 「소인지반중용야(小人之反中
庸也)」로 되어 있다. 정자(程子)도 옳다고 여겼다. 그래서 따른다.

[集註] (2) 君子之所以爲中庸者 以其有君子之德 而
又能隨時以處中也 小人之所以反中庸者 以其有小人
之心 而又無所忌憚也.

(2) 군자가 중용을 행하는 이유는 그들이 군자의 덕을 지니고 아울
러 능히 때나 경우에 맞게 중용의 도리를 지키고 행하기 때문이다.
소인이 중용에 반대되게 하는 이유는 그들이 소인의 마음을 가지
고 기탄하는 바 없이 행동하기 때문이다.

[어구 설명] ○隨時(수시) : 「시(時)」도 「어느 때에나, 어느 곳에서나, 어떠한 경우
에서나」 등의 뜻이 다 포함되어 있다. ○處中(처중) : 「중(中)에 처한다」, 즉 중용의
도리를 지키고 행한다. ○其有小人之心(기유소인지심) : 그들이 소인의 마음을

가지고. 「소인의 마음」은 「자기만의 이기적 사리사욕을 채우고 순간적·관능적 쾌락을 채우려는 악덕한 마음」이다. ○無所忌憚也(무소기탄야) : 꺼리고 겁내고 두려워하는 바가 없다.

[集註] (3) 蓋中無定體 隨時而在 是乃平常之理也 君子知其在我 故能戒謹不睹 恐懼不聞 而無時不中 小人不知有此 則肆欲妄行 而無所忌憚矣.

(3) 무릇, 「중의 도리」는 고정적인 형체가 없다. 「때와 장소와 경우에 따라,」 저마다 적합하게 내재하고 있다. 그것은 곧 일용 평상의 도리이다. 군자는 그 도리가 나의 본성 속에 내재하고 있음을 안다. 그래서 보이지 않는 마음속의 천리를 간직하려고 삼가고 근신하고, <한편> 들리지 않는 마음속의 사리사욕을 겁내고 두려워하고, 언제나 어느 경우에나 도리에 맞게 한다. 그러나 소인은 그와 같은 도리가 <속에 있는 줄> 모른다. 그래서 욕심 내키는 대로 망동하고 기탄하는 바 없이 <악덕한 짓을> 한다.

[어구 설명] ○中無定體(중무정체) : 「중(中)」은 고정적인 형체가 없다. ○隨時而在(수시이재) : 때와 장소와 경우에 따라. <만사 만물 속에 내재해 있다.> ○是乃平常之理也(시내평상지리야) : 그래서 그것을 곧 「평상의 도리」라고 한다. ○君子知其在我(군자지기재아) : 군자는 그 도리가 나의 본성 속에 내재하고 있음을 안다. ○故能戒謹不睹(고능계근부도) : 남이 보지 않는 곳에 혼자 있을 때나, 남이 보지 못하는 나의 마음을 경계하고 신중하게 할 수 있다. 즉 바른 도리를 간직하고, 욕심을 막으려고 노력한다. ○恐懼不聞(공구불문) : 남이 듣지 않는 곳이나, 소리가 나지 않는 나의 마음속에 <항상 도리를 간직하고 반대로 욕심을 막으려고> 겁내고 두려워한다. ○而無時不中(이무시부중) : 그러므로 <군자는> 항상 「중」에 맞게 할 수 있다. ○小人不知有此(소인부지유차) : 소인은 그런 것을 모르기 때문에. ○則肆欲妄行(즉사욕망행) : 곧 마냥 욕심을 내고 망발되게 행동하며. ○而無所忌憚矣(이무소기탄의) : 꺼리는 바가 없다.

[설명주] (1) 右第二章 此下十章 皆論中庸 以釋首章之義

文雖不屬 而意實相承也.

(1) 앞의 제2장에서부터 다음의 열 개의 장<즉 제11장>까지는 모두 중용(中庸)을 논한 것이며, 제1장의 뜻을 풀이한 것이다. 글은 잘 연결되지 않으나, 뜻은 실로 잘 이어진다.

[설명주] (2) **變和言庸者 游氏曰 以性情言之 則曰中和 以德行言之 則曰中庸 是也 然 中庸之中實兼中和之義.**

(2) <앞에서 「중화(中和)」라고 한 것을 여기서는 「중용(中庸)」이라고 변하여> 「화(和)」를 「용(庸)」으로 바꾼 것에 대해서 <정자의 문인> 유초(游酢)가 말했다. 「성(性)·정(情)을 말할 때는 중화(中和)라 하고, 덕행(德行)을 말할 때는 중용(中庸)이라 한 것이다.」 그의 말이 옳다. 그러나 중용의 중(中)은 실로 「중(中)과 화(和)」의 뜻을 겸하고 있다.

[참고 보충] 「중용(中庸)과 도덕(道德)」

<1> 여러 가지로 설명을 하기 때문에 혼란스럽다. 중용(中庸)의 핵심은 「천도(天道)」이다. 즉 「중(中)」은 「도(道)나 체(體)」에 해당한다. 「용(庸)이나 화(和)」는 「덕(德)이나 용(用)」에 해당한다.

<2> 「중(中)」을 이발(已發)과 미발(未發)을 겸해서 말하기도 한다.

<3> 「중화(中和)」는 성리(性理)를 바탕으로 사람을 대하거나, 나라를 다스리거나, 만물을 처리하거나, 천도를 따르고 행해서 「천지인(天地人)이 조화를 이룬 상태」를 말한 것이다.

<4> 도덕(道德)의 도(道)의 근본은 천도천리(天道天理)이고, 사람에게 있어서는 사람이 마땅히 따르고 행할 사람의 도리, 즉 인도(人道)다. 덕(德)은 득(得)과 같은 뜻이다. 도를 따르고 행해서 얻은 좋은 성과(成果)가 곧 덕(德)이다.

<5> 도를 따라야 덕을 세울 수 있다. 이기적 욕심을 따르면, 악덕(惡德)하게 된다.

中庸 제3장 (총1절)

1절 子曰 中庸其至矣乎 民鮮能久矣.

* 공자의 말이다. 중용의 도리는 지극히 좋고 아름다운 도리다. 그런데 학문 교화가 쇠퇴하여 사람들이 중용의 도리를 행하지 못한 지가 오래 되었다고 한탄한 것이다.

중용 제3장 1절 :「民鮮能久矣」

子曰 中庸其至矣乎 民鮮能久矣.

자왈 중용(은) 기지의호(인저) 민선능(이) 구의(니라)

공자가 말했다. 중용은 지당한 도리다. <그런데> 사람들이 <중용의 도리를 바르게 알고> 행하지 못하게 된 지가 이미 오래되었다.

[어구 설명] ㅇ子曰(자왈) : 공자가 말했다. 논어(論語) 옹야편(雍也篇) 25에「子曰 中庸之爲道也 其至矣乎 民鮮久矣.」라고 있다.

ㅇ中庸(중용) : 중용의 도를 따르고 실천하는 것. <* 즉 본성 속에 주어진 성리(性理)를 바탕으로 사람을 다스리거나, 만물을 처리함에 있어, 저마다 도(道)에 맞게 한다는 뜻.>

ㅇ其至矣乎(기지의호) : 중용의 도를 따르고 행하면, 덕(德)에 이른다. 고주(古注)는「지극히 좋다(至極美)」라고 풀었다.

ㅇ民鮮能久矣(민선능구의) : 사람들이 <중용의 도를 바르게 알고> 행하지 못하게 된 지가 이미 오래되었다.

[集註] (1) 過則失中 不及則未至 故惟中庸之德 爲至 然亦人所同得 初無難事.

(1) 지나쳐도 중에서 벗어나고, 못 미쳐도 중에 이르지 못한다. 어디까지나「중용의 덕」을 세워야 지극함에 이른 것이다. 그러나 <본성의 성리는> 모든 사람이 다 같이, <천명으로 받고 있는 것이

다.> 그래서 애당초부터 알고 행하기 어려운 것이 아니다.

[어구 설명] ㅇ過則失中(과즉실중) : 지나쳐도 중(中)에서 벗어난다. ㅇ不及則未至(불급즉미지) : 못 미치면 중(中)에 이른 것이 아니다. ㅇ故惟中庸之德(고유중용지덕) : 그러므로 중용의 도(道)를 따르고 행해서 중용의 덕(德)을 세워야. ㅇ爲至(위지) : 지극하다고 하겠다. ㅇ然亦人所同得(연역인소동득) : 허나, 역시 모든 사람이 다 같이 <천명으로 내려 받아 지니고> 있는 것이다. ㅇ初無難事(초무난사) : <본성 속에 주어진 성리(性理)를 따르는 것이므로> 처음부터 <중용의 도를 따라 덕을 세우는 것이> 어려운 일이 아니다. <* 「유중용지(惟中庸之) 덕위지(德爲至)로 읽어도 된다. 즉 「오직 중용을 따르고 행해야 덕이 이른다」의 뜻이다.>

[集註] (2) 但世敎衰 民不興行 故鮮能之 今已久矣 論語無能字.

(2) 다만 세상의 교화(敎化)가 쇠퇴하여 모든 사람들이 <중용의 덕을> 진작하고 행하지 못한 것이다. 그러므로 <사람들이 중용의 덕을 행하지> 못하게 된 지가 이미 오래되었다. 논어에는 <같은 말이 있으나> 「능(能)」이란 글자가 없다.

[어구 설명] ㅇ世敎衰(세교쇠) : 세교(世敎)가 쇠퇴해서. ㅇ民不興行(민불흥행) : 백성이나 민간에서 윤리 도덕의 기풍이 진작되거나 행해지지 못했으며. ㅇ故鮮能之(고선능지) : 고로 <중용의 도리가> 실천되지 못한 지가. ㅇ今已久矣(금이구의) : 이미 오래되었다. ㅇ論語無能字(논어무능자) : 논어에는 「능(能)」자가 없다.

[설명주] (1) 右第三章.

(1) 이상이 제3장이다.

[참고 보충] 「도덕 교육의 중요성」

「하늘이 천명으로 내려준 것이 본성이다.(天命之謂性)」「그 본성을 따르는 것이 길이고 도리다.(率性之謂道)」「그 도리를 각자에게 맞게 닦는 것이 교육 교화다.(修道之謂敎)」 교육을 받지 않으면, 성리(性理)를 모르고 도덕적 삶을 살지 못한다. 고로 성현(聖賢)의 가르침을 배우고, 또 스스로 수양을 해야 한다.

中庸 제4장 (총2절)

1절 子曰 道之不行也 我知之矣 知者過之 愚者不及也 道之不
明也 我知之矣 賢者過之 不肖者不及也.

2절 人莫不飮食也 鮮能知味也.

* 제4장도 공자의 말을 인용했다. 「1절」에서는 도(道)가 행해지지 않거
나 밝혀지지 않는 이유를 설명했다. 「2절」에서는 사람들이 음식의 참
맛을 모르듯이 일상 쓰는 중용의 도리를 모른다고 비유했다.

중용 제4장 1절 : 「道之不行也」

子曰 道之不行也 我知之矣 知者過之 愚者不及也 道之不明也 我知之矣 賢者過之 不肖者不及也.

자왈 도지불행야(를) 아지지의(로니) 지자(는) 과지(하고) 우자(는) 불급야(니라)
도지불명야(를) 아지지의(로니) 현자(는) 과지(하고) 불초자(는) 불급야(니라)

공자가 말했다. 「세상에 도가 행해지지 않는 이유를 나는 안다.
지자(知者)는 지나치고, 우자(愚者)는 못 미친다. 도가 밝게 나타나
지 않는 이유를 나는 안다. 현자(賢者)는 지나치고, 불초(不肖)는
못 미친다.」

[어구 설명] ○道之不行也 我知之矣(도지불행야 아지지의) : 세상에 도가 행해
지지 않는 이유를 나는 안다.

○知者過之(지자과지) : 「지자(知者)」는 「중용의 도」를 지나친다. <* 세속적인
지자는 궤변적이고 간악한 지혜를 바탕으로 악덕한 짓을 한다. 그러므로 「평이하
고 일용(日用)하는 중용의 도리」를 지나치게 마련이다.>

○愚者不及也(우자불급야) : 우둔한 사람은 <평범하고 당연한 중용의 도리에>
앎이 미치지 못한다.

○道之不明也(도지불명야) : 도가 밝혀지지 않는 그 이유.

○賢者過之(현자과지) : 세속적으로 현명한 사람은 중용의 도를 지키지 않고

지나친다.

○不肖者不及也(불초자불급야) : 우매하고 못난 사람은 중용의 도리를 모르고 미치지 못한다. <* 덕이 없고 재주만 넘치는 겉약은 재주꾼은 자기 이득만을 찾고 물욕을 채우기 위해 때로는 범죄도 저지른다. 그래서 도를 넘는다.>

[集註] (1) 道者天理之當然 中而已矣 知愚賢不肖之過不及 則生稟之異 而失其中也.

(1) 「도(道)」는 하늘이 부여해준 당연히 따라야 할 도리이며, <그것은 본성 속에 내재하고 있는> 도리이다. <그러나> 「지(知)와 우(愚)」, 「현(賢)과 불초(不肖)」에 따라 지나치거나 못 미친다. <그것은> 곧 타고날 때 받은 기질의 차이가 있기 때문이다. <그래서> 중용의 도리를 따르고 행하지 못하는 것이다.

[어구 설명] ○道者天理之當然(도자천리지당연) : 「도(道)」는 당연히 따르고 행할 천리다. ○中而已矣(중이이의) : <만물의 본성 속에 내재하고 있는 당연한 도리는> 「바로 딱 맞는 도리」, 즉 「중(中)」이다. ○知愚(지우) : 지자(知者)와 우자(愚者). ○賢不肖(현불초) : 「현(賢)」은 현명한 사람, 「불초(不肖)」는 못난 사람. ○過不及(과불급) : 「지(知)·현(賢)」은 「과(過)」하고, 「우(愚)·불초(不肖)」는 「불급(不及)」이다. ○則生稟之異(즉생품지이) : <그와 같이 과(過) 혹은 불급(不及)하는 이유는> 곧 태어날 때 받은 기질이 다르기 때문이다. ○而失其中也(이실기중야) : 그래서 <하늘의 당연한 도리인> 중(中)을 잃는 것이다.

[集註] (2) 知者 知之過 旣以道爲不足行 愚者 不及知 又不知所以行 此道之所以常不行也.

(2) 세속적 지자(知者)는 <잡스럽고 사악한 것을> 지나치게 많이 알기 때문에 <중용의 도리를> 아예 행할 만한 것이 못된다고 여긴다. 우자(愚者)는 못 미치므로 또한 <중용의 도리를> 모른다. <그래서 결국 사람들이> 언제나 중용의 도를 행하지 못하는 것이다.

[集註] (3) 賢者行之過 旣以道爲不足知 不肖者不及

行 又不求所以知 此道之所以常不明也.

(3) 세속적으로 겉약은 사람은 행동이 <중용의 도에> 지나친다. <그래서> 아예 중용의 도를 알만한 것이 못된다고 생각한다. 불초자(不肖者) 또한 알려고 하지도 않는다. 그래서 중용의 도가 항상 밝게 나타나지 않는 것이다.

중용 제4장 2절 : 「鮮能知味也」

人莫不飲食也 鮮能知味也.

인막불음식야(언마는) 선능지미야(니라)

사람은 누구나 다 음식을 먹고 마신다. 그러나 참으로 <음식의> 맛을 아는 사람은 별로 없다.

[어구 설명] ○人莫不飲食也(인막불음식야) : 사람은 누구나 다 음식을 먹고 마신다.

○鮮能知味也(선능지미야) : 음식 맛을 알 수 있는 <사람은> 별로 없다. <* 왜 음식을 먹고 사는지, 삶의 참뜻을 아는 사람은 별로 없다.>

[集註] (1) 道不可離 人自不察 是以 有過不及之弊.

(1) 중용의 도리는 떨어질 수 없는 일상의 도리다. <그것을> 사람이 스스로 성찰하지 않는다. 그러므로 지나치거나 못 미치는 폐단이 있게 된다.

[설명주] (1) 右第四章.

(1) 이상이 중용 제4장이다.

[참고 보충] 「선능지미(鮮能知味)」

이 때의 「미(味)」는 미각(味覺)이 아니다. 음식을 먹는 의미(意味)다. 그 근본은 「삶의 가치」다. 인간은 동물같이 살다가 죽는 것이 아니다. 인류의 역사 문화 발전에 기여하기 위해 살고 있는 것이다.

中庸 제5장 (총1절)

1절　子曰 道其不行矣夫.

　＊ 공자가 거듭 중용의 도가 행해지지 않음을 한탄했다.

중용 제5장 1절 : 「道其不行矣夫」

子曰 道其不行矣夫.

자왈 도 기불행의부(인저)

공자가 말했다. 도가 <그렇듯이> 행해지지 않는구나 !

[어구 설명] ○道其不行矣夫(도기불행의부) : 도가 행해지지 않는구나 ! 「기(其)」
는 「그렇듯, 참으로」의 뜻. 「의부(矣夫)」는 감탄사.

[集註] (1) 由不明 故不行.

(1) 「중용의 도」를 <사람들이> 밝게 알지 못하기 때문에 따라서
도가 행해지지 않는다.

[어구 설명] ○由不明(유불명) : 주자의 뜻에 따라 「사람들이 도를 밝게 알지 못하
기 때문에」로 풀이한다.

[설명주] (1) 右第五章.

(1) 이상이 제5장이다.

[설명주] (2) 此章承上章 而擧其不行之端 以起下章之意.

(2) 이 장은 앞장에 이어 중용의 도가 행해지지 않는 단서를 들어 말하
고, 아울러 다음 제6장의 뜻을 일으키고 있다.

[참고 보충] 「모르면 행하지 않는다」

공자가 「도가 행해지지 않는다」라고 한탄했다. 이를 주자는 「사람들이 밝게 알지
못하기 때문에 행해지지 않는다(由不明 故不行)」라고 주를 달았다. 즉 「정치 담당
자들이 중용의 도를 따르지 않았다」는 뜻이 포함되어 있다.

中庸 제6장 (총1절)

1절 子曰 舜其大知也與 舜好問 而好察邇言 隱惡 而揚善 執其
    兩端 用其中於民 其斯以 爲舜乎.

  * 앞에서 「도를 밝게 알지 못하고 행하지 못함」을 한탄한 공자가 이
  장에서는 「순(舜)임금이 중용의 도를 참으로 크게 알고, 또 행했음」을
  말했다.

중용 제6장 1절 : 「舜其大知」

子曰 舜其大知也與 舜好問 而好察邇言 隱惡而揚善 執其兩端 用其中於民 其斯以爲舜乎.

자왈 순(은) 기대지야여(인저) 순(이) 호문 이호찰이언(하고) 은악이양선(하고)
집기량단(이) 용기중어민(이니) 기사이위순호(인저)

공자가 말했다. 순임금은 참으로 대지(大知)이시다. 순임금은 남에
게 묻기를 좋아하셨으며, 남의 비근한 말이라도 잘 살피시고, 좋지
않은 말이나 생각은 숨겨두고, 좋은 말이나 생각은 높이 드러내셨
다. 서로 대립되는 말이나 의견도 양쪽을 저울질하고 중용의 도리
에 맞게 백성을 다스리는 데 쓰셨다. 이렇게 한 점이 곧 순임금의
순임금 되심이다.

[어구 설명] ○舜其大知也與(순기대지야여) : 순은 참으로 대지(大知)이시다.
○舜好問(순호문) : 순은 <모든 사람에게> 묻기를 좋아했다. 「공자가 말했다.
아래에게 묻기를 부끄럽게 여기지 않는 것이 곧 문화적이라 하겠다.(子曰 不恥下
問 是以謂文也)」 <論語 公冶長 15>
○而好察邇言(이호찰이언) : 그리고 남의 평범하고 비근한 말도 잘 살피고 분별
했다. 「邇(가까울 이)」
○隱惡而揚善(은악이양선) : 잘못된 것은 숨겨두고, 좋은 말이나 생각은 드러내
서 높인다.

○執其兩端(집기량단) : 대립되는 양쪽을 다 고려의 대상으로 삼는다. 「집(執)」은
버리지 않고 채택한다.

○用其中於民(용기중어민) : 중용의 도에 맞는 것을 썼다.

[集註] (1) 舜之所以爲大知者 以其不自用 而取諸人也.

(1) 순임금을 「위대한 지자(知者)」라고 하는 까닭은 자기만의 지혜
를 쓰지 않고, 여러 사람의 지혜를 취해 썼기 때문이다.

[어구 설명] ○舜之所以爲大知者(순지소이위대지자) : 순을 대지(大知)라고 하는
이유는. ○其不自用 而取諸人也(기부자용 이취제인야) : 자신의 지혜만을 쓰지
않고 남의 지혜나 슬기도 취해 썼기 때문이다.

[集註] (2) 邇言者 淺近之言 猶必察焉 其無遺善可知.

(2) 「이언(邇言)」은 「천근한 말」이다. <그와 같은 비근한 말도>
반드시 살폈으니, 그가 좋은 말을 빠뜨리지 않았음을 알 수 있다.

[어구 설명] ○邇言者淺近之言(이언자천근지언) : 「이언(邇言)」은 「천박하고 비근
한 말」이다. ○猶必察焉(유필찰언) : 그러한 말도 역시 반드시 <듣고> 살폈다.
○其無遺善可知(기무유선가지) : 좋은 말을 버리지 않음을 가히 알 수 있다.

[集註] (3) 然於其言之未善者 則隱而不宣 其善者 則 播而不匿 其廣大光明 又如此 則人孰不樂告以善哉.

(3) 그러나 <여러 사람의> 말을 듣고도 좋지 않은 것은 숨겨두고
나타내지 않고, 좋은 말이나 생각은 선양하고 묻어두지 않았다.
그의 심덕(心德)의 넓고 밝음이 이와 같았으니, 누구인들 즐겁게
와서 그에게 좋은 말을 안했겠느냐.

[어구 설명] ○隱而不宣(은이불선) : 숨기고 묻어두고 나타내지 않고. ○其善者
則播而不匿(기선자 즉파이불닉) : 좋은 것은 전파하고 숨겨두지 않았다. ○其廣大

光明(기광대광명) : 선을 구하는 마음이 이와 같이 광대(廣大)하고 광명(光明)했다. ○人孰不樂告以善哉(인숙불락고이선재) : 어느 사람인들 즐거운 마음으로 선을 고하지 않겠느냐.

[集註] (4) 兩端謂衆論不同之極致 蓋凡物 皆有兩端 如小大厚薄之類 於善之中 又執其兩端 而量度以取中 然後用之 則其擇之審 而行之至矣.

(4) 「양단(兩端)」은 여러 사람들의 논의가 같지 않고 극과 극을 이룬다는 뜻이다. 무릇 모든 사물에는 상대적으로 양극(兩極)이 있게 마련이다. 예를 들면 「소(小)와 대(大), 후(厚)와 박(薄)」 같은 것이다. 같은 좋은 말이나 생각 중에서도 <상대적으로 대립되는> 두 가지를 저울질하고 헤아려서 적합한 것을 취한다. 그런 다음에도 신중하게 심사하고 채택하고 활용해 쓴다.

[어구 설명] ○則其擇之審(즉기택지심) : 즉 적용할 도리의 채택을 신중하게 하고. ○而行之至矣(이행지지의) : 실행을 지당하게 한다.

[集註] (5) 然非在我之權度 精切不差 何以與此 此知之所以無過不及 而道之所以行也.

(5) 그러나 내가 저울질하고 헤아림에 있어, 정밀하고 정확하고 잘못이 없지 않고서는 어찌 그와 같이 할 수 있겠는가. 그러므로 <요임금의> 대지(大知)를 「과불급(過不及)」이 없다고 하는 연유이고, 또 중용의 도를 행할 수 있었던 연유이다.

[어구 설명] ○在我之權度(재아지권도) : 나의 저울질과 헤아림에 있어. ○精切不差(정절불차) : 정밀하고 절실하지. <않으면.> ○何以與此(하이여차) : 어떻게 그와 같이 할 수 있느냐.

[설명주] (1) 右第六章.

(1) 이상이 제6장이다.

中庸 제7장 (총1절)

1절 子曰 人皆曰予知 驅而納諸罟擭陷阱之中 而莫之知辟也
人皆曰予知 擇乎中庸 而不能期月守也.

* 앞장에서 순(舜)임금이 왜 대지(大知)인가를 말한 공자는, 이 장에서
는「동물이 함정에 빠지면서도 피할 줄 모르듯이 <사람은 욕심에 빠지
고도> 편벽된 것을 모른다. 그러면서 저마다 아는 척한다」고 일침을
가했다. 또「중용의 도를 오래 지키지 못함」을 탓했다.

중용 제7장 1절 :「人皆曰予知」

子曰 人皆曰予知 驅而納諸罟擭陷阱之中 而莫之知辟也 人皆曰予知 擇乎中庸 而不能期月守也.

자왈 인개왈여지(로되) 구이납제고획함정지중 이막지지피야(하며) 인개왈여지
(로되) 택호중용 이불능기월수야(니라)

공자가 말했다. 사람들은 저마다「나는 지혜롭다」고 말한다. <그
러나 저마다> 달리어 그물이나 덫이나 함정 속에 빠져 들어간다.
<그러면서도 그와 같은 화를> 피할 줄 모른다. 사람들은 저마다
「나는 지혜롭다」고 말한다. <그러면서> 중용의 도를 택해서, 한
달을 지키고 행하지를 못한다.

[어구 설명] ㅇ人皆曰予知(인개왈여지) : 사람들은 <저마다>「나는 안다, 지혜롭
다」고 말한다.

ㅇ驅而納諸罟 擭陷阱之中(구이납제고 획함정지중) : 달려가서 그물에 걸리고,
덫이나 함정에 빠져 잡히고 만다.「驅(달릴 구), 納(갇힐 납), 罟(그물 고), 擭(잡을
획), 陷(빠질 함), 阱(함정 정)」

ㅇ莫之知辟也(막지지피야) : 피함을 알지 못한다.「辟=避(피할 피)」

ㅇ擇乎中庸 而不能期月守也(택호중용 이불능기월수야) : 중용을 택하고 단 한
달도 지키고 행하지 못한다.

<* 지혜롭다고 말하면서, 중용의 도리를 한 달도 따르지 못한다. 즉 동물이 뛰어다니다가 함정에 빠지듯이 대부분의 사람들은 동물적 생존 욕구를 바탕으로 한 악덕한 욕심에 빠져든다는 뜻을 비유해서 말한 것이다.>

[集註] (1) 罟網也 攫機檻也 陷阱坑坎也 皆所以掩取禽獸者也.

(1)「고(罟)」는「그물 망(網)」이다.「잡을 획(攫)」은 <동물을 잡으려고> 만들어 놓은 우리[檻]다.「함정(陷阱)」은 <동물을 잡으려고> 파 놓은 구덩이다. 모두가 다 금수를 속여서 잡으려는 기틀이다.

[어구 설명]「機(틀 기), 檻(우리 함), 坑(구덩이 갱), 坎(구덩이 감), 掩(가릴 엄)」

[集註] (2) 擇乎中庸 辨別衆理 以求所謂中庸 卽上章好問 用中之事也 期月 匝一月也.

(2)「택호중용(擇乎中庸)」은「여러 가지 도리를 분별하고, 이른바 중용을 구한다」는 뜻이다. 앞의 장에서「순이 묻기를 좋아하고(舜好問), 중용(中庸)에 맞는 말을 썼다(用其中)」는 것을 지적한 것이다.「기월(期月)」은「만 한 달을 지키고 행한다」는 뜻이다.

[어구 설명] ○擇乎中庸(택호중용) : 중용의 도를 택한다. ○辨別衆理(변별중리) : <여러 가지 사물을 처리함에 있어 저마다의> 여러 가지 도리를 알고 또 분별한다. ○以求所謂中庸(이구소위중용) : 그리고 이른바 중용을 구한다 함은. ○卽上章好問 用中之事也(즉상장호문 용중지사야) : 즉 앞장에 있듯이,「묻기를 좋아하고 중용에 맞게 일을 처리한다」는 뜻이다. ○期月匝一月也(기월잡일월야) :「기월(期月)」은「만 한 달을 기한다」는 뜻이다.「匝(돌 잡)」

[集註] (3) 言知禍而不知避 以況能擇而不能守 皆不得爲知也.

(3) <이는 다음 같은 뜻을 말한 것이다.> 화(禍)를 알면서도 피할 줄 모르고, 더욱 택(擇)할 줄은 알면서도 능히 지키고 행하지 못하

니, <결국> 「앎」이라 할 수 없다.

[어구 설명] ㅇ知禍而不知避(지화이부지피) : 화가 됨을 알면서 피할 줄 모른다. ㅇ以況(이황) : 더욱. ㅇ能擇而不能守(능택이불능수) : 택할 수 있으나, 지키지는 못한다. ㅇ皆不得爲知也(개부득위지야) : <결국> 모두 「앎」이 되지 않는다.

[설명주] (1) 右第七章 承上章大知而言 又擧不明之端 以起下章也.

(1) 이상이 제7장이다. 앞장의 대지(大知)를 이어받고 한 말이며, 또한 「밝게 행해지지 않는 단서를 들고[擧不明之端]」, 다음 장을 일으킨 구절이다.

[참고 보충] 「중용(中庸)의 도(道)」

<1> 사람은 누구나 「자기는 지혜롭다」고 말한다. 그러나 「중용(中庸)의 도(道)」를 바르게 알고, 또 지키고 행하지 못한다.

<2> 「중용의 도를 알고 행함」은 곧 「절대선(絶對善)의 천도(天道)를 때와 경우에 맞게 바르게 적용(適用)한다는 뜻이다.」 나누어 설명하겠다.

<3> 인간의 경우 : 사람은 만물의 영장이다. 그러므로 하늘은 사람에게만 본성적(本性的)으로 「탁월하고 숭고한 정신적 도덕성」을 부여해 주었다. 그러므로 사람은 윤리 도덕을 따르고 실천해야 한다.

<4> 사람은 개별적으로 독립된 삶을 산다. 그러나 동시에 모든 사람은 함께 어울려 서로 사랑하고 서로 협동하여 함께 잘 살아야 한다. 그러므로 윤리 도덕을 잘 따르고 행해야 한다. 「개별적으로도 잘 살고, 전체적으로도 잘 살 수 있는 도리」가 곧 「윤리 도덕의 도리다.」 나누어 설명하겠다.

<5> 「나와 가정」 : 부모(父母), 형제(兄弟), 부부(夫婦) 및 친척(親戚)이 서로 사랑하고 함께 잘 살고 발전해야 한다. 고로 유교는 「가정 윤리 도덕」을 강조했다.

<6> 「나와 국가」 : 개인과 민족 국가는 하나의 공동체다. 「개인의 학문(學問), 지식(知識), 기술(技術), 능력(能力) 및 부강(富强)」과 「민족·국가의 학문, 지식, 기술, 능력 및 부강」은 서로 직결된다.

<7> 사람은 「나는 알고, 지혜롭다」고 말하면서, 「동물적·이기적 욕심에 빠져」 허덕이고 악덕한 삶을 살고 있다.

中庸 제8장 (총1절)

1절 子曰 回之爲人也 擇乎中庸 得一善 則拳拳服膺 而弗失之
　　矣.

　* 이 장에서 공자는 안회(顔回)를 칭찬했다. 즉 그가 참으로 중용의
　　도를 알고 성실하게 실천했다고 말했다.

중용 제8장 1절 :「回之爲人」

子曰 回之爲人也 擇乎中庸 得一善 則拳拳服膺 而
弗失之矣.

자왈 회지위인야(라) 택호중용(하야) 득일선(하면) 즉권권복응(하고) 이불실지의
(니라)

공자가 말했다. 안회는 <참으로 알고 또 어진> 사람이다. 중용을
택하여 실천하고, 하나의 선을 얻으면 권권복응(拳拳服膺)하고
<소중히 받들어 가슴속에 간직하고> 잃지 않았다.

[어구 설명] ○回之爲人也(회지위인야) :「안회(顔回)의 사람됨」은. <진지(眞知)
의 인자(仁者)라는 뜻이다.>
○擇乎中庸(택호중용) : <그래서> 중용의 도를 택하고 실천했다. <택(擇)은 지
(知)와 행(行)을 겸한다.>
○拳拳服膺(권권복응) : <중용을 택하고 행해서 얻은 귀중한 체험을> 소중히
받들고 가슴속에 간직한다.「拳(주먹 권)」은 여기서는「捲(힘쓸 권)」의 뜻이다.
「服(복종할 복), 膺(가슴속에 간직할 응)」
○而弗失之矣(이불실지의) : 그리고 잃지 않는다. <선덕(善德)을 세운다. 안회는
과실을 거듭하지 않았으며,「중용의 덕」을 지속적으로 쌓았던 것이다.>

　　[集註] (1) 回 孔子弟子顔淵名 拳拳奉持之貌 服猶著
　　也 膺胸也 奉持而著之心胸之間 言能守也.

(1) 「회(回)」는 공자의 제자 안연(顔淵)의 이름이다. 「권권(拳拳)」
은 받들어 들고 있는 품이다. 「복(服)」은 붙어 있다는 뜻이다. 「응
(膺)」은 가슴의 뜻이다. <체득한 일선(一善)을> 소중하게 받들어
지니고 마음과 가슴 사이에 붙이고 있음은 곧 능히 간직하고 지키
고 행할 수 있음을 말한다.

[어구 설명] ○拳拳奉持之貌(권권봉지지모) : 공손히 정중히 받쳐들고 있는 품이.
○服猶著也(복유착야) : 「복(服)」은 「붙인다」는 뜻으로 「착(著)=착(着)」과 같다.
○膺胸也(응흉야) : 「응(膺)」은 「가슴 흉(胸)」의 뜻이다. ○而著之心胸之間(이착
지심흉지간) : 마음과 가슴 사이에 꽉 붙이고 있다는 뜻이다.

[集註] (2) 顔子蓋眞知之 故能擇能守 如此 此行之所以無過不及 而道之所以明也.

(2) 안자는 전체적으로 참되게 지혜로웠다. 그래서 능히 그와 같이
<중용을> 택하고 지킬 수 있었다. 그렇게 한 것이 곧 <안자가>
행동에 지나침이나 못 미침도 없었던 까닭이고, 또 도를 행하고
밝힐 수 있었던 이유이다.

[어구 설명] ○蓋眞知之(개진지지) : 「진지지(眞知之)」는 「<안자가 중용의 도를>
참으로 알고, 또 행했다」는 뜻. ○故能擇能守 如此(고능택능수 여차) : 고로 <중용
의 도를> 잘 택하고 잘 지키고 행했을 것이다. ○行之所以無過不及(행지소이무과
불급) : <안자의 행함에> 「지나침도 없고 못 미침도 없었던」 이유이다. ○而道之
所以明也(이도지소이명야) : 아울러 <안자가> 도(道)를 밝힐 수 있었던 이유나
바탕이다.

[설명주] (1) 右第八章.

(1) 이상이 제8장이다.

[참고 보충] 「지(知)의 참뜻」

「지(知)」의 참뜻을 알아야 한다. 외형적(外形的) 지식이나 기능을 알고 익히는
것도 지(知)다. 그러나 정신적·도덕적으로 절대선(絶對善)의 천도(天道)를 깨닫
고 「때와 장소 및 경우에 맞게 적용하여 덕을 세우는 것」이 「참다운 지(知)」이다.

中庸 제9장 (총1절)

1절 子曰 天下國家可均也 爵祿可辭也 白刃可蹈也 中庸不可能
也.

* 제9장에서 공자는 말했다. 지혜로운 사람은 나라를 고르게 다스릴
수 있다. 인자하고 청렴한 사람은 벼슬을 마다할 수 있다. 무용(武勇)이
넘치는 사람은 칼날도 밟을 수 있다. 그러나 그것만으로는 중용의 도를
능히 행할 수 없다.

중용 제9장 1절 : 「國家可均」

子曰 天下國家可均也 爵祿可辭也 白刃可蹈也 中庸不可能也.

자왈 천하국가(도) 가균야(이며) 작록(도) 가사야(이며) 백인(도) 가도야(이나)
중용(은) 불가능야(니라)

공자가 말했다. 천하나 나라를 고르게 다스릴 수도 있고, 작위나
녹봉을 사양할 수도 있고, 시퍼런 칼날을 밟을 수도 있다. 그러나
<그것만으로는> 중용을 능히 지키고 행하지 못한다.

[어구 설명] ㅇ子曰(자왈) : 공자의 말. 「천하 국가를 다스린 사람도 있었다. 벼슬
이나 녹을 사양한 사람도 있었다. 시퍼런 칼날을 밟은 사람도 있었다. <그러나
그것만으로> 중용을 지킨 사람은 별로 없었다」고 한탄했다.

ㅇ天下國家可均也(천하국가가균야) : 천하나 나라를 고르게 잘 다스릴 수 있다.

ㅇ爵祿可辭也(작록가사야) : 작위(爵位)나 녹봉(祿俸)을 사양할 수 있다.

ㅇ白刃可蹈也(백인가도야) : 시퍼런 칼날을 밟을 수도 있다.

ㅇ中庸不可能也(중용불가능야) : 중용을 택하고 행하는 것은 불가능하다.

[集註] (1) 均平治也 三者亦知仁勇之事 天下之至難
也.

(1) 「균(均)」은 평화롭고 공평하게 다스린다는 뜻이다. 「삼자」는 역시 「지인용(知仁勇)」을 바탕으로 한 일들이며, 천하에서 행하기 지극히 어려운 일들이다.

[어구 설명] ○三者(삼자) : 「국가를 고르게 다스리는 일, 벼슬이나 녹봉을 사양하는 일, 시퍼런 칼을 밟는 일」 세 가지 일. ○亦知仁勇之事(역지인용지사) : 역시 「지인용(知仁勇)」을 바탕으로 한 일이다. <*「국가가균(國家可均)」은 지(知), 「작록가사(爵祿可辭)」는 인(仁), 「백인가답(白刃可踏)」은 용(勇)을 위주로 한다.> ○天下之至難也(천하지지난야) : 천하의 지극히 어려운 일이다.

[集註] (2) 然皆倚於一偏 故資之近 而力能勉者 皆足以能之.

(2) 그러나 <세 가지 일은> 모두가 한쪽으로 치우친 일이다. 그러므로 자질이나 기질이 <어느 하나에> 가깝고, 또 기력이 능히 견딜 수 있는 사람이면 다 족히 해낼 수 있는 일이다.

[어구 설명] ○然皆倚於一偏(연개의어일편) : 그러나 <세 가지 일은> 모두가 한쪽으로 치우친 것이다. 즉 「가균(可均)」은 「지(知)」, 「가사(可辭)」는 「인(仁)」, 「가답(可踏)」은 「용(勇)」을 바탕으로 한다. ○資之近(자지근) : 자질이나 기질이 가깝고. ○力能勉者(역능면자) : 능히 노력하는 사람이면. ○皆足以能之(개족이능지) : 다 족히 해낼 수 있는 일이다.

[集註] (3) 至於中庸 雖若易能 然非義精仁熟 而無一毫人欲之私者 不能及也.

(3) 중용에 이르는 것은 비록 쉬운 것 같으나, <그러나> 바른 도리를 정밀하게 가리고 인덕(仁德)을 베푸는 데 익숙하지 못하거나 또는 털끝만큼의 사사로운 욕심을 없게 하지 못하면, 능히 미칠 수 없는 일이다.

[어구 설명] ○至於中庸(지어중용) : 중용에 이르는 것. 즉 중용을 택하고 지키고 실천하는 것. ○雖若易能(수약이능) : 비록 쉽게 할 수 있는 것 같으나. ○義精仁熟

(의정인숙) : 의리(義理)를 정밀하게 가리고, 인덕(仁德)에 숙달하다. ○而無一毫
人欲之私者(이무일호인욕지사자) : 아울러 털끝만큼의 사사로운 인욕(人欲)이 없
어야 한다. 「인욕」은 「이기적·물질적 욕심 및 육체적 쾌락을 취하려는 탐욕 등을
다 포함한다」.

[集註] (4) 三者難而易· 中庸易而難 此民之所以鮮能也.

(4) 세 가지는 어렵게 느껴지지만 실은 쉬운 일이다. <그러나>
중용은 쉽게 느껴지지만 실은 어려운 일이다. 그것이 바로 사람들
이 능히 하지 못한 이유이다.

[어구 설명] ○三者難而易(삼자난이이) : 세 가지 일은 어려우면서도 쉽게 할 수
있는 일이다. ○中庸易而難(중용이이난) : 중용은 쉬우면서도 어려운 일이다. ○此
民之所以鮮能也(차민지소이선능야) : 그러므로 사람들이 능히 하지 못하는 것이
다. 능히 행한 사람이 적다.

[설명주] (1) 右第九章 亦承上章以起下章.

(1) 이상이 제9장이다. 역시 앞장을 이어받고 뒷장의 길을 열어주고
있다.

[참고 보충] 「이이난(易而難)」

<1> 「지인용(知仁勇)」을 중용(中庸)에 맞게 실천하기는 쉬운 것 같으면서도 어렵
다. 중용은 성리(性理)를 따르고 행하는 「정신적·도덕적 덕행」이다.
<2> 그러기 위해서는 특히 인욕(人欲)을 극복하고 성리(性理)만을 따라야 한다.
바꾸어 말하면 순수이성(純粹理性)인 도덕심(道德心)을 따르는 일이다.
<3> 그러나 대부분의 사람들은 「동물적 생존본능과 이기적 욕심」만을 알고 또
육체적 삶만을 살고 있다. 그래서 정신적·도덕적 삶을 살기가 어려운 것이다.
<* 복습 : 「천명지위성(天命之謂性) : 천명으로 받은 성리(性理)가 있다.」 「솔성지
위도(率性之謂道) : 천명으로 주어진 본성(本性)을 따르는 것이 사람의 도리이다.」
「수도지위교(修道之謂敎) : 교육을 통해 자신을 수양해야 한다.」>

中庸 제10장 (총5절)

1절　子路 問强.
2절　子曰 南方之强與 北方之强與 抑而强與.
3절　寬柔以教 不報無道 南方之强也 君子居之.
4절　衽金革 死而不厭 北方之强也 而强者 居之.
5절　故君子 和而不流 强哉矯 中立而不倚 强哉矯 國有道 不變
　　　塞焉 强哉矯 國無道 至死不變 强哉矯.

　* 제10장에서 공자는 제자 중에 가장 용감하다는 자로(子路)로 하여금
「강(强)」에 대한 질문을 하게 한다. 그리고 공자가 대답하는 형식으로
「강」을 셋으로 분류해서 설명했다. ①남방의 강(南方之强) : 너그럽고
부드러운 태도로 남을 교화하고 무도한 사람에게도 보복을 하지 않는
다. 이것이 「남방의 강」이다. ②북방의 강(北方之强) : 창이나 칼을 베개
로 삼고, 전투복을 걸치고 잠을 잔다. 그리고 죽음도 두려워하지 않는다.
이것이 「북방의 강」이다. ③중용의 강(中庸之强) : 자기의 주체성을
확립하고 끝까지 변치 않게 「화이불류(和而不流)」하는 「중용의 도」를
지키는 것이 참다운 「강(强)」이다.

중용 제10장 1절 : 「子路問强」
子路問强.

자로 문강(한대)

자로가 강(强)에 대해서 물었다.

중용 제10장 2절 : 「子曰」
子曰 南方之强與 北方之强與 抑而强與.

자왈 남방지강여(아) 북방지강여(아) 억이강여(아)

공자가 <되물어> 말했다. 남방의 강인가? 북방의 강인가? 아니면

너의 강인가.

[어구 설명] ○南方之强與(남방지강여) : <강에도 여러 가지가 있다. 그대가 묻는 강은 어느 쪽의 강인가.> 남방의 강인가.

○北方之强與(북방지강여) : 북방의 강인가.

○抑而强與(억이강여) : 아니면, 그대 같은 군자들이 지키고 나갈 강인가. 「抑(누를 억), 而(너 이)=爾(너 이)」

<* 공자의 제자 자로가 강(强)에 대해서 물었다. 「강(强)」에도 여러 가지가 있다. 무력으로 남을 치고 이기는 것도 강이다. 참고 견디는 것도 강이다. 더 큰 강은 욕심을 극복하고 도를 지키는 것이다. 「남방의 강」은 유약(柔弱)하고 패배(敗北)적인 강이다. 「북방의 강」은 야만적·전투적 강이다.>

[集註] (1) 子路 孔子弟子 仲由也 子路好勇 故問强 抑語辭 而汝也.

(1) 「자로(子路)」는 공자의 제자, 중유(仲由)다. 자로는 <지나치게> 용맹함을 좋아했다. 그래서 강(强)에 대해서 물었다. 「억(抑)」은 어조사(語助辭)다. 「이(而)」는 「너 여(汝)」의 뜻이다.

[어구 설명] ○子路(자로) : 공자의 제자, 이름은 중유(仲由), 자가 자로(子路), 용맹함을 좋아했다. ○抑語辭(억어사) : 「억(抑)」은 어조사, 「아니면」의 뜻. ○而汝也(이여야) : 「이(而)」는 「너 여(汝)」와 같다.

중용 제10장 3절 : 「南方之强」

寬柔以敎 不報無道 南方之强也 君子居之.

관유이교(하고) 불보무도(는) 남방지강야(니) 군자거지(니라)

관대하고 유순한 태도로 남들을 교육 교화하고, 무도한 자에게도 <즉각적이고 감정적인> 보복을 하지 않는 것이 남방적인 강이다. <남방적인> 군자들은 그와 같은 강(强)을 지킨다.

[어구 설명] ○寬柔以敎(관유이교) : 관대하고 유순한 태도로 남을 교화한다. ○不報無道(불보무도) : 무도한 자에게 즉각적·감정적 보복을 하지 않는다.

○南方之强也(남방지강야) : 남방의 강이다. 지역적으로는 초(楚)나라 일대, 사상적으로는 노자(老子)나 장자(莊子)의 학풍(學風)을 말한다.

○君子居之(군자거지) : 노장학파(老莊學派)에 속하는 사람이나 남방기질(南方氣質)의 선비들은 그와 같은 「남방의 강(强)」을 지킨다.

[集註] (1) 寬柔以敎 謂含容巽順 以誨人之不及也 不報無道 謂橫逆之來 直受之而不報也 南方 風氣柔弱 故以含忍之力勝人爲强 君子之道也.

(1) 「관대하고 유순한 태도로 남을 교화한다」는 뜻은 곧 「품고(含), 받아들이고(容), 공손하고(巽), 부드러운(順) 태도」로써 「다른 사람의 모자람을 가르쳐 준다」는 뜻이다. 「무도에 대해서 <즉각적이고 감정적인> 대응을 하지 않는다」는 뜻은 <상대가> 횡포하고 방자하고 도리에 어긋나는 태도로 <나에게> 덤벼도 「<나는> 다만 받거나 당하기만 하고, 보복하지 않는다」는 뜻을 말한다. 남방은 풍토나 기풍이 유약하다. 고로 품고(含), 인내하는(忍) 힘으로 남에게 이기는 것을 강(强)으로 여기며, 그것이 남방의 군자의 도리다.

[어구 설명] ○寬柔以敎(관유이교) : 「관대하고 유순한 태도로 남을 교화한다」. ○含容巽順(함용손순) : 품고(含), 받아들이고(容), 공손하고(巽), 부드러운(順) 태도로. ○誨人之不及也(회인지불급야) : 다른 사람의 모자람을 가르쳐 준다. ○橫逆之來(횡역지래) : 횡포하고 방자하고 도리에 어긋나는 태도로 <나에게> 대들어도. ○直受之而不報也(직수지이불보야) : 오직 받거나 당하기만 하고, 보복하지 않는다. ○故以含忍之力勝人爲强(고이함인지력승인위강) : 고로 품고(含), 인내하는(忍) 힘으로 남에게 이기는 것을 강(强)으로 친다.

중용 제10장 4절 : 「北方之强」

袵金革 死而不厭 北方之强也 而强者居之.

임금혁(하고) 사이불염(이) 북방지강야(니) 이강자거지(니라)

쇠로 만든 무기를 베고 자거나 가죽으로 만든 투구를 걸치고, 싸우다가 죽어도 싫어하지 않는 것이 북방의 무강(武强)이다. <북방의> 강한 자들은 <무력적 강에> 의지하고 행한다.

[어구 설명] ○袵金革(임금혁) : 쇠로 만든 무기를 베고 자거나, 가죽으로 만든 투구를 걸치고 잔다. 「임(袵 : 옷깃 임)」은 「앉거나 누워 잔다는 뜻」. 「금(金)」은 「쇠로 만든 칼이나 창 같은 무기」. 「혁(革)」은 「가죽으로 만든 갑옷이나 투구」. ○死而不厭(사이불염) : 싸움터에서 싸우다가 죽는 것을 싫어하지 않는다. ○北方之强也(북방지강야) : 그것이 북방의 강(强)이며. ○而强者居之(이강자거지) : 그래서 무력적으로 강한 자들은 그와 같은 무강(武强)에 의지한다.

[集註] (1) 袵席也 金戈兵之屬 革甲冑之屬 北方風氣 剛勁 故以果敢之力 勝人爲强 强者之事也.

(1) 「임(袵)」은 「자리로 삼는다」는 뜻이다. 「금(金)」은 창이나 무기 같은 것을 말한다. 「혁(革)」은 갑옷이나 투구 같은 것을 말한다. 북방의 풍토나 기후 및 기질은 강하고 억세다. 고로 과감하고 용감한 힘을 가지고 남을 이기는 것을 강하다고 여긴다. 무력에 강한 자들의 할 일이다.

[어구 설명] ○袵席也(임석야) : 「임(袵)」은 「자리로 삼는다」는 뜻. ○金戈兵之屬(금과병지속) : 「금(金)」은 창 같은 금속 무기. ○革甲冑之屬(혁갑주지속) : 「혁(革)」은 갑옷이나 투구. ○北方風氣剛勁(북방풍기강경) : 북방의 풍토나 기후 및 기질이 강하고 억세다. ○故以果敢之力(고이과감지력) : 고로 과감하고 용감한 힘을 가지고. ○勝人爲强(승인위강) : 남을 이기는 것을 강하다고 여긴다. ○强者之事也(강자지사야) : 무력이 강한 자들의 할 일이다.

<* 세계와 인류 역사를 보아도, 대체로 북방민족은 강인(强靭)하고 따라서 무력을 잘 쓴다. 고대 중국에서는 그 특색이 잘 나타났다. 사상이나 문학면에서도 북방과 남방의 특색이 서로 다르게 나타났다.>

중용 제10장 5절 : 「君子之强」

故君子 和而不流 强哉矯 中立而不倚 强哉矯 國有道 不變塞焉 强哉矯 國無道 至死不變 强哉矯.

고(로) 군자(는) 화이불류(하나니) 강재교(여) 중립이불의(하나니) 강재교(여) 국유도(에) 불변색언(하나니) 강재교(여) 국무도(에) 지사불변(하나니) 강재교(여)

고로 군자는 화하되 흐르지 않으니 참으로 강하고 강하다. 중립을 지키고 한쪽으로 기울지 않으니 참으로 강하고 강하다. 나라에 도가 있어도 궁색했을 때의 절개를 변하지 않으니 참으로 강하고 강하다. 나라에 도가 없어도 인도(仁道)를 죽을 때까지 변치 않고 지키니 참으로 강하고 강하다.

[어구 설명] ㅇ故君子(고군자) : 「중용의 도」를 지키고 행하는 군자다.

ㅇ和而不流(화이불류) : 화동(和同)하지만 흐르지 않는다. 「불류(不流)」는 「자신의 주체성을 잃고 남에게 휩쓸리지 않는다」는 뜻.

ㅇ强哉矯(강재교) : 참으로 강하고 강하다. 「교(矯)」는 시경(詩經) 노송(魯頌) 반수편(泮水篇)에 나온다. 즉 「교교호신(矯矯虎臣)」이란 구절이 있다. 「호랑이같이 세차고 강하다」는 뜻이다. 이 「강재교(强哉矯)」를 주자는 감탄사로 풀었다.

ㅇ中立而不倚(중립이불의) : 중립을 지키고 한쪽으로 기울지 않는다.

ㅇ國有道(국유도) : 나라에 도가 있어 <자기가 나가서 벼슬하고 녹봉을 받아도>.

ㅇ不變塞焉(불변색언) : 막혔을 때의 태도를 변하지 않는다. <즉 입신출세하고 부귀를 누려도 궁색했을 때의 생활태도나 절개를 변하지 않고 유지한다.>

ㅇ國無道(국무도) : 나라에 도가 없어도. <즉 나라가 혼란하게 되어, 자기가 벼슬을 버리고 은퇴를 해도.>

ㅇ至死不變(지사불변) : <충군애민(忠君愛民)의 인도(仁道)를> 죽을 때까지 변치 않고 지킨다.

[集註] (1) 此四者 汝之所當强也.

(1) 이 네 가지가 바로 그대가 마땅히 지키고 행할 강(强)이다.

[集註] (2) 矯强貌 詩曰矯矯虎臣 是也.

(2)「교(矯)」는 강한 품. 시경에 있는「교교호신(矯矯虎臣)」이 바로 그것이다.

[어구 설명] ○詩曰(시왈) : 시경(詩經) 노송(魯頌) 반수편(泮水篇)에 있다. ○矯矯虎臣(교교호신) :「억세고 강하기가 호랑이 같은 신하」라는 구절이. ○是也(시야) : 바로 그것이다. <*「무력적(武力的) 강(强)」은「외형적(外形的) 강」이다.>

[集註] (3) 倚 偏著也 塞 未達也 國有道 不變未達之所守 國無道 不變平生之所守也.

(3)「의(倚)」는「치우치다」의 뜻이다.「색(塞)」은 <벼슬에 나가지 못하고>「궁색(窮塞)하게 산다」는 뜻이다. 나라에 도가 행해지므로 <나가서 벼슬을 살아도> 미달(未達)했을 때에 지키던 절개(節介)를 변치 않고 지킨다. 나라에 도가 없으므로 벼슬에서 물러나 은퇴하되, 그래도 평소에 지녔던「충군애민(忠君愛民)」의 충절(忠節)을 변하지 않고 지킨다.

[어구 설명] ○倚偏著也(의편저야) :「의(倚)」는 치우친다는 뜻이다. ○塞未達也(색미달야) :「색(塞)」은 <벼슬에 나가지 못하고> 궁색(窮塞)하게 산다는 뜻. ○國有道(국유도) : 나라에 도가 행해지므로. <나가서 벼슬을 살아도> ○不變未達之所守(불변미달지소수) : 미달(未達)했을 때에 지키던 절개(節介)를 변치 않고 지킨다. 즉 고궁절(固窮節)을 그대로 지킨다. <* 출세했다고 부귀 영화를 누리면서 교만하고 사치하지 않는다. 한결같이 청빈(淸貧)하게 산다.> ○國無道(국무도) : 나라에 도가 없으므로 벼슬에서 물러나 은퇴한다. ○不變平生之所守也(불변평생지소수야) : 그래도 평소에 지녔던 충군애민(忠君愛民)의 충절(忠節)을 변하지 않고 지킨다. 그렇게 하는 것이「중용의 도」이다.

[集註] (4) 此則所謂中庸之不可能者 非有以自勝其人欲之私 不能擇而守也.

(4) <이와 같이 해야 한다.> 고로 이른바 <보통사람들은> 중용을

지키고 행하지 못한다고 말하는 것이다. 또 자기의 동물적·이기적 욕심을 극복하지 못해도 중용을 택하고 지키지 못하는 것이다.

[어구 설명] ○中庸之不可能者(중용지불가능자) : 「이렇게 네 가지를 다 행해야 하므로, 고로 중용을 <보통사람들은> 지키고 행할 수 없다.」 ○非有以自勝其人欲之私(비유이자승기인욕지사) : 스스로 자신의 이기적 욕심을 극복하지 않고서는. ○不能擇而守也(불능택이수야) : 중용을 택하고 지킬 수 없다.

[集註] (5) 君子之强 孰大於是 夫子以是告子路者 所以抑其血氣之剛而進之以德義之勇也.

(5) <이상 네 가지의> 군자가 지키고 행할 강(强)에 있어, 무엇이 더 큰 것이 있겠느냐? 공자가 이와 같은 말을 자로에게 한 것은, 그의 혈기의 억셈을 억제하고, 아울러 「덕의의 용(德義之勇)」을 발전시키기 위해서다.

[어구 설명] ○君子之强 孰大於是(군자지강 숙대어시) : <이상 네 가지가> 군자가 지키고 행하는 강(强)이다. 무엇이 군자의 강보다 더 중대한 것이 있겠느냐? ○夫子以是告子路者(부자이시고자로자) : 공자가 이와 같은 말을 자로에게 고한 것은. ○抑其血氣之剛(억기혈기지강) : 그의 혈기의 억셈을 억제하고. ○而進之以德義之勇也(이진지이덕의지용야) : 「덕의의 용(德義之勇)」을 발전시키기 위해서다. 「덕의의 용」은 「용감하게 덕과 의를 행한다」는 뜻.

[설명주] (1) 右第十章.

(1) 이상이 제10장이다.

[참고 보충] 「자로호용(子路好勇)」

논어 술이편(述而篇)에 있다. 「자로가 물었다. 선생님께서 삼군을 지휘하고 싸우신다면 누구를 데리고 싸우시겠습니까. 이에 공자가 대답했다. 맨주먹으로 호랑이를 때려잡고, 맨발로 강을 건너가다가 죽어도 후회하지 않는 그런 자를 나는 데리고 가지 않겠다.」

中庸 제11장 (총3절)

1절 子曰 素隱行怪 後世 有述焉 吾弗爲之矣.
2절 君子 遵道而行 半途而廢 吾弗能已矣.
3절 君子 依乎中庸 遯世不見知而不悔 唯聖者能之.

 * 제2장에서 제11장까지는 공자의 말을 인용해서 「중용의 도」를 설명한 글이다. 이 장은 총3절이다. 「1절」에서 공자는 괴벽한 말이나 행동이 중용의 도에 어긋남을 지적했다. 「2절」에서 공자는 중용의 도를 따르고 행하되 중도에서 폐하지 말라고 말했다. 「3절」에서 공자는 중용의 도를 지키되 알려지지 않아도 후회하지 않아야 성인이라고 말했다.

중용 제11장 1절 : 「素隱行怪」

子曰 素隱行怪 後世 有述焉 吾弗爲之矣.

자왈 소은행괴(를) 후세(에) 유술언(하나니) 오불위지의(로라)

공자가 말했다. <어떤 사람은 나타나지 않는> 숨은 도리를 찾아서 말하고, 괴벽한 짓을 행한다. <그런 것들이> 후세에 기술될 수도 있겠으나, 나는 그런 괴벽한 말이나 괴상한 일을 하지 않는다.

[어구 설명] ㅇ素隱行怪(소은행괴) : 「소(素)」를 「색(索)」으로 고쳐 쓴다. 「색은행괴(索隱行怪)」는 은벽(隱僻)한 것을 들춰내서 말하고, 괴이(怪異)한 짓을 한다. 「색(索)」의 속음은 「삭」이다. 주자의 주에 따라 「색」으로 읽는다.
ㅇ後世 有述焉(후세 유술언) : 후세에 <어떤 사람이 혹> 기술하고 내세울 수도 있을 것이다. <* 노자(老子)의 도가사상 같은 것을 비평한 것이다.>
ㅇ吾弗爲之矣(오불위지의) : 나는 그런 <비정상적인 괴벽한 말이나 행동을> 하지 않겠다.

[集註] (1) 素按漢書當作索 蓋字之誤也.

(1) 「소(素)」는 한서(漢書)에 따라 마땅히 「색(索)」으로 고쳐야 한다. 아마도 「소(素)」는 오기(誤記)일 것이다.

[어구 설명] ㅇ素按漢書當作索(소안한서당작색) : 「소(素)」는 한서(漢書)에 따라 마땅히 「색(索)」으로 고쳐야 한다. 「한서 예문지(藝文志)」에는 「색은행괴(索隱行怪)」라고 쓰였다. ㅇ蓋字之誤也(개자지오야) : 아마도 「소(素)」는 오기(誤記)일 것이다.

[集註] (2) 索隱行怪 言深求隱僻之理 而過爲詭異之行也.

(2) 「색은행괴(索隱行怪)」는 「숨어 보이지 않는 괴벽한 이치를 깊이 찾고, 또 괴벽하고 기이한 행동을 지나치게 행한다」는 뜻을 말한 것이다.

[어구 설명] ㅇ索隱行怪(색은행괴) : 깊이 숨어 있는 생각이나 사상을 들춰내고, 괴벽한 행동을 한다. ㅇ深求隱僻之理(심구은벽지리) : 깊은 곳에 숨어 있는 괴벽한 이치를 찾아내고. ㅇ而過爲詭異之行也(이과위궤이지행야) : 그리고 지나치게 괴벽하고 기이한 행동을 한다.

[集註] (3) 然以其足以欺世而盜名 故後世或有稱述之者 此知之過而不擇乎善 行之過而不用其中 不當强而强者也 聖人豈爲之哉.

(3) 그러나 <그와 같은 괴벽한 말이나 행동은> 족히 세상 사람들을 기만하고 이름을 도둑질할 것이므로 후세에 혹 <어떤 사람이> 칭찬하고 기술할 수도 있을 것이다. 그러나 <그와 같은 비상식적인 괴벽한 언행은> 앎에 있어 지나치고 선한 중용의 도를 택한 것이 아니고, 또 행함에 있어서도 지나친다. 그래서 중(中)을 행한 것이 아니다. <고로> 억지로 고집스럽게 행할 것이 아니다. <그러니> 성인이 어찌 그와 같은 억지를 행하겠느냐.

[어구 설명] ㅇ然以其足以欺世而盜名(연이기족이기세이도명) : 그러나 <그와 같은 괴벽한 말이나 행동은> 족히 세상 사람들은 기만하고 이름을 도둑질할 것이다. ㅇ故後世或有稱述之者(고후세혹유칭술지자) : 고로 후세에 혹 <어떤 사람이> 내

세우고 기술할 수도 있을 것이다. ○知之過而不擇乎善(지지과이불택호선) : <그러나 그런 것은> 앎에 있어 지나치고 선(善)을 택한 것이 아니다. ○行之過而不用其中(행지과이불용기중) : 행에 있어서 지나치고 중(中)을 쓴 것이 아니다. ○不當强而强者也(부당강이강자야) : 강(强)에 부당한 것을 강행하는 것이다. ○聖人豈爲之哉(성인기위지재) : 성인이 어찌 그렇게 하겠느냐.

중용 제11장 2절 : 「遵道而行」

君子 遵道而行 半途而廢 吾弗能已矣.

군자(이) 준도이행(하다가) 반도이폐(하나니) 오불능이의(로라)

<간혹> 군자가 중용의 도를 따르고 행하다가, 중도에서 폐하고 그만둔다. 그러나 나는 그만둘 수 없다.

[어구 설명] ○君子(군자) : 보통 군자. <수양 도중에 있는 군자.>
○遵道而行(준도이행) : 중용의 도를 따르고 행하다가.
○半途而廢(반도이폐) : 중도에서 폐하고 그만둔다.
○吾弗能已矣(오불능이의) : 나는 그만두지 못한다. 「이(已)」는 그만두다.

> [集註] (1) 遵道而行 則能擇乎善矣 半塗而廢 則力之不足也 此其知雖足以及之 而行有不逮 當强而不强者也.

(1) 「준도이행(遵道而行)」은 곧 능히 선(善)을 택할 수 있음이다. 「반도이폐(半塗而廢)」는 곧 힘이나 노력이 부족한 것이다. 이는 그의 지(知)가 족히 미치기는 했으나 그러나 행(行)이 못 미친 것이다. 마땅히 강하게 해야 할 바를, 강하게 하지 못한 것이다.

[어구 설명] ○遵道而行 則能擇乎善矣(준도이행 즉능택호선의) : 「준도이행(遵道而行)」은 곧 「능히 선을 택할 수 있음」이라 하겠다. ○半塗而廢 則力之不足也(반도이폐 즉력지부족야) : 「반도이폐(半塗而廢)」는 곧 힘이나 노력이 부족한 것이다. ○此其知雖足以及之(차기지수족이급지) : 이는 그의 지(知)가 족히 미치기는 했으나. ○而行有不逮(이행유불체) : 그러나 행(行)이 못 미친 것이다. ○當强而不强者

也(당강이불강자야) : 마땅히 강하게 해야 할 바를 강하게 하지 못한 것이다.

　　[集註] (2) 已止也 聖人於此 非勉焉而不敢廢 蓋至誠
無息 自有所不能止也.

(2)「이(已)」는 그만둔다는 뜻이다. 성인은 이와 같은 일에 있어,
무리하게 힘들여 <행하고>, 감히 폐하지 않는 것이 아니다. 본래
<중용의 도를> 지극히 성실하게 받들고 쉬지 않고 행함으로써,
자연히 <그와 같은 괴벽한 일을> 멈추지 않을 수 없는 것이다.

[어구 설명] ○已止也(이지야) :「이(已)」는 그만둔다는 뜻이다. ○非勉焉而不敢廢
(비면언이불감폐) : 무리하게 힘들여 행하고, 감히 폐하지 않는 것이 아니다.
○蓋至誠無息(개지성무식) : <중용의 도를> 지극히 성실하게 받들고 쉬지 않고
행함으로써. ○自有所不能止也(자유소불능지야) : 자연히 <그와 같은 괴벽한 일
을> 그만두지 않을 수 없다.

중용 제11장 3절 :「君子依乎中庸」

君子 依乎中庸 遯世不見知 而不悔 唯聖者能之.

군자(는) 의호중용(하야) 둔세불현지 이불회(하나니) 유성자(이야) 능지(니라)
덕을 이룩한 군자는 중용의 도를 의지하고 행하고, 세상에서 물러
나 숨어살고 남에게 알려지지 않아도 후회하지 않는다. 오직 성인
의 경지에 이른 군자라야 능히 할 수 있는 일이다.

[어구 설명] ○依乎中庸(의호중용) : 중용의 도를 의지하고 행하고.
○遯世不見知(둔세불현지) : 세상에서 물러나 숨어살고 남에게 알려지지 않아도.
○而不悔(이불회) : 그래도 후회하지 않는다.
○唯聖者能之(유성자능지) : 오직 성자의 경지에 이른 군자라야 능히 할 수 있다.

　　[集註] (1) 不爲索隱行怪 則依乎中庸而已 不能半塗
而廢 是以遯世不見知而不悔也.

(1)「색은행괴(索隱行怪)하지 않는다 함」은 곧「중용의 도를 따

르고 행한다는 뜻」이다. 「반도이폐(半塗而廢)를 안할 수 없다는 말」은 바로 「세상에 묻혀 알려지지 않아도 후회하지 않는다는 뜻」이다.

[어구 설명] ○不爲索隱行怪(불위색은행괴) : 「색은행괴(索隱行怪)」를 하지 않음은. ○則依乎中庸而已(즉의호중용이이) : 곧 중용의 도를 따르고 행함이다. ○不能半塗而廢(불능반도이폐) : 「반도이폐(半塗而廢)」를 안할 수 없음은. ○是以遯世不見知而不悔也(시이둔세불현지이불회야) : 바로 세상에 묻혀 알려지지 않아도 후회하지 않음이다.

[集註] (2) 此中庸之成德 知之盡 仁之至 不賴勇而裕如者 正吾夫子之事 而猶不自居也 故曰唯聖者能之而已.

(2) 이러한 경지가 중용의 덕을 이룩한 경지이며, 「지(知)」를 다하고, 인(仁)이 지극하여 용(勇)의 힘을 빌리지 않아도 넉넉하게 <중용의 도를 행하고 덕을 세울 수 있는 사람이다.> 이는 바로 우리 공자 선생의 일이다. 그러나, <공자가> 스스로 그렇게 할 수 없다고 말했다. 그러니 오직 성자만이 능히 할 수 있을 거라고 말한 것이다.

[어구 설명] ○此中庸之成德(차중용지성덕) : 이러한 경지가 중용의 덕을 이룩한 경지다. ○知之盡(지지진) : 「지(知)」를 다하고. ○仁之至(인지지) : 인(仁)이 지극하여. ○不賴勇而裕如者(불뢰용이유여자) : 용(勇)의 힘을 빌리지 않아도 넉넉하게. <중용의 도를 행하고 덕을 세울 수 있는 사람이다.> ○正吾夫子之事(정오부자지사) : 이는 바로 우리 공자 선생의 일이다. ○而猶不自居也(이유부자거야) : 그런데도 <공자가> 스스로 그렇게 할 수 없다고 말했다. ○故曰唯聖者能之而已(고왈유성자능지이이) : 고로 오직 성자만이 능히 할 수 있을 거라고 말한 것이다.

[설명주] (1) 右第十一章 子思所引 夫子之言 以明首章之義

者 止此.

(1) 이상이 제11장이다. 자사가 공자 선생의 말을 인용해서 제1장의 뜻을 밝힌 것은 이것으로 끝난다.

[설명주] (2) 蓋此篇大旨 以知仁勇三達德 爲入道之門 故於篇首 卽以大舜顔淵子路之事 明之 舜知也 顔淵仁也 子路勇也 三者廢其一 則無以造道 而成德矣 餘見第二十章.

(2) 대체로 이 편의 큰 뜻은 「지인용(知仁勇) 삼달덕(三達德)」을 가지고, 도에 들어가는 문턱으로 삼은 것이다. 그래서 이 글을 앞에 <내세웠다.> 즉 위대한 순임금, 안연, 자로 등의 일을 예로 들고 뜻을 밝힌 것이다. 순임금의 경우는 지(知)를 밝히고, 안연의 경우는 인(仁)을 밝히고, 자로의 경우는 용(勇)을 밝힌 것이다. 삼자 중에서 하나만 폐해도, 즉 도에 도달하지 못하고, 아울러 덕을 이룰 수 없다. 기타는 제20장에 나온다.

[참고 보충] 「군자(君子) · 지인용(知仁勇)」

<1> 제11장에서 공자는 다음같이 말했다. 「1절」: 괴벽한 일을 안한다. 「2절」: 군자는 도를 끝까지 행한다. 「3절」: 중용을 따르고 행하며, 알려지지 않아도 뉘우치지 않는다.

<2> 이는 곧 「지인용(知仁勇) 삼달덕(三達德)」으로 도(道)에 들어간 것이다.

<3> 그래서 앞에서 위대한 순(舜)임금, 안연(顔淵), 자로(子路) 등을 예로 들었다. 즉 순임금의 경우는 지(知)를 밝히고, 안연의 경우는 인(仁)을 밝히고, 자로의 경우는 용(勇)을 밝힌 것이다.

<4> 지인용(知仁勇)을 고르게 다 행하는 것이 「중용의 도」에 맞는다.

<5> 그래서 「3절」에서 말했다. 「군자는 중용을 따라 살고, 세상에 알려지지 않아도 뉘우치지 않는다. 이는 곧 성인만이 할 수 있다.(君子 依乎中庸 遯世不見知 而不悔 唯聖者能之)」

中庸 제12장 (총4절)

1절 君子之道 費而隱.

2절 夫婦之愚 可以與知焉 及其至也 雖聖人 亦有所不知焉 夫
　　婦之不肖 可以能行焉 及其至也 雖聖人亦有所不能焉 天
　　地之大也 人猶有所憾 故君子語大 天下莫能載焉 語小 天
　　下莫能破焉.

3절 詩云 鳶飛戾天 魚躍于淵 言其上下察也.

4절 君子之道 造端乎夫婦 及其至也 察乎天地.

　＊ 제12장은 자사(子思)의 말이다. 중용(中庸)의 제1장에 있는 「도는 잠
시도 이탈할 수 없다.(道須臾不可離)」를 다시 부연 설명한 것이다. 제12
장은 총 4절이며 자사(子思)의 말이다. 「1절」에서는 「군자의 도의 용
(用)은 비(費)하고, 체(體)는 은(隱)하다」고 했다. 즉 「천도(天道)의 작
용은 광대무변(廣大無邊)하며, 본체(本體)는 은미(隱微)하다」는 뜻이
다. 「2절」에서는 「도의 작용과 발현은 평범한 부부생활에도 있고 나타
난다. 그러나 지극한 도의 체는 성인도 다 알지 못한다.」고 말했다. 「3절」
에서 자사는 시경의 구절을 인용해서 「하늘을 나는 새와 물속에 뛰는
물고기가 바로 도의 작용이고 발현이다」라고 했다. 「4절」에서는 「도는
부부에서 시작하되 지극함은 천지에서 살펴야 한다」고 맺었다.

중용 제12장 1절 : 「費而隱」

君子之道 費而隱.

군자지도(는) 비이은(이니라)

군자가 지킬 중용의 도는 그 작용이 광대(廣大)하게 나타난다. 그
러나 그 본체는 은미(隱微)하다.

[어구 설명] ㅇ費而隱(비이은) : 작용이 광대하게 나타난다. 그러나 그 본체(本體)
는 은미(隱微)하다.

[集註] (1) 費用之廣也 隱體之微也.

(1) 「비(費)」는 「그 쓰임이 광대하다」는 뜻이다. 「은(隱)」은 「본체
(本體)가 은미(隱微)하다」는 뜻이다.

[어구 설명] ○費用之廣也(비용지광야) : 「비(費)」는 「쓰임이 광대하다」는 뜻이다.
○隱體之微也(은체지미야) : 「은(隱)」은 「본체(本體)가 은미(隱微)하다」는 뜻이
다. 도(道)는 감각적으로 감지(感知)할 수 없다.

중용 제12장 2절 : 「夫婦之愚」

夫婦之愚 可以與知焉 及其至也 雖聖人 亦有所不
知焉 夫婦之不肖 可以能行焉 及其至也 雖聖人 亦
有所不能焉 天地之大也 人猶有所憾 故君子 語大
天下莫能載焉 語小 天下莫能破焉.

부부지우(로도) 가이여지언(이로되) 급기지야(하야는) 수성인(이라도) 역유소부
지언(하며) 부부지불초(로도) 가이능행언(이로되) 급기지야(하야는) 수성인(이라
도) 역유소불능언(하며) 천지지대야(에도) 인유유소감(이니) 고(로) 군자(이) 어
대(에) 천하막능재언(이오) 어소(에) 천하막능파언(이니라)

<중용의 도는> 범속하고 어리석은 부부라도 더불어 알 수 있다.
<그러나> 도의 지극한 경지는 성인도 역시 다 알지 못하는 바가
있다. 범속하고 어리석은 부부라도 능히 도를 행할 수 있다. <그러
나> 도의 지극한 경지는 성인도 능히 다 행할 수 없는 바가 있다.
천지는 크고 그 기능이 위대하다. 그런데도 역시 사람들이 유감스
럽게 생각하는 바가 있다. 그러므로 군자가 도의 큼을 논하되, 천하
의 모든 사물에 도를 다 실을 수 없으며, <아울러> 도의 미소한
본체나 작용을 논하되, 천하의 모든 사물을 쪼개고 또 쪼개서 <도
의 미소함을> 보이게 할 수도 없다.

[어구 설명] ㅇ夫婦之愚(부부지우) : 어리석은 부부(夫婦). 정현(鄭玄)은 필부(匹夫) 필부(匹婦)라고 주석했다.

ㅇ可以與知焉(가이여지언) : 그들도 더불어 도를 알 수 있다. <부부생활을 하고 자녀를 낳고 키우는 것이 도를 따른 것이다.>

ㅇ及其至也(급기지야) : 도(道)의 지극한 경지는.

ㅇ雖聖人 亦有所不知焉(수성인 역유소부지언) : 성인일지라도 역시 다 알지 못하는 바가 있다.

ㅇ夫婦之不肖(부부지불초) : 필부(匹夫) 필부(匹婦)같이 못난 사람도. 「불초(不肖)」는 어리석고 못난 사람.

ㅇ可以能行焉(가이능행언) : 도를 능히 행할 수 있다. <천도나 중용 및 오상(五常)의 윤리 도덕을 행할 수 있다.>

ㅇ雖聖人 亦有所不能焉(수성인 역유소불능언) : 성인이라도 다 행할 수 없는 바가 있다. <예교(禮敎) 예치(禮治)를 완전하게 세우고 실행할 수 없다.>

ㅇ天地之大也(천지지대야) : 천지는 크고 위대하다.

ㅇ人猶有所憾(인유유소감) : 그런데도 사람들은 <천지에 대하여> 유감으로 생각하는 바가 있다. 천지의 기화(氣化), 유행(流行), 음양(陰陽), 한서(寒暑), 길흉(吉凶), 재상(災祥) 등의 오묘한 경지를 다 알 수 없고, 따라서 유감스럽게 여긴다.

ㅇ故君子 語大(고군자 어대) : 그러므로 군자가 도의 크고 위대함을 논하되.

ㅇ天下莫能載焉(천하막능재언) : 천하의 모든 사물이나 현상을 도에 다 실어서 설명할 수 없다.

ㅇ語小(어소) : 도의 미소하고 은미(隱微)한 작용을 논하되.

ㅇ天下莫能破焉(천하막능파언) : 천하의 모든 사물을 쪼개고 또 쪼개서, 그 속에 숨어 있는 은미한 도를 눈으로 보게 하거나 또 충분히 설파(說破)할 수 없다.

[集註] (1) 君子之道 近自夫婦居室之間 遠而至於聖人天地之所不能盡 其大無外 其小無內 可謂費矣 然其理之所以然 則隱而莫之見也.

(1) 군자가 알고 따르고 지켜야 할 도리, 즉 중용의 도리는 가까이는 부부가 함께 사는 방안에도 <있고, 또 행해지는 도리로 평범한

사람도 다 알고 행하는 도리다.> 멀게는 성인이나 하늘땅도 다 할 수 없는 도리다. 그 큼에 있어서는 <그 이상의> 밖이 없고, 그 작음에 있어서는 <그 이상의> 안이 없다. <즉 도는 극대(極大) 극소(極小)이다.> 그래서 참으로 비(費), 즉 광대(廣大)하다고 말하는 것이다. 그러나 그 도가 그와 같이 있고 또 작용하는 연유나 본체는 은미(隱微)하여 나타나 보이지 않는다.

[어구 설명] ㅇ君子之道(군자지도) : 군자가 알고 따르고 지켜야 할 도리, 즉 중용의 도리다. ㅇ近自夫婦居室之間(근자부부거실지간) : 가까이는 부부가 함께 사는 방안에도 있다. <평범한 사람도 다 알고 행하는 도리다.> ㅇ遠而至於(원이지어) : 멀게는 ……에 이른다. ㅇ聖人天地之所不能盡(성인천지지소불능진) : 멀게는 성인이나 하늘땅도 다 알고 또 다 할 수 없다. ㅇ其大無外(기대무외) : 그 큼에 있어서는 <그 이상의> 밖이 없다. 즉 무한대하게 크다. ㅇ其小無內(기소무내) : 그 작음에 있어서는 <그 이상의> 안이 없다. 즉 극소(極小)하다. ㅇ可謂費矣(가위비의) : 그래서 참으로 비(費), 즉 광대(廣大)하다고 말하는 것이다. 도는 우주에도 있고, 더 쪼갤 수 없는 미립자(微粒子)나 세포(細胞) 속에도 있다. ㅇ然其理之所以然(연기리지소이연) : 그러나 그 도리가 그와 같이 있고 또 작용하는 연유나 본체는. ㅇ則隱而莫之見也(즉은이막지현야) : 은미(隱微)하여 나타나 보이지 않는다.

[集註] (2) 蓋可知可能者 道中之一事 及其至而聖人 不知不能 則擧全體而言 聖人固有所不能盡也.

(2) 대개 <평범한 사람이> 알 수 있고, 또 행할 수 있는 것은 도의 한 가지 일이다. 지극함에 이르러서는 성인도 전부를 알지 못하고 행하지 못한다고 <말한 것은> 곧 도의 전체를 두고 말한 것이므로 성인도 당연히 다하지 못하는 바가 있게 마련이다.

[어구 설명] ㅇ蓋可知可能者(개가지가능자) : 대개 <평범한 사람이> 알 수 있고 또 행할 수 있는 것. ㅇ道中之一事(도중지일사) : <도 중의> 일부분의 일들을. <말한 것이다.> ㅇ及其至而聖人不知不能(급기지이성인부지불능) : 지극함에 이르러서는 성인도 전부를 알지 못하고 행하지 못한다고. <말한 것은> ㅇ則擧全體

而言(즉거전체이언) : 도의 전체를 두고 말한 것이며. <그 때에는> ㅇ聖人固有所
不能盡也(성인고유소불능진야) : 성인도 당연히 다하지 못하는 바가 있게 마련이다.

[集註] (3) 侯氏曰 聖人所不知 如孔子問禮問官之類 所不能 如孔子不得位 堯舜病博施之類.

(3) 후씨가 말했다. 「성인도 알지 못하는 바」가 있다고 함은 공자가 노자에게 예를 묻고, 혹은 담자(郯子)에게 관명(官名)에 대해서 물은 것과 같으며, 능히 하지 못하는 바가 있다고 함은 공자도 자리를 얻지 못하고, 또 요임금이나 순임금도 넓게 베풀지 못함을 걱정했다고 하는 예라 하겠다.

[어구 설명] ㅇ侯氏曰(후씨왈) : 후씨가 말했다. 후중량(侯仲良), 송(宋)대의 학자. 정자(程子)와 주돈이(周敦頤)에게 배웠다. ㅇ聖人所不知(성인소부지) : 「성인도 알지 못하는 바가」 있다고 한 것에. <대해서 후씨가 다음 같은 예를 들었다.> ㅇ如孔子問禮問官之類(여공자문례문관지류) : 예를 들면, 공자가 노자에게 예를 묻고, 혹은 담자(郯子)에게 관명(官名)에 대해서 물은 것과 같다. ㅇ所不能(소불능) : 성인도 능히 다하지 못함이 있다고 함은. ㅇ如孔子不得位(여공자부득위) : 예를 들면, 공자도 자리를 얻지 못했고. ㅇ堯舜病博施之類(요순병박시지류) : 요순 같은 성왕(聖王)도 역시 박시제중(博施濟衆)을 다 하지 못해서 걱정했다는 것이다.

[集註] (4) 愚謂 人所憾於天地 如覆載生成之偏 及寒暑災祥之不得其正者.

(4) <주자의 말> 나는 생각한다. 사람이 하늘땅에 대해서 유감스럽게 생각한다는 것은 예를 들면 하늘이 땅을 덮고, 땅이 만물을 싣고 자라게 하지만, 한쪽으로 치우치는 경우가 있으며, 아울러 한서(寒暑), 재상(災祥)이 공정하지 못함을. <유감으로 생각하는 것이다.>

[어구 설명] ㅇ人所憾於天地(인소감어천지) : 사람이 하늘땅에 대해서 유감스럽게 생각한다는 것은. ㅇ如覆載生成之偏(여복재생성지편) : 하늘이 땅을 덮고, 땅이

만물을 싣고 자라게 하지만, 한쪽으로 치우치는 경우가 있으며. ○及寒暑災祥之不
得其正者(급한서재상지부득기정자) : 아울러 한서(寒暑), 재상(災祥)이 공정하지
못함을. <사람들이 유감스럽게 생각하는 것이다.>

중용 제12장 3절 : 「鳶飛魚躍」

詩云 鳶飛戾天 魚躍于淵 言其上下察也.

시운 연비려천(이오) 어약우연(이라) 언기상하찰야(라)

시경(詩經) 대아(大雅) 한록편(旱麓篇)에 있다. 「솔개는 날아 하늘
로 솟구쳐 올라가고, 물고기는 못에서 뛰논다.」 이 구절은 <천리
(天理)가> 위로 아래로 밝게 나타남을 말한 것이다.

[어구 설명] ○詩云(시운) : 시경(詩經) 대아(大雅) 한록편(旱麓篇)에 있는 구절.
○鳶飛戾天(연비려천) : 솔개가 날아 하늘로 솟구쳐 올라간다. 「鳶(소리개 연),
戾(어그러질 려)」
○魚躍于淵(어약우연) : 물고기는 못에서 뛰논다. 「躍(뛸 약), 淵(못 연)」
○言其上下察也(언기상하찰야) : <천리(天理)가> 위로 아래로 밝게 나타남을
말한 것이다.

[集註] (1) 詩大雅旱麓之篇 鳶鴟類 戾至也 察著也.

(1) 이 구절은 시경(詩經) 대아(大雅) 한록편(旱麓篇)의 구절이다.
「연(鳶)」은 「치(鴟)」와 같은 종류의 새다. 「여(戾)」는 하늘 위로
날아간다는 뜻이다. 「찰(察)」은 밝게 나타난다는 뜻이다.

[어구 설명] ○詩大雅旱麓之篇(시대아한록지편) : 「시(詩)」는 시경(詩經) 대아(大
雅) 한록편(旱麓篇)의 시 구절이다. ○鳶鴟類(연치류) : 「연(鳶)」은 「치(鴟)」와 같
은 종류의 새다. 「鴟(소리개 치)」 ○戾至也(여지야) : 「여(戾)」는 하늘 위로 간다는
뜻이다. ○察著也(찰저야) : 「찰(察)」은 「밝게 나타난다」는 뜻이다.

[集註] (2) 子思引此詩 以明化育流行 上下昭著 莫非 此理之用 所謂費也 然其所以然者 則非見聞所及 所

謂隱也.

(2) 자사(子思)가 이 시를 인용해서 <눈에 보이지 않는 하늘의 도리가 만물을> 변화시키고 자라게 하고, 또 하늘땅에 넘쳐흐르고 아울러 위아래로 밝게 나타남을 밝히려 한 것이다. <그 모두가> 하늘의 도리의 용(用)이 아닌 게 없다. 그러므로 비(費=廣大)라고 말하는 것이다. 그러나 그렇게 나타나게 하는 본연(本然)의 본체(本體)는 보고 들을 수 있는 것이 아니다. <그래서 도의 본체를> 은미(隱微)하다고 말하는 것이다.

[어구 설명] ○子思引此詩(자사인차시) : 자사가 이 시를 인용해서. ○以明(이명) : 밝히려고 한 것이다. ○化育流行(화육류행) : <눈에 보이지 않는 하늘의 도리가 만물을> 변화시키고 자라게 하고, 또 하늘땅에 넘치게 한다. ○上下昭著(상하소저) : <눈에 보이지 않는 하늘의 도리가> 위아래로 밝게 나타난다. ○莫非此理之用(막비차리지용) : <그 모두가> 하늘의 도리의 용(用)이 아닌 게 없다. ○所謂費也(소위비야) : 그러므로 비(費=廣大)라고 말하는 것이다. ○然其所以然者(연기소이연자) : 그러나 그렇게 나타나게 하는 본연(本然)의 본체(本體)는. 즉 「형이상의 도리」는. ○則非見聞所及(즉비견문소급) : 즉 보고 들을 수 있는 것이 아니다. ○所謂隱也(소위은야) : <그래서 도의 본체를> 은미(隱微)하다고 말한 것이다.

[集註] (3) 故程子曰 此一節 子思喫緊爲人處 活潑潑地 讀者其致思焉.

(3) 그래서 정자가 말했다. 이 12장 3절은 자사가 가장 긴요하게 생각하고 사람에게 가르치려고 한 것이며, 또 이 구절은 생생하고 발랄하게 <도의 작용을 그린> 것이다. 그러므로 독자들도 이 구절을 특히 깊이 생각해야 한다.

[어구 설명] ○子思喫緊爲人處(자사끽긴위인처) : 자사가 가장 긴요하게 생각하고 사람에게 가르치려고 한 것이다. 「위인(爲人)」은 「교인(敎人)」의 뜻이다. ○活潑潑地(활발발지) : 이 구절은 생생하고 발랄한 구절이다. 즉 추상적인 이론이 아니

고 삶의 약동을 가지고 「도의 작용」을 생기있게 묘사하고 가르친 구절이라는 뜻이다. ○讀者其致思焉(독자기치사언) : 그러므로 독자들도 이 구절을 특히 깊이 생각해야 한다.

중용 제12장 4절 : 「君子之道」

君子之道 造端乎夫婦 及其至也 察乎天地.

군자지도(는) 조단호부부(이나) 급기지야(는) 찰호천지(니라)

군자가 지키고 행할 도리는 그 단서가 부부 사이에서 이루어진다. 그러나 그 지극한 경지는 하늘땅에서 밝게 나타난다.

[어구 설명] ○君子之道(군자지도) : 군자가 지키고 행할 도리, 즉 중용의 도리는.
○造端乎夫婦(조단호부부) : 단서는 부부 사이에서 이루어진다.
○及其至也(급기지야) : 그러나, 지극한 경지는.
○察乎天地(찰호천지) : 하늘땅에서 밝게 나타난다.

[集註] (1) 結上文.

(1) 이 구절은 앞의 모든 글을 결론지은 것이다.

[설명주] (1) 右第十二章 子思之言 蓋以申明首章 道不可離之意也 其下八章 雜引孔子之言 以明之.

(1) 이상이 제12장이다. 자사의 말은 대체로 「도를 떠날 수 없음」에 대하여 거듭 설명한 것이다. 다음의 8장은, <즉 제13장에서 제20장까지는> 공자의 말을 섞어서 인용하여 <도를 떠날 수 없음을> 다시 설명한 것이다. <* 제13장에서 제20장까지는 「제12장」을 설명한 것이다.>
<* 이 장의 핵심은 「체은용비(體隱用費)」다. 이를 주자(朱子)는 대략 다음같이 풀이했다. 「도(道)는 체용(體用)을 겸하고, 비은(費隱)을 갖추었다.」 이 때의 「비(費)는 도의 용(用)」이고 「은(隱)은 도의 체(體)」를 말한 것이다.>

中庸 제13장 (총4절)

1절　子曰　道不遠人　人之爲道而遠人不可以爲道.

2절　詩云　伐柯伐柯　其則不遠　緝柯以伐柯　睨而視之　猶以爲遠
　　　故君子　以人治人　改而止.

3절　忠恕　違道不遠　施諸己而不願　亦勿施於人.

4절　君子之道四　丘未能一焉　所求乎子　以事父　未能也　所求乎
　　　臣　以事君　未能也　所求乎弟　以事兄　未能也　所求乎朋友
　　　先施之　未能也　庸德之行　庸言之謹　有所不足　不敢不勉　有
　　　餘　不敢盡　言顧行　行顧言　君子　胡不慥慥爾.

* 제13장은 「제1장 2절」에 있는 「도야자 불가수유리 가리비도야(道也
者 不可須臾離 可離非道也)」를 거듭 부연 설명한 말이다. 주로 공자의
말과 시경의 시구를 인용해서 뜻을 밝혔다. 13장은 총 4 절이다. 「1절」은
「도가 사람에게 멀지 않음」을 말했다. 「2절」은 「도는 가까운 자기에게
있음」을 말했다. 「3절」은 「충서(忠恕)가 도에서 멀지 않음」을 말했다.
「4절」은 「4개의 군자의 도」를 말했다.

중용 제13장 1절 : 「道不遠人」

子曰　道不遠人　人之爲道　而遠人　不可以爲道.

자왈 도불원인(하니) 인지위도 이원인(이면) 불가이위도(이니라)

공자가 말했다. 도는 사람과 멀리 떨어져 있는 것이 아니다. 사람이
행할 도가 멀리 있다면, 도라고 할 수 없다.

[어구 설명] ○道不遠人(도불원인) : 도는 사람으로부터 멀리 있지 않다.
○人之爲道(인지위도) : 사람이 도를 행한다.
○而遠人(이원인) : 도가 사람으로부터 멀리 있다면.
○不可以爲道(불가이위도) : 도가 될 수 없다.

[集註] (1) 道者率性而已　固衆人之所能知能行者也

故常不遠於人 若爲道者厭其卑近 以爲不足爲 而反務
爲高遠難行之事 則非所以爲道矣.

(1) 도는 본성 속의 이(理)를 따르고 행하는 것이다. <그러므로>
당연히 모든 사람이 능히 알고 행할 수 있는 것이다. 고로 <도는>
항상 사람으로부터 멀리 있지 않고 <가까이 있는 것이다.> 만약에
도를 따르고 행할 사람이 비근한 것을 싫어하고 <그것을> 도로
삼기에 부족하다고 생각하고 반대로 높고 멀고 행하기 어려운 것
만을 행하려고 애를 쓴다면 <그것은> 곧 도로 삼을 만한 것이
아니다.

[어구 설명] ○道者率性而已(도자솔성이이) : 도는 <천명으로 주어진> 본성 속의
천리(天理)이다. 그것을 따르고 행하는 것이 사람의 도리이다. ○固衆人之所能知
能行者也(고중인지소능지능행자야) : 당연히 모든 사람이 능히 알고 행할 수 있는
것이다. ○故常不遠於人(고상불원어인) : 고로 <도는> 항상 사람으로부터 멀리
있지 않다. ○若爲道者厭其卑近(약위도자염기비근) : 만약에 도를 따르고 행함에
있어, 비근한 도를 싫어하고. ○以爲不足爲(이위부족위) : <그런 비근한 것은>
도로 삼기에 부족하다고 생각하고. ○而反務爲高遠難行之事(이반무위고원난행
지사) : 반대로 높고 멀고 행하기 어려운 일만을 행하려고 애를 쓴다면. ○則非所以
爲道矣(즉비소이위도의) : 곧 <그러한 높고 먼 것은 도리어> 도가 될 수 없다.

중용 제13장 2절 : 「執柯伐柯」

詩云 伐柯伐柯 其則不遠 執柯以伐柯 睨而視之 猶
以爲遠 故君子 以人治人 改而止.

시운 벌가벌가(여) 기칙불원(이라하니) 집가이벌가(호되) 예이시지(하고) 유이위
원(하나니) 고(로) 군자(는) 이인치인(하다가) 개이지(니라)

시경(詩經) 빈풍(豳風) 벌가편(伐柯篇)에 있다. 「도끼자루를 만들
려고 나무를 벤다. 도끼자루를 만들려고 나무를 벤다. 그 기준은
멀리 있지 않다. 손에 자루를 잡고 가지를 베고 있으니 <그것이

기준이거늘>, 역시 곁눈질하여 보면서 아직도 멀다고 생각한다.」
고로 군자는 사람의 본성의 도리를 기준으로 남을 다스려야 하고,
바르게 되면 멈추어야 한다.

[어구 설명] ㅇ詩云(시운) : 시경(詩經) 빈풍(豳風) 벌가편(伐柯篇)의 시다.
ㅇ伐柯(벌가) : 도끼자루를 만들려고 나뭇가지를 베다. 伐(벨 벌), 柯(자루 가).
ㅇ其則不遠(기칙불원) : <만들려는 도끼자루의> 기준은 멀리 있지 않다.
ㅇ執柯以伐柯(집가이벌가) : 자기 손에 도끼자루를 잡고 <새로 자루를 만들려
고> 가지를 베고 있다. <기준은 바로 손에 있다는 뜻.>
ㅇ睨而視之(예이시지) : <그런데, 손안의 자루를 보지 않고> 곁눈질하여. <멀리
보면서.>
ㅇ猶以爲遠(유이위원) : 기준이나 본이 멀리 있는 것같이 생각을 한다.
ㅇ故君子(고군자) : 고로 군자는.
ㅇ以人治人(이인치인) : 「본연의 인간의 도리」를 기준으로 하고 사람을 다스려야
한다. 「본연의 인간의 도리」는 「본성 속의 도리, 즉 천리(天理)」라는 뜻이다.
ㅇ改而止(개이지) : <인욕을 해탈하고> 바른 인간의 도리로 되돌아오면 그것으
로 멈추어야 한다. 즉 사람이 사람으로 되돌아오면 그것으로 멈춘다.

[集註] (1) 詩豳風伐柯之篇 柯斧柄 則法也 睨邪視也
言人執柯伐木以爲柯者 彼柯長短之法 在此柯耳 然猶
有彼此之別 故伐者 視之猶以爲遠也.

(1) 「시(詩)」는 시경(詩經) 빈풍(豳風) 벌가편(伐柯篇)의 구절이다.
「가(柯)」는 도끼자루다. 「칙(則)은 곧 기준이다.」 「예(睨)」는 「곁눈
질해서 본다」는 뜻이다. 이 시는 다음 같은 뜻을 말한 것이다. 「사람
이 도끼자루를 손에 잡고 나무를 자르고 베고, 새 자루를 만든다.
<그 때 그 사람이 만들려는> 도끼자루의 장단의 기준은 <자기가
쥐고 있는> 바로 그 자루이다. 그러나 역시 피차간에 차이가 있다
고 여긴다. 그래서 나무를 자르는 사람이 이것저것을 보면서 역시
서로 멀고 다른 것이라고 생각을 한다.」

[어구 설명] ○詩豳風伐柯之篇(시빈풍벌가지편) : 시는 시경(詩經) 빈풍(豳風) 벌가편(伐柯篇)의 구절이다. ○柯斧柄(가부병) : 「가(柯)」는 도끼자루다. ○則法也(칙법야) : 「칙(則)」은 기준의 뜻이다. ○睨邪視也(예사시야) : 「예(睨)」는 「곁눈질해서 본다」는 뜻이다. ○人執柯伐木(인집가벌목) : 사람이 도끼자루를 손에 잡고 나무를 벤다. ○以爲柯者(이위가자) : 새로 자루를 만들려고 한다. ○彼柯長短之法(피가장단지법) : 그 도끼자루의 장단의 법도가. ○在此柯耳(재차가이) : <자기가 손에 쥐고 있는> 바로 그 자루이다. ○然猶有彼此之別(연유유피차지별) : 그러나 역시 피차간에 차이가 있다고 여긴다. 즉 만들려는 자루와 손에 쥐고 있는 자루가 다르다고 생각한다. ○故伐者視之(고벌자시지) : 그래서 나무를 자르는 사람이 이것과 저것을 보면서. ○猶以爲遠也(유이위원야) : 역시 멀다고 생각을 한다.

[集註] (2) 若以人治人 則所以爲人之道 各在當人之身 初無彼此之別 故君子之治人也 卽以其人之道 還治其人之身 其人能改 卽止不治.

(2) 만약에 <군자가 사람을 다스리려면> 그 사람이 <본성적으로 지닌> 도리로써 그를 다스려야 한다. 그러면 곧 사람이 되는 도리의 바탕이 저마다 본인의 몸에 갖추어져 있으므로 처음부터 이 사람, 저 사람의 분별이 없게 마련이다. 그러므로 군자가 사람을 다스릴 때에는 곧 그 사람의 도리로써 되돌려 그 사람의 몸을 다스리고 그 사람이 능히 도를 따라 개정하면 거기서 멈추어야 한다. <중용의 도에 맞게 하면 된다.>

[어구 설명] ○若以人治人(약이인치인) : 만약에 사람이 사람을 다스리고자 하면. ○則所以爲人之道(즉소이위인지도) : 그 때에 사람을 다스리는 도리의 바탕은. ○各在當人之身(각재당인지신) : 저마다 본인의 몸에 갖추어져 있다. <즉 천명으로 주어진 본성 속의 성리(性理)이다.> ○初無彼此之別(초무피차지별) : 처음부터 이것저것의 분별이 없다. <오직 성리(性理)를 따르면 된다.> ○故君子之治人也(고군자지치인야) : 그러므로 군자가 사람을 다스릴 때에는. ○卽以其人之道(즉이

기인지도) : 즉 사람의 본성 속에 있는 도리로써. ○還治其人之身(환치기인지신) : 되돌려 그 사람의 몸을 다스리고. ○其人能改(기인능개) : 그 사람이 능히 도를 따라 <허물을> 개정하면. ○卽止不治(즉지불치) : 거기서 멈추고 <더 높고 먼 것을 가지고> 다스리려고 하지 말아야 한다. <사람을 사람되게 하면 된다.>

[集註] (3) 蓋責之以其所能知能行 非欲其遠人以爲道也 張子所謂以衆人望人則易從 是也.

(3) 원칙적으로 모든 사람들이 알고 또 행할 수 있는 바를 요구해야 하며, 결코 사람으로부터 멀리 있는 것을 도로 삼으라고 요구하는 것이 아니다. 장횡거(張橫渠)가 말한 바『일반 대중의 도리를 가지고 남에게 바라면 용이하다』고 한 말이 바로 이 말이다.

[어구 설명] ○蓋責之以其所能知能行(개책지이기소능지능행) : 원칙적으로 모든 사람들이 알고 행할 수 있는 바를 요구한다(責). ○非欲其遠人以爲道也(비욕기원인이위도야) : 사람으로부터 멀리 있는 것을 도로 삼으라고 요구하는 것이 아니다. ○張子所謂(장자소위) : 장횡거(張橫渠)가 말한 바. ○以衆人望人則易從(이중인망인칙이종) : 일반 대중의 도리를 가지고 남에게 바라면 용이하다. <정몽 중정편(正蒙 中正篇)> ○是也(시야) : 바로 이 말이다.

중용 제13장 3절 :「違道不遠」

忠恕 違道不遠 施諸己而不願 亦勿施於人.

충서(이) 위도불원(하니) 시제기이불원(을) 역물시어인(이니라)

「충(忠)」과 「서(恕)」는 도에서 멀지 않다. <남이> 나에게 한 일로써 내가 원치 않는 바를 <나도> 역시 남에게 하지 말아야 한다.

[어구 설명] ○忠恕(충서) : 「충(忠)」은 적극적으로 자기의 최선을 다해서 남을 사랑함이다. 「서(恕)」는 자기 마음으로 촌탁(忖度)해서 남에게 관대하게 함이다. 「충서(忠恕)」에는 남에게 관대하게 대한다는 뜻이 많다.

○違道不遠(위도불원) : 충서(忠恕)는 도에서 멀지 않다.

○施諸己而不願(시제기이불원) : <남이> 나에게 한 일로써 내가 바라지 않는

일. 「시(施)」는 원래는 「베풀다」는 뜻이다. 여기서는 「남이 나에게 가하다, 한다」의
뜻으로 푼다.

ㅇ亦勿施於人(역물시어인) : 역시 남에게 하지 않는다. <내가 원치 않는 바를
남에게 강요하거나 하지 마라.>

[集註] (1) 盡己之心爲忠 推己及人爲恕 違去也 如春秋傳 齊師違穀七里之違 言自此至彼 相去不遠 非背而去之之謂也.

(1) 자기의 마음으로 정성을 다함이 충(忠)이다. 자기를 미루어 남
에게 미침이 서(恕)이다. 「위(違)」는 거리가 있다는 뜻이다. 춘추전
에서 제나라 군대가 곡(穀 : 지명)에서 7리 거리에 있다고 하는
「위(違)」와 같은 뜻이다. 여기서 저쪽까지 거리가 멀지 않다는 뜻
을 말한 것이다. 등지고 위배한다는 뜻이 아니다.

[어구 설명] ㅇ盡己之心爲忠(진기지심위충) : 자기의 최선을 다하려는 마음이 충
(忠)이다. ㅇ推己及人爲恕(추기급인위서) : 자기를 미루어 남에게 미침이 서(恕)이
다. ㅇ違去也(위거야) : 「위(違)」는 「거리가 멀다」는 뜻이다. ㅇ如春秋傳齊師違穀
七里之違(여춘추전제사위곡칠리지위) : 춘추전에서 제나라 군대가 곡에서 7리 거
리에 있다고 한, 「위(違)」와 같은 뜻이다. ㅇ言自此至彼相去不遠(언자차지피상거
불원) : 여기서 저쪽까지 거리가 멀지 않다는 뜻을 말한 것이다. ㅇ非背而去之之謂
也(비배이거지지위야) : 등지고 위배한다는 뜻을 말한 것이 아니다.

[集註] (2) 道卽其不遠人者 是也 施諸己而不願 亦勿施於人 忠恕之事也.

(2) 「도가 사람으로부터 멀리 있지 않다고 한 것이」 바로 이것이다.
남이 나에게 한 일을 내가 원치 않으면 나도 역시 남에게 하지
않는 것이 충(忠)과 서(恕)이다.

[어구 설명] ㅇ道卽其不遠人者是也(도즉기불원인자시야) : 「도가 사람으로부터
멀리 있지 않다고 한 것이」 바로 이것이다. ㅇ施諸己而不願(시제기이불원) : 남이

나에게 한 일을 내가 원치 않으면. ○亦勿施於人(역물시어인) : 나도 역시 남에게 하지 않는 것이. ○忠恕之事也(충서지사야) : 충서의 일이다. <남이 나에게 가한 일을 내가 싫어하면, 나도 남에게 가하지 않는 것이 충과 서를 행함이다.>

[集註] (3) 以己之心 度人之心 未嘗不同 則道之不遠 於人者可見 故己之所不欲 則勿以施於人 亦不遠人以 爲道之事.

(3) 나의 마음으로 남의 마음을 헤아리면 <마음이 피차> 같지 않은 게 없다. 그러니 도가 사람에게 멀지 않음을 알 수 있다. 고로 내가 원치 않는 일을 남에게 하지 않아야 하니, 역시 사람에게 멀지 않는 것을 도로 삼은 것이라 하겠다.

[어구 설명] ○以己之心度人之心(이기지심탁인지심) : 나의 마음을 가지고 남의 마음을 헤아리면. ○未嘗不同(미상부동) : 같지 않은 게 없다. ○則道之不遠於人者 可見(즉도지불원어인자가견) : 곧 도가 사람에게 멀지 않음을 알 수 있다. ○故己 之所不欲(고기지소불욕) : 고로 내가 원치 않는 일을. ○則勿以施於人(즉물이시어 인) : 남에게 하지 않아야 하니. ○亦不遠人以爲道之事(역불원인이위도지사) : 역 시 사람에게 멀지 않은 것을 도로 여긴 것이라 하겠다.

[集註] (4) 張子所謂 以愛己之心 愛人 則盡仁 是也.

(4) 장횡거(張橫渠)가 말한바, 나 자신을 사랑하는 마음으로 남을 사랑함이, 곧 나의 인(仁)을 다함이라고 말한 것이 바로 그 말이다.

[어구 설명] ○張子所謂(장자소위) : 장횡거(張橫渠)가 말한바. ○以愛己之心 愛人 (이애기지심 애인) : 나 자신을 사랑하는 마음으로 남을 사랑함. ○則盡仁是也(즉 진인시야) : 곧 나의 인(仁)을 다함이라고 말한 것이 바로 그것이다.

중용 제13장 4절 :「君子之道四」

君子之道四 丘未能一焉 所求乎子 以事父 未能也 所求乎臣 以事君 未能也 所求乎弟 以事兄 未能也

所求乎朋友 先施之 未能也 庸德之行 庸言之謹 有所不足 不敢不勉 有餘 不敢盡 言顧行 行顧言 君子胡不慥慥爾.

군자지도사(에) 구미능일언(이로니) 소구호자(로) 이사부(를) 미능야(하며) 소구호신(으로) 이사군(을) 미능야(하며) 소구호제(로) 이사형(을) 미능야(하며) 소구호붕우(로) 선시지(를) 미능야(로니) 용덕지행(하며) 용언지근(하야) 유소부족(이어든) 불감불면(하며) 유여(면) 불감진(하야) 언고행(하며) 행고언(이니) 군자호부조조이(리오)

군자가 행할 도가 네 가지 있다. 그러나 나는 하나도 능히 행하지 못한다. <내가> 자식에게 바라는 바대로 부모 섬기기를 아직 못한다. <내가> 신하에게 요구하는 대로 임금 섬기기를 아직 못한다. <내가> 동생에게 요구하는 대로 형님 섬기기를 아직 못한다. <내가> 벗에게 요구하는 대로 벗에게 먼저 베풀지 못한다. <그러므로> 중용의 도에 맞는 덕을 행하고, 중용의 도에 맞는 말을 성실하게 해야 한다. 모자라는 바가 있으면 감히 노력하지 않을 수 없고, 지나친 점이 있으면 감히 다하지 말아야 한다. 말이 행동을 돌아보고 행동이 말을 돌아보아야 하니, 군자가 어찌 독실하지 않을 수 있겠느냐.

[어구 설명] ㅇ君子之道四(군자지도사) : 군자가 행할 도가 네 가지 있다.
ㅇ丘未能一焉(구미능일언) : 나는 하나도 행하지 못한다. 「구(丘)」는 공자.
ㅇ所求乎子 以事父未能也(소구호자 이사부미능야) : <내가> 자식에게 바라는 바대로 <내가> 부모 섬기기를 아직 못한다.
ㅇ所求乎臣 以事君未能也(소구호신 이사군미능야) : <내가> 신하에게 요구하는 대로 <내가> 임금 섬기기를 아직 못한다.
ㅇ所求乎弟 以事兄未能也(소구호제 이사형미능야) : <내가> 동생에게 요구하는 대로, <내가> 형님 섬기기를 아직 못한다.
ㅇ所求乎朋友 先施之未能也(소구호붕우 선시지미능야) : <내가> 벗에게 요구

하는 대로 <내가> 벗에게 먼저 베풀지 못한다.
○庸德之行(용덕지행) : 중용의 도에 맞는 덕을 행하고. 「용덕(庸德)」은 「중용의
도에 맞는 평범하고 변치 않는 덕행」.
○庸言之謹(용언지근) : 중용의 도에 맞게 말을 근실하게 한다.
○有所不足(유소부족) : 모자라는 바가 있으면.
○不敢不勉(불감불면) : 감히 노력하지 않을 수 없다.
○有餘不敢盡(유여불감진) : 지나친 것은 감히 끝까지 하지 않는다.
○言顧行(언고행) : 말이 행동을 돌아보고.
○行顧言(행고언) : 행동이 말을 돌아보아야 한다.
○君子胡不慥慥爾(군자호부조조이) : <그러니> 군자가 어찌 독실하지 않을 수
있느냐. 「慥(착실할 조)」

[集註] (1) 求猶責也 道不遠人 凡己之所以責人者 皆
道之所當然也 故反之以自責而自修焉.

(1) 「구(求)」는 「책(責)」과 같은 뜻이다. <이 때의 「책(責)」은 「바
란다, 권한다」는 뜻> 도는 사람과 멀리 있지 않다. 무릇 내가 남에
게 요구하는 것은 도의 당연한 것이다. 고로 <내가 남에게 요구하
는 것을> 돌이켜서 스스로 나에게 구하고 아울러 스스로 닦아야
한다.

[어구 설명] ○求猶責也(구유책야) : 「구(求)」는 「책(責)」과 같은 뜻이다. 이 때의
「책(責)」은 「바란다, 권한다」는 뜻. ○道不遠人(도불원인) : 도는 사람과 멀리 있지
않다. 혹은 도는 사람을 멀리하지 않는다. 즉 도는 사람과 함께 있다. ○凡己之所以
責人者(범기지소이책인자) : 무릇 내가 남에게 요구하는 것은. ○皆道之所當然也
(개도지소당연야) : 도의 당연한 것이다. 즉 사람이 당연히 지킬 도리다. ○故反之
(고반지) : 고로 <내가 남에게 요구하는 것을> 돌이켜서. ○以自責而自修焉(이자
책이자수언) : 스스로 나에게 구하고, 아울러 스스로 닦고 수양해야 한다.

[集註] (2) 庸平常也 行者踐其實 謹者擇其可 德不足
而勉 則行益力 言有餘而訒 則謹益至 謹之至 則言顧

行矣 行之力 則行顧言矣 慥慥篤實貌 言君子之言行
如此 豈不慥慥乎 讚美之也 凡此皆不遠人以爲道之
事.

(2)「용(庸)」은 평상이라는 뜻이다.「행(行)」은 실천한다는 뜻이다.
「근(謹)」은 잘할 수 있게 신중하게 택한다는 뜻이다. 덕이 부족하
면 더욱 노력한다. 그러면 곧 실천이 더욱 세차게 된다. 말이 넘치
면 눌러 참는다. 그러면 곧 신중함이 더욱 지극한 경지에 이른다.
신중함이 지극한 경지에 이르면 곧 말이 행동을 돌아보게 된다.
실천이 힘을 얻으면 곧 행동이 말을 돌아보게 된다.「조조(慥慥)」
는 독실한 모양이다. 이는 다음 같은 뜻을 말한 것이다. 군자의
언행이 이와 같으니 어찌 독실하지 않으냐? 찬미하는 말이다. 이
모두가 다 사람과 멀지 않은 것을 도로 삼는다는 뜻이다.

[어구 설명] ○行者踐其實(행자천기실) :「행(行)」은 실천한다는 뜻이다. ○謹者擇
其可(근자택기가) :「근(謹)」은 잘할 수 있게 신중하게 택한다는 뜻이다. ○言有餘
而訒則謹益至(언유여이인즉근익지) : 말이 넘치면 눌러 참는다. 그러면 곧 신중함
이 더욱 지극한 경지에 이른다. ○慥慥篤實貌(조조독실모) :「조조(慥慥)」는 독실
한 모양이다. ○凡此皆不遠人以爲道之事(범차개불원인이위도지사) : 이 모두가
다 사람과 멀지 않은 것을 도로 삼았다는 뜻이다. ○豈不慥慥乎(기부조조호) :
어찌 독실하지 않으냐.

[集註] (3) 張子所謂 以責人之心 責己則盡道 是也.

(3) 장횡거(張橫渠)가 말한바 자신이 <남에게> 바라는 마음으로
<먼저> 자기 자신에게 요구하면 곧 도를 다한다고 한 것이 바로
이것이다.

[어구 설명] ○張子所謂(장자소위) : 장횡거(張橫渠)가 말한바. ○以責人之心(이
책인지심) : 자신이 <남에게> 바라는 마음으로. ○責己則盡道是也(책기즉진도
시야) : <먼저> 자기 자신에게 요구하면 곧 도를 다한다고 한 것이 바로 이것

이다.

[설명주] (1) 右第十三章.

(1) 이상이 제13장이다.

[설명주] (2) 道不遠人者 夫婦所能 丘未能一者 聖人所不能 皆費也而其所以然者 則至隱存焉 下章放此.

(2) 도가 사람과 멀지 않다고 함은, 곧 필부필부도 능히 할 수 있으며, 공자도 아직 하나도 못한다고 말한 것은 성인도 능히 하지 못하는 바 있다는 말이다. 모두 도가 광대하게 쓰여짐을 말한 것이다. 그러나 도의 연유나 본체는 지극히 은미(隱微)한 속에 있다. 다음 장도 이와 같다.

[참고 보충] 「충서(忠恕)」

<1> 논어(論語) 이인편(里仁篇)에서 공자가 말했다.

「나의 도는 하나로써 꿰뚫는다.(吾道一以貫之)」 이를 수제자 증자(曾子)가 다음같이 풀이했다. 「선생님이 말씀하신 도는 충서뿐이다.(夫子之道 忠恕而已矣.)」

<2> 또 옹야편(雍也篇)에서 공자가 말했다.

「어진 사람은 내가 나서고 싶으면 남을 내세우고, 내가 도달하고 싶으면 남을 도달케 한다.(夫仁者 己欲立而立人 己欲達而達人)」

<3> 공자가 말한 도(道)는 주로 인도(仁道)의 뜻이다. 인도(仁道=人道)의 바탕은 천도(天道)다. 「중용의 도(中庸之道)」는 곧 군자가 행해야 할 도리로 핵심은 인도(仁道=人道)이다.

<4> 공자가 말하는 인(仁)을 오늘의 말로 다음같이 풀이할 수 있다.

「사람은 혼자서는 태어날 수도 없고, 또 살지도 못한다. 반드시 남과 어울려 함께 살게 마련이다. 그러므로 서로 사랑하고 협동하여 함께 잘 살아야 한다. 그것을 공자가 한마디로 인(仁)이라고 한 것이다.」

<5> 적극적인 인(仁)을 충(忠)이라 하고, 소극적인 인(仁)을 서(恕)라고 한다.

中庸 제14장 (총5절)

1절 君子 素其位而行 不願乎其外.

2절 素富貴 行乎富貴 素貧賤 行乎貧賤 素夷狄 行乎夷狄 素患
    難 行乎患難 君子 無入 而不自得焉.

3절 在上位 不陵下 在下位 不援上 正己而不求於人 則無怨 上
    不怨天 下不尤人.

4절 故君子居易以俟命 小人行險以徼幸.

5절 子曰 射有似乎君子 失諸正鵠 反求諸其身.

　* 제14장은 중용의 도를 지켜야 함을 강조했다. 1절에서 4절까지는 자
사(子思)의 말, 5절의 「자왈(子曰)」은 공자의 말이다. 「1절」 : 군자는
현재의 위치와 처지에 맞게 행해야 한다. 「2절」 : 부귀를 누릴 때에도
빈천할 때에도, 오랑캐 땅에 들어가도, 혹은 불행하게 환난에 처해도
언제나 중용의 도를 지키고 행해야 한다. 「3절」 : 언제나 자신을 바르게
해야 한다. 「4절」 : 군자는 평이한 도를 지키면서 천명을 기다리지만
소인은 험악한 짓을 하고 요행을 바란다. 「5절」 : 활로 과녁을 맞추거나
못 맞추거나 다 자기 책임이다.

중용 제14장 1절 : 「素其位而行」

君子 素其位而行 不願乎其外.

군자(는) 소기위이행(이오) 불원호기외(니라)

군자는 자기 자리를 바탕으로 행동하며 그 밖의 것을 바라지 않
는다.

[어구 설명] ○素其位而行(소기위이행) : 현재의 자리를 바탕으로 하고 행동한다.
「소(素)」는 바탕으로 한다.

○不願乎其外(불원호기외) : 그 밖의 것을 원치 않는다.

　[集註] (1) 素猶見在也 言 君子但因見在所居之位 而

爲其所當爲 無慕乎其外之心也.

⑴ 「소(素)」는 「현재 있다」의 뜻이다. 이 말은 곧 군자는 현재 처해 있는 자리를 바탕으로 하고 마땅히 할 일을 하고, 그 밖의 것을 바라는 마음이 없어야 한다는 뜻을 말한 것이다.

[어구 설명] ○素猶見在也(소유현재야) : 「소(素)」는 「현재(現在)」와 같은 뜻이다. 「견(見)」은 「현(見=現)」이다. ○君子但因見在所居之位(군자단인현재소거지위) : 군자는 현재 처해 있는 자리를 바탕으로 하고. ○而爲其所當爲(이위기소당위) : 마땅히 할 일을 하고. ○無慕乎其外之心也(무모호기외지심야) : 그 밖의 것을 바라는 마음을 갖지 않는다는 뜻이다.

중용 제14장 2절 : 「素富貴 行乎富貴」

素富貴 行乎富貴 素貧賤 行乎貧賤 素夷狄 行乎夷狄 素患難 行乎患難 君子 無入而不自得焉.

소부귀(하얀) 행호부귀(하며) 소빈천(하얀) 행호빈천(하며) 소이적(하얀) 행호이적(하면) 소환난(하얀) 행호환난(이니) 군자(는) 무입이부자득언(이니라)

부귀를 누리는 위치에 있으면 <중용의 도에 맞게> 부귀를 누리고 산다. 빈천한 처지에 있으면 <중용의 도에 맞게> 빈천하게 산다. 이적의 땅에 있게 되면 <그 나름대로 중용의 도에 맞게> 이적과 함께 산다. 환난에 빠져도 <역시 중용의 도에 맞게> 환난에 대처하며 산다. 군자는 어떠한 처지나 경우에 들어가도 스스로 도를 터득하지 못하는 법이 없다.

[어구 설명] ○素富貴行乎富貴(소부귀행호부귀) : 부귀를 누릴 수 있는 위치에 있으면, <중용의 도에 맞게> 부귀를 누리고 산다.
○素貧賤行乎貧賤(소빈천행호빈천) : 빈천한 자리에 있으면 <중용의 도에 맞게> 빈천하게 산다.
○素夷狄行乎夷狄(소이적행호이적) : 이적의 땅에 있게 되면 <그 나름대로 중용의 도에 맞게> 이적과 함께 산다.

ㅇ素患難行乎患難(소환난행호환난) : 환난에 빠져도 <역시 중용의 도에 맞게> 환난에 대처하며 산다.

ㅇ君子無入而不自得焉(군자무입이부자득언) : 군자는 어떠한 처지나 경우에서도 스스로 도를 터득하지 못하는 법이 없다. <* 중용의 도를 따라 태연 자득한다.>

[集註] (1) 此言素其位而行也.

(1) 이 말은 자기가 현재 처한 자리에 맞게 행함을 말한 것이다.

중용 제14장 3절 : 「不求於人」

在上位 不陵下 在下位 不援上 正己而不求於人 則 無怨 上不怨天 下不尤人.

재상위(하야) 불릉하(하며) 재하위(하야) 불원상(이오) 정기이불구어인(이면) 즉 무원(이니) 상불원천(하며) 하불우인(이라)

윗자리에 있으면 아랫사람을 능욕하지 않는다. 아랫자리에 있으면 윗사람에게 덧붙고 의지하지 않는다. 자기를 바르게 하고 남에게 구하지 않는다. 그러므로 남을 원망하는 일도 없다. 위로는 하늘도 원망하지 않고 아래로는 남을 탓하지도 않는다.

[어구 설명] ㅇ在上位不陵下(재상위불릉하) : 윗자리에 있으면 아랫사람을 능욕(陵辱)하지 않는다. 「능욕」은 업신여기고 욕보인다.

ㅇ在下位不援上(재하위불원상) : 아랫자리에 있으면 윗사람에게 덧붙고 의지하지 않는다.

ㅇ正己而不求於人(정기이불구어인) : 자기를 바르게 하고 남에게 구하지 않는다. 「정기(正己)」의 기준은 도(道)다. 즉 「도」를 바르게 지키고 행한다.

ㅇ則無怨(즉무원) : 그러므로 남을 원망하는 일도 없다.

ㅇ上不怨天(상불원천) : 위로는 하늘도 원망하지 않고.

ㅇ下不尤人(하불우인) : 아래로는 남을 탓하지도 않는다. 논어(論語)에 있다. 「하늘을 원망하지 않고, 남을 탓하지 않는다(不怨天 不尤人)」 <憲問>

[集註] (1) 此言不願乎其外也.

(1) 이는 「밖의 것을 구하지 않음」을 말한 것이다.

<* 인욕(人欲)을 바탕으로 한 세속적 「명리(名利), 재물(財物), 지배(支配), 교만(驕慢)」 등을 바라지 않는다.>

중용 제14장 4절 : 「居易俟命」

故君子 居易以俟命 小人 行險以徼幸.

고(로) 군자(는) 거이이사명(하고) 소인(은) 행험이요행(이니라)

그러므로 <도를 지키고 행하는> 군자는 평이하게 처신하고 천명(天命)을 기다린다. <도를 모르고 자기 욕심만을 채우려는> 소인은 <도에서 벗어난> 위험하고 험난한 짓을 행하고 요행을 바란다.

[어구 설명] ㅇ居易以俟命(거이이사명) : 편하게 처신하고 천명을 기다린다. ㅇ行險以徼幸(행험이요행) : 위험하고 험악한 짓을 하고, 요행을 바란다.

[集註] (1) 易平地也 居易素位而行也 俟命不願乎外也 徼求也 幸謂所不當得而得者.

(1) 「이(易)」는 평탄한 경지다. 「거이(居易)」는 현재 처한 자리나 처지를 바탕으로 하고 도를 따르고 행한다는 뜻이다. 「사명(俟命)」은 <도를 따르고 행하고 천명을 기다릴 뿐> 다른 것을 바라지 않는다는 뜻이다. 「요(徼)」는 「구(求)」다. 「행(幸)」은 「얻을 수 없는 것을 얻으려 한다는 뜻」이다.

[어구 설명] ㅇ居易素位而行也(거이소위이행야) : 현재 처한 자리나 처지를 바탕으로 하고 행한다. ㅇ俟命不願乎外也(사명불원호외야) : 「명을 기다림[俟命]」은 <도를 행할 뿐> 다른 것을 바라지 않음이다. ㅇ徼求也(요구야) : 「요(徼)」는 구한다는 뜻. ㅇ幸謂所不當得而得者(행위소부당득이득자) : 「행(幸)」은 「얻을 수 없는 것을 얻는다」는 뜻.

중용 제14장 5절 : 「反求諸其身」

子曰 射有似乎君子 失諸正鵠 反求諸其身.

자왈 사유사호군자(하니) 실제정곡(이오) 반구제기신(이니라)

공자가 말했다. 활쏘기의 도리가 군자의 도리와 닮은 점이 있다. 정곡을 맞추지 못하면 <그 원인을> 돌이켜 자신에게서 찾아본다.

[어구 설명] ㅇ射有似乎君子(사유사호군자) : 활쏘기의 도리가 군자의 도리와 닮은 점이 있다.

ㅇ失諸正鵠(실제정곡) : 정곡을 맞추지 못하면.

ㅇ反求諸其身(반구제기신) : 돌이켜 <실수의 원인을> 자기에게서 찾는다.

[集註] (1) 畫布曰正 棲皮曰鵠 皆侯之中 射之的也.

(1) 베에다 그린 표적을 정(正)이라 하고, 가죽으로 만든 표적을 곡(鵠)이라 한다. 모두 표적의 한복판에 붙여 놓은 것으로 활쏘기의 과녁이다.

[어구 설명] ㅇ正(정) : 베로 만든 중심 표적, 과녁. ㅇ鵠(곡) : 가죽으로 만든 중심 표적, 과녁. 「후(侯)」는 베(布)로 만들고, 대사(大射) 때에는 가죽으로 만든 곡(鵠)을 복판에 달고, 빈사(賓射) 때에는 베로 만든 정(正)을 복판에 붙인다고 한다. ㅇ侯(후) : 활쏘기 할 때의 전체 표적.

[集註] (2) 子思引此孔子之言 以結上文之意.

(2) 자사가 공자의 말을 인용해서 앞의 글의 뜻을 결론지은 것이다.

[설명주] (1) 右第十四章 子思之言也 凡章首 無子曰字者 放此.

(1) 이상이 제14장이다. 자사(子思)가 한 말이다. 모든 장의 첫머리에 「자왈(子曰)」이라는 글자가 없는 것은 다 <자사가 한 말이다.>

中庸 제15장 (총3절)

1절 君子之道 辟如行遠必自邇 辟如登高必自卑.

2절 詩曰 妻子好合 如鼓瑟琴 兄弟旣翕 和樂且耽 宜爾室家 樂
　　爾妻帑.

3절 子曰 父母 其順矣乎.

＊ 제15장의 첫 구절은 자사(子思)의 말이고, 둘째 구절은 시경(詩經)에
서 인용한 구절이고, 셋째 구절은 공자의 말을 인용해서 결론지은 것이
다. 「1절」: 치국(治國)이나 평천하(平天下)하는 군자의 도(君子之道)도
가까운 데서부터 이루어지게 마련이다. 「2절」: 자사가 시경의 구절을
인용해서 덕치의 바탕이 「처자와 형제가 서로 사랑하고 화목하는 것」
임을 강조했다. 「3절」: 자사는 다시 공자의 말을 인용해서 결론을 지었
다. 즉 「군자가 처자를 잘 거느리고 형제간에 화목하면, 위에 계신 부모
가 안락하실 것이다.」 「제15장」은 「효제(孝弟)와 제가(齊家)」가 「치국
(治國)과 평천하(平天下)」의 바탕임을 강조한 것이다.

중용 제15장 1절 : 「行遠必自邇」

君子之道 辟如行遠必自邇 辟如登高必自卑.

군자지도(는) 비여행원(에) 필자이(하며) 비여등고(에) 필자비(니라)

군자가 도를 따르고 행함은 비유하면 먼 길을 갈 때에 반드시 가까
운 곳에서 <시작함과> 같고, 또 비유하면 높은 데를 올라갈 때에
반드시 낮은 데서 <시작함과> 같다.

[어구 설명] ○行遠必自邇(행원필자이) : 먼 길도 반드시 가까운 데서 간다.
○登高必自卑(등고필자비) : 높은 데도 반드시 낮은 데서부터 오른다. 「辟(벽)＝
譬(비유할 비), 邇(가까울 이)」

[集註] (1) 辟 譬同.

(1) 「비(辟)」자는 「비(譬)」와 같다.

중용 제15장 2절 : 「妻子兄弟」

詩曰 妻子好合 如鼓瑟琴 兄弟旣翕 和樂且耽 宜爾 室家 樂爾妻帑.

시왈 처자호합(이) 여고슬금(하며) 형제기흡(하야) 화락차탐(이라) 의이실가(하며) 낙이처노(라)

시경(詩經) 소아(小雅) 상체편(常棣篇)의 시에 다음 같은 구절이 있다. 「처와 자식들이 사랑하고 화합함이 슬(瑟)과 금(琴)이 어울려 소리를 내는 듯하고, 형제가 항상 화합하여 서로 화락(和樂)하고 깊이 즐거워하니, 그대의 집안이 화목하고 의가 좋으며, 그대의 처와 자식들도 즐거워하노라.」

[어구 설명] ㅇ如鼓瑟琴(여고슬금) : 슬(瑟)과 금(琴)이 잘 어울려 소리를 내는 듯하다. 슬(瑟)은 25현(絃), 금(琴)은 7현의 거문고. 「翕(합할 흡), 耽(즐길 탐)」
ㅇ宜爾室家(의이실가) : 너의 집안이 화목하다.
ㅇ樂爾妻帑(낙이처노) : 처자식들이 즐겁게 살다.

[集註] (1) 詩小雅常棣之篇 鼓瑟琴和也 翕亦合也 耽亦樂也 帑子孫也.

(1) 「시(詩)」는 시경(詩經) 소아(小雅) 상체편(常棣篇)의 구절이다. 「고슬금(鼓瑟琴)」은 「조화를 이루다」의 뜻이다. 「흡(翕)」도 역시 「화합(和合)하다」의 뜻이다. 「탐(耽)」도 「즐거워하다」의 뜻이다. 「노(帑)」는 「노(孥)」와 같고, 자손(子孫)의 뜻이다.

중용 제15장 3절 : 「父母其順矣乎」

子曰 父母 其順矣乎.

자왈 부모(는) 기순의호(이신져)

공자가 말했다. 그의 부모는 참으로 마음이 편하고 즐거우실 거다.

[어구 설명] ○父母其順矣乎(부모기순의호) : 그들의 부모는 참으로 마음이 편하고 순탄하고 즐거우리라.

[集註] (1) 夫子 誦此詩而讚之曰 人能和於妻子 宜於兄弟如此 則父母其安樂之矣.

(1) 공자가 이 시를 읽고 칭찬했다. 능히 그와 같이 아내나 자식과 화목하고 형제와 의가 좋으면, 부모가 참으로 안락하고 즐겁다.

[集註] (2) 子思引詩及此語 以明行遠自邇 登高自卑之意.

(2) 자사가 시경의 이 시를 인용해서 먼 길도 가까이서 출발하고, 높은 곳도 낮은 데서부터 올라간다는 뜻을 밝힌 것이다.

[설명주] (1) 右第十五章.

(1) 이상이 제15장이다.

[참고 보충] 「수신(修身)과 제가(齊家)」

<1> 먼 길도 가까운 곳에서부터 한 발씩 걸어가게 마련이고, 높은 산도 낮은 바닥에서부터 한 발씩 오르게 마련이다. 그와 마찬가지로 높고 원대한 치국(治國), 평천하(平天下)도 수신(修身)과 제가(齊家)에서부터 달성되게 마련이다. 바꾸어 말하면, 수신이나 제가가 치국 평천하의 첫발이고 바탕이다.

<2> 가정은 국가 사회의 기본단위이다. 그러므로 가정윤리의 확립이 곧 국가 사회, 더 나가서는 인류 공동체 확립의 기본이다.

<3> 윤리는 사람들이 함께 어울리고 잘사는 도리다. 그러므로 가족이 서로 윤리를 지키고 행해야 한다. 즉 「부자유친(父子有親), 부부유별(夫婦有別), 형제우애(兄弟友愛)」해야 한다. 서로 사랑하고 협동하고 하나로 뭉치고 함께 화락(和樂)해야 한다.

<4> 거듭 말하겠다. 가정은 소우주(小宇宙)이고 사회의 기본단위다. 가정을 우주적으로 확대한 것이 국가 세계이다. 그러므로 가정윤리의 확립은 하나의 평화세계, 즉 인류의 대동세계(大同世界) 창건의 바탕이 된다.

中庸 제16장 (총5절)

1절 子曰 鬼神之爲德 其盛矣乎.

2절 視之而弗見 聽之而弗聞 體物而不可遺.

3절 使天下之人 齊明盛服 以承祭祀 洋洋乎如在其上 如在其左
　　　右.

4절 詩曰 神之格思 不可度思 矧可射思.

5절 夫微之顯 誠之不可揜 如此夫.

> * 제16장은 모두 5절이다. 「1절」 : 눈에 보이지 않는 「귀신의 덕」을
> 높였다. 「2절」 : 귀신은 보이지도 않고 소리도 없다. 그러나 그 영묘한
> 작용과 효험은 어디에나 나타낸다. 「3절」 : 사람들은 정성을 모아 귀신
> 을 모시고 제사를 지내야 한다. 「4절」 : 신은 알 수 없다. 그러나 신을
> 소홀히 하면 안 된다. 「5절」 : 은미(隱微)한 도나 신은 이와 같이 반드시
> 나타난다. 그러므로 정성으로 받들어야 한다.

중용 제16장 1절 :「鬼神之爲德」

子曰 鬼神之爲德 其盛矣乎.

자왈 귀신지위덕(이) 기성의호(인져)

공자가 말했다. 귀신의 덕이 참으로 성대하다.

[어구 설명] ○鬼神之爲德(귀신지위덕) : 귀신의 덕(德). 여기서 말하는 「덕」은
곧 공능(功能)이나 효험(效驗)이다. <* 귀신에 대한 자세한 설명은 「참고 보충」에
서 하겠다.>

○其盛矣乎(기성의호) : 참으로 성대하다. 「기(其)」는 강조사(强調詞).

[集註] (1) 程子曰 鬼神 天地之功用 而造化之迹也.

(1) 정자가 말했다. 귀신은 천지의 공용이고 조화의 자국이다.

[어구 설명] ○鬼神天地之功用(귀신천지지공용) :「귀신(鬼神)」은 천지(天地)의
공용이다. 「천지지공용(天地之功用)」은 좁게는 「하늘과 땅 사이에 나타나는 귀신

의 작용, 기능 및 효용(效用)과 효험(效驗)」 등의 뜻이다. 크게는 하늘의 양기(陽氣)와 땅의 음기(陰氣)가 어울려 나타나는 자연의 기상, 변화, 현상 및 만물을 생화(生化)하는 작용 등을 다 말한다. ○而造化之迹也(이조화지적야) : <귀신은 곧 음과 양의 두 기가 어울려 나타나는> 조화(造化)의 자국이다. 조화로써 나타난 현상(現象) 및 형상(形相)이다.

[集註] (2) 張子曰 鬼神者 二氣之良能也.

(2) 장횡거(張橫渠)가 말했다. 귀신은 음양(陰陽) 두 기(氣)의 영묘(靈妙)한 공능(功能)이다.

[어구 설명] ○二氣(이기) : 음양(陰陽)의 두 기. ○良能(양능) : 주자는 다음같이 말했다. 「양능」은 「왕래(往來), 굴신(屈伸)을 말하고 이(理)의 자연이다.」

[集註] (3) 愚謂以二氣言 則鬼者陰之靈也 神者陽之靈也 以一氣言 則至而伸者爲神 反而歸者爲鬼 其實一物而已.

(3) <주자의 말> 나는 생각한다. 음양의 두 기를 나누어 말하면, 곧 귀(鬼)는 음기(陰氣)의 영묘한 작용이고, 신(神)은 양기(陽氣)의 영묘한 작용이다. 하나의 기로 말하면 즉 음이나 양이나 하나를 가지고 말하는 것이며, 오고 뻗어나는 기(氣)는 신(神)이고, 물러나고 돌아가는 기(氣)는 귀(鬼)다. 실은 하나의 같은 기(氣)일 뿐이다.

[어구 설명] ○以二氣言(이이기언) : 음양의 두 기로 말하면. ○則鬼者陰之靈也(즉 귀자음지령야) : 즉 귀(鬼)는 음기(陰氣)의 영이다. ○神者陽之靈也(신자양지령야) : 신(神)은 양기(陽氣)의 영이다. ○以一氣言(이일기언) : 하나의 기로 말하면. ○則至而伸者爲神(즉지이신자위신) : 즉 오고 뻗는 기(氣)는 신(神)이고. ○反而歸者爲鬼(반이귀자위귀) : 물러나고 되돌아가는 기(氣)는 귀(鬼)이다.

[集註] (4) 爲德 猶言性情功效.

(4) 덕(德)은 「성정(性情)과 공효(功效)」와 같은 뜻이다.

[어구 설명] ○爲德(위덕) : 덕이라고 한 것은. ○性情功效(성정공효) : 성(性)과

정(情)의 공능 효과다. 「성(性)」은 곧 성리(性理)다. 즉 천명으로 주어진 본성 속의 천리(天理). 「정(情)」은 좁게는 기(氣)를 바탕으로 하여 나타난 감정(感情), 정서(情緒), 크게는 사물을 처리함으로써 나타난 사정(事情) 및 정상(情狀) 등을 다 포함한다. 「공(功)」은 「기능(機能), 작용(作用)」, 「효(效)」는 「효과(效果), 효험(效驗)」이다.

중용 제16장 2절 : 「視之而弗見」

視之而弗見 聽之而弗聞 體物而不可遺.

시지이불견(하며) 청지이불문(하며) 체물이불가유(이니라)

귀신은 그 형상을 보려 해도 보이지 않고, 그 소리를 들으려 해도 들을 수 없다. 그러나 귀신은 모든 물건의 몸체가 되고 하나도 빠뜨리는 것이 없다. <만물이 모두 귀신의 조화로 이루어지고 형성된다.>

[어구 설명] ○視之而弗見(시지이불견) : <귀신은 그 형체를> 눈으로 보아도 보이지 않는다.

○聽之而弗聞(청지이불문) : <귀신은 그 소리를> 귀로 들어도 들을 수 없다.
○體物而不可遺(체물이불가유) : <귀신은 보이지도 않고 소리도 없다> 그러나 귀신은 모든 물건의 몸체가 되고 하나도 빠뜨리는 것이 없다.
<* 즉 만물은 모두 귀신의 조화로 이루어진다. 귀신은 음과 양의 기의 공능(功能) 효용(效用)이다. 그러므로 만물은 귀신을 빠뜨릴 수 없다고 말하는 것이다.>

[集註] (1) 鬼神無形與聲 然物之終始 莫非陰陽合散 之所爲 是其爲物之體 而物之所不能遺也.

(1) 귀신은 형상(形狀)도 음성(音聲)도 없다. 그러나 모든 물건의 끝이자 시작이 모두가 음양이 모였다 흩어졌다 하는 작용 <즉 귀신의 작용이> 아닌 게 없다. 귀신은 곧 물건의 형체를 꾸미는 인소(因素)다. 고로 만물은 <귀신의 작용을> 빠뜨릴 수 없다.

[어구 설명] ○鬼神無形與聲(귀신무형여성) : 귀신은 형상(形狀)도 음성(音聲)도

없다. ○然物之終始(연물지종시) : 그러나 모든 물건의 끝이자 시작이다. ○莫非陰陽合散之所爲(막비음양합산지소위) : 음양이 모였다 흩어졌다 하는 작용이 아닌 게 없다. <* 여기서 말하는 「음양합산(陰陽合散)」은 곧 「음양이 모였다 흩어지는 기능과 작용」의 뜻이다.> ○是其爲物之體(시기위물지체) : <그와 같은 기능과 작용이 곧> 만물의 형체가 된다. ○而物之所不能遺也(이물지소불능유야) : 모든 물건은 귀신을 빠뜨릴 수 없다. <* 즉 모든 물건은 음양의 기(氣)의 기능과 작용이 빠질 수 없다.>

[集註] (2) 其言體物 猶易所謂幹事.

(2) 「체물(體物)」이라고 한 말은 주역(周易) 문언전(文言傳)에서 말한 바 「일의 근간(幹事)」과 같은 뜻이다. <* 원형이정(元亨利貞) 의 정(貞)이 곧 사지간(事之幹)이다. : 新安 陳氏 : 大全註>

중용 제16장 3절 : 「使人齊明盛服」

使天下之人 齊明盛服 以承祭祀 洋洋乎如在其上 如在其左右.

사천하지인(으로) 제명성복(하야) 이승제사(하고) 양양호여재기상(하며) 여재기좌우(이니라)

천하의 모든 사람으로 하여금 목욕재계하고 정결한 마음가짐과 성대한 예복을 차려입고 제사를 받들게 한다. <그러면 신령과 귀신이 그 위에 강림해서> 흡사 강물처럼 넘실거리는 듯하고 그 좌우에 서성대는 듯한다.

[어구 설명] ○使天下之人(사천하지인) : <신령이자 귀신이> 천하의 모든 사람으로 하여금.

○齊明盛服(제명성복) : 목욕재계(沐浴齋戒)하고 밝은 마음으로 성대한 예복을 차려입게 한다.

○以承祭祀(이승제사) : 그리고 제사를 받들게 한다.

○洋洋乎如在其上(양양호여재기상) : <그러면 신령이나 귀신이 그 위에 강림해

서> 흡사 강물처럼 넘실거리는 듯하고.

ㅇ如在其左右(여재기좌우) : 좌우에 서성대는 듯하다.

[集註] (1) 齊之爲言 齊也 所以齊不齊而致其齊也 明猶潔也.

(1) 「제(齊)」는 「가지런히 한다는 뜻이다[齊]」. 같지 않은 것을 같게 해 가지고 나를 신령과 같게 한다는 뜻이다. 「명(明)」은 정결(淨潔)과 같은 뜻이다.

[어구 설명] ㅇ齊之爲言齊也(제지위언제야) : 「제(齊)」라는 말은 「가지런히 한다는 뜻이다[齊]」. <제사 지낼 때에 목욕재계(沐浴齋戒)하는 것은 자기 몸을 선조의 영혼과 똑같게 정결하게 하기 위해서다. 마음이나 몸에 때가 묻으면 신령이 강림할 수 없다.> ㅇ所以(소이) : ……해 가지고. ㅇ齊不齊(제부제) : 부제(不齊)를 제(齊)하고. 같지 않은 것을 같게 만들다. 혹은 부정(不淨)한 것을 정결하게 만든다. ㅇ而致其齊也(이치기제야) : 그래가지고 <나를 신령과> 같게 만든다. ㅇ明猶潔也(명유결야) : 「명(明)」은 정결(淨潔)과 같은 뜻이다.

[集註] (2) 洋洋 流動充滿之意 能使人畏敬奉承而發見昭著如此 乃其體物而不可遺之驗也.

(2) 「양양(洋洋)」은 「신령이 넘실넘실 강림하여 이리저리 움직이고(流動), 신령이 집안이나 후손 마음속에 가득 차고 넘친다(充滿)」는 뜻이다. <그래서 신령이> 능히 사람들로 하여금 외경(畏敬)하고 받들어 모시게 하고 그와 같이 <신령이 사실적으로> 밝게 나타난다. <이것이> 곧 <귀신이나 신령이> 물건에 몸이 되어 작용을 하고 하나도 빠뜨리는 것이 없다는 말의 징험(徵驗)이다.

[어구 설명] ㅇ洋洋 流動充滿之意(양양 유동충만지의) : 「양양(洋洋)」은 「신령이 넘실넘실 강림하고(洋洋), 강림한 신령이 이리저리 움직이고(流動), 신령이 집안이나 후손 마음속에 가득 차고 넘친다(充滿)」는 뜻이다. ㅇ能使人畏敬奉承(능사인외경봉승) : <그래서 신령이> 능히 사람들로 하여금 외경(畏敬)하고 받들어 모시

게 한다. ○而發見昭著如此(이발현소저여차) : 그래서 이와 같이 <신령이 사실적으로> 밝게 나타난다. ○乃其體物而不可遺之驗也(내기체물이불가유지험야) : 곧 <귀신이나 신령이> 물건에 몸이 되어 작용을 하고 하나도 빠뜨리는 것이 없다는 말의 징험(徵驗)이다.

[集註] (3) 孔子曰 其氣發揚于上 爲昭明焄蒿悽愴 此百物之精也 神之著也 正謂此爾.

(3) 공자가 예기(禮記) 제의편(祭義篇)에서 말했다. 「기가 발하고 위로 올라가, 소명하게 나타나고 향기가 피어 올라가 사람을 송연(悚然)하게 만든다. 이러한 것이 모든 물건의 정(精)이며, 신의 나타남이다.」 <공자의 말이> 바로 이러한 것을 말한 것이다.

[어구 설명] ○孔子曰(공자왈) : 공자가 말했다. 예기(禮記) 제의편(祭義篇)에 있다. ○其氣發揚于上(기기발양우상) : 기가 발하고 위로 올라가. ○爲昭明焄蒿悽愴(위소명훈호처창) : 소명하게 나타나고, 향기가 피어 올라가 사람을 송연(悚然)하게 만든다. ○此百物之精也(차백물지정야) : 이러한 현상이 곧 모든 물건의 정(精)이다. ○神之著也(신지저야) : 신의 나타남이다. ○正謂此爾(정위차이) : <공자의 말이> 바로 이를 말한 것이다.

중용 제16장 4절 :「神之格思」

詩曰 神之格思 不可度思 矧可射思.

시왈 신지격사(를) 불가탁사(는) 신가역사(아)

시경(詩經)에 있다. 「신의 내림(來臨)을 헤아릴 수 없다. 하물며 꺼리거나 싫어할 수 있으랴!」

[어구 설명] ○詩曰(시왈) : 시경(詩經) 대아(大雅) 억편(抑篇)의 구절이다. ○神之格思(신지격사) : 「신의 격사(格思)」는 「신의 내림(來臨)」이다. 「격(格)」은 「오다, 강림」의 뜻. 「사(思)」는 어조사(語助詞). ○不可度思(불가탁사) : 헤아릴 수 없다. 「탁(度)」은 헤아리다, 촌탁(忖度)하다. ○矧可射思(신가역사) : 하물며 꺼리거나 싫어할 수 있겠느냐. 「역(射)」은 「꺼리

고 싫어하다」의 뜻. 「사(射)」를 「역」으로 읽는다.

[集註] (1) 詩大雅抑之篇 格來也 矧況也 射厭也 言厭怠而不敬也 思語辭.

(1) 「시(詩)」는 시경(詩經) 대아(大雅) 억편(抑篇)의 구절이다. 「격(格)」은 「내(來)」의 뜻이다. 「신(矧)」은 「하물며(況)」의 뜻이다. 「역(射)」은 「싫어하다(厭)」의 뜻이다. 「꺼리고 태만하고 공경하지 않는다는 뜻」을 말한다. 「사(思)」는 어조사.

[어구 설명] ○格來也(격래야) : 격(格)은 내(來)다. ○矧況也(신황야) : 신(矧)은 「하물며(況)」. ○射厭也(역염야) : 「역(射)」은 「싫어하다(厭)」의 뜻. 「사(射)」를 여기서는 「역(射)」으로 발음한다. ○言厭怠而不敬也(언염태이불경야) : 「꺼리고 태만하고 공경하지 않는다는 뜻」을 말한다.

중용 제16장 5절 : 「誠之不可揜」

夫微之顯 誠之不可揜 如此夫.

부미지현(이니) 성지불가엄(이) 여차부(인져)

은미한 신령의 나타남이 성실하고 <진실무망(眞實無妄)하여> 가려 덮을 수 없음이 이와 같으니라.

[어구 설명] ○夫微之顯(부미지현) : 그와 같이 은미(隱微)한 <신령의> 나타남이. ○誠之不可揜(성지불가엄) : 성실(誠實)하고 <진실무망(眞實無妄)함이> 가려 덮을 수 없다. 「엄(揜)」은 가리고 덮는다.

○如此夫(여차부) : 이와 같으니라. 이상과 같이 풀이하는 것이 주자의 생각이다.

[集註] (1) 誠者 眞實無妄之謂 陰陽合散 無非實者 故其發見之不可揜 如此.

(1) 「성(誠)」은 「진실하고 허망함이 없다」는 뜻이다. 음과 양의 기가 합하고 흩어지는 <귀신이나 신령의 조화가> 실질이 아닌 것이 없다. 고로 <귀신이나 신령이> 밝게 나타나는 것을 가리고 덮을

수 없음이 이와 같으니라.

[어구 설명] ○誠者眞實無妄之謂(성자진실무망지위) : 「성(誠)」은 「진실하고 허망하지 않다」는 뜻이다. ○陰陽合散無非實者(음양합산무비실자) : 음과 양의 기가 합하고 흩어지는 <귀신이나 신령의 조화가> 실질이 아닌 것이 없다. ○故其發見之不可揜(고기발현지불가엄) : 고로 <귀신이나 신령이> 밝게 나타나는 것을 가리고 덮을 수 없음이. ○如此(여차) : 이와 같다.

[설명주] (1) 右第十六章.

(1) 이상이 제16장이다.

[설명주] (2) 不見不聞 隱也 體物如在 則亦費矣.

(2) 「보이지도 않고 들을 수도 없음(不見不聞)」으로 <귀신이> 은미(隱微)하다. <그러나 귀신이> 만물의 몸이 되어서 실재하는 듯하므로 곧 역시 비(備=廣大)하다.

[설명주] (3) 此前三章 以其費之小者 而言 此後三章 以其費之大者 而言 此一章 兼費隱包大小而言.

(3) 이 16장 앞의 3장, 즉 「13장, 14장, 15장」은 도가 광대하게 전개된 것 중의 작은 예를 말한 것이다. 뒤의 「17장, 18장, 19장」은 도가 광대하게 전개된 것 중, 큰 것들을 말한 것이다. 이 16장은 「도의 비(費)와 은(隱)」을 겸해서 말한 것이다.

[참고 보충] 「귀신(鬼神), 공능(功能)」
<1> 옛날에는 「천신(天神), 지기(地祇), 인귀(人鬼)」를 유신론(有神論)적 혹은 미신적 차원으로 섬기고 모셨다. 그러나 주자는 「이(理)」로써 귀신을 해석했다. 그러므로 이 장을 중시해야 한다.
<2> 일반적으로 귀신은 어둠을 타고 홀연히 나타나 사람에게 길흉(吉凶)을 안겨 주는 도깨비나 유령 같은 요괴(妖怪)로 본다.
<3> 그러나 정자(程子)나 주자(朱子)는 「미신적인 차원의 귀신」을 「음기나 양기의 조화 기능 효험」으로 해석했다.

<4> 주자는 다음같이 말했다. 「공용(功用)은 오직 나타나 보이는 것을 말한다. 겨울이 가고 여름이 오고, 해가 지고 달이 뜨고, 봄에 새싹이 살아나고 여름에 자라는 것 등이 다 귀신의 공용이다.(功用只是論發見者 如寒來暑往 日往月來 春生夏長 皆是也)」「바람이 불고, 비가 내리고, 서리 내리고, 이슬 맺고, 날과 달이 지나고, 낮과 밤이 바뀌는 것 등이 다 귀신이 조화를 부리고, 또 음과 양이 돌아가는 자국이다.(風雨霜露日月晝夜 此鬼神之迹也)」<大全疏>

[참고 보충] 「음양(陰陽), 굴신(屈伸), 귀신(鬼神)」
<1> 우주 천지 만물의 근원인 태극(太極)은 「하나의 기」다. 동(動)할 때의 기(氣)를 양(陽)이라 하고, 정(靜)할 때의 기(氣)를 음(陰)이라 한다. 동(動)할 때의 기(氣)는 뻗어나는[伸] 양기(陽氣)로, 이것이 신(神)에 해당한다. 반대로 정(靜)할 때의 기(氣)는 줄어드는[屈] 음기(陰氣)로, 이것이 귀(鬼)에 해당한다.
<2> 주자는 다음같이 말했다. 「조화의 묘는 볼 수 없으나, 기가 왕래(往來), 굴신(屈伸)하는 사이에 나타나 보인다. 만약에 귀신이 없다면 즉 조화의 자취도 없을 것이다.」<원문 생략>

[참고 보충] 「주자학(朱子學)과 귀신(鬼神)」
<1> 옛날에는 귀신(鬼神)이나 요괴(妖怪)가 홀연히 나타나 사람에게 길흉(吉凶)을 주는 신물(神物)이라 믿었다. 그러므로 점복(占卜)이나 무술(巫術) 같은 미신(迷信)이나, 원시 종교가 귀신의 실재를 막연하게 믿었다.
<2> 공자(孔子)는 「괴력난신(怪力亂神)」을 말하지 않고 특히 「귀신을 공경하되 멀리함이 슬기다.(敬鬼神而遠之 可謂知矣)」라고 가르쳤다.
<3> 그러니 주자에 이르러 더욱 귀신을 철학적으로 설명하려고 노력했다. 즉 이(理)에 의해서 하나의 기(氣)가 음(陰)과 양(陽)으로 나뉘어 서로 엇바뀌는 회전 운동과 왕래(往來) 굴신(屈伸)하면서 만물을 생장(生長)하거나 사멸(死滅)케 한다. 그 때의 뻗어나가는 양기(陽氣)를 신(神), 되돌아 오므라드는 음기(陰氣)를 귀(鬼)라고 해석했다.
<4> 즉 귀신은 실제로 있는 「요괴나 도깨비」가 아니고, 기(氣)의 작용이며, 모든 존재물은 기가 응집(凝集)한 것이다. 그 기가 분산(分散)하면 소멸(消滅)한다. 사람도 기가 모이면 살고, 흩어지면 죽는다. 그래서 만물의 형체(形體)를 귀신의 덕(德)이라고 한다.

中庸 제17장 (총5절)

1절 子曰 舜其大孝也與 德爲聖人 尊爲天子 富有四海之內 宗
　　廟饗之 子孫保之.

2절 故大德 必得其位 必得其祿 必得其名 必得其壽.

3절 故天之生物 必因其材而篤焉 故栽者 培之 傾者 覆之.

4절 詩曰 嘉樂君子 憲憲令德 宜民宜人 受祿于天 保佑命之 自
　　天申之.

5절 故大德者 必受命.

　* 제17장은 성제(聖帝) 순(舜)임금이 대효(大孝)로써 천명(天命)을 받
　고 천자(天子)가 된 실례를 들고 「대덕은 반드시 천명을 받음(大德者
　必受命)」을 입증했다. 모두 5절이다. 나누어 풀이하겠다.

중용 제17장 1절 :「舜其大孝」

子曰 舜其大孝也與 德爲聖人 尊爲天子 富有四海
之內 宗廟饗之 子孫保之.

자왈 순(은) 기대효야여(이신져) 덕위성인(이시고) 존위천자(이시고) 부유사해지
내(하사) 종묘향지(하시며) 자손보지(하시니라)

공자가 말했다. 순은 참으로 위대한 효의 실천자이다. 덕을 세워
성인이 되고, 존귀한 자리에 올라 천자가 되고, 부를 누림에는 사해
안의 영토와 재물을 다 지니게 되었고, 선조를 종묘에 모시고 제사
를 지냈으며, 자손들로 하여금 오래도록 보전케 하고 복을 누리게
했다.

[어구 설명] ㅇ舜其大孝也與(순기대효야여) : 순은 참으로 위대한 효자다.
ㅇ德爲聖人(덕위성인) : 덕에 있어서는 성인이다. <가정에서는 부모에 효도하여
효덕(孝德)을 세우고, 국가적으로는 천도(天道)를 따라 덕치(德治)를 했다.>

○ 尊爲天子(존위천자) : 존귀함에 있어서는 <천명으로> 천자가 되고.
○ 富有四海之內(부유사해지내) : 부유함에 있어서는 사해 안의 영토와 재물을 다 지니고. <백성을 다스리는 몸이 되었다.>
○ 宗廟饗之(종묘향지) : 순이 <천자가 됨으로써> 선조를 종묘에 모시고 제사를 지내 흠향(歆饗)케 했다. <* 「순임금이 돌아간 후 자손들이 종묘에 모시고 잘 받들었다」로 풀기도 한다.>
○ 子孫保之(자손보지) : 자손들을 잘 보전케 하고 대대로 복을 누리게 했다.

[集註] (1) 子孫 謂虞思 陳胡公之屬.

(1) <순임금의> 자손이라고 한 것은 우사(虞思) 혹은 진호공(陳胡公) 같은 사람을 말한다.

[어구 설명] ○子孫(자손) : 순임금은 신화 전설의 주인공이다. 그러므로 자손도 정확하게 알 수 없다. 후세의 기록 속에서 우사(虞思)와 진호공(陳胡公)을 순임금의 후손이라고 했다. ○虞思(우사) : 하(夏)나라의 소강(小康)이 우(虞)에 망명했을 때, 우사(虞思)가 그를 도왔다고 전한다. <左傳 哀公元年> ○陳胡公(진호공) : 순의 후손 우알보(虞閼父)의 아들 호공(胡公)이 주(周) 무왕(武王) 때, 진(陳)에 봉지를 받았다.<左傳 襄公25年>

중용 제17장 2절 :「大德必得其位」

故大德 必得其位 必得其祿 必得其名 必得其壽.

고(로) 대덕 필득기위(하며) 필득기록(하며) 필득기명(하며) 필득기수(이니라)

고로 대덕은 반드시 그에 맞는 자리를 얻고, 반드시 그에 어울리는 하늘의 복록(福祿)을 내려받고, 반드시 그에 해당하는 성명(聖名)을 얻고, 반드시 장수를 누린다.

[어구 설명] ○故大德(고대덕) : 고로 대덕은.
○必得其位(필득기위) : 반드시 그에 맞는 자리를 얻고.
○必得其祿(필득기록) : 반드시 그에 어울리는 하늘의 복록(福祿)을 내려받고.
○必得其名(필득기명) : 반드시 그에 해당하는 성명(聖名)을 얻고.

○必得其壽(필득기수) : 반드시 수를 누린다. 이 때의 수(壽)는 본인 한 사람의 수명만이 아니다. 대대로 이어지면서 번성하고 복을 누린다는 뜻도 있다.

[集註] (1) 舜年百有十歲.

(1) 순은 나이 110세의 수를 누렸다.

[어구 설명] ○舜年百有十歲(순년백유십세) : 순임금은 110세의 수를 누렸다. 서경(書經) 요전(堯典)에 다음 같은 글이 있다. 「순은 30세에 요임금의 소명을 받았고, 30년 간 공을 세웠고, 자리에 올라 50년이 되어, 각 지방을 순수하다가 죽었다.」

중용 제17장 3절 : 「天之生物」

故天之生物 必因其材而篤焉 故栽者 培之 傾者覆之.

고(로) 천지생물(이) 필인기재이독언(하나니) 고(로) 재자(는) 배지(하고) 경자(는) 복지(니라)

고로 하늘이 만물을 낳고 키울 때에는 반드시 그 재질이나 소질을 바탕으로 하고 독실하게 키운다. 고로 바르게 심어진 것은 더욱 배양해서 잘 자라게 하고, 기울고 쓰러진 것은 엎어버린다.

[어구 설명] ○故天之生物(고천지생물) : 고로 하늘이 만물을 낳고 키울 때에.
○必因其材而篤焉(필인기재이독언) : 반드시 재질을 바탕으로 독실하게 한다.
○故栽者培之(고재자배지) : 고로 땅에 심어져 뿌리를 내린 것은 더욱 배양한다.
○傾者覆之(경자복지) : 기울고 쓰러진 것은 엎어버린다.
<* 「천지생물(天之生物)」 속에는 하늘이 일시적으로 만물을 낳고 살게 한다는 뜻만이 아니라, 생사(生死) 존망(存亡)을 되풀이하면서, 대를 이어가면서 더욱 번식한다는 뜻도 담겨져 있다.>

[集註] (1) 材質也 篤厚也 栽植也 氣至而滋息爲培 氣反而遊散則覆.

(1) 「재(材)」는 재질, 「독(篤)」은 두텁게 한다. 「재(栽)」는 「심을

식(植)」의 뜻. 기(氣)가 와서 번식하는 것이 「배(培)」다. 기가 흩어
진 것은 엎어버린다(覆).

중용 제17장 4절 : 「嘉樂君子」

詩曰 嘉樂君子 憲憲令德 宜民宜人 受祿于天 保佑 命之 自天申之.

시왈 가락군자(여) 헌헌령덕(이) 의민의인(이라) 수록우천(이어늘) 보우명지(하
시고) 자천신지(하니라)

시경(詩經) 대아(大雅) 가락편(假樂篇)에 있다. 「훌륭하시고 즐거
우신 임금님, 밝게 빛나고 아름다운 그의 덕이, 백성에게도 좋고,
선비들에게도 좋았노라. 이에 하늘로부터 복록(福祿)을 내려받고,
또 <하늘이> 보호하고 도와주고, 또 명을 내려 <천자가 되게 하였
으니> 하늘이 스스로 거듭 돌보아 주었노라.」

[어구 설명] ㅇ詩曰(시왈) : 시경(詩經) 대아(大雅) 가락편(假樂篇)의 시구다. 주자
는 집주(集註)에서 「가(假)」를 「가(嘉)」로 씀이 좋다고 했다.

ㅇ嘉樂君子(가락군자) : 훌륭하시고 즐거우신 임금님. 「군자(君子)」는 여기서는
「임금」의 뜻이다.

ㅇ憲憲令德(헌헌령덕) : 밝게 빛나는 아름다운 덕. 「헌헌(憲憲)」은 「현현(顯顯)」
과 같다. 「밝고 빛난다」는 뜻이다. 「영덕(令德)」은 좋고 아름다운 덕.

ㅇ宜民宜人(의민의인) : 백성에게도 좋고 선비들에게도 좋다. 「민(民)」은 다스림
을 받는 일반 대중, 「인(人)」은 다스림에 참여하는 선비나 지식인.

ㅇ受祿于天(수록우천) : 복록(福祿)을 하늘로부터 내려받다.

ㅇ保佑命之(보우명지) : <하늘이> 보호하고 도와주고, 또 명을 내려. <천자가
되게 하였으니.>

ㅇ自天申之(자천신지) : 하늘이 스스로 거듭 돌보아 주었노라.

[集註] (1) 詩 大雅假樂之篇 假 當依此作嘉 憲當依
詩作顯 申重也.

(1) 「시」는 시경 대아(大雅) 가락편(假樂篇)의 시구다. 「가(假)」는 마땅히 중용같이 「가(嘉)」라고 고쳐야 한다. 「헌(憲)」은 시경에 따라 「현(顯)」으로 써야 한다. 「신(申)」은 「거듭한다」는 뜻이다.

중용 제17장 5절 :「大德者必受命」

故大德者 必受命.

고(로) 대덕자(는) 필수명(이니라)

고로 크게 덕을 세운 사람은 반드시 천명을 받는다.

[어구 설명] ○大德者(대덕자) : <도를 따르고 행하여> 크게 덕을 세운 사람은. ○必受命(필수명) : 반드시 하늘로부터 천명을 받는다.

[集註] (1) 受命者 受天命爲天子也.

(1) 「수명」은 천명을 받고 천자가 된다는 뜻이다.

[설명주] (1) 右第十七章.

(1) 이상이 제17장이다.

[설명주] (2) 此由庸行之常 抽之以極其至.

(2) 이 장은 「중용의 도」를 실천하는 여러 가지 덕행 중에서 특히 「대효(大孝)」를 뽑아서 그 지극한 경지에 이르면 천명을 받고 천자에 오를 수 있음을 기술한 것이다.

[설명주] (3) 見道之用廣也 而其所以然者 則爲體微矣 後二章亦此意.

(3) 이 장도 「중용의 도의 용(用)」이 광대함을 보여준 절이다. 그러나 「중용의 도가 광대하게 나타나는 이유」는 곧 중용의 도의 체(體)가 은미(隱微)하기 때문이다. 다음의 제18장, 제19장도 역시 같은 뜻을 말한 것이다. <즉 보이지 않는 도를 따르고 행하면 그 효과가 광대하게 나타난다.>

[참고 보충]「효(孝)의 깊은 뜻」

<1>「효(孝)」의 기본 뜻은「자식이 부모를 잘 섬기고 봉양함이다.」부자간의 친애(親愛)와 형제간의 우애(友愛)는 인애(仁愛)의 근본이다. 그래서 유자(有子)가「효와 제는 인을 이루는 근본이다.(孝弟也者 爲仁之本)」라고 말했다.

<2> 특히 자기를 낳고 양육해준 부모에게 감사하고 보답하는 효도는 만물을 낳고 양육하는 하늘에 대한 경천(敬天)에 직결된다. 경천은 철학적으로는 천도 천리(天道天理)를 따르고 실천함이다.

<3>「효(孝)」는 가정적인 차원의 덕행으로부터 확대되어 국가나 천하를 도의세계(道義世界)로 만드는 덕치(德治)로 확대 전개된다. 그러므로 효경에서 공자는「효는 천경(天經), 지의(地義), 민행(民行)」이라고 말했다. 천경(天經)은 곧 천도천리(天道天理)다. 지의(地義)는 곧 도의세계(道義世界)이다. 민행(民行)은 사람들이 실천함이다. 결국 효(孝)는 천도를 따르고 행하는 덕행(德行)이다.「덕(德)」은「얻을 득(得)」에 통하며, 천도를 실천해서 얻어진 좋은 성과다. 이는 곧 지상세계를 도의세계(道義世界)로 만드는 핵심이라는 뜻이다. 그래서 또 공자는 말했다.「효는 덕의 근본이고 백성들을 교화하는 근원이다.(夫孝 德之本也 敎之所由生也)」「백성들을 교화하는 것은」덕치(德治)다.

<4> 또 효경에서 공자는 말했다.「효는 처음에는 가정에서 어버이를 잘 모시고, 중간 단계에는 임금에 충성하고, 마지막 단계는 세상에 나가 자신을 내세운다.(夫孝 始於事親 中於事君 終於立身)」입신(立身)을 오늘의 말로 풀이하면 인류사회와 역사 발전에 공을 세워, 이름을 낸다는 뜻이다.

<5> 공자는 효경에서 말했다.「<학문과 덕으로써> 자신을 내세우고 도를 행해서 후세에까지 이름을 높이고, 아울러 부모를 영광되게 하는 것이 효의 마지막 단계이다.(立身行道 揚名於後世 以顯父母 孝之終也)」

[참고 보충]「순(舜)의 대효(大孝)」

<1> 사람은 누구나 다 자기 나름대로 도(道)를 따라 착하게 살고 효도할 수 있다. 농부가 농사지어 부모를 공양하는 것도 효다. 선비가 도를 따라 충군애민(忠君愛民)하고 녹을 받아 부모를 잘 공양하는 것도 효다.

<2> 그러나 도를 어기거나 이탈하고 악덕한 수단으로 재물이나 권력을 잡고 부모를 호강되게 하는 것은 효가 아니라 반대로「욕(辱)을 보이는 것」이다.

<3> 효는 어디까지나 천도를 따라 지덕을 세우는 바탕 위에서 이루어진다. 천도를 따라 지덕을 세우는 최고의 경지를 순임금에게서 볼 수 있다. 가정적으로는 지극한 효성으로 부모형제를 감화하고, 국가적으로는 덕치의 공을 세워 마침내 천명을 받고 천자가 되었다. 그래서 「대효(大孝)」라고 하는 것이다.

<4> 맹자는 다음같이 말했다. 「어버이를 높이는 극치는 천하를 가지고 봉양하는 것보다 더할 것이 없다. 그러므로 천자의 부친이 되는 것이 높임의 최고 경지다.(尊親之至 莫大乎以天下養 爲天子父 尊之至也)」<萬章 上>

<* 대효(大孝) 순(舜)에 대한 신화전설(神話傳說)은 「고대중국의 인간상」, 「고대중국의 제왕학」, 명문당 간행 참조>

[참고 보충] 「제사(祭祀)와 귀신(鬼神)」

<1> 「예기(禮記) 제의편(祭義篇)」에 있다. 제자 재아(宰我)가 귀신(鬼神)에 대해서 묻자, 공자가 다음같이 말했다. 「기는 신의 성한 것이고, 백은 귀의 성한 것이다. 귀와 신을 합해서 제사를 지내는 것이 지극한 성인의 가르침이다.(氣也者 神之盛也 魄也者 鬼之盛也 合鬼與神 敎之至也)」

<2> 「모든 사람은 반드시 죽고, 죽으면 흙으로 돌아가며, 이를 귀(鬼)라고 한다. 골육이 땅속에 묻혀 그늘 속에서 흙이 된다. 그러나 그 기(氣)는 위로 발산해 올라가 밝게 나타나고, 향기가 풍겨 퍼져 사람들을 송연(悚然)하게 만든다. 이는 모든 물건의 정(精)의 조화로 신의 나타남이다.」<원문 생략>

<3> 「예기 제통편(祭統篇)」에 제사(祭祀)에 대한 말이 있다. 사람을 다스리는 도리에 예보다 더 긴요한 것이 없다. 예는 「길례(吉禮)·흉례(凶禮)·빈례(賓禮)·군례(軍禮)·가례(嘉禮)의 다섯 가지 예」가 가장 중요하다.

<4> 오례(五禮) 중에서 첫 번째 길례(吉禮)에 속하는 제사(祭祀)보다 더 귀중한 게 없다.(禮有五經 莫重於祭)」제사는 천신(天神) 지기(地祇) 및 선조의 신령(神靈) 등, 모든 귀신을 모시는 예다. 「제사는 어떠한 물건이 외부로부터 오는 것이 아니고 속마음에서 우러나오는 것이다. 마음이 감동하여 예로써 받들어 모시는 것이다. 그러므로 현명한 자만이 제례의 바른 뜻을 다할 수 있다.(夫祭者 非物自外至者也 自中出生於心也 心怵而奉之以禮 是故賢者能盡祭之義)」「안으로 자신의 정성을 다 바치고, 밖으로는 도리를 따르고 행함이다.(內盡於己 而外順於道也)」즉 제사는 정성으로 도리를 따르고 행함이다.

中庸 제18장 (총3절)

1절 子曰 無憂者 其惟文王乎 以王季爲父 以武王爲子 父作之
子述之.

2절 武王 纘太王王季文王之緒 壹戎衣而有天下 身不失天下之
顯名 尊爲天子 富有四海之內 宗廟饗之 子孫保之.

3절 武王 末受命 周公 成文武之德 追王大王王季 上祀先公以
天子之禮 斯禮也 達乎諸候 大夫及士庶人 父爲大夫 子爲
士 葬以大夫 祭以士 父爲士 子爲大夫 葬以士 祭以大 夫 期
之喪 達乎大夫 三年之喪 達乎天子 父母之喪 無貴賤一也.

* 제18장은 주(周)나라 문왕(文王)과 그의 아들 무왕(武王) 및 주공(周
公)에 대한 공자(孔子)의 말을 인용한 글이다. 주나라는 공자를 위시하
여 유가에서 가장 높이는 왕조다. 즉 천도(天道)를 바탕으로 인애(仁愛)
의 덕치(德治)를 펴고 아울러 문화적인 예교(禮敎)를 확립한 이상적인
왕조였다. 주나라의 창건은 무왕이 무력으로 포학무도(暴虐無道)한 은
(殷)나라의 마지막 폭군 주(紂)를 타도하고 세웠다. 그러나 아버지 문왕
과 조상들의 공덕으로 천명을 받게 된 것이다. 그래서 선조에 대한 제사
를 정중히 모셨음을 강조했다.

중용 제18장 1절 : 「無憂者文王」

子曰 無憂者 其惟文王乎 以王季爲父 以武王爲子 父作之 子述之.

자왈 무우자(는) 기유문왕호(이신져) 이왕계위부(하시고) 이무왕위자(하시니) 부
작지(어시늘) 자술지(하시니라)

공자가 말했다. 아무런 걱정이 없는 사람은 오직 주나라 문왕이었
다. 그는 왕계를 아버지로 삼고, 무왕을 아들로 두었다. 아버지 왕계
가 왕업의 바탕을 만들고 아들 무왕이 왕업을 계승하고 성취했다.

[어구 설명] ○無憂者(무우자) : 아무런 걱정이 없는 사람.

○其惟文王乎(기유문왕호) : 바로 주나라 문왕이다.

○以王季爲父(이왕계위부) : <문왕은> 왕계를 아버지로 삼았고.

○以武王爲子(이무왕위자) : 무왕을 아들로 두었다.

○父作之(부작지) : 아버지 왕계가 왕업의 바탕을 만들고.

○子述之(자술지) : 아들 무왕이 왕업을 계승하고 성취했다.

[集註] (1) 此言文王之事 書言王季其勤王家 蓋其所作 亦積功累仁之事也.

(1) 이 절은 문왕의 일을 말한 것이다. 서경(書經) 무성편(武成篇)에 다음 같은 글이 있다. <문왕의 아버지> 왕계가 부지런히 왕가(王家)가 될 수 있게 그 바탕을 닦았다. 무릇 <왕계가 부지런히> 이루어 놓은 것은 역시 공을 쌓고 인덕을 거듭한 일이다.

[어구 설명] ○此言文王之事(차언문왕지사) : 이는 문왕에 대한 일을 말한 것이다. ○書言(서언) : 서경 무성편(武成篇)에 있다. ○王季其勤王家(왕계기근왕가) : <문왕의 아버지> 왕계가 부지런히 왕가(王家)가 될 수 있게 그 바탕을 닦았다. ○蓋其所作(개기소작) : 무릇, <왕계가 부지런히> 이루어 놓은 것은. ○亦積功累仁之事也(역적공루인지사야) : 역시 공을 쌓고 인덕을 거듭한 일이다.

중용 제18장 2절 : 「壹戎衣 有天下」

武王 纘大王 王季 文王之緒 壹戎衣而有天下 身不失天下之顯名 尊爲天子 富有四海之內 宗廟饗之 子孫保之.

무왕(이) 찬태왕 왕계 문왕지서(하사) 일융의이유천하(하시되) 신불실천하지현명(하여) 존위천자(이시고) 부유사해지내(하사) 종묘향지(하시며) 자손보지(하시니라)

무왕이 태왕, 왕계, 문왕이 세운 왕업을 계승하고 딱 한번 무력을 행사하여 <무도한 은(殷)의 주왕(紂王)를 타도하고> 천하를 차지했다. 그러나 무왕은 결코 천하에 빛나는 명성을 잃지 않았으므로 <천명을 받고> 존귀한 천자가 되었으며, 부를 누리고 사해 안의 모든 것을 소유하게 되었고, 또 선조를 종묘에 모시고 제사를 흠향(歆饗)케 했으며, 아울러 자손들로 하여금 길이길이 나라를 보전케 했다.

[어구 설명] ○武王纘大王王季文王之緒(무왕찬태왕왕계문왕지서) : 주(周)나라 무왕(武王)이 <자기의 선조> 태왕(大王), 왕계(王季), <아버지> 문왕(文王)의 공적의 실마리를 계승하다. 「纘(이을 찬), 緒(실마리 서)」

○壹戎衣而有天下(일융의이유천하) : 딱 한번 전복(戰服)을 입고 천하를 차지했다. 즉 「무왕이 딱 한번 무력을 행사하여, <무도한 은(殷)의 주왕(紂王)를 타도하고> 천하를 바로잡고 다스렸다」는 뜻이다.

○身不失天下之顯名(신불실천하지현명) : <비록 무력으로 주(紂)를 타도했으나> 무왕은 결코 천하에 빛나는 명성이나 명망을 잃지 않았다.

○尊爲天子(존위천자) : <그래서 천명을 받고> 존귀한 천자가 되었으며.

○富有四海之內(부유사해지내) : 부함에 있어, 사해 안의 천하의 모든 재물을 소유하게 되었다.

○宗廟饗之(종묘향지) : 선조를 종묘에 모시고 제사를 흠향(歆饗)케 했으며.

○子孫保之(자손보지) : 자손들로 하여금 길이 나라를 지니고 다스리게 했다.

[集註] (1) 此言武王之事 纘繼也 大王 王季之父也 書云大王肇基王迹 詩云至于大王 實始翦商.

(1) 이 글은 무왕의 일을 말한 것이다. 「찬(纘)」은 「계승하다」의 뜻이다. 「태왕(大王)」은 「왕계(王季)」의 부친이다. 서경(書經) 무성편(武成篇)에 「태왕이 처음으로 왕업의 터전의 기초를 만들었다」고 했다. 시경(詩經) 노송(魯頌) 비궁편(閟宮篇)의 시에 「태왕에 이르러 비로소 상(商=殷)나라를 자르기 시작했다」고 말했다.

[어구 설명] ○此言武王之事(차언무왕지사) : 이 글은 무왕의 일을 말한 것이다.
○纘繼也(찬계야) : 「찬(纘)」은 「계승하다」의 뜻이다. ○大王王季之父也(태왕왕

계지부야) : 「태왕(大王 : 古公亶父)」은 「왕계(王季 : 季歷)」의 부친이다. ○書云大王肇基王迹(서운태왕조기왕적) : 서경(書經) 무성편(武成篇)에 「태왕이 처음으로 왕업의 터전의 기초를 만들었다」고 했다. ○詩云至于大王實始翦商(시운지우태왕실시전상) : 시경(詩經) 노송(魯頌) 비궁편(閟宮篇)의 시에 「태왕에 이르러 비로소 상(商=殷)나라를 자르기 시작했다」고 말했다.

[集註] (2) 緒業也 戎衣甲冑之屬 壹戎衣 武成文 言壹著戎衣以伐紂也.

(2) 「서(緒)」는 「왕업(王業)」의 뜻이다. 「융의(戎衣)」는 갑옷이나 투구 같은 <전복(戰服)>이다. 「일융의(壹戎衣)」라는 말은 서경(書經) 위고문(僞古文) 주서(周書) 무성편(武成篇)의 글이다. 「딱 한번 전복을 입고 <무력을 행사하여> 주왕(紂王)을 토벌했다」는 뜻을 말한 것이다.

[어구 설명] ○緒業也(서업야) : 「서(緒)」는 「왕업(王業)」의 뜻이다. ○戎衣甲冑之屬(융의갑주지속) : 「융의(戎衣)」는 갑옷이나 투구 같은. <전복(戰服)이다> ○壹戎衣(일융의) : 「한번 전투복을 입다. 즉 한번 무력을 썼다는 뜻」이다. ○武成文(무성문) : 서경(書經) 주서(周書) 무성편(武成篇)의 글이다. ○言壹著戎衣以伐紂也(언일착융의이벌주야) : 「딱 한번 전복을 입고 <무력을 써서> 주왕(紂王)을 토벌했다」는 뜻을 말한 것이다.

중용 제18장 3절 : 「周公成文武之德」
武王末受命 周公成文武之德 追王大王王季 上祀先公以天子之禮 斯禮也 達乎諸侯 大夫及士庶人 父爲大夫 子爲士 葬以大夫 祭以士 父爲士 子爲大夫 葬以士 祭以大夫 期之喪 達乎大夫 三年之喪 達乎天子 父母之喪 無貴賤一也.

무왕(이) 말수명(이어시늘) 주공(이) 성문무지덕(하사) 추왕태왕왕계(하시고) 상

사선공이천자지례(하시니) 사례야(이) 달호제후 대부급사서인(하니) 부위대부
(이오) 자위사(이어든) 장이대부(오) 제이사(하며) 부위사(요) 자위대부(이어든)
장이사(요) 제이대부(하며) 기지상(은) 달호대부(하고) 삼년지상(은) 달호천자(하
니) 부모지상(은) 무귀천일야(니라)

무왕이 늦게 천명을 받았으며 <또 일찍 붕어(崩御)했으므로 동
생> 주공이 <섭정(攝政)하고> 아버지 문왕과 형 무왕의 왕덕(王
德)을 완성했다. <또 예치(禮治)의 문물제도를 제정하여> 태왕(大
王)과 왕계(王季)를 추증(追贈)했다. 또 위로는 선조를 천자의 예
로써 제사지냈다. <주공이 제정한> 이와 같은 예법은 제후(諸侯),
대부(大夫) 및 사(士)와 서인(庶人)에게도 통용되었다. 부친이 대
부이고 아들이 사인 경우에는 장사는 대부의 예로써 지내고, 제사
는 사의 예로써 지낸다. 부친이 사이고 아들의 신분이 대부일 경우
에는 장사는 사의 예로써 지내고, 제사는 대부의 예로써 지낸다.
기년상(期年喪)의 제도는 대부에까지 통용하고, 부모에 대한 3년
상은 천자에게도 통용한다. 부모에 대한 상례는 귀천의 차별 없이
다 같다.

[어구 설명] ○武王末受命(무왕말수명) : 무왕이 만년(晚年)에 천명을 받았다.
○周公成文武之德(주공성문무지덕) : 주공이 아버지 문왕과 형 무왕의 뒤를 이
어 왕덕(王德)을 완성했다.
○追王大王王季(추왕태왕왕계) : 태왕(大王)과 왕계(王季)를 추증(追贈)했다.
「추왕(追王)」은 「나중에 임금이라고 존칭했다」는 뜻. <＊ 태왕(大王)은 증조부 고
공단보(古公亶父), 왕계(王季)는 조부 계력(季歷)이다. 이들과 아버지 문왕(文王)
은 생전에는 왕(王)이 아니었다. 무왕(武王)이 은(殷)을 타도하고 주(周)나라를
창건하고 임금이 된 다음에 주공(周公)이 예법(禮法)을 새로 정하고 선조를 왕으
로 추증(追贈)한 것이다.>
○上祀先公以天子之禮(상사선공이천자지례) : 위로는 선조를 천자의 예로써
제사지냈다.

○斯禮也(사례야) : <주공이 새로 제정한> 이와 같은 예법은.

○達乎諸侯大夫及士庶人(달호제후대부급사서인) : 제후(諸侯), 대부(大夫) 및 사(士)와 서인(庶人)에게도 미쳤다.

○父爲大夫 子爲士 葬以大夫 祭以士(부위대부 자위사 장이대부 제이사) : 부친이 대부이고 아들이 사인 경우에는 장사는 대부의 예로써 지내고, 제사는 사의 예로써 지낸다.

○父爲士 子爲大夫 葬以士 祭以大夫(부위사 자위대부 장이사 제이대부) : 부친이 사이고 아들이 대부일 경우에는 장사는 사의 예로써 지내고, 제사는 대부의 예로써 지낸다.

○期之喪(기지상) : 기년상(期年喪)의 제도, 즉 조부모(祖父母)나 백숙부모(伯叔父母)의 상은 1년 간 상복(喪服)을 입는다.

○達乎大夫(달호대부) : 대부에까지 통용된다.

○三年之喪(삼년지상) : 부모가 돌아가면 3년 간 상복을 입는다.

○達乎天子(달호천자) : 천자에게도 통용한다.

○父母之喪 無貴賤一也(부모지상 무귀천일야) : 부모에 대한 상례는 귀천의 차별 없이 다 같다.

[集註] (1) 此言周公之事 末猶老也 追王蓋推文武之意 以及乎王迹之所起也.

(1) 이는 주공의 일을 말한 것이다. 「말(末)」은 「노(老)」와 같다. 「추왕(追王)」은 <주공이> 문왕과 무왕의 뜻을 미루어 생각하고 왕업(王業)이 시작된 옛날의 선조에 소급하여 <추존(追尊)했다는> 뜻이다.

[集註] (2) 先公組紺以上至后稷也.

(2) 「선공(先公)」은 조감(組紺)에서 <소급하여> 후직(后稷)에 이르는 모든 선조를 말한다.

[集註] (3) 上祀先公 以天子之禮 又推大王 王季之意 以及於無窮也.

(3) 위로 선공들을 천자의 예로써 제사지낸 것도, 역시 <주공이> 태왕(大王), 왕계(王季)의 뜻을 미루어 <끝없이 소급하여> 시조에 미친 것이다.

[集註] (4) 制爲禮法 以及天下 使葬用死者之爵 祭用生者之祿 喪服自期以下 諸侯絶 大夫降 而父母之喪 上下同之 推己以及人也.

(4) <주공이> 예법을 제정하여 천하에 미치게 했다. 장사는 죽은 사람의 작위를 따르고, 제사는 살아있는 후손의 작위를 따르게 했다. 상복(喪服)은 1년 이하는 천자와 제후는 안 지킨다. 대부 이하라도 부모의 상을 상하가 다 같이 <삼년상을 정한 것은> 효성을 모든 사람에게 미치게 한 것이다.

[설명주] (1) 右第十八章.

(1) 이상이 제18장이다.

[참고 보충] 「문왕(文王), 무왕(武王), 주공(周公)의 연대(年代)」

주(周) 무왕(武王)의 기록이나 연대는 실증된 역사적 기록이라고 보기에는 부족한 점이 많다. 그러므로 연대에도 여러 가지 설이 있다. 그 중의 하나를 들겠다.

B.C. 1185 : 계력(季歷) 몰(歿)하고, 아들 창(昌)이 서백(西伯)이 되다.

B.C. 1144 : 주(紂)가 서백을 유리(羑里)에 감금.

B.C. 1135 : 서백, 즉 문왕(文王)이 97세로 몰하고, 아들 발(發=武王)이 뒤를 계승. 무왕의 나이 73세라고 전한다.

B.C. 1122 : 발(發)이 주(紂)를 목야(牧野)에서 격파하고, 주(周)나라를 세우고 무왕(武王)에 올랐다. 그 때의 무왕의 나이 86세라고 전한다. 그 후 2년 만에 몰하고, 어린 아들 성왕(成王)이 나이 10세로 뒤를 이었다.

B.C. 1115 : 그래서 무왕의 동생 주공(周公 : 이름 旦)이 섭정(攝政)이 되어 주나라의 예악제도(禮樂制度)를 정비하고 어린 성왕을 보필했다.

中庸 제19장 (총6절)

1절 子曰 武王周公 其達孝矣乎.

2절 夫孝者 善繼人之志 善述人之事者也.

3절 春秋 修其祖廟 陳其宗器 設其裳衣 薦其時食.

4절 宗廟之禮 所以序昭穆也 序爵 所以辨貴賤也 序事 所以辨
　　賢也 旅酬 下 爲上 所以逮 賤也 燕毛 所以序齒也.

5절 踐其位 行其禮奏其樂 敬其所尊 愛其所親 事死如事生 事
　　亡如事存 孝之至也.

6절 郊社之禮 所以事上帝也 宗廟之禮 所以祀乎其先也 明乎郊
　　社之禮 禘嘗之義 治國 其如示諸掌乎.

　* 제19장도 무왕(武王)과 주공(周公)의 효도를 높인 말이다. 특히 「제2
절」에서 「효(孝)는 선조의 뜻과 이상 및 업적과 사업을 계승하고, 더욱
발전케 함이다.(夫孝者 善繼人之志 善述人之事者也)」라고 했다. 이는
효도의 역사적 발전관을 강조한 말이다. 그리고 주공이 제정한 제사의
예법과 그 의미를 밝혔다. 아울러 무왕과 주공을 「달효(達孝)」라고 칭
찬했다. 이 장은 총 6절이다.

중용 제19장 1절 : 「達孝」

子曰 武王周公 其達孝矣乎.

자왈 무왕주공(은) 기달효의호(이신져)

공자가 말했다. 무왕과 주공은 참으로 달효(達孝)이시니라.

[어구 설명] ○武王周公(무왕주공) : 주(周)나라 문왕(文王)의 아들 무왕(武王)과
주공(周公)은.

○其達孝矣乎(기달효의호) : 참다운 달효(達孝)이다. 「달효」는 「지극한 경지에
도달한 효도」라는 뜻이다. 즉 가정에서 부모를 잘 모시는 것만이 아니라, 부모의
뜻을 받들고 사업을 계승했다는 뜻이 포함되었다.

[集註] (1) 達通也 承上章而言 武王周公之孝 乃天下之人 通謂之孝 猶孟子之言達尊也.

(1) 「달(達)」은 「통(通)」이다. 앞의 장을 이어받고 무왕과 주공의 효(孝)는 곧 천하의 모든 사람이 공통적으로 일컫는 효(孝)를 말한다. 이는 맹자가 말한 「달존(達尊)」의 「달(達)」과 같다.

중용 제19장 2절 : 「繼志述事」

夫孝者 善繼人之志 善述人之事者也.

부효자(는) 선계인지지(하며) 선술인지사자야(니라)

무릇 효(孝)는 어른의 뜻을 잘 계승하고 어른의 일을 더욱 발전적으로 성취함이다.

[어구 설명] ㅇ夫孝者(부효자) : 무릇 효(孝)는.

ㅇ善繼人之志(선계인지지) : 어른의 뜻을 잘 계승하고. 「인(人)」은 살아 계신 어른 및 작고한 선인(先人)을 다 포함한다.

ㅇ善述人之事者也(선술인지사자야) : 사업을 더욱 발전되게 함이다.

[集註] (1) 上章言 武王纘大王 王季 文王之緒 以有天下 而周公 成文武之德 以追崇其先祖 此繼志述事之大者也 下文 又以其所制祭祀之禮 通于上下者言之.

(1) 앞의 제18장에서 말한 「무왕이 <증조부> 태왕, <조부> 왕계, <부친> 문왕 등이 시작한 왕업을 계승하고 마침내 천하를 영유하고 <주나라를 세운 것과> 아울러 주공이 <주나라의 예법을 제정하여> 문왕과 무왕의 공덕을 완성케 하고, 또 조상들을 추존(追尊)한 것」이 곧 계지술사(繼志述事)의 가장 큰 것이다. 다음 <19장 3절>에서는 <주공이> 제사의 예를 제정하여 위로는 천자로부터

아래로는 서민에 통용하게 했음을 말했다.

중용 제19장 3절 : 「春秋修其祖廟」

春秋 修其祖廟 陳其宗器 設其裳衣 薦其時食.

춘추(에) 수기조묘(하며) 진기종기(하며) 설기상의(하며) 천기시식(이니라)

춘하추동 사계절마다 종묘나 가묘를 청결하게 손질하고, 대대로 물려 내려온 제기나 귀중한 보물들을 진열한다. 또 조상의 의복을 펼쳐 시동(尸童)에게 걸친다. 그리고 계절 음식을 바쳐 올린다.

[어구 설명] ㅇ春秋(춘추) : 춘추만이 아니라, 종묘나 사당에 대한 제사는 춘하추동(春夏秋冬) 사계절에 다 지낸다. 특히 천자가 올리는 종묘(宗廟)의 제사를 봄에는 약(祊), 여름에는 체(禘), 가을에는 상(嘗), 겨울에는 증(蒸)이라 부른다.

ㅇ修其祖廟(수기조묘) : 제사에 앞서 종묘나 사당을 정결하게 수축한다.

ㅇ陳其宗器(진기종기) : 대대로 물려 내려온 종묘나 가묘(家廟)에 있는 제기나 중요한 기물 혹은 귀중한 보물들을 진열한다.

ㅇ設其裳衣(설기상의) : 조상이 착용하던 의상을 진열한다, 혹은 옷을 시동(尸童)에게 입힌다. 의(衣)는 윗저고리, 상(裳)은 아래 옷. 시동은 고인의 손자 대에 해당하는 어린아이를, 제사지낼 때 신위 곁에 앉게 하고, 신령이나 영혼이 의지할 수 있게 한다.

ㅇ薦其時食(천기시식) : 계절마다 신선한 음식을 제사 상에 올린다. 「천(薦)」은 신령에게 바치고 잡숫게 한다.

[集註] (1) 祖廟 天子七 諸侯五 大夫三 適士二 官師一.

(1) 조상의 묘는 천자는 칠묘, 제후는 오묘, 대부는 삼묘, 적사(適士)는 이묘, 관사(官師)는 일묘다.

[어구 설명] ㅇ祖廟(조묘) : 종묘(宗廟)나 가묘(家廟)의 수(數). ㅇ天子七(천자칠) : 천자는 일곱개의 사당. ㅇ諸侯五(제후오) : 제후는 다섯개. ㅇ大夫三(대부삼) : 대부는 세개. ㅇ適士二(적사이) : 적사는 두개. 「적사」는 천자의 경우는 상사

(上士), 중사(中士), 하사(下士)이고, 제후의 경우는 상사(上士)를 말한다. ㅇ官師
一(관사일) : 관사의 경우는 사당이 하나다. 「관사」는 관직을 다스리는 벼슬아치의
장이다.

[集註] (2) 宗器 先世所藏之重器 若周之赤刀 大訓 天球 河圖之屬也.

(2) 종기(宗器)는 선대로부터 사당에 소장해오던 제기 혹은 귀중한
기물로, 적도나, 대훈, 천구 및 하도 등이다.

[어구 설명] ㅇ宗器(종기) : 종묘나 사당에 보관하고 대대로 물려온 귀중한 기물.
ㅇ先世所藏之重器(선세소장지중기) : 즉 선조 대부터 소장하고 있는 귀중한 기물
이나 보물. ㅇ若周之(약주지) : 예를 들면 주나라의 경우는. ㅇ赤刀(적도) : 붉은
칠을 한 칼. 무왕이 은나라를 칠 때 사용한 칼. ㅇ大訓(대훈) : 삼황오제(三皇五帝)
와 문왕·무왕의 훈계(訓戒)의 말을 적은 글. ㅇ天球(천구) : 악기의 이름. ㅇ河圖
(하도) : 복희씨 때에 황하에서 나온 용마(龍馬)의 등에 그려진 그림. 이 그림을
보고 복희씨가 팔괘(八卦)를 만들었다고 한다. ㅇ之屬也(지속야) : …… 등과
같은 것이다.

[集註] (3) 裳衣 先祖之遺衣服 祭則設之以授尸也 時 食四時之食 各有其物 如春行羔豚膳膏香之類是也.

(3) 상의(裳衣)는 선조가 남긴 의복이다. 제사 때는 펴서 시동(尸
童)에게 걸친다. 시식(時食)은 사계절의 음식이다. 때마다 적합한
음식물이 있다. 예를 들면 봄에는 어린 염소와 어린 돼지고기 반찬
을 쇠기름으로 요리함과 같은 것이다.

[어구 설명] ㅇ裳衣(상의) : 「상(裳)」은 아래에 입는 옷, 「의(衣)」는 위에 걸치는
옷. ㅇ祭則設之以授尸也(제즉설지이수시야) : 제사 때 선조가 남긴 옷을 펴서 놓거
나 혹은 시동(尸童)에게 걸치게 한다. ㅇ羔(고) : 새끼양. ㅇ豚(돈) : 어린 돼지.
ㅇ膳膏香(선고향) : 쇠기름으로 요리를 하고 반찬을 만든다.

중용 제19장 4절 : 「宗廟之禮」

宗廟之禮 所以序昭穆也 序爵 所以辨貴賤也 序事 所以辨賢也 旅酬 下爲上 所以逮賤也 燕毛 所以序齒也.

종묘지례(는) 소이서소목야(요) 서작(은) 소이변귀천야(요) 서사(는) 소이변현야
(요) 여수(에) 하(이) 위상(은) 소이체천야(요) 연모(는) 소이서치야(니라)

종묘의 예법은 소목(昭穆)의 서열이나 순차를 바르게 세우기 위해
서다. 작위(爵位)에 따라 서열을 매기는 것은 신분상의 귀천을 분
별하기 위해서다. 제사 지낼 때의 담당할 직책의 서열을 바르게
잡는 것은 현명한 사람과 그렇지 못한 사람을 분별하기 위해서다.
모든 사람에게 「음복주(飮福酒)」하게 하고, 또 아래가 위에게 잔을
권하게 하는 까닭은 <제사의 일과 은혜를> 하천한 사람에게도
두루 미치게 하기 위해서다. 동족만의 연음(宴飮)에서 머리털, 즉
나이로 자리 순서를 정하는 까닭은 노약(老若)의 질서를 바로잡기
위해서다.

[어구 설명] ㅇ宗廟之禮(종묘지례) : 종묘에서 제사를 지내는 예법이나 의식.
ㅇ所以序昭穆也(소이서소목야) : 소목(昭穆)의 서열을 바르게 세우기 위해서다.
ㅇ序爵(서작) : 작위(爵位)에 따라 서열을 매기는 것은, 즉 제사지낼 때에 공경대
부사(公卿大夫士)의 작위를 지키는 까닭은.
ㅇ所以辨貴賤也(소이변귀천야) : 신분상의 귀천을 분별하기 위해서다.
ㅇ序事(서사) : 제사 지낼 때의 담당할 직책의 서열을 바르게 잡는 것은.
ㅇ所以辨賢也(소이변현야) : 현명한 사람과 그렇지 못한 사람을 분별하기 위해
서다.
ㅇ旅酬(여수) : 모든 사람에게 「음복주(飮福酒)」하는 까닭은. 「여(旅)」는 「모든
사람, 중(衆)」의 뜻. 「수(酬)」는 수작(酬酌). 빈객과 잔을 주고받으며 함께 마신다.
ㅇ下爲上(하위상) : 아랫사람이 위 어른에게 술잔을 권한다.

ㅇ所以逮賤也(소이체천야) : <제사의 은혜를> 밑에도 미치게 하기 위해서다.
ㅇ燕毛(연모) : <제사를 다 마치고 시동이 물러가고, 또 타성(他姓)의 빈객도 퇴장한 다음 동성(同姓)의 일가만이 모여 연음(宴飮=燕飮)한다. 그 때 머리털 빛, 즉 연치(年齒)를 기준으로 자리 순서를 정한다.> 이것을 「연모(燕毛)」라고 한다.
ㅇ所以序齒也(소이서치야) : 나이, 즉 노약(老若)의 차례를 바로잡기 위해서다.

[集註] (1) 宗廟之次 左爲昭 右爲穆 而子孫 亦以爲 序 有事於太廟 則子姓兄弟羣昭群穆 咸在而不失其倫 焉.

(1)종묘의 예법상의 순차는 왼쪽이 소(昭)이고, 오른쪽이 목(穆)이다. 그리고 <제사에 참여하는> 자손도 역시 그 순차를 따르고 지킨다. 종묘에서 제사를 지낼 때에는 자손이나 같은 성의 형제 일가 모든 사람에게도 집단적으로 지킬 소(昭)와 목(穆)이 있으며, 모두가 그 순서와 차례를 잃으면 안 된다.

[어구 설명] ㅇ宗廟之次(종묘지차) : 종묘의 순차. <크게 세 가지로 나눈다. ①장지(葬地)나 종묘의 위치의 순차. ②종묘 안에 모시고 제사지내는 목주(木主)의 위치 차례. ③제사에 참석하는 자손들의 위치나 순차.> ㅇ左爲昭(좌위소) : 왼쪽은 소(昭)이고. ㅇ右爲穆(우위목) : 오른쪽이 목(穆)이다. ㅇ而子孫亦以爲序(이자손역이위서) : 그리고 <제사에 참여하는> 자손도 역시 그 순차를 따르고 지킨다. ㅇ有事於太廟(유사어태묘) : 태묘, 즉 종묘에서 제사를 지낼 때에는. ㅇ則子姓兄弟羣昭群穆(즉자성형제군소군목) : 자손이나 같은 성의 형제 일가 모든 사람에게도 집단적으로 지킬 소(昭)와 목(穆)이 있으며. ㅇ咸在而不失其倫焉(함재이부실기륜언) : 모두가 그 순서와 차례를 잃으면 안 된다.

[集註] (2) 爵公侯卿大夫也 事宗祝有司之職事也 旅 衆也 酬導飮也 旅酬之禮 賓弟子 兄弟之子 各擧觶於 其長 而衆相酬 蓋宗廟之中 以有事爲榮 故逮及賤者 使亦得以申其敬也.

(2) 「작(爵)」은 공(公) 후(侯) 경(卿) 대부(大夫) 등의 신분 작위를 말한다. 「사(事)」는 종백(宗伯)과 종인(宗人), 대축(大祝)과 소축(小祝) 등 제사에 관한 여러 가지 대소사(大小事)를 맡아 처리하는 직책을 말한다. 「여(旅)」는 「모든 사람」의 뜻이다. 「수(酬)」는 주인 측에서 빈객에게 술잔을 권하고 복주(福酒)를 들게 함이다. 「여수의 예(旅酬之禮)」는 <다음같이 한다.> 빈객의 자제나 형제의 자제, 즉 아랫사람들이 저마다 술잔을 들어 어른에게 권한다. 그렇게 해서 모든 사람이 서로 수작(酬酢)을 한다. 무릇 종묘에서 <제사를 지낼 때에> 어떠한 일이나 구실을 하는 것은 영광이다. 고로 아랫사람도 참여시켜서 <선조에 대한> 공경하는 마음을 지니게 하는 것이다.

[어구 설명] ○爵公侯卿大夫也(작공후경대부야) : 「작(爵)」은 공(公) 후(侯) 경(卿) 대부(大夫) 등의 신분 작위를 말한다. ○事宗祝有司之職事也(사종축유사지직사야) : 「사(事)」는 종백(宗伯)과 종인(宗人), 대축(大祝)과 소축(小祝) 등 제사에 관한 여러 가지 대소사(大小事)를 맡아 처리하는 직책을 말한다. ○旅衆也(여중야) : 「여(旅)」는 「모든 사람」의 뜻이다. ○酬導飮也(수도음야) : 「수(酬)」는 주인 측에서 빈객에게 술잔을 권하고 복주(福酒)를 들게 함이다. ○旅酬之禮(여수지례) : 「여수의 예」는. <다음같이 한다.> ○賓弟子兄弟之子(빈제자형제지자) : 빈객의 자제나 형제의 자제, 즉 아랫사람들이. ○各擧觶於其長(각거치어기장) : 저마다 술잔을 들어, 어른에게 권한다. ○而衆相酬(이중상수) : 그렇게 해서 모든 사람이 서로 수작(酬酢)을 한다. ○蓋宗廟之中(개종묘지중) : 무릇 종묘 안에서. <제사를 지낼 때에> ○以有事爲榮(이유사위영) : 어떠한 일이나 구실을 하는 것은 영광이다. ○故逮及賤者(고체급천자) : 고로 <일을> 아래에도 미치게 해서. ○使亦得以申其敬也(사역득이신기경야) : 아랫사람들로 하여금 역시 공경을 뻗게 한다.

[集註] (3) 燕毛 祭畢而燕 則以毛髮之色 別長幼 爲坐次也 齒年數也.

(3) 「연모(燕毛)」는 <다음 같은 것을> 말한다. 제사를 다 마치고,

<동족의 일가가 모여서> 연회를 할 때에 곧 머리털의 색을 가지고 노소 장유를 분별하고 자리 순서를 정한다. 「치(齒)는 연령」.

[어구 설명] ○燕毛(연모) : 「연모」는 <다음 같은 것을> 말한다. ○祭畢而燕(제필이연) : 제사를 다 마치고, <동족의 일가 사람이 모여서> 연회(宴會)를 한다. 「연(燕)」=「연(宴)」. ○則以毛髮之色(즉이모발지색) : <연회 할 때에> 곧 머리털의 색을 가지고. 즉 노인의 머리는 희고 장정의 머리는 검다. ○別長幼(별장유) : 노소 장유(老少長幼)를 분별하고. ○爲坐次也(위좌차야) : 술자리의 자리 순서를 정한다. ○齒年數也(치년수야) : 「치(齒)」는 「나이, 연령의 뜻이다」.

중용 제19장 5절 : 「事死如事生」

踐其位 行其禮 奏其樂 敬其所尊 愛其所親 事死如事生 事亡如事存 孝之至也.

천기위(하야) 행기례(하며) 주기악(하며) 경기소존(하며) 애기소친(하며) 사사여사생(하며) 사망여사존(이) 효지지야(니라)

선왕이 제사 지내실 때 밟던 같은 자리를 <내가> 밟고, 선왕과 같은 예를 행하고, 선왕과 같은 예악을 연주하고, 선왕이 높이시던 선조와 신령을 존경하고, 선왕이 친애하시던 자손과 백성을 친애한다. 돌아가신 분을 살아 계신 듯이 섬기고, 사망하신 분을 생존해 계신 듯이 섬기고 받든다. 이렇게 하는 것이 효도의 지극함이다.

[어구 설명] ○踐其位(천기위) : <선왕이> 밟던 같은 자리를 밟고, 혹은 「선왕의 뒤를 이어 자리에 오르다」로 풀기도 한다.
○行其禮(행기례) : 선왕과 같은 예를 행하고.
○奏其樂(주기악) : 선왕과 같은 예악을 연주하고.
○敬其所尊(경기소존) : 선왕이 높이시던 선조와 신령을 존경하고.
○愛其所親(애기소친) : 선왕이 친애하시던 자손과 백성을 친애한다.
○事死如事生(사사여사생) : 돌아가신 분을 살아 있을 때와 같이 섬기고.
○事亡如事存(사망여사존) : 사망하신 분을 생존해 계신 듯이 섬기고 받든다.

◦孝之至也(효지지야) : 그렇게 하는 것이 효도의 지극함이다.

[集註] (1) 踐猶履也 其指先王也 所尊所親先王之祖考子孫臣庶也 始死謂之死 旣葬則曰反而亡焉 皆指先王也.

(1) 「천(踐)」은 「이(履)」와 같은 뜻이다. 「기(其)」는 선왕을 가리킨다. 높이고 친애하는 바는 선왕이 높이신 선조와 고부(考父) 및 선왕이 친애하시던 자손과 신하와 서민들이다. 처음 죽었을 때는 「사(死)」라고 이른다. 장사를 지낸 다음 돌아와서 비로소 「가셨구나(亡)」하고 말한다. 모두가 선왕을 지칭하는 말이다.

[어구 설명] ◦踐猶履也(천유리야) : 「천(踐)」은 「이(履)」와 같은 뜻이다. ◦其指先王也(기지선왕야) : 「기(其)」는 선왕을 가리킨다. ◦所尊所親(소존소친) : <선왕이> 높이고 친애하는 바. ◦先王之祖考(선왕지조고) : 선왕이 높이신 선조와 고부(考父). ◦子孫臣庶也(자손신서야) : <선왕이 친애하던> 자손과 신하와 서민들이다. ◦始死謂之死(시사위지사) : 처음 죽었을 때는 「사(死)」라고 이른다. ◦旣葬(기장) : 장사를 지낸 다음에. ◦則曰反而亡焉(즉왈반이망언) : 즉 돌아와서 비로소 「망(亡)」이라고 말한다. ◦皆指先王也(개지선왕야) : 모두가 선왕을 지칭한다.

[集註] (2) 此結上文兩節 皆繼志述事之意也.

(2) 이는 앞의 3절 4절 두 구절을 묶은 것으로, 모두가 계지술사(繼志述事)의 뜻을 말한 것이다.

[어구 설명] ◦此結上文兩節(차결상문량절) : 이것은 앞의 두 절, 즉 3절 4절을 묶은 것으로. ◦皆繼志述事之意也(개계지술사지의야) : 모두가 계지술사(繼志述事)의 뜻을 말한 것이다.

중용 제19장 6절 : 「明乎禮義」

郊社之禮 所以事上帝也 宗廟之禮 所以祀乎其先也 明乎郊社之禮 禘嘗之義 治國其如示諸掌乎.

교사지례(는) 소이사상제야(요) 종묘지례(는) 소이사호기선야(요) 명호교사지례(와) 체상지의(면) 치국(은) 기여시제장호(인져)

교제(郊祭)와 사제(社祭)의 제례(祭禮)는 상제(上帝)와 후토(后土)를 모시기 위함이다. 종묘에서 제례(祭禮)를 지내는 까닭은 선조의 신령을 잘 섬기고자 함이다. 교제나 사제의 예와 체제(禘祭)나 상제(嘗祭)의 뜻을 밝게 알고 성실하게 실행하면, 나라 다스리기는 손바닥 안을 들여다보 듯이 밝게 알고 행할 수 있다.

[어구 설명] ○郊社之禮(교사지례) : 「교(郊)」는 상제(上帝), 즉 천신(天神)을 모시는 제사, 「사(社)」는 후토(后土), 즉 지신(地神)을 모시는 제사다.
○所以事上帝也(소이사상제야) : 상제를 섬기는 바탕이다.
○宗廟之禮(종묘지례) : 종묘에서 제례(祭禮)를 지내는 것은, 혹은 까닭은.
○所以祀乎其先也(소이사호기선야) : 선조의 신령을 잘 섬기고자 함이다. 「사(祀)」는 「제사 지내고 정성으로 섬긴다」는 뜻이 있다.
○明乎郊社之禮(명호교사지례) : 교제(郊祭)나 사제(社祭)의 뜻을 밝게 알고 성실하게 실행한다.
○禘嘗之義(체상지의) : 체제(禘祭)와 상제(嘗祭)의 뜻을.
○治國其如示諸掌乎(치국기여시제장호) : 「나라 다스림(治國)」의 도리나 방법을 마치 손바닥 안을 보는 듯이. <밝게 알고 행할 수 있다.> 「示(시)=視(볼 시)」

[集註] (1) 郊祭天 社祭地 不言后土者 省文也.

(1) 「교(郊)」는 하늘을 모시는 제사다. 「사(社)」는 땅을 모시는 제사다. <상제라고만 하고> 후토(后土)를 말하지 않은 것은 글을 생략한 것이다.

[어구 설명] ○郊祭天(교제천) : 「교(郊)」는 하늘, 즉 「천신(天神)=상제(上帝)」를 모시는 제사다. 천자(天子)만이 「교제」를 지낸다. 동지(冬至)에는 천단(天壇)에서 「교제」를 지내고, 하지(夏至)에는 지단(地壇)에서 「사제」를 지낸다. ○社祭地(사제지) : 「사(社)」는 땅, 즉 「지신(地神)=후토(后土)」를 모시는 제사다. 제후는 「사제」만 지낸다. ○不言后土者(불언후토자) : 집주(集註)의 「교사지례(郊社之禮)」를

설명하는 글에서 「상제를 모시는 바탕이다(所以事上帝也)」라고만 말하고 「지신=후토」를 말하지 않은 것은. ○省文也(생문야) : 글을 생략한 것이다.

[集註] (2) 禘天子宗廟之大祭 追祭太祖之所自出於太廟 而以太祖配之也 嘗秋祭也 四時皆祭 擧其一耳.

(2) 「체(禘)」는 천자가 종묘에서 올리는 큰제사다. 태조를 태어나게 한 근원이 되는 오제(五帝)의 한 분, 곡(嚳)을 태묘(太廟)에서 제사를 지내고 추존(追尊)하고, 태조로 하여금 배향(配享)하게 한다. 「상(嘗)」은 가을에 올리는 제사다. 사계절마다 제사를 드리지만 <여기서는> 그 일부만을 들어 말했다.

·[어구 설명] ○禘天子宗廟之大祭(체천자종묘지대제) : 「체(禘)」는 천자가 종묘에서 올리는 큰제사다. 즉 천자가 5년에 한 번씩 태조묘(太祖廟)에서 지낸다. ○追祭(추제) : 추존(追尊)하여 제사를 지낸다. ○太祖之所自出(태조지소자출) : 태조(太祖)를 태어나게 한 근원. 주(周)나라의 태조는 후직(后稷)이다. 그 근원은 오제(五帝)인 곡(嚳)이다. ○於太廟(어태묘) : 곡(嚳)을 주나라 천자가 태묘(太廟)에서 5년마다 제사를 지낸다. ○而以太祖配之也(이이태조배지야) : 그래가지고 태조로 하여금 배향(配享)하게 한다. ○嘗秋祭也(상추제야) : 「상(嘗)」은 가을에 올리는 제사다. ○四時皆祭(사시개제) : 사계절에 다 제사를 드린다. 춘제(春祭)는 약(礿), 하제(夏祭)는 체(禘), 추제(秋祭)는 상(嘗), 동제(冬祭)를 증(蒸)이라 부른다. <禮記 王制> ○擧其一耳(거기일이) : <여기서는> 그 일부만을 들어 말했다.

[集註] (3) 禮必有義 對擧之互文也 示與視同 視諸掌 言易見也 此與論語文意 大同小異 記有詳略耳.

(3) 예(禮)에는 반드시 뜻[義]이 있다. <앞의 경문에서> <예(禮)와 의(義)를> 대립시켜 말했으나, <실은> 서로 돌려 쓴 것이다. 「시(示)」는 「시(視)」와 같다. 「손바닥을 본다」는 말은 「쉽게 알 수 있다」는 뜻이다. 이 구절은 논어의 말과 뜻이 대동소이하다. 다만 약간 간략하게 기술했다.

[어구 설명] ㅇ禮必有義(예필유의) : <형식으로 나타나는>「예(禮)」에는 반드시 <내면적인>「의(義)」가 있다. ㅇ對擧之互文也(대거지호문야) : 「예(禮)」와 「의(義)」를 대립시켜 말했으나, 실은 두 글자를 서로 돌려서 쓴 것이다. 즉 앞의 경문에서 「교사지례(郊社之禮)」「체상지의(禘嘗之義)」라고 「예(禮)」와 「의(義)」를 나누어 대립시켰으나, 실은 「교사의 예와 의의(郊社之禮義)」「체상의 예와 의의(禘嘗之禮義)」라는 뜻이다. ㅇ示與視同(시여시동) : 「시(示)」는 「볼 시(視)」와 같다. ㅇ視諸掌言易見也(시제장언이견야) : 「그것을 손바닥에서 본다(視諸掌)」라고 한 것은 「쉽게 알 수 있다(言易見)」는 뜻이다. ㅇ此與論語文意大同小異(차여론어문의대동소이) : 이 글은 논어(論語)의 글뜻과 대동소이하다. 논어 팔일편(八佾篇)에 있다. 「或問 禘之說 子曰 吾不知也 知其說者之於天下也 其如示諸斯乎 指其掌.」 ㅇ記有詳略耳(기유상략이) : 다만 기술이 약간 간략할 뿐이다.

[설명주] (1) 右第十九章.

(1) 이상이 제19장이다.

[참고 보충] 「달효(達孝)의 깊은 뜻」
<1> 「달효(達孝)」는 「지극한 경지에 도달한 효도」라는 뜻이다. 즉 「효(孝)는 부모를 정성으로 받들고 모시는 효(孝)」만이 아니다. 「역사적으로 부모와 선조의 뜻과 사업을 계승하고 성취하여 더욱 발전되게 하는 효(孝)」를 포함한 것이다.
<2> 일지록(日知錄) <권6>에 있다. 「달효는 선조와 후손에게 통하고 영혼의 세계와 현세에 통한다. 효경(孝經)에서 말한바, 지극한 효제(孝悌)는 신명에 통하고 사해(四海)에 빛을 내며 시간적으로나 공간적으로나 통하지 않는 바가 없다.(達孝者 達於上下 達於幽明 所謂 孝弟之至 通於神明 光於四海 無所不通者也)」
<3> 효도(孝道)도 천도(天道)에서 나온 것이다. 천도는 현시적(現時的)으로 만물을 창조하고 생성(生成)하는 동시에 역사적(歷史的)으로 「생생불이(生生不已)」하는 번식과 발전의 절대선(絶對善)의 도리이다.
<4> 그러므로 「지극한 경지에 도달한 달효(達孝)」는 「신명에 통하고 사해에 빛나게 마련이며(通於神明 光於四海)」 또 「유명(幽明)에 통하게 마련이다.」
<⇒ 「고대중국의 인간상」「고대중국의 제왕학」 명문당 간행 참고>

中庸 제20장 (총20절)

* 「제20장」은 모두 20절이다. 다시 「4부(部)」로 나누어 풀이한다.

[제20장 제1부]

1절 哀公 問政.

2절 子曰 文武之政 布在方策 其人存則其政擧 其人亡則其政
息.

3절 人道敏政 地道敏樹 夫政也者 蒲盧也.

4절 故爲政在人 取人以身 修身以道 修道以仁.

5절 仁者人也 親親爲大 義者宜也 尊賢爲大 親親之殺 尊賢之
等 禮所生也.

〔연문(衍文)〕 (在下位 不獲乎上 民不可得而治矣)

6절 故君子 不可以不修身 思修身 不可以不事親 思事親 不可
以不知人 思知人 不可以 不知天.

[제20장 제2부]

7절 天下之達道五 所以行之者三 曰君臣也 父子也 夫婦也 昆
弟也 朋友之交也 五者 天下之達道也 知仁勇三者 天下之
達德也 所以行之者 一也.

8절 或生而知之 或學而知之 或困而知之 及其知之 一也 或安
而行之 或利而行之 或勉强 而行之 及其成功 一也.

9절 (子曰) 好學 近乎知 力行 近乎仁 知恥 近乎勇.

10절 知斯三者 則知所以修身 知所以修身 則知所以治人 知所
以治人 則知所以治天下國家矣.

[제20장 제3부]

11절 凡爲天下國家 有九經曰 修身也 尊賢也 親親也 敬大臣也
體群臣也 子庶民也 來百 工也 柔遠人也 懷諸侯也.

12절 修身則道立 尊賢則不惑 親親則諸父昆弟 不怨 敬大臣則
不眩 體群臣則士之報禮重 子庶民則百姓勸 來百工則財
用足 柔遠人則四方歸之 懷諸侯則天下畏之.

13절 齊明盛服 非禮不動 所以修身也 去讒遠色 賤貨而貴德 所
以勸賢也 尊其位 重其祿 同其好惡 所以勸親親也 官盛任
使 所以勸大臣也 忠信重祿 所以勸士也 時使薄斂 所 以
勸百姓也 日省月試 旣廩稱事 所以勸百工也 送往迎來 嘉
善而矜不能 所以柔遠人也 繼絶世 擧廢國 治亂持危 朝聘
以時 厚往而薄來 所以懷諸侯也.

14절 凡爲天下國家 有九經 所以行之者 一也.

15절 凡事 豫則立 不豫則廢 言前定則不跆 事前定則不困 行前
定則不疚 道前定則不窮.

[제20장 제4부]

16절 在下位 不獲乎上 民不可得而治矣 獲乎上 有道 不信乎
朋友 不獲乎上矣 信乎朋友 有道 不順乎親 不信乎朋友
矣 順乎親 有道 反諸身不誠 不順乎親矣 誠身 有道 不明
乎善 不誠乎身矣.

17절 誠者 天之道也 誠之者 人之道也 誠者 不勉而中 不思而
得 從容中道 聖人也 誠之者 擇善而固執之者也.

18절 博學之 審問之 愼思之 明辨之 篤行之.

19절 有弗學 學之 弗能 弗措也 有弗問 問之 弗知 弗措也 有弗
思 思之 弗得 弗措也 有 弗辨 辨之 弗明 弗措也 有弗行
行之 弗篤 弗措也 人一能之 己百之 人十能之 己千之.

20절 果能此道矣 雖愚必明 雖柔必强.

* 「제20장」은 자사(子思)가 공자의 말을 인용해서 「요순우탕문무주공
(堯舜禹湯文武周公)」으로 이어진 도통(道統)을 말한 글들이다.

중용 제20장 1절 : 「哀公問政」

哀公問政.

애공(이) 문정(하노라)

애공이 정치에 대해서 물었다.

[集註] (1) 哀公 魯君 名蔣.

(1) 애공은 노나라의 임금이다. 이름은 장(蔣)이다.

[참고 보충] 「애공(哀公)」

노(魯)나라 애공(哀公)은 B.C. 494년에 자리에 올랐다. 당시 공자는 노나라를 떠나 여러 나라를 떠돌았으며, 69세에 귀국하고 73세에 사망했다. 그러므로 애공이 공자에게 정치에 대해서 물어본 때는 공자 말년이었다. 그래서, 공자는 여러 면에서 덕치(德治)의 깊은 뜻을 풀이하고 대답했던 것이다.

중용 제20장 2절 : 「人存政擧」

子曰 文武之政 布在方策 其人存 則其政擧 其人亡 則其政息.

자왈 문무지정(이) 포재방책(하니) 기인존 즉기정거(하고) 기인망 즉기정식(이라)

공자가 말했다. 주(周)나라 문왕(文王)과 무왕(武王)의 정치의 법도나 업적은 옛날의 전적(典籍)에 기록되어 있다. <그들 같은> 성왕(聖王)이 있으면 성왕의 덕치(德治)가 이루어지고, 성왕이 없으면 성왕의 덕치도 없어지게 마련이다.

[어구 설명] ○文武之政(문무지정) : 주(周)나라 문왕(文王)과 무왕(武王)의 인애(仁愛)의 덕치(德治).

○布在方策(포재방책) : 옛날의 전적(典籍)에 두루 기록되어 있다. 「방(方)」은 목판(木板), 즉 나뭇조각. 「책(策)」은 죽간(竹簡). <* 옛날에는 목판이나 죽간에 글을 썼다. 그러므로 방책(方策)은 전적이다.>

ㅇ其人存 則其政擧(기인존 즉기정거) : 보통「그 사람이 있으면, 그 정치가 높아진다」로 풀이한다.「기(其)」는「앞과 뒤가 하나이며, 같다」는 뜻을 나타내는 특수허사(虛詞)다. 그러므로 여기서는「성왕(聖王)이 있으면, 성왕의 덕치가 이루어진다」로 풀이하는 것이 좋다.

ㅇ其人亡 則其政息(기인망 즉기정식) : 성왕이 없으면 성왕의 정치도 없어진다.

[集註] (1) 方版也 策簡也 息猶滅也 有是君 有是臣 則有是政矣.

(1)「방(方)」은 나무 판자, 목판(木板)이다.「책(策)」은 죽간(竹簡), 글을 쓰는 대나무 조각이다.「식(息)」은「멸(滅)」과 같은 뜻이다. 성군(聖君)이 있으므로 현신(賢臣)이 있고, 따라서 성현(聖賢)의 도덕정치가 있는 것이다.

[어구 설명] ㅇ方版也(방판야) :「방(方)」은 나무 판자, 목판(木板)이다. ㅇ策簡也(책간야) :「책(策)」은 죽간(竹簡), 글을 쓰는 대나무 조각. ㅇ息猶滅也(식유멸야) :「식(息)」은「멸(滅)」과 같은 뜻이다. 즉「멸식(滅息), 식멸(熄滅)」의 뜻. ㅇ有是君有是臣(유시군유시신) : 성군(聖君)이 있으므로 현신(賢臣)이 있고. ㅇ則有是政矣(즉유시정의) : 따라서 성현(聖賢)의 도덕정치가 있다. 이 때의「시(是)」도 앞의「기(其)」와 같다. 또「옳고 바르다」의 뜻도 포함하고 있다.

중용 제20장 3절 :「人道敏政」

人道敏政 地道敏樹 夫政也者 蒲盧也.

인도(는) 민정(하고) 지도(는) 민수(하니) 부정야자(는) 포로야(니라)

사람의 도리는 정치에 민첩하게 나타난다. 땅의 도리는 식물에 민첩하게 나타난다. 무릇 인애(仁愛)를 베푸는 인정(仁政)은 <땅에서> 갈대가 자라고 번식하듯이 즉시 나타나게 마련이다.

[어구 설명] ㅇ人道敏政(인도민정) : 사람의 도리가 정치에 빠르게 나타난다. 이 때의「인도(人道)」는「인도(仁道)」다. 따라서「인애의 도덕정치의 도리가 즉각 빠르게 그 효과를 나타낸다」로 풀이한다.

○地道敏樹(지도민수) : <식물을 자라게 하는> 땅의 도리는 수목에 예민하고 빠르게 나타난다. 「수(樹)」는 「수목을 심고 재배한다」는 뜻.
○夫政也者(부정야자) : 무릇 정치는. 「야자(也者)」는 어조사. 「정(政)」을 「바르고 착한 인덕(仁德)의 정치」로 풀어야 한다. 그래야 공자의 주장에 맞는다.
○蒲盧也(포로야) : 주자는 「갈대」라고 풀었다. 「蒲(부들 포), 盧=蘆(갈대 로)」 갈대는 잘 자란다.

[集註] (1) 敏速也 蒲盧 沈括以爲蒲葦 是也 以人立政 猶以地種樹 其成速矣 而蒲葦 又易生之物 其成尤速也 言人存政擧 其易如此.

(1) 「민(敏)」은 빠르다는 뜻이다. 「포로(蒲盧)」를 심괄(沈括)이 포위(蒲葦)라고 했으며, 그의 설이 맞는다. 성군(聖君)이나 현인(賢人)이 나서서 인정(仁政)을 바로 세우는 것을 흡사 땅에 나무를 심고 재배하는 것과 같다고 비유했다. <인덕의 정치의 효험은> 빠르게 이루어지며, 갈대도 역시 쉽게 자라난다. <인정(仁政)의 효험은> 특히 빠르게 이루어진다. 이 구절은 「성군이 있으면, 인(仁)의 정치가 높이 이루어진다(人存政擧)」는 뜻을 말한 것이며, 그 쉬움이 <갈대와 같이> 쉽다는 뜻을 말한 것이다.

[어구 설명] ○敏速也(민속야) : 「민(敏)」은 빠르다는 뜻이다. ○沈括以爲蒲葦是也(심괄이위포위시야) : 심괄(沈括)이 포위(蒲葦)라고 했으며, 그의 설이 맞는다. 「蒲(부들 포), 葦(갈대 위)」 여기서는 둘을 합해서 「갈대」라고 풀이했다. 「심괄」은 북송(北宋)의 학자, 몽계필담(夢溪筆談)의 저자. ○以人立政(이인립정) : 성군(聖君)이나 현인(賢人)이 나서서 인정(仁政)을 바로 세우는 것을. ○猶以地種樹(유이지종수) : 흡사 땅에 나무를 심고 재배하는 것과 같다고 비유했다. ○其成速矣(기성속의) : <인덕의 정치의 효험이> 빠르게 이루어진다. ○而蒲葦又易生之物(이포위우이생지물) : 그리고 갈대도 역시 쉽게 자라나는 식물이다. ○其成尤速也(기성우속야) : <인도(仁道)의 효험은> 더욱 예민하고 빠르게 <인정(仁政)에서> 이루어진다. ○言人存政擧(언인존정거) : 이 구절은 「성군이 있으면, 인의 정치가 높이

이루어진다(人存政擧)」는 뜻을 말한 것이며. ○其易如此(기이여차) : 그 쉬움이 <갈대와 같다.> 쉽다는 뜻이다.

중용 제20장 4절 : 「爲政在人」

故爲政在人 取人以身 修身以道 修道以仁.

고(로) 위정재인(하니) 취인이신(이오) 수신이도(요) 수도이인(이니라)

그러므로, 어진 정치를 펴는 것은 <어질고 현명한> 사람, 즉 신하에게 매여 있다. 신하를 취하는 일은 임금 자신이 하는 것이니, 임금은 자신을 도로써 수양해야 하며, 자기 수양은 인을 바탕으로 해야 한다.

[어구 설명] ○爲政在人(위정재인) : 일반적으로는 「정치는 사람에게 달려 있다」의 뜻으로 풀이한다. 그러나 공자의 말뜻은 「어진 정치는 <현명하고 어진> 신하를 등용해 쓰는 데에 매여 있다」이다. 공자가어(孔子家語)에 「위정재어득인(爲政在於得人)」이라고 쓰여 있다.

○取人以身(취인이신) : <현명하고 어진> 신하를 취하는 것은 임금 자신에게 달렸다.

○修身以道(수신이도) : 몸을 닦음은 도(道)로써 한다.

○修道以仁(수도이인) : 도를 닦는 것은 인(仁)으로써 한다. 즉 인을 바탕으로 도를 닦는다.

[集註] (1) 此承上文人道敏政而言也 爲政在人 家語作爲政在於得人 語意尤備.

(1) 이 4절은 앞 3절의 「인도민정(人道敏政)」을 받은 것이다. 「위정재인(爲政在人)」을 공자가어(孔子家語)에서는 「정치를 하는 것은 사람을 얻음에 있다(爲政在於得人)」라고 썼으므로 말뜻이 한층 잘 갖추어져 있다.

[어구 설명] ○此(차) : 이 4절은. ○承上文人道敏政(승상문인도민정) : 앞 3절의 「인도민정(人道敏政)」을 받고(承). ○而言也(이언야) : 말한 것이다. ○家語作爲政

在於得人(가어작위정재어득인) : 공자가어(孔子家語)에는 「정치는 사람을 얻음에 있다」라고 하여. ○語意尤備(어의우비) : 말뜻이 한층 잘 갖추어져 있다.

[集註] (2) 人謂賢臣 身指君身 道者天下之達道 仁者 天地生物之心 而人得以生者 所謂元者善之長也.

(2) 「인(人)」은 현명한 신하를 말한다. 「신(身)」은 임금 자신을 지칭한다. 「도(道)」는 「천하의 달도(天下之達道)」이다. 인(仁)은 천지간에 만물을 낳고 키우고 발전되게 하는 마음이며, 아울러 사람도 <그것을> 얻음으로써 살고 삶을 누리는 <바탕이 되는> 것이다. 이른바 역경(易經) 건문언(乾文言)에 있는 「원은 선의 으뜸이다(元者善之長也)」라고 한 「원(元)」과 같은 것이다.

[어구 설명] ○人謂賢臣(인위현신) : 「인(人)」은 현명한 신하를 말한다. ○身指君身(신지군신) : 「신(身)」은 임금 자신을 지칭한다. ○道者天下之達道(도자천하지달도) : 「도(道)」는 「천하의 달도(天下之達道)」이다. <* 제1장 4절에 「내재하는 성(性)과 발현하는 정(情)이 일치하는 것을 천하의 달도(和也者 天下之達道也)」라고 했으며, 또 뒤의 7절에는 「천하 모든 사람이 서로 지키고 행해야 할 오륜(五倫)의 도리」를 달도(達道)라고 했다.> ○仁者(인자) : 인이라고 하는 것은. ○天地生物之心(천지생물지심) : 천지간에 만물을 낳고 키우고 발전되게 하는 마음이며. ○而人得以生者(이인득이생자) : 아울러 사람도 <그것을> 얻음으로써 살고 삶을 누리는 <바탕이 되는> 것이다. ○所謂元者善之長也(소위원자선지장야) : 이른바 역경(易經) 건문언(乾文言)에 있는 「원은 선의 으뜸이다(元者善之長也)」라고 한 「원(元)」과 같은 것이다.

[集註] (3) 言人君爲政 在於得人 而取人之則 又在修 身 能仁其身 則有君有臣 而政無不擧矣.

(3) 이 구절은 모든 사람을 다스리는 임금이 인정(仁政)을 펴는 <바탕은 현명하고 어진> 신하를 얻음에 있다. 그리고 신하를 취하는 원칙적 기준은 또한 임금 자신의 수신에 있다. 임금 자신이 능히

인(仁)할 수 있으면, 곧 어진 임금 밑에 어진 신하가 있게 되고 따라서 어진 정치가 높이 나타나지 않음이 없을 것이다.

[어구 설명] ○人君爲政(인군위정) : 모든 사람을 다스리는 임금이 인정(仁政)을 펴는 <바탕은>. ○在於得人(재어득인) : <현명하고 어진> 신하를 얻음에 있다. ○而取人之則(이취인지칙) : 그리고 신하를 취하는 원칙적 기준은. ○又在修身(우재수신) : 또한 임금 자신의 수신에 있다. ○能仁其身(능인기신) : 임금 자신이 능히 인(仁)할 수 있으면. ○則有君有臣(즉유군유신) : 즉 어진 임금 밑에 어진 신하가 있게 되고. ○而政無不擧矣(이정무불거의) : 따라서 어진 정치가 높이 나타나지 않음이 없을 것이다.

중용 제20장 5절 : 「仁者人也」

仁者人也 親親爲大 義者宜也 尊賢爲大 親親之殺 尊賢之等 禮所生也.

인자(는) 인야(니) 친친(이) 위대(니라) 의자(는) 의야(니) 존현(이) 위대(니라) 친친지쇄(와) 존현지등(이) 예소생야(니라)

인(仁)은 인(人)이다. 육친과 일가 친족이 서로 친애하는 것을 가장 귀중하고 중대하게 여긴다. 의(義)는 마땅하고 옳게 함이다. <사회적 인간 관계에서는> 현인(賢人)을 존경하는 것을 가장 귀중하고 중대하게 여긴다. 육친 가족과 일가 친족을 사랑함에 있어, <상하 원근에 따라> 사랑에 차등과 감소가 있으며, 현인을 존경함에도 등급 차등이 있으나, 그로부터 예의와 예절이 나오는 것이다.

[어구 설명] ○仁者人也(인자인야) : 인(仁)은 인(人)이다. 「인(仁)」은 인간만이 지니고 행하는 윤리의 핵심이다. 「인」은 서로 사랑하고 협동하여 함께 잘살고 발전하는 덕성(德性)과 덕행(德行)을 통합한 말이다.

○親親爲大(친친위대) : 가족과 친족이 서로 친애하는 것이 중대하다.

○義者宜也(의자의야) : 의(義)는 마땅하고 옳게 함이다.

○尊賢爲大(존현위대) : 현인(賢人)을 존경하는 것이 중대하다.

ㅇ親親之殺(친친지쇄) : 가족과 친족 사랑에도 차등이 있다.
ㅇ尊賢之等(존현지등) : 현인을 존경함에도 등급 차등이 있다.
ㅇ禮所生也(예소생야) : 그로부터 예의와 예절이 나오는 것이다.

[集註] (1) 人指人身而言 具此生理 自然便有惻怛慈愛之意 深體味之可見.

(1) 「인(人)」은 「사람의 몸(人身)」을 가리키는 말이다. <즉 현실로 육신을 갖추고 생활하고 활동하고, 일하고, 생업에 종사하고 있는 사람> 그와 같은 사람은 삶의 도리를 갖추고 있다. 그러므로 자연히 <모든 사람에게는> 「측은하게 여기고(惻), 슬퍼하고(怛), 자비를 베풀고(慈), 사랑으로 키우려는(愛)」 뜻이 있게 마련이다. <사람의 삶을> 깊이 체득하고 음미하면 <그와 같이 만물을 사랑하고 낳고 키우려는 인(仁)의 생리(生理)를> 보고 알 수 있다.

[어구 설명] ㅇ仁(인) : 기본의(基本意)는 「어질고 사랑함이다.」 그러나 주자는 그 뜻을 더 심화(深化)했다. 즉 「자연 만물이나 다른 사람을 사랑함은 곧 생명을 존중하고 잘 키우고 번식케 한다」는 뜻으로 심화했다. 이와 같은 깊은 뜻을 알아야 주자의 주석을 바르게 이해할 수 있다. ㅇ人指人身而言(인지인신이언) : 「인(人)」은 「사람의 몸(人身)」을 가리키는 말이다. <* 인신(人身)은 「현실로 육신을 갖추고 생활하고 있는 사람」, 「실지로 육체적으로 활동하고, 일하고 문화 창조에 이바지하고 있는 사람」의 뜻이다.> ㅇ具此生理(구차생리) : 생리적 생존의 도리를 갖추어야 한다. <그러므로> ㅇ自然便有惻怛慈愛之意(자연편유측달자애지의) : 자연히 「측은하게 여기고(惻), 슬퍼하고(怛), 자비를 베풀고(慈), 사랑하려는(愛) 정(情)」이 있게 마련이다. ㅇ深體味之可見(심체미지가견) : 사람을 깊이 체득하고 음미하면 <그와 같이 만물을 사랑하는 인(仁)=생리(生理)를> 보고 알 수 있다.

[集註] (2) 宜者分別事理 各有所宜也 禮則節文斯二者而已.

(2) 「의(宜)」는 사물의 도리를 분별하고 저마다에 맞게 적절하고 올바르게 한다는 뜻이다. 「예(禮)」는 인(仁)과 의(義)를 서로 잘 조절하고 함께 어울리게 하는 것이다.

[어구 설명] <위의 뜻풀이와 같음>

(衍文) 在下位 不獲乎上 民不可得而治矣.

[설명주] 鄭氏曰 此句在下 誤重在此.

정현(鄭玄)이 말했다. 이는 다음 14절에 있다. 잘못 여기 들어갔다. <주자도 그의 설을 따라 이 구절을 연문(衍文)으로 보았다.>

중용 제20장 6절 : 「不可以不知天」

故君子 不可以不修身 思修身 不可以不事親 思事親 不可以不知人 思知人 不可以不知天.

고(로) 군자(이) 불가이불수신(이니) 사수신(이면) 불가이불사친(이오) 사사친(이면) 불가이부지인(이오) 사지인(이면) 불가이부지천(이니라)

고로 <나라를 다스리는> 임금은 자신을 수양하지 않으면 안 된다. 자신을 수양하려고 생각하면, 불가불 어버이를 잘 섬기고 효도를 해야 한다. 어버이나 일가 친족을 잘 섬기고 받들려면, 불가불 사람, 즉 신하를 잘 알고 현명한 사람을 가려 써야 한다. 사람을 바르게 알려고 생각하면, 불가불 하늘을 잘 알아야 한다.

[어구 설명] ○君子 不可以不修身(군자 불가이불수신) : 임금이나 군자는 수신하지 않으면 안 된다.

○思修身 不可以不事親(사수신 불가이불사친) : 자신을 수양하려면 어버이를 잘 섬기고 효도를 해야 한다. <* 친(親)은 부모 형제 처자 같은 가족이다. 더 나가서는 일가 친척을 포함한다. 단 「친소원근(親疎遠近)」에 따른 「경중후박(輕重厚薄)」의 차이가 있게 마련이다.>

○思事親 不可以不知人(사사친 불가이부지인) : 어버이나 일가 친족을 잘 섬기

고 받들려면 사람[人]을 잘 알아야 한다.

○思知人 不可以不知天(사지인 불가이부지천) : 사람을 알려면 하늘(天)을 잘 알아야 한다. <* 주자는 「천(天)=이(理)」라고 했다. 그러므로 「천(天)」을 잘 안다고 함은 곧 천명(天命)으로 주어진 「성리(性理)=천리(天理)」를 바르게 알고 행한다는 뜻이다.> <* 지(知)는 앎(知)와 행(行)을 겸한다.>

[集註] (1) 爲政在人 取人以身 故不可以不修身 修身以道 修道以仁.

(1) 인정(仁政)을 펴는 바탕은 임금의 인덕(仁德)에 매여 있으며, 착하고 현명한 신하를 취하고 등용해 쓰는 것은 임금 자신의 인덕을 바탕으로 한다. 그러므로 임금은 자신을 수양하지 않으면 안 된다. 임금의 자기 수양은 도(道)를 바탕으로 해야 한다. 도를 닦음은 인(仁)을 바탕으로 해야 한다.

[어구 설명] ○爲政在人(위정재인) : 일반적으로 「정치는 사람에게 매여 있다」로 풀이할 수 있다. 그러나 여기서는 「인정(仁政)을 펴는 바탕은 임금의 인품, 인덕(仁德)에 매여 있다」로 풀이하는 것이 좋다. ○取人以身(취인이신) : 착하고 현명한 신하를 취하고 등용해 쓰는 것은 임금 자신의 인품, 인덕을 바탕으로 한다. ○故不可以不修身(고불가이불수신) : 그러므로 자신을 수양하지 않을 수 없다. 반드시 자신을 수양해야 한다. ○修身以道(수신이도) : 자기 수양은 도(道)를 바탕으로 해야 한다. ○修道以仁(수도이인) : 도를 닦음은 인(仁)을 바탕으로 해야 한다. 자세한 설명은 ⇒ 「참고 보충」

[集註] (2) 故思修身 不可以不事親 欲盡親親之仁 必由尊賢之義 故又當知人.

(2) 고로 임금이 자신의 몸을 닦으려고 생각하면, 불가불 어버이를 잘 섬기고 효도를 해야 한다. 임금이 「친친(親親)의 인(仁)」을 다하려고 바라면, 반드시 현인(賢人)을 존경하고 등용하는 의(義)를 거쳐야 한다. 고로 <임금은> 신하의 사람됨을 잘 알아야 한다.

[어구 설명] ○欲盡親親之仁(욕진친친지인) : <임금이> 「친친(親親)의 인(仁)」을 다하려고 바라면. <*「친친(親親)의 인(仁)」은 좁게는 임금의 어버이나 일가 친척을 친애하는 것이다. 넓게는 제후(諸侯)나 신하(臣下) 및 만백성을 두루 친애하는 것이다. 그렇게 하는 것이 곧 인정(仁政)이다.> ○必由尊賢之義(필유존현지의) : 반드시 현인(賢人)을 존경하고 등용하는 의(義)를 거쳐야 한다. ○故又當知人(고우당지인) : 고로 <임금은> 신하의 사람됨을 잘 알아야 한다.

[集註] (3) 親親之殺 尊賢之等 皆天理也 故又當知天.

(3) 직계의 가족이나 일가 친척을 친애함에 있어 친소원근(親疎遠近)에 따른 경중후박(輕重厚薄)의 차등이 있고, 현명한 사람을 존경하고 높이는 데도 등급이 있음은 다 하늘의 도리를 따른 것이다. 고로 마땅히 하늘[天]과 하늘의 도리를 바르게 알아야 한다.

[어구 설명] ○親親之殺(친친지쇄) : 직계의 가족이나 일가 친척을 친애함에 있어 친소원근(親疎遠近)에 따른 경중후박(輕重厚薄)의 차이가 있다. ○尊賢之等(존현지등) : 현명한 사람을 존경하고 높여 쓰는 데도 등급이 있다. ○皆天理也(개천리야) : 모두가 하늘의 도리에 따르는 것이다.

[참고 보충] 「주자(朱子)의 인(仁) 해석」
인(仁)에 대해서 주자가 내린 특수한 해석을 몇 가지 들겠다.
<1> 애지리(愛之理) : 인(仁)은 곧 「천명에 의해서 주어진 본성 속에 있는 만물을 사랑하고 생육하는 도리」이다. 이는 「인(仁)의 체(體)이고, 미발(未發)의 성(性)」이다.
<2> 심지덕(心之德) : 마음(心)은 성(性)과 정(情)을 통합하고 있다. 사랑의 성리(性理)가 사물에 감동되어 나타난 것이 「사랑의 정(愛情=仁情)」이다. 「사랑의 정」은 「인(仁)의 용(用)이며, 이발(已發)한 정(情)」이다. 마음이 형이상의 도리를 형이하의 덕행(德行)으로 나타나게 한다. 그러므로 「나타난 인(仁)」을 「심지덕(心之德)」이라고 한 것이다.
<3> 「인(仁)은 천지 만물과 하나 됨이다.(仁者以天地萬物爲一體)」 : 즉 사람인

내가 공간(宇)과 시간(宙)을 통합한 우주적 차원에서 만물을 사랑하고 생육하는 도리이고 덕행이다.

<4> 「인(仁)은 천지 만물의 생기(生氣)」: 「인은 천지 만물을 살고 자라게 하는 기운이다」. 물론 생기(生氣)의 바탕은 하늘의 기운이다. 그러나 만물을 주관하는 사람이 하늘의 생기를 바탕으로 하고 만물을 더욱 생육(生育)하고 문화적으로 더욱 번식하고 발전하게 해주어야 한다. 그러므로 「인(仁)」을 「만물의 생기(生氣)」라고 했다.

[참고 보충] 「인도민정(人道敏政)」

<1> 이 말은 공자가 애공(哀公)에게 한 말이다. 「인도(人道)」는 곧 인애(仁愛)를 베푸는 인정(仁政)과 덕치(德治)의 도리이다. 곧 백성을 사랑하고 잘살게 해주는 바르고 착한 정치가 곧 인정(仁政)이고 덕치(德治)이다.

<2> 「인(仁)은 인(人)」이다. 「민(敏)은 예민하고 빠르게 나타난다」는 뜻이다. 공자는 논어에서 말했다. 「정(政)은 정(正)이다.」 「정(正)」은 「하나(一)에 가서 멈춘다(止)」는 뜻이다. 「하나(一)」는 곧 절대선(絶對善)인 「천도 천리(天道天理)」다.

<3> 이는 곧 「대학(大學)의 삼강령(三綱領)」 ①명명덕(明明德), ②친민(親民)=신민(新民), ③지어지선(止於至善)과 같은 경지이다.

<4> 모든 사람은 「명덕(明德)」이 있다. 고로 「인애(仁愛)의 덕치(德治)」가 민감하게 나타난다. 이를 「인도민어정(人道敏於政)」이라 한 것이다.

중용 제20장 7절 : 「五達道·三達德」

天下之達道五 所以行之者三 曰君臣也 父子也 夫婦也 昆弟也 朋友之交也 五者 天下之達道也 知仁勇 三者 天下之達德也 所以行之者 一也.

천하지달도(이) 오(에) 소이행지자(는) 삼(이니) 왈 군신야 부자야 부부야 곤제야 붕우지교야(요) 오자(는) 천하지달도야(요) 지인용 삼자(는) 천하지달덕야(이니) 소이행지자(는) 일야(니라)

천하가 도에 도달하는 바탕은 다섯이다. 그것을 행하는 바탕은 셋이다. 말하자면 「임금과 신하, 아버지와 자식, 남편과 아내, 형과

동생, 붕우가 어울리는 다섯 가지 <윤리가>」 곧 천하가 도에 도달
하는 바탕이다. 「지(知), 인(仁), 용(勇)」 셋이 천하가 덕을 달성하
는 바탕이다. 그러나 「삼달덕(三達德)」을 행하는 바탕은 하나이다.

[어구 설명] ㅇ天下之達道五(천하지달도오) : <직역하면> 「천하가 도에 도달하
는 바탕은 다섯이다.」 <의역하면 다음과 같다.> 「천하 모든 사람이 고금동서(古今
東西)을 막론하고 천도(天道)를 달성하는 바탕이 다섯 가지 윤리(倫理)이다.」
ㅇ所以行之者三(소이행지자삼) : 그것을 행하는 바탕은 셋이다. 즉 「지인용(知
仁勇)」 셋을 바탕으로 해야 덕(德)을 달성할 수 있다.
ㅇ君臣也(군신야) : 임금과 신하가 서로 예양(禮讓)해야 한다.
ㅇ父子也(부자야) : 아버지와 자식이 친친(親親)해야 한다.
ㅇ夫婦也(부부야) : 남편과 아내가 내외(內外)를 분별해야 한다.
ㅇ昆弟也(곤제야) : 형과 동생이 서로 공경(恭敬) 우애(友愛)해야 한다.
ㅇ朋友之交也(붕우지교야) : 붕우가 서로 신의(信義)를 지켜야 한다.
ㅇ五者天下之達道也(오자천하지달도야) : 이와 같은 오륜(五倫)이 「천하지달도
(天下之達道)」이다. <즉 천하 만민이 도에 통달하는 바탕이다.>
ㅇ知仁勇三者 天下之達德也(지인용삼자 천하지달덕야) : 「지(知), 인(仁), 용
(勇)」 셋이 천하 만민이 덕을 달성하는 바탕이다.
ㅇ所以行之者 一也(소이행지자 일야) : 「지인용 삼달덕」을 행하는 바탕은 하나
이다. <즉 성리(性理)를 따르고 행함이다.>

[集註] (1) 達道者 天下古今所共由之路 卽書所謂五典 孟子所謂父子有親 君臣有義 夫婦有別 長幼有序 朋友有信 是也.

(1) 통달하는 도리라고 하는 것은 천하 어디에서나 또 고금을 통해
서 모든 사람에게 통달하는 길이라는 뜻이다. 즉 서경(書經) 요전
편(堯典篇)에서 말하는 바, 오전(五典)이고 또 맹자가 말하는 바,
<오상(五常)으로> 곧 아버지와 자식은 서로 친애해야 한다. 임금
과 신하는 서로 의를 지켜야 한다. 부부 사이에는 분별이 있어야

한다. 연장자와 어린 사람은 서로 위계 질서를 지켜야 한다. 붕우는 서로 신의를 지켜야 한다. <이상의 다섯이> 바로 「오달도」다.

[어구 설명] ○達道者(달도자) : 통달하는 도리는. ○天下古今所共由之路(천하고금소공유지로) : 천하 어디에서나 또 고금을 통해, 모든 사람에게 통달하는 길이라는 뜻이다. ○卽書所謂五典(즉서소위오전) : 즉 서경(書經) 요전편(堯典篇)에서 말하는 바, 오전(五典)이다. 정현(鄭玄)은 오교(五敎)라 하고 「부의(父義), 모자(母慈), 형우(兄友), 제공(弟恭), 자효(子孝)」를 들었다. ○孟子所謂(맹자소위) : 맹자가 말하는 바. ○父子有親(부자유친) : 부자간에는 육친애가 있다. ○君臣有義(군신유의) : 임금과 신하는 서로 의를 지켜야 한다. ○夫婦有別(부부유별) : 부부 사이에는 분별이 있어야 한다. ○長幼有序(장유유서) : 연장자와 어린 사람은 서로 질서를 지켜야 한다. ○朋友有信(붕우유신) : 붕우는 서로 신의를 지켜야 한다.

[集註] (2) 知所以知此也 仁所以禮此也 勇所以强此也 謂之達德者 天下古今所同得之理也 一則誠而已矣.

(2) 지(知)는 「오달도」를 알고 행하는 바탕이다. 인(仁)은 「오달도」를 체득하고 몸으로 행하는 바탕이다. 용(勇)은 「오달도」를 힘차게 실행하는 바탕이다. 그 셋을 달덕(達德)이라고 말한 것은 천하 어디서나 고금을 통해 모든 사람들이 <경험을 통해서 얻은> 덕행의 이치이기 때문에 <달덕(達德)이라고 한 것이다.> 「일(一)이란 곧 성(誠)일 뿐이다」의 뜻이다.

[어구 설명] ○知所以知此也(지소이지차야) : 지(知)는 「오달도」를 알고 행하는 바탕이다. ○仁所以體此也(인소이체차야) : 인(仁)은 「오달도」를 체득하고 몸으로 행하는 바탕이다. ○勇所以强此也(용소이강차야) : 용(勇)은 「오달도」를 힘차게 실행하는 바탕이다. ○謂之達德者(위지달덕자) : 그 셋을 달덕(達德)이라고 말한 것은. ○天下古今所同得之理也(천하고금소동득지리야) : 천하 어디서나 고금을 통해 모든 사람들이 <도를 행하고 얻을 수 있는> 덕의 이치이기 때문에. <달덕(達德)이라고 하는 것이다.> ○一則誠而已矣(일즉성이이의) : 「일(一)이란 곧 성(誠)일 뿐이다」라는 뜻이다.

[集註] (3) 達道 雖人所共由 然 無是三德 則無以行之 達德 雖人所同得 然 一有不誠 則人欲間之 而德非其德矣.

(3) 달도(達道)는 비록 모든 사람이 따르고 행해야 할 도리이지만, 그러나 「삼달덕」이 없으면, 즉 행할 수가 없다. 「삼달덕」도 비록 모든 사람이 <도를 행하고> 다 같이 얻을 수 있는 덕이지만 만약에 조금이라도 성실하지 못하면 곧 사사로운 욕심이 사이에 끼어들기 때문에 덕이 진정한 덕이 되지 못하는 것이다.

[어구 설명] ○達道雖人所共由(달도수인소공유) : 달도(達道)는 비록 모든 사람이 따르고 행해야 할 도리이지만. ○然無是三德(연무시삼덕) : 그러나 「삼달덕」이 없으면. ○則無以行之(즉무이행지) : 곧 행할 수가 없다. ○達德雖人所同得(달덕수인소동득) : 「삼달덕」도 비록 모든 사람이 <도를 행하고> 다 같이 얻을 수 있는 덕이다. ○然一有不誠(연일유불성) : 그러나 조금이라도 성실하지 못하면. ○則人欲間之(즉인욕간지) : 인간적 욕심이 사이에 끼어들기 때문에. ○而德非其德矣(이덕비기덕의) : 덕이 진정한 덕이 되지 못한다.

[集註] (4) 程子曰 所謂誠者 止是誠實此三者 三者之外 更別無誠.

(4) 정자가 말했다. 이른바 「성(誠)」은 오직 「지·인·용」 셋을 성실하게 행하라는 뜻이다. 세 가지 덕행 외로 또 다른 성(誠)이란 덕행이 있는 것이 아니다.

[어구 설명] ○所謂誠者(소위성자) : 이른바 「성(誠)」은. ○止是誠實此三者(지시성실차삼자) : 오직 「지·인·용」 셋을 성실하게 행하라는 뜻이다. ○三者之外(삼자지외) : 세 가지 덕행 외로. ○更別無誠(경별무성) : 다른 성(誠)이 없다.

[참고 보충] 「오달도(五達道)·삼달덕(三達德)」
<1> 「천하의 달도(天下之達道)」를 오늘의 말로 하면 「동서고금을 막론하고 세계 모든 사람이 따르고 행해야 할 도리」로 이는 곧 「윤리 도덕의 도리다.」

<②> 그 핵심은 맹자가 말하는 오상(五常)이다. 「부자유친(父子有親), 군신유의(君臣有義), 부부유별(夫婦有別), 장유유서(長幼有序), 붕우유신(朋友有信)」의 다섯 가지 윤리의 기본 도리다.

<③> 이러한 도리는 절대선(絶對善)인 천도(天道)와 인간의 선본성(善本性)을 바탕으로 한다. 이와 같은 가르침이나 전통은 서양에는 없다. <* 서양 사람들은 이기적·동물적 욕심을 채우기 위해서 쟁탈하는 것을 당연시한다.>

<④> 도(道)를 따르고 실천해서 얻는 좋은 성과, 열매가 덕(德)이다. 덕은 득(得)에 통한다.

<⑤> 그러므로 「오달도(五達道)」를 행하고 실천해서 좋은 성과를 거두는 덕행을 「삼달덕(三達德)」이라 한다.

<⑥> 「도를 바르게 아는 지(知), 사랑을 체휼(體恤)하고 몸소 행하는 인(仁), 인욕(人欲)을 물리치고 천리(天理)만을 따르고 행하려는 용(勇)」을 일관해서 실천해야 한다. 그것을 성(誠)이라 한다. 「삼달덕」을 바탕으로 「오달도」를 일관되게 실천해야 한다.

중용 제20장 8절 : 「生而知之」

或生而知之 或學而知之 或困而知之 及其知之一也
或安而行之 或利而行之 或勉强而行之 及其成功一
也.

혹생이지지(하며) 혹학이지지(하며) 혹곤이지지(하나) 급기지지(에는) 일야(라) 혹안이행지(하며) 혹리이행지(하며) 혹면강이행지(하나) 급기성공(에는) 일야(이니라)

혹은 태어나면서 도를 잘 아는 사람도 있고, 혹은 배워서 도를 아는 사람도 있고, 혹은 막힌 다음에 애를 써서 도를 알게 된 사람도 있다. 그러나 도를 알게 된 점에서는 동일하다. 혹 어떤 사람은 도를 힘들이지 않고 안락하게 행하기도 하고, 혹 어떤 사람은 좋고 이롭다는 생각으로 도를 행하기도 하고, 혹 어떤 사람은 힘들여 노력하여 도를 행하기도 한다. 그러나 도를 행하게 된 점에서는 동일하다.

[어구 설명] ○或生而知之(혹생이지지) : 태어나면서 도(道)를 안다. 곧 성인이다.
○或學而知之(혹학이지지) : 배워서 도(道)를 안다. 곧 군자이다.
○或困而知之(혹곤이지지) : 곤란을 겪은 다음에 도(道)를 안다.
○及其知之一也(급기지지일야) : 도를 알게 된 점에서는 동일하다.
○或安而行之(혹안이행지) : 어떤 사람은 도를 편안하게 행한다.
○或利而行之(혹리이행지) : 어떤 사람은 이롭기 때문에 도를 행한다.
○或勉强而行之(혹면강이행지) : 어떤 사람은 애쓰고 힘들여 도를 행한다.
○及其成功一也(급기성공일야) : 도를 행한 점에서는 동일하다.

[集註] (1) 知之者之所知 行之者之所行 謂達道也.

(1) 「지지(知之)」라고 한 말의 「아는 바」나, 「행지(行之)」라고 한 말의 「행한 바」는 다 「달도(達道)를 일컬음이다.

[어구 설명] ○知之者之所知(지지자지소지) : 「지지(知之)」의 「아는 바」나. ○行之者之所行(행지자지소행) : 「행지(行之)」의 「행한 바」가. ○謂達道也(위달도야) : 다 달도(達道)를 말한다.

[集註] (2) 以其分而言 則所以知者知也 所以行者仁也 所以至於知之 成功而一者 勇也.

(2) 나누어 말하면 알게 하는 바탕이 「지(知)」이다. 행하게 하는 바탕이 곧 「인(仁)」이다. 지(知)를 <행해서> 공이 되고, 또 <지와 행을> 하나되는 경지에 이르게 하는 바탕이 곧 「용(勇)」이다.

[어구 설명] ○以其分而言(이기분이언) : 나누어 말하면. ○則所以知者(즉소이지자) : 알게 하는 바탕이 되는 것이. ○知也(지야) : <삼달덕의 하나인> 「지(知)」이다. ○所以行者(소이행자) : 행하게 하는 바탕이 되는 것이. ○仁也(인야) : <삼달덕의 하나인> 「인(仁)」이다. ○所以至於知之 成功而一者(소이지어지지 성공이일자) : 지(知)를 <행해서> 공이 되고, 또 <지와 행을> 하나되는 경지에 이르게 하는 바탕이. ○勇也(용야) : 「용(勇)」이다.

[集註] (3) 以其等而言 則生知安行者知也 學知利行
者仁也 困知勉行者勇也.

(3) 등급별로 말하면「생지(生知)」「안행(安行)」의 경지는 지(知)
에 해당하고,「학지(學知)」「이행(利行)」은 인(仁)에 해당하고,「곤
지(困知)」「면행(勉行)」은 용(勇)에 해당한다.

[어구 설명] ○以其等而言(이기등이언) : 등급별로 말하면. ○則生知安行者知也
(즉생지안행자지야) : <가장 높은 등급에 해당하는>「생지(生知)」「안행(安行)」
의 경지는 지(知)에 해당하고. ○學知利行者仁也(학지리행자인야) : <다음 단계
의>「학지(學知)」「이행(利行)」은 인(仁)에 해당하고. ○困知勉行者勇也(곤지면
행자용야) : <아래 단계인>「곤지(困知)」「면행(勉行)」은 용(勇)에 해당한다.

[集註] (4) 蓋人性雖無不善 而氣稟有不同者 故聞道
有蚤莫 行道有難易 然能自强不息 則其至一也.

(4) 무릇 사람의 본성은 착하지 않음이 없고 <다 같이 착하다.>
그러나 타고난 기질이 같지 않고 <서로 다르다.> 고로 도를 듣고
터득하는 데 빠른 사람과 늦은 사람의 차이가 있고, 또 도를 행함에
어렵게 하는 사람과 쉽게 하는 사람의 차이가 있게 마련이다. 그러
나 스스로 힘들여 노력하고 쉬지 않으면, 그 이름이 동일하게 된다.
<즉 누구나 다 같이 공을 이루게 된다.>

[어구 설명] ○蓋人性雖無不善(개인성수무불선) : 무릇, 사람의 본성은 착하지 않
음이 없다. ○而氣稟有不同者(이기품유부동자) : 그러나 타고난 기질이 같지 않고.
<다르다.> ○故聞道有蚤莫(고문도유조막) : 고로 도를 듣고 터득하는 데 빠른
사람과 늦은 사람의 차이가 있다. ○行道有難易(행도유난이) : 또 도를 행함에
어렵게 하는 사람과 쉽게 하는 사람의 차이가 있다. ○然能自强不息(연능자강불
식) : 그러나 능히 스스로 힘들여 노력하고 쉬지 않으면. ○則其至一也(즉기지일
야) : 그 도달함이 동일하다. 누구나 다 같이 공을 이루게 된다.

[集註] (5) 呂氏曰 所入之塗雖異 而所至之域則同 此

所以爲中庸 若乃企生知安行之資 爲不可幾及 輕困知
勉行 謂不能有成 此道之所以不明不行也.

(5) 여대림(呂大臨：1040～1092)이 말했다. 들어가는 길은 비록
다르지만 이르는 곳은 동일하다. 그러므로 중용이라고 하는 것이
다. 만약에 그대가 「＜가장 높은 경지의＞「생지(生知)」「안행(安
行)」의 자질 ＜갖추기를 바라고 자기는＞ 가까이 갈 수 없다고 생각
하고, 또 「곤지(困知)」「면행(勉行)」을 가볍게 여기고 ＜자기는＞
공을 이룰 수 없다고 생각하면 ＜바로＞ 그것이 ＜도를＞ 밝히지
못하고 행하지 못하는 원인이 되는 것이다.

[어구 설명] ○呂氏曰(여씨왈)：여대림(呂大臨：1040～1092)이 말했다. ○所入之
塗雖異(소입지도수이)：들어가는 길은 비록 다르지만. ○而所至之域則同(이소지
지역즉동)：이르는 곳은 동일하다. ○此所以爲中庸(차소이위중용)：그것이 곧
중용이 되는 바탕이다. ○若乃企(약내기)：만약에 그대가 ……하기를 바라고.
○生知安行之資(생지안행지자)：「＜가장 높은 경지의＞「생지(生知)」「안행(安
行)」의 자질을. ＜갖추기를 바라고.＞ ○爲不可幾及(위불가기급)：＜자기는＞ 가까
이 갈 수 없다고 생각하고. ○輕困知勉行(경곤지면행)：「곤지(困知)」「면행(勉
行)」을 가볍게 여기고. ○謂不能有成(위불능유성)：＜자기는＞ 공을 이룰 수 없다
고 생각하는 것. ○此道之所以不明不行也(차도지소이불명불행야)：그것이 ＜바로
도를＞ 밝히지 못하고 행하지 못하는 원인이 되는 것이다.

[참고 보충] 「생지(生知)・학지(學知)・곤지(困知)」
<1> 「인륜(人倫)의 도(道)」를 인식하고 실천하는 단계를 크게 셋으로 분류할 수
있다. 최고의 경지는 성인(聖人)의 경지다. 천성이 총명한 그들은 「나면서 알고
행한다(生而知之)」라고 한다.
<2> 다음이 군자(君子)의 단계다. 그들은 부지런히 배우고 성실하게 행동함으로
써 도를 알고 행하게 된다. 그래서 「학이지지(學而知之)」라고 한다.
<3> 그 다음이 일반 사람들 중에서도 착한 사람들이다. 그들은 실생활에서 여러
가지 경우에 막히고 곤란을 겪은 다음에 경험적으로 도를 터득하고 도를 행해야
한다고 알고 행한다. 그래서 「곤이지지(困而知之)」라고 한다.

<4> 이 세 가지에 들지 못하고 끝내 「인륜의 도」를 모르고 행하지 못하는 사람은 동물 이하다. <* 무력(武力)으로 사욕(私欲)을 채우는 데 골몰하는 사람이나 국가는 아귀(餓鬼)이다.>

[참고 보충] 「안행(安行)·이행(利行)·면행(勉行)」

<1> 「인륜의 도」를 행하는 태도 역시 크게 셋으로 등급을 매길 수 있다. 최고의 경지는 「안이행지(安而行之)」다. 「생지(生知)」하는 성인들은 도를 행함에 있어서도, 힘들이지 않고 편안하고 즐거운 마음으로 행한다.

<2> 그 다음이 「학지(學知)」하는 군자의 경우다. 그들은 도를 행함이 좋고 당연하니깐 성실하게 따르고 행한다. 이 때의 「이(利)」는 「세속적·물질적 이」가 아니다. 「원형이정(元亨利貞)」의 「이(利)」다.

<3> 그 다음의 경지는 「곤지(困知)」하는 사람들의 경우다. 그들은 힘들여 노력하고 도를 행한다. 이를 「면강이행(勉强而行)」이라고 한다.

중용 제20장 9절 :「好學近乎知」

(子曰) 好學近乎知 力行近乎仁 知恥近乎勇.

(자왈) 호학(은) 근호지(하고) 역행(은) 근호인(하고) 지치(는) 근호용(이니라)

배우기를 좋아하면 지(知)에 가까워진다. 힘써 행하면 인(仁)에 가까워진다. 부끄러움을 알고 가리면 용(勇)에 가까워진다.

[어구 설명] ㅇ(子曰) : 이 두 글자는 연문(衍文)이다.
ㅇ好學近乎知(호학근호지) : 호학(好學)은 지(知)에 가깝다.
ㅇ力行近乎仁(역행근호인) : 역행(力行)은 인(仁)에 가깝다.
ㅇ知恥近乎勇(지치근호용) : 지치(知恥)는 용(勇)에 가깝다.

[集註] (1) [子曰 二字衍文] 此言未及乎達德 而求以入德之事.

(1) [자왈(子曰) 두 글자는 잘못 들어간 연문(衍文)이다.] 이는 아직 달덕(達德)에 이르지 못했으나 그래도 덕에 들어가기를 구함을 말한 것이다.

[어구 설명] ○子曰 二字衍文(자왈 이자연문) : 「자왈(子曰)」 두 글자는 잘못 적힌 연문(衍文)이다. ○此言未及乎達德(차언미급호달덕) : 이 구절은 아직 달덕(達德)에 이르지는 못했으나. ○而求以入德之事(이구이입덕지사) : 그래도 덕에 들어가기를 구하는 일에 대한 말이다.

[集註] (2) 通上文三知爲知 三行爲仁 則此三近者 勇之次也.

(2) 앞의 글을 통해 보면 「생지(生知), 학지(學知), 곤지(困知)」의 세 가지는 「지(知)」에 속하고, 「안행(安行), 이행(利行), 면행(勉行)」, 세 가지는 「인(仁)」에 속한다. <이와 같은 식으로 통해 본다면> 즉 「호학(好學), 역행(力行), 지치(知恥)」의 삼근(三近)은 용에 속하는 것이다.

[어구 설명] ○通上文(통상문) : 앞의 글을 통해 본다면. ○三知爲知(삼지위지) : 「생지(生知), 학지(學知), 곤지(困知)」의 삼지(三知)는 「지(知)」에 속하고. ○三行爲仁(삼행위인) : 「안행(安行), 이행(利行), 면행(勉行)」의 삼행(三行)은 「인(仁)」에 속한다. <이와 같은 식으로 통해 본다면> ○則此三近者(즉차삼근자) : 즉 삼근(三近) 「호학(好學), 역행(力行), 지치(知恥)」의 셋은. ○勇之次也(용지차야) : 용에 속하는 것이다.

[集註] (3) 呂氏曰 愚者自是而不求 自私者 徇人欲而忘返 懦者甘爲人下而不辭.

(3) 여씨가 말했다. 우매한 사람은 자신을 옳다고 여기고, <도를> 구하지 않는다. 자신의 사욕만을 채우려는 사람은 욕심만을 따르고 도(道)에 돌아갈 줄 모른다. 나약한 사람은 <도덕적으로> 남보다 못한 것을 감수하고 <밑에 있기를> 마다하지 않는다.

[어구 설명] ○呂氏曰(여씨왈) : 여씨가 말했다. ○愚者自是而不求(우자자시이불구) : 우매한 사람은 자신을 옳다고 여기고, <도를> 구하지 않는다. ○自私者 徇人欲而忘返(자사자 순인욕이망반) : 자신의 사욕만을 채우려는 사람은 욕심만

을 따르고 도(道)에 돌아갈 줄 모른다. ○懦者甘爲人下而不辭(나자감위인하이불사) : 나약한 사람은 <도덕적으로> 남보다 못한 것을 감수하고 <밑에 있기를> 마다하지 않는다.

[集註] (4) 故好學非知 然足以破愚 力行非仁 然足以忘私 知恥非勇 然足以起懦.

(4) 고로 「호학(好學)」이 그대로 지극한 「지(知)」는 아니지만 그러나 <호학하면> 우매함을 타파할 수는 있다. 「역행(力行)」이 그대로 지극한 인(仁)은 아니지만 그러나 <역행하면> 사욕에 빠지는 것을 잊게 할 수 있다. <도덕적으로 남보다 못한 것을> 창피하게 여기는 지치(知恥)가 그대로 지극한 용(勇)은 아니지만, 그러나 지치하면 나약함을 떨치고 일어나게 할 수 있다.

[어구 설명] ○故好學非知(고호학비지) : 고로 「호학(好學)」이 그대로 지극한 「지(知)」는 아니다. ○然足以破愚(연족이파우) : 그러나 <호학하면> 우매함을 타파할 수 있다. ○力行非仁(역행비인) : 「역행(力行)」이 그대로 지극한 인(仁)은 아니다. ○然足以忘私(연족이망사) : 그러나 <역행하면> 사욕에 빠지는 것을 잊게 할 수는 있다. ○知恥非勇(지치비용) : <도덕적으로 남보다 못한 것을> 창피하게 여기는 지치(知恥)가 그대로 지극한 용(勇)은 아니다. ○然足以起懦(연족이기나) : 그러나 <지치하면> 나약함을 떨치고 일어나게 할 수 있다.

중용 제20장 10절 : 「知斯三者」

知斯三者 則知所以修身 知所以修身 則知所以治人 知所以治人 則知所以治天下國家矣.

지사삼자(면) 즉지소이수신(이오) 지소이수신(이면) 즉지소이치인(이오) 지소이치인(이면) 즉지소이치천하국가의(나라)

이 세 가지를 알고 행하면 곧 수신하는 바탕을 알게 되고, 수신하는 바탕을 알고 행하면 곧 남을 다스리는 도리나 방법을 알게 되고,

또 남을 다스리는 바탕을 알고 행하면, 곧 천하나 국가를 다스릴
도리나 방법도 알게 된다.

[어구 설명] ○知斯三者(지사삼자) : 이 세 가지를 잘 알고 행하면. 즉「호학 근호
지(好學近乎知)」,「역행 근호인(力行近乎仁)」,「지치 근호용(知恥近乎勇)」의 도리
를 잘 알고 실천하면.

○則知所以修身(즉지소이수신) : 수신하는 바탕을 알게 된다.

○知所以修身(지소이수신) : 수신하는 바탕을 잘 알고 행하면.

○則知所以治人(즉지소이치인) : 남을 다스리는 도리나 방법을 알게 된다.

○知所以治人(지소이치인) : 남을 다스리는 바탕을 잘 알면.

○則知所以治天下國家矣(즉지소이치천하국가의) : 즉 천하나 국가를 다스릴
도리나 방법도 알게 된다.

[集註] (1) 斯三者 指三近而言 人者對己之稱 天下國家 則盡乎人矣.

(1) 이 삼자(三者)는 삼근(三近), 즉「호학 근호지(好學近乎知)」,
「역행 근호인(力行近乎仁)」,「지치 근호용(知恥近乎勇)」을 가리킨
말이다.「인(人)」은 자기의 대칭으로 즉 남, 다른 사람이다.「천하
국가」라는 말은「모든 사람을 다 포괄한다」는 뜻이다.

[集註] (2) 言此以結上文修身之意 其下文九經之端也.

(2) 이렇게 말하고 앞에 있는「수신」에 관한 뜻을 결론 지은 것이다.
다음의 글은 구경(九經)의 단서이다.

[어구 설명] ○言此以結上文修身之意(언차이결상문수신지의) : 이렇게 말하고
앞에 있는「수신」에 관한 뜻을 결론지은 것이다. <즉 제20장 2절, 6절 및 7절~
10절은 수신이도(修身以道)를 말한 것이다. 10절은 결론이라는 뜻이다.> ○其
下文九經之端也(기하문구경지단야) : 다음의 글 11절은 구경(九經)의 단서를 말
한 것이다.

[참고 보충] 「호학(好學)·역행(力行)·지치(知恥)」

<1> 「호학(好學)」은 배우기를 좋아함이다. 「배울 학(學)」은 「깨달을 각(覺)」과 「본받을 효(效)」와 뜻이 통한다. 즉 천도(天道)를 깨닫고 천도를 본받고 따르고 행한다는 뜻이다.

<2> 「역행(力行)」은 힘을 기울여 행한다는 뜻이다. 동물적 이기심을 극복하고 어디까지나 도를 따르고 행한다는 뜻이다. 도의 핵심은 「오상(五常)」이다.

<3> 「지치(知恥)」는 내가 남보다 도덕적으로 높지 못한 것을 창피하게 여긴다는 뜻이다. 남들은 성인(聖人) 군자(君子)가 되는데, 자신은 동물적 존재에 머물고 있음을 창피하게 여긴다는 뜻이다.

<4> 「지인용(知仁勇) 삼달덕(三達德)」은 인류 세계를 하나의 도덕 세계로 만드는 핵심적 덕목(德目) 덕행(德行)이다.

<* 주자는 「천(天)=이(理)」 「천도(天道)=천리(天理)」라고 하여 한층 「도리화(道理化)」 했다. 그러므로 「하늘을 안다(知天)」고 함은 「천도 천리를 바르게 알고 행한다」, 즉 「윤리 도덕을 실천한다」는 뜻이 된다.

중용 제20장 11절 : 「九經」

凡爲天下國家 有九經 曰 修身也 尊賢也 親親也 敬大臣也 體群臣也 子庶民也 來百工也 柔遠人也 懷諸侯也.

범위천하국가 유구경(하니) 왈 수신야(와) 존현야(와) 친친야(와) 경대신야(와) 체군신야(와) 자서민야(와) 내백공야(와) 유원인야(와) 회제후야(니라)

무릇 천하와 국가를 다스림에 있어 천자나 임금이 지키고 행해야 할 「구경(九經)」이 있다. 다음과 같다. 임금 자신이 몸을 닦고 수양해야 한다. 현명한 사람을 스승으로 모시고, 벗으로 사귀어야 한다. 임금이 부모형제 및 일가 친족을 친애해야 한다. 높은 신하를 존경해야 한다. 모든 신하들의 처지와 어려움을 몸소 살피고 걱정을 하고, 또 구휼해야 한다. 서민 백성들을 자식처럼 사랑해야 한다.

모든 생산의 기술자들이 자진해서 모여들게 해야 한다. 먼 곳에서 온 여행객이나 이방인들을 부드럽게 돌봐주어야 한다. 각 지방을 다스리는 제후들을 덕으로써 품어야 한다.

[어구 설명] ㅇ爲天下國家(위천하국가) : 천하와 국가를 다스리는.
ㅇ有九經(유구경) :「아홉 개의 기본 도리[九經]」가 있다.「경(經)」은 항상 지키고 행할 기본 도리나 원칙.
ㅇ修身也(수신야) : 자신을 수양해야 한다.
ㅇ尊賢也(존현야) : 현명한 사람을 높여야 한다.
ㅇ親親也(친친야) : 부모형제 및 일가 친족을 친애해야 한다.
ㅇ敬大臣也(경대신야) : 높은 신하를 존경해야 한다.
ㅇ體群臣也(체군신야) : 모든 신하들의 어려움을 체휼(體恤)해야 한다.
ㅇ子庶民也(자서민야) : 서민 백성들을 자식처럼 사랑해야 한다.
ㅇ來百工也(내백공야) : 모든 기술자나 수공업자들이 자진해서 모여들게 해야 한다. 즉 편의를 제공하고 부렴(賦斂)을 가볍게 해야 한다.
ㅇ柔遠人也(유원인야) : 먼 곳 사람들도 부드럽게 돌봐주어야 한다.
ㅇ懷諸侯也(회제후야) : 지방을 다스리는 제후들을 인덕으로 품어야 한다.

[集註] (1) 經常也 體謂設以身處其地 而察其心也 子如父母之愛其子也 柔遠人 所謂無忘賓旅者也 此列九經之目也.

(1)「경(經)」은 항상(恒常)의 뜻이다.「체(體)」는 자신을 <신하의> 처지에 놓고, 그 심정을 살핀다는 뜻이다.「자(子)」는 흡사 부모가 자식을 사랑하듯, 임금이 백성을 자애(慈愛)한다는 뜻이다.「먼 곳에서 온 사람을 부드럽게 대한다(柔遠人)」함은 이른바 빈객(賓客)이나 여행 온 길손들을 소홀히 하거나 모른 체하지 않는다는 뜻이다. 이상 아홉 개가「구경(九經)」의 항목이다.

[어구 설명] ㅇ經常也(경상야) :「경(經)」은 항상(恒常). <지켜야 할 기본 원칙이란

뜻이다.> ○體謂(체위) :「체(體)」는. <다음 같은 뜻을 말한 것이다.> ○設以身處
其地 而察其心也(설이신처기지 이찰기심야) : 자신을 <신하의> 처지에 놓고 그
심정을 살핀다. ○子如父母之愛 其子也(자여부모지애 기자야) :「자(子)」는 흡사
부모가 자기네 자식을 사랑하듯이. <사랑한다는 뜻이다.> 이 때의「자(子)」는
「자애(慈愛)한다」는 뜻이다. ○柔遠人(유원인) :「먼 곳에서 온 사람을 부드럽게
대한다」함은. ○所謂無忘賓旅者也(소위무망빈려자야) : 이른바 빈객(賓客)이나
여행 온 길손들을 소홀히 하거나 모른 체하지 않는다는 뜻이다. ○此列九經之目也
(차열구경지목야) : 이상 아홉 개가「구경(九經)」의 항목이다.

[集註] (2) 呂氏曰 天下國家之本在身 故修身爲九經 之本 然必親師取友 然後修身之道進 故尊賢次之.

(2) 여대림(呂大臨)이 말했다. 천하 국가를 다스리는 근본은 임금
자신에게 있다. 고로 수신이 구경(九經)의 근본이 된다. 그러나
<임금이> 반드시 현명한 스승을 존경하고 친히 배우고, 또 현
명한 벗을 취하고 사귀어야 한다. 그렇게 해야 수신해 나가는
길에 더욱 발전이 있게 된다. 그래서 존현(尊賢)을 다음에 내세운
것이다.

[어구 설명] ○呂氏曰(여씨왈) : 여대림(呂大臨)이 말했다. ○天下國家之本在身
(천하국가지본재신) : 천하 국가를 다스리는 근본은 임금 자신에게 있다. ○故修身
爲九經之本(고수신위구경지본) : 고로 수신이 구경(九經)의 근본이 된다. ○然必
親師取友(연필친사취우) : 그러나, <임금이> 반드시 현명한 스승을 존경하고 친
히 배우고, 또 현명한 벗을 취하고 사귀어야 한다. ○然後修身之道進(연후수신지
도진) : 그렇게 해야 임금의 수신하는 도정(道程)에 발전이 있게 된다. ○故尊賢次
之(고존현차지) : 그래서 존현(尊賢)을 다음에 내세웠다.

[集註] (3) 道之所進 莫先其家 故親親次之 由家以及 朝廷 故敬大臣 體君臣次之.

(3) 도를 발전해 나감에는 제가(齊家)보다 더 앞서는 것이 없다.

고로 친친(親親)이 다음에 온다. <임금의 덕이> 집에서 조정으로 미쳐야 한다. 고로 높은 신하를 공경하고 여러 신하들을 몸소 살피고 구휼하는 것이 다음에 온다.

[어구 설명] ○道之所進(도지소진) : 도를 발전해 나감에는. ○莫先其家(막선기가) : 제가(齊家)보다 더 앞서는 것이 없다. ○故親親次之(고친친차지) : 고로 친친(親親)이 다음에 온다. ○由家以及朝廷(유가이급조정) : <임금의 덕이> 집에서 조정으로 미쳐야 한다. ○故敬大臣(고경대신) : 고로 높은 신하를 공경하고. ○體君臣次之(체군신차지) : 신하를 몸소 살피고 구휼하는 것이 다음에 온다.

[集註] (4) 由朝廷以及其國 故子庶民 來百工次之 由其國以及天下 故柔遠人 懷諸侯次之 此九經之序也.

(4) <임금의 덕이> 조정에서 나라 전체에 미쳐야 한다. 고로 「자서민(子庶民)」과 「내백공(來百工)」이 다음에 온다. <임금의 덕이> 자기 나라에서 천하에 미쳐야 한다. 고로 「유원인(柔遠人)」과 「회제후(懷諸侯)」가 다음에 온다. 이상이 구경(九經)의 순서다.

[集註] (5) 視羣臣 猶吾四體 視百姓 猶吾子 此視臣視民之別也.

(5) 모든 신하를 자기 몸같이 돌본다. 백성 돌보기를 자식과 같이 한다. 이것이 신하를 보는 것과 백성을 보는 것의 차이다.

<* 「집주 4, 5」의 「어구 설명」은 생략한다. 전후로 알 수 있다.>

[참고 보충] 「구경(九經)」

「구경(九經)」은 천자(天子)가 천하(天下)를 다스릴 때에 지키고 행할 만고불변(萬古不變)의 도리이자 원칙(原則)이다. 다음과 같다.

<1> 수신(修身) : 국가를 다스리는 임금이 먼저 자신을 수양해야 한다.

<2> 존현(尊賢) : 임금이 도를 닦고 인덕을 높이기 위해서는 현명한 스승을 모시고 학문을 배우고, 또 현명한 벗과 사귀고 면려(勉勵)해야 한다.

<3> 친친(親親) : 임금은 먼저 일가를 사랑으로 품고 제가(齊家)해야 한다.

<4> 경대신(敬大臣) : 임금은 고관대작이나 국가의 원로들을 공경하고 예양(禮讓)해야 한다.

<5> 체군신(體群臣) : 각계 각층의 많은 신하들을 잘 돌봐주어야 한다. 임금은 신하를 체휼(體恤)하고, 또 구휼(救恤)해 주어야 한다.

<6> 자서민(子庶民) : 만백성을 자식처럼 자애(慈愛)하고 양육해야 한다.

<7> 내백공(來百工) : 농업 생산이나 공예에 종사하는 모든 직업인이나 기능공에게 덕을 베풀고 부렴(賦斂)을 덜어 주어야 한다. 그래야 많은 고급 인력이 자진해서 모여들고 나라의 생산성이 높아진다.

<8> 유원인(柔遠人) : 먼 곳에서 온 사람들을 부드럽고 따뜻하게 맞이하고 대접해 주어야 한다. <* 사방의 미개인이나 야만인을 말하는 것이 아니다.>

<9> 회제후(懷諸侯) : 각 지방 국가를 다스리는 제후를 덕으로 품어야 평화와 친선이 유지되고 상호 발전할 수 있다.

<* 기본 도리는 대학(大學)의 삼강령(三綱領)이나 팔조목(八條目)과 같다.>

중용 제20장 12절 : 「九經之效」

修身則道立 尊賢則不惑 親親則諸父昆弟不怨 敬大臣則不眩 體群臣則士之報禮重 子庶民則百姓勸 來百工則財用足 柔遠人則四方歸之 懷諸侯則天下畏之.

수신즉도립(하고) 존현즉불혹(하고) 친친즉제부곤제불원(하고) 경대신즉불현(하고) 체군신즉사지보례중(하고) 자서민즉백성권(하고) 내백공즉재용족(하고) 유원인즉사방귀지(하고) 회제후즉천하외지(니라)

임금이 수신하면 도가 서고, 현명한 스승이나 벗을 높이면 미혹(迷惑)하지 않으며, 일가 친족을 고르게 친애하면 백부나 숙부 및 자기 형제들 일가 모든 사람이 원망하지 않게 된다. 임금이 <나라의 중진인> 원로 대신들을 공경하면, 정사가 흐리지 않고 밝게 되며,

임금이 몸소 신하들의 처지와 심정을 살피고 구휼하면, 모든 선비들이 예를 갖추고 정중히 보답하게 될 것이다. 임금이 백성들을 자식처럼 자애(慈愛)하면 백성들이 서로 권면(勸勉)하게 될 것이다. 모든 생산 기술자나 수공업자들이 자진해서 모여들면, 나라의 재물이 풍족해지고, 또 기물도구가 풍족하게 될 것이다. 먼 곳에서 온 여행객을 온유(溫柔)하게 대접하면, 사방으로부터 상려(商旅)나 귀빈들이 몰려올 것이다. 모든 나라의 제후들을 덕으로 품으면, 천하 만민들이 경외하고 귀순할 것이다.

[어구 설명] ㅇ修身則道立(수신즉도립) : 임금이 수신하면 도가 바르게 선다.
ㅇ尊賢則不惑(존현즉불혹) : 임금이 현인을 높여야 미혹(迷惑)하지 않는다.
ㅇ親親則諸父昆弟不怨(친친즉제부곤제불원) : 임금이 일가 친척을 친애해야, 백부나 숙부 및 자기 형제들 모든 사람이 원망하지 않게 된다.
ㅇ敬大臣則不眩(경대신즉불현) : 임금이 원로 대신들을 공경하면, 정사가 흐리지 않고 밝게 된다.
ㅇ體群臣則士之報禮重(체군신즉사지보례중) : 임금이 몸소 신하들의 처지와 심정을 살피고 구휼하면 모든 선비들이 예를 갖추고 정중히 보답하게 된다.
ㅇ子庶民則百姓勸(자서민즉백성권) : 임금이 백성들을 자식처럼 자애(慈愛)하면 백성들이 서로 권면(勸勉)하게 될 것이다.
ㅇ來百工則財用足(내백공즉재용족) : 모든 기술자나 수공업자들이 자진해서 모여들면 나라의 재물이 풍족해지고, 또 기물 도구가 풍족하게 될 것이다.
ㅇ柔遠人則四方歸之(유원인즉사방귀지) : 먼 곳에서 온 사람들을 온유(溫柔)하게 대하면 사방으로부터 상려(商旅)나 귀빈들이 몰려올 것이다.
ㅇ懷諸侯則天下畏之(회제후즉천하외지) : 모든 나라의 제후들을 덕으로 품으면, 천하 만민이 경외하고 귀순할 것이다.

[集註] (1) 此言九經之效也.

(1) 이것이 구경(九經)의 효험을 말한 것이다.

[集註] (2) 道立謂道成於己 而可爲民表 所謂皇建其

有極是也 不惑謂不疑於理 不眩謂不迷於事 敬大臣
則信任專 而小臣不得以間之 故臨事而不眩也.

(2) 「도가 선다」는 말은, 자기에게 도가 바르게 서고, 만민의 의표
(儀表)가 된다는 뜻이다. <서경(書經) 홍범(洪範)에서> 말한바
「임금이 극을 세웠다」고 한 것과 같다. 「불혹(不惑)」은 도리에 의
혹(疑惑)하거나 미혹(迷惑)하지 않는다는 뜻이다. 「불현(不眩)」은
일을 처리함에 헷갈리거나 헤매지 않는다는 뜻이다. 나라의 원로
대신들을 공경하고 <그들에 대한> 신임을 한결같이 하면 아래
신하들이 중간에 끼어들지 못하고, 따라서 일처리에 있어 현혹하
는 일이 없게 된다.

[어구 설명] ○所謂皇建其有極是也(소위황건기유극시야) : <서경(書經) 홍범(洪
範)에서> 말한바, 「임금이 극을 세웠다」고 한 그것이다. 「황(皇)」은 「빛나는 임
금, 황제」의 뜻. 「유극(有極)」의 유(有)는 형식적으로 붙인 글자. 뜻이 없다. 「극
(極)」은 「절대적 표준, 기준」이란 뜻. ○不眩謂不迷於事(불현위불미어사) : 「불
현(不眩)」은 「일을 처리함에 헷갈리거나 헤매지 않는다」는 뜻이다. 「眩(어두울
현)」 ○故臨事而不眩也(고임사이불현야) : 일에 임해서 사리에 어둡고 현혹하지
않는다.

[集註] (3) 來百工 則通功易事 農末相資 故財用足
柔遠人 則天下之旅 皆悅而願出於其塗 故四方歸 懷
諸侯 則德之所施者博 而威之所制者廣矣 故曰天下畏
之.

(3) 모든 기술자가 오면 각자의 기술이나 공적을 서로 통하고, 또
생산품을 서로 교역하고 아울러 농업과 상업이 서로 돕게 된다.
고로 재용이 풍족하게 된다. 먼 곳에서 온 사람을 부드럽고 따뜻하
게 맞이하고 대하면 천하의 모든 나그네나, 상려(商旅)들이 다 즐
거운 마음으로 그 나라 여행길에 나서기를 원할 것이며, 따라서

사방의 사람들이 그 나라로 귀순하게 될 것이다. <천하를 다스릴 임금이> 인덕(仁德)으로써 제후들을 품으면, 곧 덕이 미치는 바가 넓게 되며, 위세로써 제압하는 바도 넓게 된다. 고로 천하 모든 나라가 경외한다고 말한 것이다.

[어구 설명] ○來百工 則通功易事(내백공 즉통공역사) : 백공이 오면 기술 공적이 서로 통하고 생산품을 서로 교역한다. ○農末相資(농말상자) : 농업과 상업은 서로 돕고 발전한다. ○故財用足(고재용족) : 고로 재용이 풍족하게 된다. 「재(財)」는 재물, 재화. 「용(用)」은 기물(器物), 용구(用具), 도구(道具)의 뜻. ○柔遠人(유원인) : 먼 곳 사람을 부드럽고 따뜻하게 대하면. ○則天下之旅(즉천하지려) : 천하의 모든 여행객이나 상려(商旅)들이. ○皆悅而願出於其塗(개열이원출어기도) : 모두 다 즐거운 마음으로 그 나라 여행길에 나서기를 원할 것이다. ○故四方歸(고사방귀) : 고로 사방의 사람들이 그 나라로 귀순하게 될 것이다. ○懷諸侯(회제후) : <천하를 다스릴 임금이> 인덕(仁德)으로써 제후들을 품으면. ○則德之所施者博(즉덕지소시자박) : 그 덕이 미치는 바가 넓게 되며. ○而威之所制者廣矣(이위지소제자광의) : 위세로써 제압하는 바도 넓게 된다. ○故曰天下畏之(고왈천하외지) : 그러므로 천하 모든 나라가 경외한다고 말하는 것이다.

중용 제20장 13절 : 「九經之事」

<* 「13절」을 다시 「네 개의 단(段)」으로 나누어 풀이하겠다.>

(13절-1) 齊明盛服 非禮不動 所以修身也 去讒遠色 賤貨而貴德 所以勸賢也 尊其位 重其祿 同其好惡 所以勸親親也.

제명성복(하야) 비례부동(은) 소이수신야(요) 거참원색(하며) 천화이귀덕(은) 소이권현야(요) 존기위(하며) 중기록(하며) 동기호오(는) 소이권친친야(니라)

(13-1) 임금이 마음속을 한결같이 맑게 지니고, 외모를 빛나고 엄숙하게 차리고, 예가 아니면 움직이지 않으니, <그렇게 하는 것이> 수신의 바탕이다. 임금이 참언(讒言)하는 간신(奸臣)을 물리치고,

여색(女色)을 멀리하고, 재물보화(財物寶貨)를 천시하고, 인애덕
치(仁愛德治)를 귀중하게 여기니, <그렇게 하는 것이> 바로 「권현
(勸賢)」의 바탕이다. 임금이 국가의 <왕 일가 어른들의> 신분 지위
를 높이고, 그들의 녹봉(祿俸)을 후하게 주고, 그들과 호오(好惡)를
같이함이 바로 「친친(親親)」을 권면(勸勉)하는 바탕이다.

[어구 설명] ㅇ齊明盛服(제명성복) : 「임금이 항상 겉으로 빛나게 차려입고 존엄
함을 내보인다」라고 푼다. 그러나 「마음속을 한결같이 맑게 지니고, 외모를 눈이
부시면서 엄숙하게 차리고 가꾼다」는 뜻으로 풀이함이 좋다.
　ㅇ非禮不動(비례부동) : 예가 아니면 동하지 않는다.
　ㅇ所以修身也(소이수신야) : <그렇게 하는 것이> 수신의 바탕이다.
　ㅇ去讒遠色(거참원색) : 참(讒)하는 간신을 물리치고 여색(女色)을 멀리한다.
　ㅇ賤貨而貴德(천화이귀덕) : 재화(財貨)를 천시하고 덕(德)을 귀하게 여긴다.
　ㅇ所以勸賢也(소이권현야) : 「권현(勸賢)」의 바탕이다.
　ㅇ尊其位(존기위) : 임금이 왕실 일가의 어른들의 신분과 지위를 존귀하게 높이고.
　ㅇ重其祿(중기록) : 그들에게 국록(國祿)을 후하게 주고.
　ㅇ同其好惡(동기호오) : <여러 어른들과> 호오(好惡)를 같이한다.
　ㅇ所以勸親親也(소이권친친야) : 「친친(親親)」을 권면(勸勉)하는 바탕이다.

(13절-2) 官盛任使 所以勸大臣也 忠信重祿 所以勸士也.

관성임사(는) 소이권대신야(요) 충신중록(은) 소이권사야(라)
(13-2) <대신 밑에 각종의 우수한> 관속(官屬)을 많이 두고, <대
신으로 하여금 임의로> 부려쓰게 하는 것이, 곧 대신을 권면(勸勉)
하는 바탕이다. <임금이 신하를> 성심으로 신임하고, 봉록(俸祿)
을 후하게 주는 것이, 곧 선비를 권면(勸勉)하는 바탕이다.

[어구 설명] ㅇ官盛任使(관성임사) : 관속(官屬)을 두고 부려쓰게 하는 것이.
　ㅇ所以勸大臣也(소이권대신야) : 대신을 권면(勸勉)하는 바탕이다.

○忠信重祿(충신중록) : 임금이 성실하게 믿고 녹(祿)을 후하게 하는 것이.
○所以勸士也(소이권사야) : 선비를 권면(勸勉)하는 바탕이다.

(13절-3) 時使薄斂 所以勸百姓也 日省月試 旣廩稱事 所以勸百工也.

시사박렴(은) 소이권백성야(요) 일성월시(하야) 희름칭사(는) 소이권백공야(니라)

(13-3) <백성들을 부려쓰되> 때를 가려서 부려쓰고, <백성들로부터 세금을 거두어들이되> 가볍게 거두어들이는 것이, 백성을 권면(勸勉)하는 바탕이다. <즉 백성들의 생산을 높이고, 잘살게 하는 바탕이다.> <모든 직능공의 작업량이나 실적을> 날마다 살피고 달마다 헤아려서, 실적이나 성과를 헤아려 평가하고, 녹봉(祿俸)이나 급여(給與)를 일의 성적에 맞게 하는 것이, 모든 기능공을 권면하는 바탕이다.

[어구 설명] ○時使薄斂(시사박렴) : 때 맞춰 부리고 가볍게 거두는 것이.
○所以勸百姓也(소이권백성야) : 백성을 권면(勸勉)하는 바탕이다.
○日省月試(일성월시) : 날마다 살피고 달마다 헤아려서. 「시(試)」는 「실적이나 성과를 시험적으로 헤아려 보다, 평가한다」는 뜻.
○旣廩稱事(희름칭사) : 보수로 주는 녹봉(祿俸)이나 급여(給與)를 일의 성적에 맞게 하는 것이. 「기(旣)」를 「희(餼 : 양식, 봉록)」와 같은 뜻으로 풀이한다.
○所以勸百工也(소이권백공야) : 백공(百工)을 권면(勸勉)하는 바탕이다.

(13절-4) 送往迎來 嘉善而矜不能 所以柔遠人也 繼絶世 擧廢國 治亂持危 朝聘以時 厚往而薄來 所以懷諸侯也.

송왕영래(하며) 가선이긍불능(은) 소이유원인야(요) 계절세(하야) 거폐국(하며) 치란지위(하며) 조빙이시(하며) 후왕이박래(는) 소이회제후야(니라)

(13-4) <먼 나라에서 찾아온 귀빈이나 상려(商旅)들이> 돌아갈 때는 정중히 전송하고, 올 때는 환영한다. <그들 중에> 착하고 능력이 있는 사람을 반겨서 잘 대접하고, 능력 없고 어려운 처지에 있는 사람들을 긍휼히 여기고 돌봐준다. 이렇게 하는 것이 먼 나라 사람들을 부드럽고 따뜻하게 대하는 바탕이다. <제후로 하여금> 단절된 대를 이어 주게 하고, 폐망(廢亡)한 <제후국을> 다시 일으켜 세우고, 흐트러진 나라를 잘 다스리게 하고, 위태하게 기운 나라를 바로잡아 준다. 제후들이 내조(來朝)하고 예물을 바칠 때에도 <제후들을> 후하게 대접해 보내고, 올 때의 예물은 박하게 받는다. 이렇게 하는 것이 <천자가> 제후들을 <은덕으로> 품는 바탕이다.

[어구 설명] ○送往迎來(송왕영래) : 손님을 정중히 보내고 또 환영한다.

○嘉善而矜不能(가선이긍불능) : 착한 사람을 잘 대접하고 능력 없는 사람들도 긍휼히 여기는 것이.

○所以柔遠人也(소이유원인야) : 「유원인(柔遠人)」의 바탕이다.

○繼絶世(계절세) : <제후로 하여금> 단절된 대를 이어 주게 하고.

○擧廢國(거폐국) : 폐망(廢亡)한 <제후국을> 다시 일으켜 세우고.

○治亂持危(치란지위) : 난을 다스리고 기운 나라를 바로잡아 주고.

○朝聘以時(조빙이시) : 제후들의 내조(來朝)와 예물 진상을 때에 맞게 하고.

○厚往而薄來(후왕이박래) : 후하게 보내고 올 때의 예물은 박하게 받는다.

○所以懷諸侯也(소이회제후야) : 그것이 제후들을 덕으로 품는 바탕이다.

[集註] (1) 此言經之事也.

(1) 이상이 구경(九經)의 일이다.

[集註] (2) 官盛任使 謂官屬衆盛 足任使令也 蓋大臣 不當親細事 故所以優之者如此 忠信重祿 謂待之誠而 養之厚 蓋以身體之 而知其所賴乎上者如此也.

(2) 「관성임사(官盛任使)」는 <대신 밑에> 관속(官屬)들이 많이 있고, 또 <그 능력이> 성대하므로 <대신이 여러 가지 일을> 족히 맡기고 부려 쓸 수 있다는 뜻이다. 무릇 대신은 자신이 손수 사소한 일을 맡아서 처리하지 않고 <도를 바탕으로 기본 원칙만을 세운다.> 고로 대신을 우대하는 바탕이 이와 같다는 것이다. 「충신중록(忠信重祿)」은 임금이 선비들을 성실하게 신임하고 후하게 녹을 주어 잘살게 한다는 뜻이다. 대체로 선비들이 체험적으로 <임금의 은혜를> 체득하고 위의 임금에게 의지하고 <사는 바 그 은혜가> 그렇듯이 <막중함을> 안다는 뜻이다.

[어구 설명] ○官盛任使 謂官屬衆盛 足任使令也(관성임사 위관속중성 족임사령야) : 「관성임사」는 「대신 밑에 많은 관속(官屬)을 두고, 또 각종의 기능과 능력을 크게 한다는 뜻이다.」 <즉 족히 부려 쓸 수 있게 한다는 뜻이다.> ○蓋大臣不當親細事(개대신부당친세사) : 무릇 대신은 자신이 손수 사소한 일을 맡아서 처리하지 않는다. ○故所以優之者如此(고소이우지자여차) : 고로 대신을 우대하는 바탕이 이와 같은 것이다. ○忠信重祿 謂待之誠而養之厚(충신중록 위대지성이양지후) : 「충신중록」은 「임금이 선비들을 성실하게 대하고 후하게 녹을 주어 잘살게 한다」는 뜻이다. ○蓋以身體之(개이신체지) : 대체로 선비들이 몸으로 <임금의 은혜를> 체득하고. ○而知其所賴乎上者如此也(이지기소뢰호상자여차야) : <자신이 살아감에 있어> 위의 임금에게 의뢰하는 바가 그렇듯이 <막중함을> 알게 함이다.

[集註] (3) 旣讀曰餼 餼稟稍食也 稱事如周禮藁人職曰 考其弓弩 以上下其食 是也.

(3) 「기(旣)」는 「희(餼)」라고 읽는다. 「희름(餼稟)」은 「초식(稍食)」이다. 「칭사(稱事 : 일의 성적에 어울리게 함)」는 주례(周禮) 하관 사마편(夏官司馬篇)에서 「고인(藁人)의 직책을 설명하면서, 그가 만든 활[弓]과 쇠뇌[弩]를 살펴서 녹봉을 높이기도 하고 낮추기도 한다고 말한 것」과 같다.

[어구 설명] ○旣讀曰餼(기독왈희) : 「기(旣)」는 「희(餼)」라고 읽는다. ○餼稟稍食也(희름초식야) : 「희름(餼稟)」은 「초식(稍食)」이다. 「稟(줄 품)」을 여기서는 「廩(곳집 름)」으로 읽는다. 「초식」은 「성적에 따라 더 늘여주는 녹봉」의 뜻이다. ○稱事(칭사) : 「일에 맞게 녹봉을 준다고 함」은. ○如周禮藁人職曰(여주례고인직왈) : 주례(周禮) 하관사마편(夏官司馬篇)에서 「고인(藁人)」의 직책을 설명하고. <고인은 화살대를 만드는 사람.> ○考其弓弩(고기궁노) : 그가 만든 활[弓]과 쇠뇌[弩]를 살펴서. ○以上下其食 是也(이상하기식 시야) : <고인(藁人)에게 주는> 녹봉을 높이기도 하고 낮추기도 한다고 말한[曰] 것[是]과 같다[如].

[集註] (4) 往則爲之授節以送之 來則豊其委積以迎之 朝謂諸侯見於天子 聘謂諸侯使大夫來獻 王制比年一小聘 三年一大聘 五年一朝 厚往薄來 謂燕賜厚而納貢薄.

(4) <외국에서 온 귀빈(貴賓)이나 상려(商旅)가> 돌아갈 때는 그를 위해 부절(符節 : 여권에 해당하는 부신)을 주고 잘 전송한다. <외국의 손님이> 오면 「위자(委積)」를 풀어 풍성하게 대접한다. 「조(朝)」는 「제후가 천자를 알현함을 말한다.」 「빙(聘)」은 「제후가 대부로 하여금 와서 예물을 바치는 것」을 말한다. 예기(禮記) 왕제편(王制篇)에 있다. 1년마다 소빙(小聘)하고, 3년마다 한번씩 대빙(大聘)을 한다. 제후는 5년에 한번씩 와서 천자를 알현한다. 돌아갈 때는 후하게 대접하고, 올 때의 예물은 박하게 한다. <앞의 후왕박래(厚往薄來)라고 한 것은 천자가 제후에게 베푸는> 잔치나 내리는 예물을 후하게 하고, 받는 공물이나 예물을 적게 한다는 뜻이다.

[어구 설명] ○往則爲之授節以送之(왕즉위지수절이송지) : <외국에서 온 귀빈(貴賓)이나 상려(商旅)가> 돌아갈 때는 그를 위해, 부절(符節 : 여권에 해당하는 부신)을 주고 잘 전송한다. ○來則豊其委積以迎之(내즉풍기위자이영지) : <외국의 손님이> 오면, 「위자(委積)」를 풀어 풍성하게 대접한다. 「위자(委積)」의 「積」은 「자」

로 발음한다. 「국고(國庫)에 저축해둔 식량이나 물자」를 말한다. ○朝謂諸侯見於天子(조위제후현어천자) : 「조(朝)」는 「제후가 천자를 알현하는 것을 말한다.」「見」은 「현」으로 발음한다. ○聘謂諸侯使大夫來獻(빙위제후사대부래헌) : 「빙(聘)」은 「제후가 대부로 하여금 와서 예물을 바치는 것」을 말한다. ○王制比年一小聘(왕제비년일소빙) : 예기(禮記) 왕제편(王制篇)에 있다. 1년마다 소빙(小聘)하고. ○三年一大聘(삼년일대빙) : 3년마다 한번씩 대빙(大聘)을 한다. ○五年一朝(오년일조) : 제후는 5년에 한번씩 와서 천자를 알현한다. ○厚往薄來(후왕박래) : 돌아갈 때는 후하게 대접하고 올 때의 예물은 박하게 받는다. ○謂燕賜厚而納貢薄(위연사후이납공박) : <앞의 「후왕박래(厚往薄來)」라고 한 것은 천자가 제후에게 베푸는> 잔치나 내리는 예물을 후하게 하고, 받는 공물이나 예물은 적게 한다는 뜻이다.

[참고 보충] 「천도(天道)와 성(誠)」

<1> 유교사상(儒敎思想)은 2500년 전의 공자(孔子) 시대부터 「인의(仁義)의 도덕정치(道德政治)」를 펴야 한다고 강조했다.

<2> 그러나 후세의 유학자들은 덕치(德治)의 길이나 도리 및 실천 방법을 여러 가지로 다르게 설명했다.

<3> 「대학(大學)」에서는 「삼강령(三綱領)과 팔조목(八條目)」을 주로 했다.

<4> 「중용(中庸)」에서는 크게 두 부문으로 나눌 수 있다. 여기서는 「구경(九經)」을 강조했다.

<5> 그러나 「20장」에서는 「구경(九經)도 하나(一)다」라 했다.

<6> 21장 이후에는 「성(誠)」을 「진실무망(眞實無妄)하게 만물을 생육(生育)하는 하늘의 도리」라고 풀이했다.

<7> 중용 후반부에서는 특히 「성(誠)을 천지 자연 만물을 진실무망하게 낳고 양육하는 도리라 했다.(誠者 天之道也)」

<8> 그러므로 「사람은 성실한 하늘의 도리를 따르고 행해야 한다.(誠之者 人之道也)」

중용 제20장 14절 : 「一也」

凡爲天下國家 有九經 所以行之者 一也.

범위천하국가 유구경(하니) 소이행지자(는) 일야(라)

무릇 국가를 다스리는 구경(九經)이 있다. <그러나> 구경을 행하는 바탕은 하나다.

[어구 설명] ○凡爲天下國家(범위천하국가) : 무릇 국가를 다스리는 데는.
○有九經(유구경) : 구경(九經)이 있다.
○所以行之者 一也(소이행지자 일야) : 구경을 행하는 바탕은 하나다.

[集註] (1) 一者誠也 一有不誠 則是九者 皆爲虛文矣 此九經之實也.

(1) 「일(一)」은 바로 「성(誠)」이다. 만약에 조금이라도 성실(誠實) 하지 못하면 아홉 가지 전법(典法), 즉 구경(九經)이 모두 빈 글이 되고 만다. 성(誠)이 구경을 알차게 하는 것이다.

[어구 설명] ○一者誠也(일자성야) : 「일(一)」은 「성(誠)」이다. ○一有不誠(일유불 성) : 조금이라도 성실(誠實)하지 못하면. 「일유(一有)」를 「만약에 조금이라도」라 고 푼다. ○則是九者皆爲虛文矣(즉시구자개위허문의) : 아홉 가지 전법(典法), 즉 구경(九經)이 다 빈 글이 되고 만다. ○此九經之實也(차구경지실야) : 성실(誠實) 이 곧 구경을 열매 맺게 하는 것이다.

[참고 보충] 「성(誠)과 구경(九經)」
<1> 구경(九經)은 천자(天子)로 하여금 천하를 인덕(仁德)으로 다스리게 하는 전법(典法)이자 원리(原理)다.
<2> 임금 자신이 수신(修身)해야 한다. 「13절」에서 말한 「제명성복 비례부동(齊 明盛服 非禮不動)」이 곧 수신이다. 그리고 「권현(勸賢), 권친친(勸親親), 권대신 (勸大臣), 권사(勸士), 권백성(勸百姓), 권백공(勸百工), 유원인(柔遠人), 회제후 (懷諸侯)」 등은 실천 사항이다.
<3> 수신이나 구경은 「성(誠)」을 바탕으로 한다.

중용 제20장 15절 :「豫則立」

凡事 豫則立 不豫則廢 言前定則不跲 事前定則不困 行前定則不疚 道前定則不窮.

범사 예즉립(하고) 불예즉폐(하나니) 언전정즉불겁(하고) 사전정즉불곤(하고) 행전정즉불구(하고) 도전정즉불궁(이니라)

무릇 모든 일은 <성실(誠實)을> 미리 갖추어야 이루어진다. 미리 갖추지 않으면 폐(廢)하게 된다. 말함에도 먼저 성실한 바탕이 확고하게 서있어야 말이 허망하지 않게 된다. 일을 해도 먼저 성실한 바탕이 확고하게 서있어야 일이 막히지 않게 된다. 행동을 해도 먼저 성실한 바탕이 확고하게 서있어야 행동에 병폐가 없게 된다. 도를 따르고 행함에도 먼저 성실한 바탕이 확고하게 서있어야 도가 막히지 않게 된다.

[어구 설명] ㅇ豫則立(예즉립) :「예(豫)」는「평소부터 성실(誠實)한 바탕이 확고하게 서 있어야 한다」는 뜻이다.

ㅇ不豫則廢(불예즉폐) : 성실한 바탕이 서 있지 않으면 모든 것이 폐(廢)하게 된다. 즉 모두가 이루어지지 않는다.

ㅇ言前定則不跲(언전정즉불겁) : 말을 해도 성실한 바탕이 확고하게 서 있어야 말이 허망하지 않게 된다.

ㅇ事前定則不困(사전정즉불곤) : 일을 해도 먼저 성실한 바탕이 확고하게 서 있어야 곤란하지 않게 된다.

ㅇ行前定則不疚(행전정즉불구) : 행동을 해도 먼저 성실한 바탕이 확고하게 서 있어야 행동에 병폐가 없게 된다.

ㅇ道前定則不窮(도전정즉불궁) : 도를 따르고 행함에도 먼저 성실한 바탕이 확고하게 서 있어야 도가 막히지 않게 된다.

[集註] (1) 凡事 指達道 達德 九經之屬 豫素定也 跲 躓也 疚病也 此承上文 言凡事 皆欲先立乎誠 如下文

所推是也.

(1) 「모든 일(凡事)」은 「오달도(五達道), 삼달덕(三達德), 구경(九經)」 등을 지칭한다. 「예(豫)」는 「평소에 미리 확고하게 정해지다(素定)」의 뜻이다. 「겁(跲)」은 「넘어질 지(躓)」와 같다. 「구(疚)」는 「병폐(病弊)」의 뜻이다. 이 구절은 앞의 글을 이어받고, 모든 일을 <행함에 있어> 먼저 성(誠)을 세워야 함을 말한 것이다. 아래 글, 즉 17절에서 더 미루어 말한 것이 바로 그것이다.

[어구 설명] ㅇ凡事 指達道 達德 九經之屬(범사 지달도 달덕 구경지속) : 「범사(凡事)」는 「오달도(五達道), 삼달덕(三達德), 구경(九經)」 등을 지칭한다. ㅇ豫素定也(예소정야) : 「예(豫)」는 「평소에 미리 확고하게 정해지다」의 뜻이다. ㅇ跲躓也(겁지야) : 「겁(跲)」은 「넘어질 지(躓)」와 같다. ㅇ疚病也(구병야) : 「구(疚)」는 「병폐(病弊)」의 뜻이다. ㅇ凡事皆欲先立乎誠(범사개욕선립호성) : 모든 일을 <행함에 있어> 먼저 성(誠)을 세워야 함을. <말한 것이다> 「욕(欲)」은 「수(須)」와 같은 뜻이다. ㅇ如下文所推是也(여하문소추시야) : 아래 글, 즉 17절에서 더 미루어 말한 대로다.

[참고 보충] 「범사(凡事)는 예즉립(豫則立)」
<1> 「15절」도 「중용 제20장」의 한 구절이다. 「모든 일(凡事)」은 「임금이 덕치를 행하는 모든 일이다. 즉 오달도(五達道), 삼달덕(三達德), 구경(九經)」이다. 모든 것은 수신(修身)을 바탕으로 한다. 수신의 핵심은 「성(誠)」이다.
<2> 임금은 평소에 성실한 마음가짐과 성실한 언행으로 수신해야 한다. 그래야 「오달도(五達道), 삼달덕(三達德), 구경(九經)」도 알차게 행할 수 있다. 「성실」하지 않으면 모든 일이 허사가 된다.
<3> 주자(朱子)는 「예(豫)」를 「소정(素定)」이라고 풀이했다. 「예(豫)」는 앞에서 말한 대로 언행(言行)을 하기 전에 미리 예비한다는 뜻이다. 즉 「성실한 마음가짐과 성실한 실천태도」를 취해야 한다. 「소정(素定)」은 「평소에 정해진다」는 뜻이다. 즉 「성(誠)이 평소부터 확립해야, 모든 일이 된다. 성(誠)이 확립되어 있지 않으면 만사가 허망하게 된다.」

중용 제20장 16절 : 「誠身有道」

在下位 不獲乎上 民不可得而治矣 獲乎上有道 不信乎朋友 不獲乎上矣 信乎朋友有道 不順乎親 不信乎朋友矣 順乎親有道 反諸身不誠 不順乎親矣 誠身有道 不明乎善 不誠乎身矣.

재하위(하야) 불획호상(이면) 민불가득이치의(리라) 획호상(이) 유도(하니) 불신호붕우(이면) 불획호상의(리라) 신호붕우(이) 유도(이니) 불순호친(이면) 불신호붕우의(니라) 순호친(이) 유도(이니) 반제신불성(이면) 불순호친의(리라) 성신(이) 유도(이니) 불명호선(이면) 불성호신의(리라)

아래에 있으면서 윗사람에게 신임을 얻지 못하면, 백성들을 잘 다스릴 수 없다. 윗사람에게 신임을 얻는 데에, 기본 도리와 원칙이 있다. 붕우나 동료에게 믿음을 받지 못하면 윗사람에게 신임을 얻지 못한다. 붕우나 동료에게 믿음을 받는 데에 기본 도리와 원칙이 있다. 부모에게 효순(孝順)하지 않으면 붕우나 동료에게 믿음을 받지 못한다. 부모에게 효순(孝順)하는 데, 기본 도리와 원칙이 있다. 자신의 <언행을> 돌이켜보고 성실하지 않으면 부모에게 효순할 수 없다. 자신을 성실하게 하는 데 기본 도리와 원칙이 있다. 선(善)을 밝게 알지 못하면 자신을 성실하게 할 수 없다.

[어구 설명] ㅇ在下位(재하위) : 아래에 있으면서.

ㅇ不獲乎上(불획호상) : 상급자의 신임을 얻지 못하면.

ㅇ民不可得而治矣(민불가득이치의) : 백성들을 다스릴 수 없다.

ㅇ獲乎上有道(획호상유도) : 위의 신임을 얻는 데는 도리가 있다.

ㅇ不信乎朋友(불신호붕우) : 붕우나 동료에게 믿음을 받지 못하면.

ㅇ不獲乎上矣(불획호상의) : 윗사람에게 신임을 얻지 못한다.

ㅇ信乎朋友有道(신호붕우유도) : 붕우에게 믿음을 받는 데도 도리가 있다.

○不順乎親(불순호친) : <가정에서> 부모에게 효순(孝順)하지 않으면.
○不信乎朋友矣(불신호붕우의) : 붕우나 동료에게 믿음을 받지 못한다.
○順乎親有道(순호친유도) : 부모에게 효순(孝順)하는 데, 도리가 있다.
○反諸身不誠(반제신불성) : 자신을 돌이켜보고 성실하지 않으면.
○不順乎親矣(불순호친의) : 부모에게 효순할 수 없다.
○誠身有道(성신유도) : 자신을 성실하게 하는 데, 기본 도리가 있다.
○不明乎善(불명호선) : 선(善)을 밝게 알지 못하면.
○不誠乎身矣(불성호신의) : 자신을 성실하게 할 수 없다.

[集註] (1) 此又以在下位者 推言素定之意.

(1) 이 16절도 역시 아래 자리에 있는 벼슬아치의 입장을 미루어 평소에 <성실한 태도를> 취하라고 말한 것이다.

[어구 설명] ○推(추) : 즉「미루어 나간다」고 한 것은. ○言素定之意(언소정지의) : 평소에 <성실한 태도를> 확고하게 정하고 세워야 함을 말한 것이다.

[集註] (2) 反諸身不誠 謂反求諸身 而所存所發 未能 眞實而無妄也.

(2) 「자신의 불성실을 돌이켜 본다」 함은 곧 자신의 몸으로 행한바, 언행(言行)을 되돌려 반성해보고, 그리고 <자기가 말하고 행했을 때에> 속에 품었던 마음이나 밖으로 나타난 행동이 미처 충분히 참되고 허망한 데가 없었는가를 <반성한다는 뜻을> 말한 것이다.

[어구 설명] ○反諸身不誠(반제신불성) : 「자신의 성실하지 못했음을 돌이켜 본다」는 말은. ○反求諸身(반구제신) : 자신의 몸으로 행한바, 언행(言行)을 되돌려 반성해보고. ○而所存所發(이소존소발) : 「이(而)」는 「그리고」, 「소존소발(所存所發)」은 <자기가 말하고 행했을 때에> 「속에 품었던 마음이나 밖으로 나타난 행동이」. ○未能眞實而無妄也(미능진실이무망야) : 아직도 능히 「진실이무망(眞實而無妄)」하지 못하지 않았나 어떤가를. <반성하고 찾아본다는 뜻을 말한 것이다.>

[集註] (3) 不明乎善 謂不能察於人心天命之本然 而

眞知至善之所在也.

(3) 「선을 밝게 알지 못한다」고 한 말은 곧 「사람의 마음속에 천명으로 주어진 본연의 성리(性理)와 아울러 참다운 앎과 지극한 선이 있는 곳을 살피지 못한다」는 뜻을 말한 것이다.

[어구 설명] ○不明乎善(불명호선) : 「선을 밝게 알지 못한다」고 한 말은. ○不能察(불능찰) : 살피지 못한다. ○於人心天命之本然(어인심천명지본연) : 사람의 마음속에 천명으로 주어진 본연의 성리(性理), 즉 「천명지위성(天命之謂性)」의 성리(性理)를. <살피지 못한다.> ○而眞知至善之所在也(이진지지선지소재야) : 참다운 앎과 지극한 선이 있는 곳을. <살피지 못한다는 뜻이다.>

[참고 보충] 「도(道)·이(理)·성(誠)·일(一)」
공자(孔子)가 터를 잡고, 주자(朱子)가 집대성한 유교의 도통사상의 특성을 다음 같이 종합적으로 요약할 수 있다.
① 공간(空間)을 우(宇)라 하고 시간(時間)을 주(宙)라 한다. 공간과 시간을 통합한 우주(宇宙)는 「하나(一)의 큰(大) 생명체(生命體)」다. 즉 우주는 살아 있다.
② 「한 일(一)과 큰 대(大)를 합친 글자」가 「하늘 천(天)」이다. 그러므로 「공간과 시간을 통합한 우주」를 「천(天)」이라고도 한다. 그러므로 「하늘(天)」도 하나(一)의 큰(大) 생명체이며, 살아서 작용을 하고 있다.
③ 「살아 있는 하나의 큰 생명체」라는 말은 다른 뜻이 아니다. 「우주, 즉 하늘」속에 「천지, 자연, 만물 및 인간이 생성(生成), 변화(變化), 번식(繁殖)하고 있다」는 뜻이다. 특히 인간, 인류는 역사적·문화적으로 발전(發展)하고 있다는 뜻이다. 1대로 끝나지 않고, 대를 이어가면서 생육 발전하고 있다. 이를 역경(易經)에서는 「생생불이(生生不已)」라고 했다.
④ 실재하는 자연 만물은 기(氣)의 결합체다. 하늘과 땅도 기의 결합체다. 일월성(日月星)도 기의 결합체다. 식물 동물 및 인간도 기의 결합체다. 공기와 물도 기가 모인 것이다. 그러므로 기는 지극히 미세하다. 오늘의 의학에서 말하는 인체의 세포(細胞)나 유전자(遺傳子), 혹은 원자(原子)나 미립자(微粒子)도 다 기라고 말할 수 있다.
⑤ 지극히 미세한 하나하나의 기도, 기가 모인 식물 동물 인간도 우주의 기의

일부이다. 그러므로 살아 있는 우주와 직결되어 있고, 또 직접적인 영향을 받는다.
⑥ 하나의 작은 기와 총체로서의 우주의 기를 통합한 절대를 태극(太極)이라고 한다. 우주는 살아서 회전 운동을 한다. 그래서 낮과 밤이 교체하고, 음(陰)과 양(陽)의 두 기가 발생하고, 음과 양의 두 기가 상대적으로 관계하고 어울림으로써 만물이 생성화육(生成化育)한다. 음양의 기(氣) 속에는 열(熱)과 냉(冷), 동(動)과 정(靜) 및 오행(五行)의 특성이 작용하고 있다.
⑦ 이와 같은 우주(宇宙), 천(天), 태극(太極)을 주자학(朱子學)에서는 「이(理)와 기(氣)」라고 했다. 즉 「시간과 공간을 초월한 하나의 이(理)」 「천리(天理)」를 바탕으로 「우주, 천지, 자연, 만물 및 인간이 실체(實體)로서 생성(生成), 변화(變化), 번식(繁殖)한다. 인류의 역사와 문화가 발전하고 있다.」
⑧ 「형이상(形而上)의 절대(絶對)인 하나의 이(理)」는 반드시 「기(氣)」를 타고 운행하고 생멸(生滅)한다. 인류의 역사 문화도 그와 같은 「우주의 이법(理法)」 「천리」를 따라 구체적으로 눈에 보이게 나타나고 발전하고 있는 것이다.
⑨ 영특한 사람만이 이와 같은 이(理)를 터득하고 따르고 실천하는 본성이 있다. 이를 중용의 첫머리에서 「천명지위성(天命之謂性)」이라고 말했다.
⑩ 그러므로 본성을 따라 사는 것이 사람의 길이며, 도리라고 했다. 이를 중용에서 「솔성지위도(率性之謂道)」라고 했다.
⑪ 그러나 육신을 터로 하고 삶을 사는 인간은 저마다의 기질(氣質)의 차이가 있다. 그러므로 저마다 자신을 조절해서 「본성 속에 주어진 천리」에 맞게 자신을 교육하고 수양해야 한다. 이를 중용에서 「수도지위교(修道之謂敎)」라고 했다.
⑫ 이상이 중용의 전반부의 핵심이며, 「도(道) 혹은 이(理)」를 주제로 한 것이다.
⑬ 그러나 중용의 후반부에서는 주제가 되는 덕목을 「성(誠)」으로 바꾸어 내세웠다. 그러나 「도(道)」와 「성(誠)」은 다른 것이 아니다. 「천도(天道) 천리(天理)」는 반드시 「진실무망(眞實無妄)」하게 나타난다. 그러므로 사람도 「진실무망」하게 「천도 천리」를 따르고 행해야 함을 강조하기 위해서 「성(誠)」을 내세운 것이다. <* 「성(誠)」은 진실무망하게 우주를 운행하며, 만물을 생육 화성(生育化成)하는 천리다. 「성(誠)」을 이렇게 천리와 결부하고 깊은 뜻으로 풀이한 것이 중용사상(中庸思想)의 특색이다. 다음 17절을 깊이 공부하자.>

중용 제20장 17절 : 「誠者天之道」

誠者 天之道也 誠之者 人之道也 誠者 不勉而中 不思而得 從容中道 聖人也 誠之者 擇善而固執之者也.

성자(는) 천지도야(요) 성지자(는) 인지도야(니라) 성자(는) 불면이중(하며) 불사이득(하여) 종용중도(하나니) 성인야(요) 성지자(는) 택선이고집지자야(니라)

성(誠)은 하늘의 길이자 도리이다. 그것을 성실하게 받들고 따르는 것이 사람의 길이자 도리다. 성(誠)은 애쓰고 힘들이지 않고도 맞으며, 생각하지 않고도 바르게 되며, 조용히 태연자약하면서, 도에 맞게 된다. <이 경지가> 바로 성인의 경지다. 성실하게 따르는 사람은 곧 의식적으로 선(善)을 택하고 굳게 지키는 사람이다.

[어구 설명] ㅇ誠者 天之道也(성자 천지도야) : <직역> 「성실하게 하는 것이 하늘의 도리다.」

ㅇ誠之者 人之道也(성지자 인지도야) : 「하늘의 도를 성실하게 받들고 따르는 것(誠之者)」이 「사람의 도리다.(人之道也)」

ㅇ誠者(성자) : 「성실은. 혹은 성실한 사람은.」 <직역>

ㅇ不勉而中(불면이중) : 애쓰지 않고도 맞는다.

ㅇ不思而得(불사이득) : 생각하지 않고도 얻는다. 바르게 된다.

ㅇ從容中道(종용중도) : 조용히 태연자약하면서 도에 맞는다.

ㅇ聖人也(성인야) : <그와 같은 경지가> 바로 성인이다.

ㅇ誠之者(성지자) : 성실하게 따르고 행하는 사람은.

ㅇ擇善而固執之者也(택선이고집지자야) : 「선(善)을 택하고 선을 굳게 지키는 사람이다.」

[集註] (1) 此承 上文誠身 而言 誠者 眞實無妄之謂 天理之本然也.

(1) 이 「17절」은 앞의 글, 즉 「성신(誠身)」을 이어받은 글이다. 「성(誠)」은 「참되게 열매를 맺고 거짓되거나 허망하지 않다(眞實無妄)」는 뜻이다. 「성(誠)」은 바로 「천리의 본연」이다.

[어구 설명] ㅇ此承上文誠身而言(차승상문성신이언) : 이 17절은 앞의 글, 즉 「자신을 성실하게 하다(誠身)」를 이어받고 한 말이다. 앞 16절에 「선을 밝게 알지 못하면 자신을 성실하게 할 수 없다(不明乎善 不誠乎身矣)」라고 있다. <그래서 「성(誠)」을 내세우고 풀이한 것이다.> ㅇ誠者眞實無妄之謂(성자진실무망지위) : 「성(誠)」은 「참되게 열매를 맺고 거짓되거나 허망하지 않다(眞實無妄)」는 뜻이다.
ㅇ天理之本然也(천리지본연야) : 「성(誠)」은 바로 「천리의 본연」이다. 「천리의 본연」은 「체(體)와 용(用)을 함께 지니고 있다.」 그러므로 「형이상(形而上)의 도(道)는 반드시 덕(德)으로 나타난다.」

[集註] (2) 誠之者 未能眞實無妄 而欲其眞實無妄之謂 人事之當然也.

(2) 「그것을 성실하게 따르고 행한다고 함」은 아직 진실무망하지 못하므로 그래서 진실무망하게 되기를 바란다는 뜻을 말한 것이다. 이는 사람이 할 당연한 일이다.

[어구 설명] ㅇ誠之者(성지자) : 「그것을 성실하게 따르고 행한다고 함」은. ㅇ未能眞實無妄(미능진실무망) : 미처 진실무망하지 못하므로. ㅇ而欲其眞實無妄之謂(이욕기진실무망지위) : 그래서, 「진실무망하게 되기를 바란다」는 뜻을 말한 것이다. ㅇ人事之當然也(인사지당연야) : 사람이 할 당연한 일이다.

[集註] (3) 聖人之德 渾然天理 眞實無妄 不待思勉而從容中道 則亦天之道也.

(3) 성인의 덕은 모두가 천리와 하나를 이루고 있으며, 진실무망하며 생각하고 힘쓰기를 기다리지 않고, 조용히 태연해도, 도에 맞으니 <그것이> 역시 하늘의 도와 하나가 된 것이다.

[어구 설명] ㅇ聖人之德(성인지덕) : 성인의 덕은. 성인의 덕성(德性)이나 덕행

(德行)은. ○渾然天理(혼연천리) : 모두가 다 천리와 하나를 이루고 있으며. ○眞實無妄(진실무망) : <성인의 덕은> 진실무망하며. ○不待思勉(부대사면) : 생각하고 힘쓰기를 기다리지 않고도. ○從容中道(종용중도) : 조용히 태연하게 해도 도에 맞으니. ○則亦天之道也(즉역천지도야) : 곧 또한 하늘의 도리와 하나인 것이다.

[集註] (4) 未至於聖 則不能無人欲之私 而其爲德 不能皆實 故未能不思而得 則必擇善然後 可以明善 未能不勉而中 則必固執而後 可以誠身 此則所謂人之 道也.

(4) 미처 성인의 경지에 이르지 못하면 곧 인간적인 사욕이 없을 수 없으며, 따라서 그가 덕을 행해도 모두가 진실될 수 없다. 고로 생각하지 않고서는 도에 맞게 할 수 없으니 즉 반드시 선을 택한 연후에 <도에 맞게> 될 것이며, 선을 밝힐 수 있다. 애를 쓰지 않으면 도에 맞게 할 수 없으므로 반드시 굳게 잡고 지켜야 하며, 그런 다음에, 자신을 성실하게 할 수 있다. 그러므로 이를 곧 사람의 길이고 도리라고 말하는 것이다.

[어구 설명] ○未至於聖(미지어성) : 미처 성인의 경지에 이르지 못하면. ○則不能無人欲之私(즉불능무인욕지사) : 인간적인 사욕이 없을 수 없으며. ○而其爲德不能皆實(이기위덕불능개실) : 따라서 그가 덕을 행해도 모두가 진실될 수 없다. ○故未能不思而得(고미능불사이득) : 고로 생각하지 않고서는 도에 맞게 할 수 없다. ○則必擇善然後(즉필택선연후) : 즉 반드시 선을 택한 연후에 <도에 맞게> 될 것이며. ○可以明善(가이명선) : 선을 밝힐 수 있다. ○未能不勉而中(미능불면이중) : 애를 쓰지 않으면 도에 맞게 할 수 없으므로. ○則必固執而後(즉필고집이후) : 즉 반드시 굳게 잡고 지켜야 하며, 그런 다음에. ○可以誠身(가이성신) : 자신을 성실하게 할 수 있다. ○此則所謂人之道也(차즉소위인지도야) : 이것이 곧 사람의 길이고 도리라고 말하는 것이다.

[集註] (5) 不思而得 生知也 不勉而中 安行也 擇善

學知以下之事 固執利行以下之事也.

(5) 생각하지 않고 도를 터득하는 경지는 「생이지지(生而知之)」하
는 경지다. 애를 쓰지 않고도 도에 맞게 하는 경지는 「안이행지(安
而行之)」하는 경지다. 택선(擇善)은 「학이지지(學而知之)」 이하의
경지다. 고집(固執)은 「이이행지(利而行之)」 이하의 경지다.

[어구 설명] ○不思而得生知也(불사이득생지야) : 생각하지 않고 도를 터득하는
경지는 「생이지지(生而知之)」하는 경지다. ○不勉而中安行也(불면이중안행야) :
애를 쓰지 않고도 도에 맞게 하는 경지는 「인이행지(安而行之)」하는 경지다.
○擇善學知以下之事(택선학지이하지사) : 택선(擇善)은 「학이지지(學而知之)」 이
하의 경지다. ○固執利行以下之事也(고집이행이하지사야) : 고집(固執)은 「이이
행지(利而行之)」 이하의 경지다.

[참고 보충] 「성(誠)의 깊은 뜻」

<1> 시경(詩經), 서경(書經), 역경(易經), 춘추(春秋) 및 예기(禮記) 등 옛글에는
「성(誠)」에 대한 철학적 기술이 별로 없다. <* 예기에 있는 고문(古文) 대학(大學)
에도 성(誠)에 대한 철학적 고찰이 부족하다.>

<2> 옛날에는 「성(誠)」을 「참되고 성실하다」는 뜻으로 썼을 뿐이다. 논어(論語)
에서도 「성(誠)」자가 두 번 나오며, 부사나 조사의 뜻으로 쓰였다.

<3> 그러나 자사(子思)가 중용(中庸)에서 「성(誠)」의 뜻을 유교의 도덕철학의
핵심용어로 삼았으며, 뒤를 이은 맹자(孟子)가 한층 높였다. 특히 정자(程子)나
주자(朱子)가 「성(誠)」을 철학적으로 깊고 높게 풀이했다.

<4> 주자(朱子)는 「중용장구서(中庸章句序)」에서 다음같이 말했다.

① 「옛날 성신(聖神)이 계천(繼天)하고 입극(立極)한 도통(道統)을 계승하고 전해
야 한다.」 「사람은 마음속에 도심(道心)과 인심(人心)이 엉켜 있다.」 「이를 바르게
다스리지 못하면 천리의 공(公)이 인욕의 사(私)를 이기지 못한다.(天理之公卒無
以勝人欲之私)」

② 「천명솔성(天命率性)의 도심(道心)을 바탕으로 택선고집(擇善固執)하여 정일
(精一)하고 아울러 군자시중(君子時中)해서 집중(執中)해야 한다.」

③ 「자사가 중용을 저술한 목적은 인심사욕(人心私欲)을 극복하고, 도심천리(道心

天理)를 정일집중(精一執中)하고, 종국에는 중화를 이루고 천지를 바로잡고 만물을 생육함(致中和 天地位焉 萬物育焉)」이다.

④ 그래서 자사는 후반부에는「성(誠)」을 핵심적 주제로 내세웠던 것이다. 다음에서「성(誠)」의 깊은 뜻을 살펴보자.

[참고 보충]「성자 천지도야(誠者 天之道也)」

<1> 일반적으로「성실은, 혹은 성실하게 하는 것이 하늘의 길이나 도리다.(誠者天之道也)」라고 풀이한다.

<2> 물론 그런 뜻도 있다. 그러나 주자학에서는 더 깊이 해석한다. 즉「성(誠)」은「우주 천지를 운행하고 자연 만물을 생성하고, 또 번식 발전케 하는 핵심적인 동능(動能 = 에너지 : energy)」을 일컫는 말이다.

<3> 진입부(陳立夫) 선생은「인리학연구(人理學研究) 및 사서도관(四書道貫)」에서 대략 다음같이 말했다.

①「우주는 하나의 큰 생명체다. 사람은 그 중의 하나의 단위다. 우주나 사람이나 그 생존의 원리는 같다.」「모든 생명의 근원은 같다. 그것을 일컬어 성(誠)이라고 한다. 이를 중용에서『성자 자성지야(誠者 自成之也)』라고 한다.」

②「천인합일(天人合一)」의 도리가 여기서 비롯한다. 그러므로 중용에서「성자 천지도야(誠者 天之道也)」「성지자 인지도야(誠之者 人之道也)」라고 한다. <人理學研究 p.15~16>

③「본성은 생존본능이며, 우주의 동능(動能 = 에너지 : energy)의 하나다. 우주 만물에도 저마다의 사물의 본성이 있다. 그래서 저마다의 동능이 있다.」「동능은 절대 존재이며 사람이 하늘로부터 받은 것이다. 일체의 인간문화에 대한 본질적인 인식도 이를 바탕으로 해야 한다.」「우주의 능동적인 힘을 만물이 받음으로써 산다. 이를 자연과학적으로는 동능(動能 : 에너지)이라 한다.」<四書道貫 p. 88>

<4> 주자(朱子)는「성은 진실무망의 뜻이며, 천리의 본연이다.(誠者 眞實無妄之謂 天理之本然)」라고 주를 달았다. 즉 우주의 에너지는 참되고 실하게 거짓없이 질서정연하게 나타나고 발현한다.

<5> 생성화육(生成化育)하는 우주 및 사물의 이(理)와 기(氣)를 총괄해서 성(誠)이라고 한 것이다. 천리(天理)는 절대선(絕對善)의 도리다. 도리는 반드시 스스로 성실하게 발현한다. 그래서「성(誠)을 진실무망(眞實無妄)」이라 했다.

중용 제20장 18절 : 「學問思辨行」

博學之 審問之 愼思之 明辨之 篤行之.

박학지(하며) 심문지(하며) 신사지(하며) 명변지(하며) 독행지(니라)

넓게 많은 것을 배우고, 자세히 세밀하게 묻고, 신중하게 깊이 생각하고, 분명하고 바르게 변별하고, 독실하게 실천하고 행한다.

[어구 설명] ○博學之(박학지) : 넓게 많은 것을 배운다.
○審問之(심문지) : 자세히 세밀하게 묻는다.
○愼思之(신사지) : 신중하게 깊이 생각한다.
○明辨之(명변지) : 분명하고 바르게 판단한다.
○篤行之(독행지) : 독실하게 실행한다.

[集註] (1) 此誠之之目也 學問思辨 所以擇善而爲知 學而知也 篤行 所以固執而爲仁 利而行也 程子曰 五者廢其一 非學也.

(1) 이 구절은 「성(誠)」을 성실하게 따르고 행하는 세목(細目)이다. 배우고, 의문을 묻고, 자신이 생각하고, 분별하는 것은, 선(善)을 택하고 바르게 앎을 이루는 바탕이며, <그것이 곧> 배워서 알게 되는 일이다. 독실하게 행함은 <택한 선을> 굳게 지킴이며, 인(仁)을 행하는 바탕이며, <그것이 곧> 좋은 줄 알고 행하는 일이다. 정자가 말했다. 다섯 가지 중에서 하나만 폐해도 참다운 배움이 아니다.

[어구 설명] ○此誠之之目也(차성지지목야) : 이 구절은 「성(誠)」을 성실하게 따르고 행하는 항목을. <말한 것이다.> ○學問思辨(학문사변) : 「학(學)」은 스승에게 배우다. 「문(問)」은 의문나는 것을 묻는다. 「사(思)」는 스스로 생각한다. 「변(辨)」은 판단하고 분별한다. ○所以擇善而爲知(소이택선이위지) : <그렇게 하는 것이> 선(善)을 택하고 바르게 앎을 이루는 바탕이다. ○學而知也(학이지야) : <그것이

곧> 배워서 알게 되는 것이다. ○篤行(독행) : 독실하게 행함은. ○所以固執而爲仁
(소이고집이위인) : <택한 선을> 굳게 지킴이다. 곧 인(仁)을 행하는 바탕이다.
○利而行也(이이행야) : <그것이 곧> 좋은 줄 알고 행하는 것이다. ○程子曰(정자
왈) : 정자가 말했다. ○五者廢其一(오자폐기일) : 다섯 가지 중에서 하나만 폐해도.
○非學也(비학야) : 참다운 배움이 아니다.

[참고 보충]「박학·심문·신사·명변·독행」
① 박학(博學) : 넓게 배워야 천하의 견문을 수집하고 또 사물의 도리를 두루 알게
된다. ② 심문(審問) : 배운 것에 대해서 의문을 제시하고 자세히 묻고 앎을 바르게
해야 한다. ③ 신사(愼思) : 자신이 스스로 깊이 생각해야, 학문이 정밀하게 되고,
또 마음으로 터득하게 된다. ④ 명변(明辨) : 분명하게 변별해야 비로소 의리의
공사 및 선악시비 등을 바르게 분별하게 된다. ⑤ 독행(篤行) : 바르게 깊이 터득한
앎을 반드시 독실하게 실천하고 행동하여 덕(德)으로 나타내야 한다.
이상의 「다섯 가지(五者)」를 다 구비해야 한다. 그것이 곧 「성(性)=천리(天理)」를
성실하게 따르고 행함이다. 곧 「성지자(誠之者)」「인지도(人之道)」이다.

중용 제20장 19절 :「弗措」

**有弗學 學之 弗能 弗措也 有弗問 問之 弗知 弗措也
有弗思 思之 弗得 弗措也 有弗辨 辨之 弗明 弗措也
有弗行 行之 弗篤 弗措也 人一能之 己百之 人十能
之 己千之.**

유불학(이언정) 학지(인댄) 불능(을) 불조야(하며) 유불문(이어정) 문지(인댄) 불
지(를) 불조야(하며) 유불사(이언정) 사지(인댄) 불득(을) 불조야(하며) 유불변(이
언정) 변지(인댄) 불명(을) 불조야(하며) 유불행(이언정) 행지(인댄) 불독(을) 불
조야(하야) 인일능지(어든) 기백지(하며) 인십능지(어든) 기천지(니라)

배우지 않는 수도 있다. 그러나 일단 배우면 잘하지 못하면, 그만두
지 않는다. 묻지 않는 수도 있다. 그러나 일단 의문을 품고 물었다
면, 잘하지 않고서는 그만두지 않는다. 생각을 않을 수는 있다. 그러

나 일단 생각을 한 이상, 잘하지 않고서는 그만두지 않는다. 사리를 변별하지 않을 수는 있다. 그러나 일단 변별한 이상, 잘 밝히지 않고서는 그만두지 않는다. 행하지 않을 수는 있다. 그러나 일단 행한 이상, 독실하게 하지 않고서는 그만두지 않는다. 남이 한 번으로 잘한다면, 나는 백 번을 하겠다. 남이 열 번으로 잘한다면, 나는 천 번을 하겠다.

[어구 설명] ㅇ有弗學 學之 弗能 弗措也(유불학 학지 불능 불조야) : 배우지 않는 수가 있다. 그러나 일단 배우면, 잘하지 못하면 그만두지 않는다. <일단 배우면 반드시 잘할 때까지 배운다.>

ㅇ有弗問 問之 弗知 弗措也(유불문 문지 불지 불조야) : 묻지 않는 수도 있다. 그러나 일단 의문을 품고 물었다면, 잘 알지 않고서는 그만두지 않는다.

ㅇ有弗思 思之 弗得 弗措也(유불사 사지 불득 불조야) : 생각을 않을 수는 있다. 그러나 일단 생각을 한 이상, 잘하지 않고서는 그만두지 않는다.

ㅇ有弗辨 辨之 弗明 弗措也(유불변 변지 불명 불조야) : 사리를 변별하지 않을 수는 있다. 그러나 일단 변별한 이상, 잘 밝히지 않고서는 그만두지 않는다.

ㅇ有弗行 行之 弗篤 弗措也(유불행 행지 불독 불조야) : 행하지 않을 수는 있다. 그러나 일단 행한 이상, 독실하게 하지 않고서는 그만두지 않는다.

ㅇ人一能之 己百之(인일능지 기백지) : 남이 한 번으로 할 수 있는 일을, 나는 백 번으로 하겠다.

ㅇ人十能之 己千之(인십능지 기천지) : 남이 열 번으로 할 수 있는 일을, 나는 천 번으로 하겠다.

[集註] (1) 君子之學 不爲則已 爲則必要其成 故常百倍其功 此困而知 勉而行者也 勇之事也.

(1) 군자의 학문은 하지 않으면 그만이지만, 일단 학문을 하면 반드시 성공하기를 구해야 한다. 그러므로 항상 노력을 백 배나 기울여야 한다. 이렇게 하는 것이 곧 고생해서 알고, 노력해서 행한다는 뜻이며, 바로 용(勇)의 일이다.

[어구 설명] ○君子之學不爲則已(군자지학불위즉이) : 군자의 학문은 하지 않으면, 그만이지만. ○爲則必要其成(위즉필요기성) : 일단 학문을 하면 반드시 성공하기를 구해야 한다. 「요(要)」는 「구(求)」의 뜻으로 푼다. ○故常百倍其功(고상백배기공) : 그러므로 항상 노력을 백 배나 기울여야 한다. ○此困而知 勉而行者也(차곤이지 면이행자야) : 그렇게 하는 것이 곧 막히자 배워서 알고, 노력해서 행한다는 뜻이다. ○勇之事也(용지사야) : <그렇게 하는 것이> 바로 용(勇)의 일이다. 이 때의 「용」은 속으로부터 분발해서 한다는 뜻이다.

중용 제20장 20절 : 「雖愚必明」

果能此道矣 雖愚必明 雖柔必强.

과능차도의(면) 수우필명(하며) 수유필강(이니라)

과연 <이 다섯 가지 학문의 도를> 능히 다할 수 있으면 비록 어리석은 사람도 밝게 되고, 비록 유약한 사람도 강하게 된다.

[어구 설명] ○果能此道矣(과능차도의) : 과연 「이 도리」를 다할 수 있으면.
○雖愚必明(수우필명) : 비록 어리석은 사람도 밝게 되고.
○雖柔必强(수유필강) : 유약한 사람도 강하게 된다.

[集註] (1) 明者擇善之功 强者固執之效.

(1) 「명(明)」은 「선을 택한 공(擇善之功)」이다. 「강(强)」은 「굳게 지킨 효과(固執之效)」이다.

[集註] (2) 呂氏曰 君子所以學者 爲能變化氣質而已 德勝氣質 則愚者可進於明 柔者可進於强 不能勝之 則雖有志於學 亦愚不能明 柔不能立而已矣.

(2) 여대림(呂大臨)이 말했다. 군자가 학문을 하는 이유는, 능히 기질을 변화할 수 있기 때문이다. 덕이 기질을 이기면, 즉 우매한 사람도 발전하여 현명하게 될 수 있고, 유약한 사람도 발전하여 강인하게 될 수 있다. <덕으로써> 기질을 변화할 수 없다면 비록

뜻을 학문에 두었다 해도 역시 어리석은 사람이 현명해질 수 없고, 유약한 사람이 강인하게 <덕(德)을> 세울 수 없다.

[어구 설명] ㅇ呂氏曰(여씨왈) : 여대림(呂大臨)이 말했다. ㅇ君子所以學者(군자소이학자) : 군자가 학문을 하는 이유. ㅇ爲能變化氣質而已(위능변화기질이이) : 능히 기질을 변화할 수 있기 때문이다. ㅇ德勝氣質(덕승기질) : 덕이 기질을 이기면. ㅇ則愚者可進於明(즉우자가진어명) : 우매한 사람도 발전하여 현명하게 될 수 있고. ㅇ柔者可進於强(유자가진어강) : 유약한 사람도 발전하여 강인하게 될 수 있다. ㅇ不能勝之(불능승지) : <학문이나 덕으로써> 기질을 변화할 수 없다면. ㅇ則雖有志於學(즉수유지어학) : 비록 뜻을 학문에 두었다 해도. ㅇ亦愚不能明(역우불능명) : 역시 어리석은 사람이 현명해질 수 없고. ㅇ柔不能立而已矣(유불능립이이의) : 유약한 사람이 강하게 우뚝 설 수 없게 된다.

[集註] (3) 蓋均善而無惡者 性也 人所同也 昏明强弱之稟不齊者 才也 人所異也 誠之者 所以反其同而變其異也 夫以不美之質 求變而美 非百倍其功 不足以致之.

(3) 무릇 고르게 선하고 악이 없는 것이 <사람의> 성리(性理)이며 모든 사람이 다 같이 <천명으로 받아 지니고 있다. 그러나> 어둡거나 밝거나, 강하거나 약하거나, 기질적 품성이 같지 않은 것은 곧 재질(才質)이며, 사람마다 다르다. 「성실하게 받들고 행하는 사람은(誠之者)」은 본성적으로 같은 성리에 돌아가고 기질적 차이를 변하게 한다. 무릇 아름답지 못한 기질을, 아름답게 변화하고자 하면, 백 배의 공이 아니고서는 이룩할 수 없다.

[어구 설명] ㅇ蓋均善而無惡者 性也(개균선이무악자 성야) : 무릇 고르게 선하고 악이 없는 것이 성리(性理)이다. <* 본성적으로 하늘의 도리를 깨닫고 실천할 수 있는 이성(理性)이다.> ㅇ人所同也(인소동야) : 사람의 성리는 다 같다. ㅇ昏明强弱之稟(혼명강약지품) : 어둡거나 밝거나, 강하거나 약하거나 타고난. <기질이> ㅇ不齊者(부제자) : 같지 않다. ㅇ才也(재야) : <그래서> 재질(才質), 재주,

재능이. ㅇ人所異也(인소이야) : 사람마다 다르고 차이가 난다. ㅇ誠之者(성지자) : <절대선의 천리, 즉 성(誠)을> 성심으로 받들고 따르고 행하는 것이. ㅇ所以反其同(소이반기동) : <기질적 차이를> 같은 성리(性理)로 되돌리는 바탕이다. ㅇ而變其異也(이변기이야) : 아울러 기질적 차이를 변하게 한다. <즉 본성의 선을 되찾는다.> ㅇ夫以不美之質(부이불미지질) : 무릇 아름답지 못한 기질을. ㅇ求變而美(구변이미) : 아름답게 변화시키고자 하면. ㅇ非百倍其功(비백배기공) : 백배의 공이 아니고서는. ㅇ不足以致之(부족이치지) : 이룰 수 없다.

[集註] (4) 今以鹵莽滅裂之學 或作或輟 以變其不美之質 及不能變 則曰天質不美 非學所能變 是果於自棄 其爲不仁 甚矣.

(4) 오늘에는 <많은 사람들은> 거칠고 잡되고 지리멸렬한 학문을 하며 <그것도> 하다가 만다. 아름답지 못한 재질을 고치려다가 고치지 못하게 된다. <그리고> 말한다. 「천품(天稟)의 재질이 아름답지 못한 것을 학문만으로는 고칠 수 있는 것이 아니다.」 <학문만으로 고치려고 하는 것은> 결과적으로 자포자기이다. 그러한 태도는 참으로 어질지 못한 짓이다.

[어구 설명] ㅇ今以鹵莽滅裂之學(금이로무멸렬지학) : 오늘에는 거칠고 잡되고 지리멸렬한 학문을 가지고. 「鹵(거칠 로), 莽(잡초 우거질 무)」 ㅇ或作或輟(혹작혹철) : 공부를 하다가 말다가 하면서. 「輟(그칠 철)」 ㅇ以變其不美之質(이변기불미지질) : 아름답지 못한 기질을 변하고 고치려고 하다가. ㅇ及不能變(급불능변) : 변하지 못하게 되면. ㅇ則曰天質不美(즉왈천질불미) : 즉 천품(天稟)의 재질이 아름답지 못한 것은. ㅇ非學所能變(비학소능변) : 학문으로 변경할 수 있는 것이 아니다라고 말한다. ㅇ是果於自棄(시과어자기) : 이러한 태도는 결과적으로 자포자기이며. ㅇ其爲不仁甚矣(기위불인심의) : 어질지 못함이 심한 것이다.

[설명주] (1) 右第二十章.

(1) 이상이 제20장이다.

[설명주] (2) 此引孔子之言 以繼大舜文武周公之緒 明其所傳之一致 擧而措之 亦猶是爾 蓋包費隱 兼小大 以終十二章之意 章內 語誠始詳 而所謂誠者 實此篇之樞紐也.

(2)「이 장(章)」은 공자의 말을 인용해서, 위대한「순임금, 문왕, 무왕, 주공의 덕의 일단」을 바탕으로 하고, 그들이 전해 내려온 <도통이> 일치하며, <따라서> 그 도통을 들어서 행하면, 역시 그들과 같이 될 수 있음을 밝힌 것이다. 무릇「제20장」의 내용은「도의 광대(廣大)와 세미(細微), 도의 큼과 작음」을 다 포함해서 <여러 가지를 다 기술했으며>「중용 제12장의 뜻을」마무리한 것이다.「제20장」속에서「성(誠)」에 대한 말을 비로소 자세하게 말했으니, 이른바 성(誠)은 실로 이 중용 편의 글의 핵심이 된다.

[설명주] (3) 又按孔子家語 亦載此章而其文尤詳 成功一也之下 有公曰 子之言 美矣至矣 寡人實固不足以成之也 故其下 復以子曰 起答辭 今無此問辭而猶有子曰二字 蓋子思刪其繁文 以附于篇而所刪有不盡者 今當爲衍文也 博學之以下 家語無之 意彼有闕文 抑此或子思所補也歟.

(3) 또「공자가어」에도 이 글이 실려 있으며, 그「공자가어」의 글이 한층 상세하다. <「제20장-8절」끝에 있는>「성공일야(成功一也)」라는 구절 다음에「애공(哀公)이 말했다」는 구절이 들어 있다. 즉 <애공이 공자에게 한 말로>「선생의 말이 좋고 지당하거늘 과인이 실로 고루하여 이룰 수 없을 거라고 생각했습니다」<라는 말이「성공일야」다음에 있었다.> 그래서 그 다음 구절, 즉「제20장-9절」첫머리에, 다시「자왈(子曰)」이라는 두 글자를 넣어서, <공자의> 답하는 말 앞에 붙였던 것이다. <즉「공자가어」의 경우는「자왈」이 들어가는 것이 옳았다는 뜻.> 지금 중용에서는「애공문(哀公問)……」이란 말이 없는데, <공자가어와 같게>「자왈」두 글자가 있다. <이와 같이 중용에 필요 없는

「자왈」두 글자가 있는 것에 대해서 주자가 다음같이 자기 생각을 말했다.> 아마, 자사(子思)가 번거로운 <공자가어의> 글을 깎고 줄여서, <중용편의> 글에 붙일 때, 충분히 삭제하지 못했을 것이다. 그러므로 「제20장 9절」앞에 있는 「자왈」두 글자는 마땅히 연문(衍文)이다. 「박학(博學)」이하의 글은 「공자가어」에는 없으니, 생각하건대 공자가어에 글이 빠졌거나, 아니면 이 글을 자사가 보충했을 것이다.

[참고 보충] 「성(性)·도(道)·교(敎)·성(誠)」

<1> 「중용 제1장」은 「성(性)·도(道)·교(敎)」를 논했다. 즉 하늘은 만물의 영장(靈長)인 사람에게만 「천명(天命)으로 선본성(善本性)」을 내려주었다. 「선본성」은 곧 「성리(性理)」다. 즉 「사람만이 본성적(本性的)으로 절대선(絶對善)인 천도천리(天道天理)를 깨닫고 실천할 수 있다」. 그러므로 사람은 「하늘을 대신해서 천공을 대신할 수 있다(天工人其代之)」. 즉 사람은 하늘의 대신자(代身者)로서 천도를 따라 지덕(地德)을 세울 수 있다.

<2> 지덕(地德)은 바로 「인의(仁義)의 도덕정치(道德政治)」를 구현(具現)하는 것이다. 즉 인류대동(人類大同)의 하나의 평화세계를 창건하는 일이다.

<3> 대학(大學)에서는 삼강팔조(三綱八條)를 내세웠다. 중용(中庸)에서는 「구경(九經), 오달도(五達道), 삼달덕(三達德)」 및 「성(誠)」을 내세웠다.

<4> 천도(天道)를 따라 지덕(地德)을 세우는 주체(主體)는 사람이다. 그러므로 천하를 다스리는 임금이나 정치에 참여하는 군자는 물론, 모든 백성들도 천도를 따르고 윤리도덕(倫理道德)을 실천해야 한다.

<5> 그러기 위해서는 모든 사람들이 바르게 배우고 실천을 해야 한다. 이를 공자(孔子)는 논어 첫머리에서 「학습(學習)」이라 하고 내세웠다. 중용에서는 「박학(博學), 심문(審問), 신사(愼思), 명변(明辨), 독행(篤行)」이라고 했다.

<6> 특히 「절대선의 천도를 성실하게 실천하는 것이 사람의 도리(誠之者 人之道也)」라 했다. 「성(誠)」은 곧 선(善)이다. 역경(易經) 계사전(繫辭傳)에 있다. 「일음일양지위도(一陰一陽之謂道) 계지자선(繼之者善) 성지자성(成之者性)」, 즉 「도(道)=성(誠)=선(善)」임을 알 수 있다.

中庸 제21장 (총1절)

1절 自誠明謂之性 自明誠謂之敎 誠則明矣 明則誠矣.

* 중용 제21장은 자사(子思)의 말이다. 앞에서 공자(孔子)가 천도(天道)와 인도(人道)에 대해서 말한 것을 자사가 거듭 설명한 글이다. 그리고 다음에 있는 「열두장」, 즉 「제22장에서부터 제33장까지」는 자사가 다시 「이 장, 즉 제21장」을 부연 설명한 글이다. 그러므로 이 장은 매우 중요하다.

중용 제21장 1절 : 「自誠明 謂之性」

自誠明 謂之性 自明誠 謂之敎 誠則明矣 明則誠矣.

자성명(을) 위지성(이요) 자명성(을) 위지교(이니) 성즉명의(오) 명즉성의(니라)

성실함으로써 밝게 됨은 <바로> 본성대로 함을 이르는 말이다. 밝게 앎으로써 성실하게 됨은 <바로> 가르침을 이르는 말이다. 성실하게 하면 밝아진다. 밝으면 성실하게 된다.

[어구 설명] ㅇ自誠明 謂之性(자성명 위지성) : 성실함으로써 밝게 알고, 밝게 나타나는 것을 성(性)이라고 한다.

ㅇ自明誠 謂之敎(자명성 위지교) : 밝게 알거나 덕을 밝힘으로써 성(誠)을 이루게 하는 것이 가르침, 즉 교육이다.

ㅇ誠則明矣(성즉명의) : 성하면 밝게 알고, 밝게 덕을 세운다.

ㅇ明則誠矣(명즉성의) : 밝게 알고, 덕을 밝게 세우는 것이 곧 성이다.

<* 「성(誠)」은 「천지 만물을 생육화성(生育化成)하는 진실무망(眞實無妄)한 천리(天理)를 성실하게 받든다」는 뜻으로 풀이한다. 「명(明)」은 「밝게 알고, 또 밝은 덕을 세운다」는 뜻이다.>

[集註] (1) 自由也 德無不實而明無不照者 聖人之德 所性而有者也 天道也.

(1) 「자(自)」는 「유(由)」의 뜻이다. 덕(德)에 실하지 않음이 없다.

그리고 명(明)에 빛나지 않음이 없다. 성인의 덕은 <하늘이 천명으로 부여해준> 성리(性理)를 바탕으로 하고 <그와 같이 밝은 덕으로> 나타나는 것이다. 그것이 곧 하늘의 도리다.

[어구 설명] ○自由也(자유야) : 「자(自)」는 「유(由)」의 뜻이다. ○德無不實(덕무불실) : 덕(德)에 실하지 않음이 없다. 즉 「덕이 사실로 알차게 나타난다」는 뜻. ○而明無不照者(이명무부조자) : 그리고 명(明)에 빛나지 않음이 없다. 즉 「밝게 나타난다」는 뜻. ○聖人之德(성인지덕) : 성인의 덕은. ○所性而有者也(소성이유자야) : <하늘이 천명으로 부여해준> 성리(性理)를 바탕으로 하고 <그와 같이 밝은 덕으로> 나타나는 것이다. ○天道也(천도야) : 그것이 곧 하늘의 도리다. 혹은 「하늘의 도리와 일치하는 경지다」. 성인(聖人)은 하늘이 내려준 순수함을 그대로 지니고 있으므로 성인의 경지는 천도와 일치한다.

[集註] (2) 先明乎善 而後能實其善者 賢人之學 由教而入者也 人道也.

(2) 먼저 선을 밝게 알고 그 다음에 능히 그 선을 알차게 실행하는 것이 현인들의 배움이다. 교학(敎學)을 통해서 덕(德)에 들어가는 것이 사람의 길이며, 사람이 따르고 행할 도리다.

[어구 설명] ○先明乎善 而後(선명호선 이후) : 먼저 선을 밝게 알고 그 다음에. ○能實其善者(능실기선자) : 능히 그 선을 알차게 실행하는 일이나, 그 경지가. ○賢人之學(현인지학) : 현인들의 학문이다. 학(學)은 지(知)와 행(行)을 겸한다. ○由教而入者也(유교이입자야) : 교학(敎學)을 통해서 덕(德)에 들어가는 것이. ○人道也(인도야) : 사람의 길이며, 사람이 따르고 행할 도리다.

[集註] (3) 誠則無不明矣 明則可以至於誠矣.

(3) 「성(誠)」은 밝지 않음이 없다. <즉 하늘은 진실무망한 성으로써 만물을 밝게 나타내고 있다. 그러므로 사람은 그와 같은 성을 성실하게 따르고 행함으로써 밝게 알고, 밝은 덕(德)을 세울 수 있다. 하늘이 밝게 발현함으로써 성에 이르듯이> 사람은 밝게 알

아야 성에 도달할 수 있다.

[어구 설명] ○誠則無不明矣(성즉무불명의) : 「성(誠)은 곧 밝지 않음이 없다」. 하늘은 진실무망(眞實無妄)한 성(誠)으로써, 만물을 밝게 나타내고 있다. 이것이 「천도지성(天道之誠)」이다. 한편 사람은 그와 같은 「성(誠)」을 성실하게 따르고 행함으로써 밝게 알고 바르게 행하고 덕(德)을 세울 수 있다. 이것이 「인도지성(人道之誠)」이다. ○明則可以至於誠矣(명즉가이지어성의) : <하늘이 밝게 발현함으로써 성에 이르듯이 그와 같은 하늘의 도리를> 밝게 알아야 성(誠)에 도달할 수 있다.

[설명주] (1) 右第二十一章.

(1) 이상이 제21장이다.

[설명주] (2) 子思承上章夫子天道人道之意而立言也 自此以下十二章 皆子思之言 以反覆推明此章之意.

(2) 자사가 앞에서 공자(孔子)가 <말한> 천도와 인도의 뜻을 받아 가지고 기술한 것이다. 다음 열두개의 장, 즉 「제22장 ~ 제33장」은 모두 자사의 말이며, 이 제21장의 뜻을 되풀이하고 밝힌 것이다.

[참고 보충] 「자성명 위지성(自誠明 謂之性)」

<1> 「제20장 17절」에서 공자가 말했다. 「성인은 천도인 성(誠)을 성실하게 따르고 받든다. 그래서, 노력하지 않고도 도에 맞고, 사려하지 않고도 덕을 얻고, 태연하게 도에 맞게 한다.(誠者 不勉而中 不思而得 從容中道 聖人也)」

<2> 이를 자사(子思)가 줄여서 「자성명 위지성(自誠明 謂之性)」이라고 했다. 이는 곧 「성인은 하늘과 같은 경지에서 성(誠)으로써 모든 것을 밝게 알고 밝게 나타낸다」는 뜻이다.

<3> 「자성명(自誠明)」은 하늘의 경지를 말한 것이다. 즉 시간과 공간을 통합한 하늘(天)은 진실무망(眞實無妄)하게 만물을 생육화성(生育化成)하고 있다. 그러므로 하늘을 「성(誠)」이라고 일컬었다. 「위지성(謂之性)」을 「성(誠)으로써, 만물을 발현하는 것이 하늘의 본성이다」라고 풀이해도 된다. 단 주자는 「성실하게 함으로써 밝게 알고, 밝은 덕을 세우는 것이 성인의 본성이다」라고 풀이했다. 이

책은 주자의 설을 중하게 여기고 충실하게 소개하는 책이다.

[참고 보충] 「자명성 위지교(自明誠 謂之敎)」

<1> 앞의 「제20장 17절」에서 공자가 또 다음같이 말했다. 「하늘의 성(誠)을 성실하게 따르고 받드는 것이 사람의 길이고, 또 사람의 도리다.(誠之者 人之道也)」 「성실하게 따르고 받든다고 함은 곧 택선고집(擇善固執)이다.(誠之者 擇善而固執之者也)」

<2> 이를 자사는 줄여서, 「<학문을 통해서> 먼저 밝게 알고, 그로부터 성실하게 하는 것을 교육이라고 한다.(自明誠 謂之敎)」고 말했다. 이를 주자는 주에서 「현인의 배움(賢人之學)」이라고 풀이했다.

[참고 보충] 「성즉명의 명즉성의(誠則明矣 明則誠矣)」

<1> 일반적으로는 「성실하면 밝게 알고, 밝게 알면 성실하게 된다」로 풀이한다. 물론 그런 뜻도 있다. 그러나 더 깊은 뜻을 알아야 한다.

<2> 앞에서도 말했듯이 「성(誠)」을 「우주적 생명의 근원, 즉 에너지」로 본다. 그러므로 「성즉명(誠則明)」을 「우주 자체가 진실무망(眞實無妄)한 생명력이다. 그러므로 만물이 발현하고 끝없이 생육화성(生育化成)한다」로 풀이할 수 있다.

<3> 한편 「명즉성(明則誠)」을 「진실무망하게 발현하니깐 곧 성(誠)이라 한다」로 풀이할 수 있다.

<4> 옛날의 성현도 우주가 하나의 큰 생명체라는 것과, 그 우주 속에서 만물이 삶을 누리고 있다는 사실을 직감적으로 터득했을 것이다. 그러한 형이상(形而上)의 철학적 도리를 압축된 한문으로 표현한 것이다.

<5> 그러므로 한문 고전 속에 숨어있는 깊은 뜻을 오늘의 말과 오늘의 지식을 바탕으로 해석해야 한다.

<6> 「대전주소(大全註疏)」에서 주자는 다음같이 말했다.

「주자가 말했다. 자성명 위지성(自誠明 謂之性)은 『실제로 그렇게 되는 이치』에 성실함이고, 이는 요·순 이전의 일이다. 배우는 사람은 즉 『자명성 위지교(自明誠 謂之敎)』에 해당하며, 이는 천명의 본성을 밝혀서 실지로 그렇게 되는 도리를 구하는 경지다.(朱子曰 自誠明 謂之性 誠實然之理 此堯舜以上事 學者 則自明誠 謂之敎 明此性 而求實然之理)」

中庸 제22장 (총1절)

1절　唯天下至誠 爲能盡其性 能盡其性 則能盡人之性 能盡人之
　　　性 則能盡物之性 能盡物之性 則可以贊天地之化育 可以
　　　贊天地之化育 則可以與天地參矣.

＊ 이 장도 역시 자사(子思)의 말이며, 특히 앞장의 「자성명(自誠明)」을
폭넓게 기술했다. 즉 천도(天道)와 하나가 된 「지성(至誠)의 성인(聖
人)」이 「천지의 화육(天地化育)」에 참여할 수 있음을 밝혔다.

중용 제22장 1절 : 「至誠能盡其性」

**唯天下至誠　爲能盡其性　能盡其性　則能盡人之性
能盡人之性　則能盡物之性　能盡物之性　則可以贊天
地之化育　可以贊天地之化育　則可以與天地參矣.**

유천하지성(이아) 위능진기성(이니) 능진기성 즉능진인지성(이오) 능진인지성 즉
능진물지성(이오) 능진물지성 즉가이찬천지지화육(이오) 가이찬천지지화육 즉가
이여천지참의(니라)

오직 천하에서 가장 성실한 성인이라야, <천명으로 주어진> 본성
의 천리를 다할 수 있다. 본성의 천리를 다할 수 있으므로, 즉 인간
본성의 도리를 다할 수 있다. 인간 본성의 도리를 다할 수 있으므로,
즉 사물의 도리를 다 알고, 또 처리할 수 있다. 사물의 도리를 다
알고, 또 처리할 수 있으므로, 즉 천지가 만물을 생성(生成)하고,
또 화육(化育)하는 데 도울 수 있다. 천지가 만물을 생성 화육하는
데 도울 수 있으니깐, 즉 천지가 <만물을 낳고 키우는 데> 참여할
수 있다.

[어구 설명] ○天下至誠(천하지성) : 천하에서 가장 성실한. <성인(聖人)만이.>
○爲能盡其性(위능진기성) : 본성의 천리를 다할 수 있다.

○能盡其性(능진기성) : 본성의 천리를 다할 수 있으므로.
○則能盡人之性(즉능진인지성) : 인간 본성의 도리를 다할 수 있다.
○能盡人之性(능진인지성) : 인간 본성의 도리를 다할 수 있으므로.
○則能盡物之性(즉능진물지성) : 사물의 도리를 다 알고, 또 처리할 수 있다.
○能盡物之性(능진물지성) : 사물의 도리를 다 알고, 또 처리할 수 있으므로.
○則可以贊天地之化育(즉가이찬천지지화육) : 천지가 만물을 생성(生成)하고, 또 화육(化育)하는 데 도울 수 있다. 「찬(贊)」은 「도울 조(助)」의 뜻이다.
○則可以與天地參矣(즉가이여천지참의) : 즉 천지가 <만물을 낳고 키우는 데> 참여할 수 있다.

[集註] (1) 天下至誠 謂聖人之德之實 天下莫能加也 盡其性者 德無不實 故無人欲之私 而天命之在我者 察之由之 巨細精粗 無毫髮之不盡也.

(1) 천하에서 지극히 성실하다고 한 말은 바로 성인의 덕이 실하다는 뜻을 말한 것이며, 천하에는 <지성 이외의> 다른 것을 가할 수 없다. 성리(性理)를 다한다 함은 덕에 성실하지 않음이 없다. 그러므로 사사로운 인욕이 없으며, 천명으로 주어진 나에게 있는 <본성의 천리만을> 살펴보고 따르고 행한다. <고로> 거대한 일이나 미세한 일이나, 정밀한 일이나 조잡한 일이나 <모든 사물을 천리에 맞게 하고> 머리털끝만큼도 다하지 않음이 없다.

[어구 설명] ○天下至誠(천하지성) : 천하에서 지극히 성실하다고 한 말은. ○謂聖人之德之實(위성인지덕지실) : 「성인의 덕이 실함」을 말한 것이다. ○天下莫能加也(천하막능가야) : 천하를 <다스리는 데 지성 이외로> 더 가할 게 없다. <그래서 지성이라고 한다.> ○盡其性者(진기성자) : 성리(性理)를 다한다 함은. ○德無不實(덕무불실) : 「덕에 실하지 않음이 없다」는 뜻이다. ○故無人欲之私(고무인욕지사) : 그러므로, 사사로운 인욕이 없게 된다. ○而天命之在我者(이천명지재아자) : 그래서, 천명으로 주어진 나의 성리만을. ○察之由之(찰지유지) : 살피고 따르고 행한다. ○巨細精粗(거세정조) : 거대한 일이나 미세한 일이나, 정밀한 일

이나 조잡한 일이나. <모든 사물을 처리할 때에.> ○無毫髮之不盡也(무호발지부진야) : 머리털끝만큼도 <지성(至誠)을> 다하지 않음이 없다.

[集註] (2) 人物之性 亦我之性 但以所賦形氣不同 而有異耳 能盡之者 謂知之無不明 而處之無不當也 贊猶助也 與天地參 謂與天地並立 而爲三也 此自誠而明者之事也.

(2) 다른 사람이나 사물의 본성과 <그 속에 있는 천리도> 역시 나의 본성 속에 있는 천리와 같다. 다만 주어진 형체와 기질, 즉 형기(形氣)가 같지 않고 다를 뿐이다. 「다할 수 있다」는 뜻은 앎에 밝지 않음이 없고, 처리에 부당함이 없다는 뜻을 말한 것이다. 「찬(贊)」은 「조(助)」와 같다. 「천지와 더불어 참여한다」는 말은 천지와 함께 <화육(化育)에> 나선다는 뜻이다. 그래서 천지인(天地人) 삼재(三才)가 된다는 뜻이다. 이것이 「자성이명(自誠而明)」이다.

[어구 설명] ○人物之性(인물지성) : 다른 사람이나 사물의 본성과. <그 속에 있는 천리도> ○亦我之性(역아지성) : 역시 나의 본성 속에 있는 천리와 같다. ○但以所賦形氣不同(단이소부형기부동) : 다만 주어진 형체와 기질, 즉 형기(形氣)가 같지 않고. ○而有異耳(이유이이) : 다를 뿐이다. ○能盡之者(능진지자) : 「다할 수 있다」 함은. ○謂知之無不明(위지지무불명) : 앎에 밝지 않음이 없고. ○而處之無不當也(이처지무부당야) : 처리에 부당함이 없다는 뜻을 말한 것이다. ○贊猶助也(찬유조야) : 「찬(贊)」은 「조(助)」와 같은 뜻이다. ○與天地參(여천지참) : 천지와 더불어 참여한다고 함은. ○謂與天地並立(위여천지병립) : 천지와 함께 <화육(化育)에> 나선다는 뜻이다. ○而爲三也(이위삼야) : 그래서 천지인(天地人) 삼재(三才)가 된다. ○此自誠而明者之事也(차자성이명자지사야) : 이것이 「자성이명(自誠而明)」하는 일이다.

[설명주] (1) 右第二十二章 言天道也.

(1) 이상이 제22장이다. 천도(天道)와 하나가 된 성인(聖人)의 경지를

말한 것이다.

[참고 보충] 「천지화육(天地化育)에 참여」

<1> 성인(聖人)은 곧 지성(至誠)이다.

<2> 즉 성인은 본성(本性) 속에 주어진 천리(天理)만을 따르고 실천한다.

<3> 성인은 털끝만큼의 사사로운 인욕(人欲)에 미혹되는 일이 없다.

<4> 그래서 성인은 천도 천리와 하나가 되어, 천지의 생육화성(生育化成)에 참여할 수 있다.

<5> 천지인(天地人)을 삼재(三才)라 한다. 하늘과 땅만으로는 자연의 원시적인 화성(化成)만을 이룩한다. 사람이 끼어들어야 문화적 발전이 이루어진다.

<6> 자연과학(自然科學)의 성과(成果)와 발전(發展)이 바로 천지인 삼자(三者)의 합작이며 빛나는 효과이다.

<7> 자연법칙(自然法則)은 하늘의 도리다. 과학자의 연구와 노력이 가해짐으로써 찬란한 과학적 성과가 나타난다.

<8> 「하늘의 도리」는 곧 천(天)이다. 과학자는 곧 인(人)이다. 성과는 곧 지덕(地德)이며 지(地)이다.

<9> 사람은 개별적 존재이면서 동시에 함께 어울려 살아야 한다.

<10> 개별적 삶은 동물적·육체적 생존본능인 식색(食色)을 바탕으로 한다. 먹어야 육체적 삶을 살고, 또 활동할 수 있다. 남자 여자가 서로 어울려야 자손을 낳고 대를 이어갈 수 있다. 그러므로 식색은 절대로 중요하다.

<11> 개개인이 모여서 공동체를 꾸미고, 함께 잘살기 위해서는 「서로 사랑하고 협동해야 한다」. 그러므로 윤리도덕(倫理道德)을 따르고 실천해야 한다.

<12> 개별적·동물적·육체적 삶만을 강조하면 서로 싸우고 쟁탈하게 된다. 윤리도덕을 바탕으로 한 인의의 도덕정치를 펴야 모든 사람이 함께 잘살 수 있다.

<13> 만물의 영장(靈長)인 인간은 동물적·육체적 삶만을 살면 안 된다. 하늘은 천명(天命)으로 인간에게만 「숭고한 정신적·이성적 도덕성을 본성(本性) 속에 심어 주었다」. 그것을 성리(性理)라고 한다.

<14> 「성인(聖人)은 지성(至誠)을 이룩하는 사람이다」. 이를 「제22장」에서 「찬천지지화육(贊天地之化育)」 「여천지참(與天地參)」이라 했다. 「천하지성(天下至誠)」은 곧 요순(堯舜)의 덕치(德治)이다.

中庸 제23장 (총1절)

1절 其次致曲 曲能有誠 誠則形 形則著 著則明 明則動 動則變
變則化 唯天下至誠 爲能化.

　＊ 앞의 장 제22장은 천도(天道)와 하나가 된 성인(聖人)의 지성(至誠)
이「천지화육(天地化育)」에 참여할 수 있음을 말했다. 이 장에서는 성
인 다음가는 현인(賢人)이나 군자(君子)들도「하나의 덕을 성실하게
행하면(曲能有誠)」역시 화육(化育)할 수 있음을 말했다.

중용 제23장 1절 :「曲能有誠」

其次致曲 曲能有誠 誠則形 形則著 著則明 明則動 動則變 變則化 唯天下至誠 爲能化.

기차(는) 치곡(이니) 곡능유성(이니) 성즉형(하고) 형즉저(하고) 저즉명(하고) 명
즉동(하고) 동즉변(하고) 변즉화(이니) 유천하지성(이야) 위능화(이니라)

그 다음은 하나하나의 덕을 행하는 <군자의> 단계다. 하나의 덕을
정성껏 행하고 참되고 실해야 한다. 참되고 실하면 즉 형상이 생긴
다. 형상이 생기면, 즉 나타나고, 나타나면, 즉 밝게 빛나고, 밝게
빛나면, 즉 동하고, 동하면, 즉 변하고, 변하면, 즉 <다른 것으로>
화한다. 오직 천하는 지성으로써, 변화하게 할 수 있다.

[어구 설명] ○其次(기차) : 다음 단계의 사람. 즉 성인(聖人)에 못 미치는 현인(賢
人)이나 군자(君子).

○致曲(치곡) :「곡(曲)」은「부분(部分)」이다.「치곡(致曲)」은 곧「성(誠)을 부분
적·개별적으로 밝히고, 또 덕(德)을 세운다」는 뜻이다.

○曲能有誠(곡능유성) : 부분적·개별적으로 성(誠)할 수 있어야 한다.

○誠則形(성즉형) : 성실(誠實)하면 형체(形體)가 생긴다.

○形則著(형즉저) : 형체가 생기면 곧 형상(形象)이 보인다.

○著則明(저즉명) : 형상이 나타나 보이면, 즉 밝게 빛난다.

o 明則動(명즉동) : 밝게 빛나면, 즉 동(動)한다.
o 動則變(동즉변) : 동하면, 즉 변한다.
o 變則化(변즉화) : 변하면, 즉 <다른 것으로> 화한다.
o 唯天下至誠 爲能化(유천하지성 위능화) : 오직 천하는 지성으로써만 능히 변화하게 할 수 있다.

[集註] (1) 其次 通大賢以下 凡誠有未至者 而言也 致推致也 曲一偏也.

(1) 다음은 대현(大賢) 이하의 사람이다. 무릇 성실함이 지극하지 못한 사람을 다 말한다. 「치(致)」는 「미루어서 이룬다」는 뜻이다. 「곡(曲)」은 「<전체가 아니고> 한 구석, 한 부분」을 말한다.

[어구 설명] o其次通大賢以下(기차통대현이하) : 그 다음은 대현(大賢) 이하의 모든 사람을 통틀어. <말한다.> o凡誠有未至者而言也(범성유미지자이언야) : 무릇 성실함이 지극하지 못한 사람을 말한다. o致推致也(치추치야) : 「치(致)」는 「미루어서 이룬다」는 뜻이다. o曲一偏也(곡일편야) : 「곡(曲)」은 「<전체가 아니고> 한 구석, 한 부분」을 말한다. <* 「편(偏)」을 「편파되다, 한쪽으로 치우치다」의 뜻으로 풀면 안 된다.>

[集註] (2) 形者積中而發外 著則又加顯矣 明則又有 光輝發越之誠也 動者誠能動物 變者物從而變 化則有 不知其所以然者.

(2) 「형(形)」은 <성(誠)이> 속에 쌓이면 밖으로 나타난다. 「저(著)」는 곧 「<형체(形體)가> 가해지고 나타나 보인다」는 뜻이다. 「명(明)」은 곧 「더욱 빛을 내고 넘치는 성(誠)」을 말한다. 「동(動)」은 「성(誠)이 능히 만물을 움직이게 한다」는 뜻이다. 「변(變)」은 「만물이 <성(誠)에 의해> 변한다」는 뜻이다. 「화(化)하되 그렇게 되는 바탕을 알지 못한다.」

[어구 설명] o形者積中而發外(형자적중이발외) : 「형상(形象)」은 <성(誠)이> 속

에 쌓이면 밖으로 나타난다. ○著則又加顯矣(저즉우가현의):「드러나는 저(著)」는 곧 <형상이> 더 가해지고 나타나 보이는 것이다. ○明則又有光輝發越之誠也(명즉우유광휘발월지성야):「밝게 빛나는 명(明)」은 곧 「성(誠)」이 더욱 빛을 내고 넘치는 것이다. ○動者誠能動物(동자성능동물):「동(動)」은 「성(誠)이 능히 만물을 움직이게 한다는 뜻」이다. ○變者物從而變(변자물종이변):「변(變)」은 「만물이 성(誠)에 따라 변한다」는 뜻이다. ○化則有不知其所以然者(화즉유부지기소이연자): 그렇게 변화하지만, 그 바탕이나 연유를 알지 못한다.

[集註] (3) 蓋人之性 無不同 而氣則有異 故惟聖人能 擧其性之全體 而盡之 其次 則必自其善端發見之偏 而悉推致之 以各造其極也.

(3) 무릇 사람의 본성 속에 주어진 천리는 다 같다. 그러나 기질(氣質)에 다름이 있다. 고로 오직 <청명한 기를 타고난> 성인만이, 능히 그 성리(性理)를 전부 체득하고 충분히 다 발현할 수 있다. 성현 다음가는 <현인이나 군자들은> 반드시 선단(善端)부터 하나하나를 발현하여 전체로 미루어 나가면서 이루게 하고, 하나씩 극점(極點)에 도달해야 한다.

[어구 설명] ○蓋人之性無不同(개인지성무부동): 무릇 사람의 본성 속에 주어진 천리는 다 같다. ○而氣則有異(이기즉유이): 그러나 기질(氣質)에 다름이 있다. ○故惟聖人(고유성인): 고로 오직 <맑은 기를 타고난> 성인만이. ○能擧其性之全體而盡之(능거기성지전체이진지): 능히 그 성리(性理)를 전부 다 발현할 수 있다. ○其次(기차): 성현 다음가는 사람. ○則必自其善端發見之偏(즉필자기선단발현지편): 즉 반드시 자기의 착한 단서로부터 하나하나를 발현하여서. ○而悉推致之(이실추치지): 그래가지고, 전체를 미루어 나가면서 <점차로> 이루게 하고. ○以各造其極也(이각조기극야): 하나하나씩 극점(極點)에 도달해야 한다.

[集註] (4) 曲無不致 則德無不實 而形著動變之功 自不能已 積而至於能化 則其至誠之妙 亦不異於聖人矣.

(4) 부분적인 하나하나를 다하지 않음이 없고, 덕이 실하지 않음이 없으면, 형성되고(形), 나타나고(著), 동(動)하고, 변(變)하는 공(功)이 스스로 멈출 수 없고 쌓여서 능히 화할 수 있게 된다. <그러므로> 곧 <현인이나 군자의> 지성(至誠)의 신묘(神妙)한 공도 역시 성인과 다르지 않다.

[어구 설명] ㅇ曲無不致(곡무불치) : 부분적인 하나하나를 다하지 않음이 없으면. ㅇ則德無不實(즉덕무불실) : 즉 덕이 실하지 않음이 없고. ㅇ而形著動變之功(이형저동변지공) : 「형성되고(形), 나타나고(著), 동(動)하고, 변(變)하는 공」. ㅇ自不能已(자불능이) : 스스로 멈출 수 없고. ㅇ積而至於能化(적이지어능화) : 쌓여서 능히 화하는 데 이르게 된다. ㅇ則其至誠之妙(즉기지성지묘) : <그러므로 현인이나 군자의> 지성(至誠)의 신묘(神妙)한 공도. ㅇ亦不異於聖人矣(역불이어성인의) : 역시 성인과 다르지 않게 된다. <＊ 덕행 하나하나를 성실하게 행하고 미루어 나가면 성인과 같이 천지화육(天地化育)에 참여(參與)한다.>

[설명주] (1) 右第二十三章 言人道也.

(1) 이상이 제23장이다. 「성지자 인지도야(誠之者 人之道也)」를 말한 것이다.

[참고 보충] 「곡능유성(曲能有誠)」
<1> 성인(聖人)은 성(誠)으로써 「천지화육(天地化育)」에 동참할 수 있다. 그러나 한 단계 아래에 있는 현인(賢人)이나 군자(君子)는 일시에 총체적인 「성(誠)」을 행할 수 없다.
<2> 그래서 하나하나에 따라 성(誠)을 밝히고 덕(德)을 세워나가야 한다. 이를 「곡으로써 성할 수 있다(曲能有誠)」고 말한 것이다. 「곡(曲)」은 「한 구석, 하나하나, 부분적」이라는 뜻이다.
<3> 보통사람은 「일시에 천도의 총체를 터득하고, 또 실천할 수 없다」. 한 구석, 하나의 작은 일을 성실하게 실천하여 실적(實績)을 쌓아야 한다. 그 과정이 「성(誠)-형(形)-저(著)-명(明)-동(動)-변(變)-화(化)」이다.

中庸 제24장 (총1절)

1절 至誠之道 可以前知 國家將興 必有禎祥 國家將亡 必有妖
    孽 見乎蓍龜 動乎四體 禍福將至 善必先知之 不善必先知
    之 故至誠如神.

* 제24장은 「지성은 신 같음(至誠如神)」을 기술했다. 「지성(至誠)」은
곧 「천지 자연 만물을 낳고 변화하게 만드는 하늘의 힘」이다. 그와 같은
「하늘의 힘과 도리」는 신령(神靈)하다. 고로 모든 징조를 미리 알리고
느끼게도 한다.

중용 제24장 1절 : 「至誠如神」

**至誠之道 可以前知 國家將興 必有禎祥 國家將亡
必有妖孽 見乎蓍龜 動乎四體 禍福將至 善 必先知
之 不善 必先知之 故至誠如神.**

지성지도(는) 가이전지(니) 국가장흥(에) 필유정상(하며) 국가장망(에) 필유요얼
(하야) 현호시귀(하며) 동호사체(라) 화복장지(에) 선(을) 필선지지(하며) 불선
(을) 필선지지(니) 고지성(은) 여신(이니라)

지극한 정성으로 만물을 낳고 키우는 하늘의 힘이나 도리는 미리
알 수 있다. 나라가 장차 흥하려고 하면 반드시 상서로운 징조가
있고, 나라가 장차 쇠망하려고 하면 반드시 요괴(妖怪)한 흉조가
있다. <그와 같은> 징조는 점치는 시초(蓍草)나 귀갑(龜甲)에도
나타나고, 사람의 몸이나 손발의 움직임에도 나타난다. 화나 복이
바야흐로 닥치려 할 때에는 좋은 것도 반드시 먼저 알게 하고, 좋지
않은 것도 반드시 먼저 알게 한다. 고로 지성은 신과 같다.

[어구 설명] ㅇ至誠之道(지성지도) : 지성의 힘이나 도리는.
ㅇ可以前知(가이전지) : 미리 알 수 있다. 예측이 가능하다.

○ **國家將興**(국가장흥) : 나라가 장차 흥하려고 하면.
○ **必有禎祥**(필유정상) : 상서로운 징조가 있다. 「禎(복 정), 祥(상서로울 상)」
○ **國家將亡**(국가장망) : 나라가 장차 쇠망하려고 하면.
○ **必有妖孽**(필유요얼) : 반드시 요괴(妖怪)한 흉조가 있다. 「孽(괴이할 얼)」
○ **見乎蓍龜**(현호시귀) : 징조는 점치는 시초(蓍草)나 귀갑(龜甲)에 나타난다.
○ **動乎四體**(동호사체) : 몸이나 손발의 움직임에도 나타난다.
○ **禍福將至**(화복장지) : 화나 복이 바야흐로 닥치려 할 때에는.
○ **善必先知之**(선필선지지) : 좋은 것도 반드시 먼저 알게 하고.
○ **不善必先知之**(불선필선지지) : 좋지 않은 것도 반드시 먼저 알게 한다.
○ **故至誠如神**(고지성여신) : 고로 지성은 신과 같다.

[集註] (1) 禎祥者福之兆 妖孽者禍之萌 蓍所以筮 龜所以卜 四體謂動作 威儀之間 如執玉高卑 其容俯仰之類.

(1) 「정상(禎祥)」은 복(福)의 징조다. 「요얼(妖孽)」은 화(禍)의 싹틈이다. 「시초(蓍草)」는 점을 치는 것이다. 「귀갑(龜甲)」은 점복(占卜)을 치는 것이다. 「사체(四體)」는 곧 동작을 꾸미고 의식을 차리는 <몸놀림의> 뜻이다. 예를 들면 옥을 잡을 때에, 높거나 얕게 한다든가, 용모가 지나치게 굽어보거나 혹은 올려보는 따위를 말한다.

[어구 설명] ○禎祥者福之兆(정상자복지조) : 정상(禎祥)은 복(福)의 징조다. 「禎(상서 정), 祥(상서로울 상), 兆(조짐 조)」○妖孽者禍之萌(요얼자화지맹) : 요얼(妖孽)은 화(禍)의 싹틈. 「孽(요괴 얼)」○蓍所以筮(시소이서) : 시초(蓍草)는 점을 치는 것. 「蓍(시초 시), 筮(점칠 서)」○龜所以卜(귀소이복) : 귀갑(龜甲)은 점복(占卜)을 치는 것. 「卜(점 복)」○四體謂動作 威儀之間(사체위동작 위의지간) : 사체(四體)는 곧 동작을 꾸미고 의식을 차리는 <몸놀림의> 뜻이다. ○如執玉高卑(여집옥고비) : 예를 들면 옥(玉)을 잡을 때에 높거나 얕게 한다. ○其容俯仰之類(기용부앙지류) : 용모가 지나치게 굽어보거나 혹은 올려보는 따위를 말한다.

[集註] (2) 凡此皆理之先見者也 然唯誠之至極 而無
一毫私僞 留於心目之間者 乃能有以察其幾焉 神謂
鬼神.

(2) 이와 같은 모든 것에, 모든 도리와 징조가 먼저 나타나 보인다. 그러나 오직 정성이 지극하고 털끝만큼의 사욕(私欲)과 허위(虛僞)가 마음과 눈 사이에 머물러 있지 않은 사람만이 능히 그 기미를 살피고 볼 수 있다. 신(神)은 귀신(鬼神)을 말한다.

[어구 설명] ○皆理之先見者也(개리지선견자야) : 모든 도리와 징조가 먼저 나타나 보인다. ○然唯誠之至極(연유성지지극) : 그러나 오직 정성이 지극하고. ○而無一毫私僞(이무일호사위) : 털끝만큼의 사욕(私欲)과 허위(虛僞)가. ○留於心目之間者(유어심목지간자) : 마음과 눈 사이에 머물러 있지 않은 사람만이. ○乃能有以察其幾焉(내능유이찰기기언) : 능히 그 기미를 살피고 볼 수 있다. ○神謂鬼神(신위귀신) : 신(神)은 귀신(鬼神)을 말한다. <* 즉 천신(天神), 지기(地祇) 및 죽은 사람의 영혼(靈魂) 등을 다 포함한 뜻이다.>

[설명주] (1) 右第二十四章 言天道也.

(1) 이상이 제24장이다. 천도를 말한 것이다.

[참고 보충] 「지성지도(至誠之道) 가이전지(可以前知)」

<1> 「하늘의 지성(至誠)」은 「하늘이 지극한 정성으로 만물을 낳고 키운다」는 뜻이다. 공간과 시간을 통합한 하늘(天)은 진실무망(眞實無妄)하게 만물을 낳고 키운다. 그와 같은 「하늘의 생명력=에너지」를 중용에서는 「성(誠)」이라 하고, 또 그 도리를 「천도(天道)」라고 했다.

<2> 「성(誠)」은 곧 하늘의 체(體)와 용(用)이다. 성인(聖人)은 하늘과 하나가 된 경지에서 「지성지도(至誠之道)」를 따르고 실천한다. 성인 다음 단계의 현인(賢人)이나 군자(君子)도 「지성지도=천도(天道)」를 깨닫고 행한다.

<3> 「천지인(天地人) 삼재(三才)」에 의해서 국가나 만민이 「생생불이(生生不已)」하면서 역사와 문화를 계승 발전하고 있다. 이 때에 천도(天道)를 지덕(地德)

으로 나타내는 주체가 사람이다.

<4> 사람은 천명(天命)으로 부여된 성리(性理)를 바탕으로 「지성지도(至誠之道)
=천도(天道)」를 깨닫고 실천한다. 특히 성인(聖人)은 「털끝만큼의 사욕과 허위가
없다.(無一毫私僞)」 그러므로 「지성지도=천도」를 깊이 잘 알고, 또 미리 느낄 수
있다.

<5> 즉 봉황(鳳凰)이나 기린(麒麟)이 나타나는 길상(吉祥)이나, 천재지변(天災地
變) 같은 흉조(凶兆)도 나타난다. 성인(聖人)은 이와 같은 「흥망의 징조를 미리
알 수 있다(可以前知)」고 말한 것이다.

<6> 하늘과 사람은 감응(感應)한다. 그래서 징조가 처음에는 천체(天體)나 기상
변화(氣象變化)에 나타난다. 다음에는 자연과 지상에 괴변으로 나타난다. 끝으로
사회 풍조나 인심 및 생활양식에 나타난다. 고대에는 점괘로써 맞추기도 한다.

<7> 천리를 따르면 흥(興)하게 되고, 천리를 어기면 망(亡)하게 된다. 나타나는
현상으로 흥망을 알 수 있다.

[참고 보충] 「동호사체(動乎四體)」

<1> 동호사체(動乎四體)를 집주(集註)에서 다음같이 풀이했다.
「사체(四體)는 곧 동작을 꾸미고 의식을 차리는 <몸놀림의> 뜻이다. 예를 들면
옥을 잡을 때에, 너무 높거나 얕게 한다든가, 그 모양이 지나치게 굽어보거나 혹은
올려보는 따위를 말한다.」

<2> 「좌전(左傳) 정공(定公) 14년조」에 대략 다음 같은 기록이 있다.
「주(邾)나라의 은공(隱公)이 노(魯)나라 정공(定公)을 만났을 때, 은공이 옥(玉)을
높이 들고 올려다보는 자세로, 정공에게 넘겨주었다. 그래서 정공은 얼굴을 굽혔
다. 이를 본 자공(子貢)이 『예에 어긋난다. 후일에 두 임금이 다 망할 것이다』라고
말했다. 과연 그 해에 노나라의 정공이 죽었다. 한편 노나라 애공(哀公)이 주나라를
무력으로 토벌했다.」

<3> 하늘과 성인은 서로 호응하게 마련이다. 이러한 경지를 「천인합일(天人合
一)」 혹은 「내성외왕(內聖外王)」이라고도 한다. 「성인은 청명하고 털끝만큼의
욕심의 덮임도 없다. 그래서 지기(志氣)가 신(神) 같고 밝은 거울과 같으므로 영
상이 슬쩍 비치기만 해도, 이내 안다. 그러나 중인은 흐린 거울 같으므로 알지
못한다」.

中庸 제25장 (총3절)

1절　誠者自成也　而道自道也.
2절　誠者物之終始　不誠無物　是故君子　誠之爲貴.
3절　誠者非自成己而已也　所以成物也　成己仁也　成物知也　性之
　　德也　合內外之道也　故時措之宜也.

＊「제25장」도 자사(子思)의 말이다. 「성(誠)」의 핵심을 이해하는 데 중요한 장이다. 모두 3절이다. 먼저 그 요점을 말하겠다. 「1절」: 「성(誠)이나 도(道)」의 근원은 하늘이다. 그러므로 「성이나 도」는 사람의 작위(作爲)를 거치지 않고 스스로 이루어지고 행해진다. 「2절」: 「성(誠)=천리(天理)」에 의해서 만물이 있는 것이다. 「성=천리」가 없으면 만물도 없다. 「3절」: 「성=천리」는 「성기(成己)」만으로 끝나지 않고 반드시 성물(成物)로 전개된다. 즉 본성 속의 인애(仁愛)를 만물에 미쳐 인덕(仁德)을 세운다.

＊「성(誠)=에너지=생명력」의 본체(本體)는 「형이상(形而上)의 이(理), 즉 천리」다. 안에 있는 천리는 반드시 밖으로 나타난다. 이를 「내성외왕(內聖外王)」이라고 한다. 천도(天道)는 반드시 사람에 의해서 지덕(地德)으로 나타난다. 이를 「천도(天道), 인행(人行), 지덕(地德)」「천인합일(天人合一)」이라고 한다. 「제25장」은 매우 중요한 장이다.

중용 제25장 1절 : 「誠者自成」

誠者自成也　而道自道也.

성자(는) 자성야(요) 이도(는) 자도야(니라)

성(誠)은 <사물이> 스스로 이루어지는 바탕이다. 도(道)는 <사람이나 만물이> 스스로 따라가는 길이며 도리이다.

[어구 설명] ○誠者自成也(성자자성야) : 「성(誠)」은 자연 만물을 스스로 살게 하는 바탕이다.

○而道自道也(이도자도야) : 「도(道)」는 사람이 스스로 따르고 행하는 길이고 도리다.

[集註] (1) 言誠者 物之所以自成 而道者 人之所當自 行也 誠以心言本也 道以理言用也.

(1) 「성(誠)」이라고 말한 것은 사물이 저절로 이루어지는 바탕이라 는 뜻이다. 그리고 도라고 말한 것은 사람이 마땅히 스스로 가야 할 길이나 <도리라는> 뜻이다. 「성(誠)」은 마음(心)을 바탕으로 한 본체(本體)를 말한 것이다. 도(道)는 이(理)를 바탕으로 한 용 (用)을 말한 것이다.

[어구 설명] ○言誠者(언성자) : 「성(誠)」이라 한 것은. ○物之所以自成(물지소이 자성) : 사물을 스스로 이루게 하는 바탕이기 때문이다. ○而道者(이도자) : 도라고 말한 것은. ○人之所當自行也(인지소당자행야) : 사람이 마땅히 스스로 가야 할 길이고, 또 도리이기 때문이다. ○誠以心言本也(성이심언본야) : 「성(誠)」은 마음 (心)을 바탕으로 한 본체(本體)를 말한 것이다. <* 사람의 경우는 「마음」이다. 사물의 경우는 본성 속에 주어진 「생명력=에너지=도리」이다.> ○道以理言用也 (도이리언용야) : 도(道)는 이(理)를 바탕으로 한 용(用)을 말한 것이다.

중용 제25장 2절 : 「不誠無物」

誠者物之終始 不誠無物 是故君子 誠之爲貴.

성자(는) 물지종시(니) 불성(이면) 무물(이니) 시고(로) 군자(는) 성지위귀(니라)

성(誠)은 만물의 끝이고 처음이다. 성(誠)하지 않으면 만물도 없게 된다. 그러므로 군자는 성(誠)을 귀하게 여긴다.

[어구 설명] ○誠者物之終始(성자물지종시) : 「성(誠)」은 만물의 처음과 끝이다.

○不誠無物(불성무물) : 성실하지 않으면 모든 사물이 없게 된다.

○是故君子(시고군자) : 그러므로 군자는.

○誠之爲貴(성지위귀) : 성(誠)을 귀하게 여긴다. <* 「성지(誠之)」는 「만물의 생(生)의 본체(本體)인 성(誠)」을 「성실하게 따르고 행한다」는 뜻이다. 「제20장

17절」: 「성자 천지도야(誠者 天之道也), 성지자 인지도야(誠之者 人之道也)」>

[集註] (1) 天下之物 皆實理之所爲 故必得是理 然後 有是物 所得之理 旣盡 則是物亦盡 而無有矣.

(1) 천하의 만물은 모두가 진실무망(眞實無妄)한 천리(天理)에 의해서 이루어진다. 그러므로 반드시 바른 도리를 터득한 연후에 바른 사물이 있게 마련이다. 터득한 천리가 이미 다하면 그것으로 사물도 끝나고 <그 이상 더> 없게 된다.

[어구 설명] ○天下之物(천하지물) : 천하 만물은. ○皆實理之所爲(개실리지소위) : 모두가 진실무망(眞實無妄)한 천리(天理)에 의해서 이루어진다. ○故必得是理 然後有是物(고필득시리 연후유시물) : 고로 반드시 도리를 터득한 다음에 모든 사물을 <천리에 맞게> 할 수 있다. ○所得之理旣盡 則是物亦盡(소득지리기진 즉시물역진) : 터득하고 아는 천리가 없고 막히면 곧 사물도 바르게 처리하지 못하게 되고. ○而無有矣(이무유의) : <바르게 처리한 사물도> 없게 된다.

[集註] (2) 故人之心 一有不實 則雖有所爲 亦如無有 而君子必以誠爲貴也.

(2) 그러므로 사람의 마음에 하나라도 성실하지 못한 것이 있으면 <즉 천리가 아니고, 잡되고 악한 사욕이 있으면> 비록 하는 바가 있어도 역시 없는 것과 같게 된다. 즉 천리에 맞는 일이 없게 된다. 군자는 반드시 성(誠)을 귀하게 여겨야 한다.

[어구 설명] ○故人之心一有不實(고인지심일유불실) : 그러므로 사람의 마음에 하나라도 성실하지 못한 것이 있으면. 즉 천리(天理)가 아닌 악한 사욕(私欲)이 있으면. ○則雖有所爲(즉수유소위) : 비록 사물을 처리해도. ○亦如無有(역여무유) : 역시 없는 것과 같게 된다. 즉 천리에 맞는 일이 없게 된다. ○而君子必以誠爲貴也(이군자필이성위귀야) : 그래서 군자는 반드시, 성(誠)을 귀하게 여겨야 한다. <*이 성(誠)은 일차적으로는 「하늘의 진실무망한 생명력(生命力)=천리(天理)」이다. 이차적으로는 「성(誠)=천리(天理)를 성실하게 따르고 행함」이다.>

[集註] (3) 蓋人之心 能無不實 乃爲有以自成 而道之
在我者 亦無不行矣.

(3) 무릇 사람의 마음이 능히 불실함이 없어야, 즉 사물을 처리해도
<그 사물이 천리대로> 스스로 이루어진다. 그리고 나에게 있는
도와 도리도 역시 행해지지 않는 바가 없게 된다.

[어구 설명] ㅇ蓋人之心(개인지심) : 무릇 사람의 마음이. ㅇ能無不實(능무불실) :
능히 불실함이 없어야, 즉 성실할 수 있어야. ㅇ乃爲有以自成(내위유이자성) : 즉
사물이 천리대로 스스로 이루어진다. ㅇ而道之在我者(이도지재아자) : 나에게 있
는 도와 도리도. ㅇ亦無不行矣(역무불행의) : 역시 행해지지 않는 바가 없게 된다.

중용 제25장 3절 :「成己・成物」

誠者 非自成己而已也 所以成物也 成己仁也 成物
知也 性之德也 合內外之道也 故時措之宜也.

성자(는) 비자성기이이야(라) 소이성물야(니) 성기(는) 인야(요) 성물(은) 지야
(니) 성지덕야(라) 합내외지도야(니) 고(로) 시조지의야(니라)

성(誠)은 자기를 완성하는 것으로 끝나지 않는다. 사물을 완성하는
바탕이다. 자기를 이루는 것은 인(仁)이다. 사물을 이루는 것은 지
(知)다. 성리(性理)의 덕(德)이 곧 속과 밖을 하나 되게 하는 길이자
도리이다. 고로 때맞추어 <사물을> 옳고 바르게 처리해야 한다.

[어구 설명] ㅇ誠者 非自成己而已也(성자 비자성기이이야) : 성(誠)은 스스로
자기만을 이루는 것으로 끝나지 않는다.

ㅇ所以成物也(소이성물야) : <성(誠)은> 만물을 이루는 바탕이다.

ㅇ成己仁也(성기인야) : 자기를 이루는 것이 인(仁)이다.

ㅇ成物知也(성물지야) : 사물을 이루는 것이 지(知)이다.

ㅇ性之德也(성지덕야) : 본성의 덕(德)이다. 즉 성리(性理)가 덕으로 나타난다.

ㅇ合內外之道也(합내외지도야) : 속과 밖을 합친 도리다. <* 성(誠)은 내재하고

있는 천리(天理)를 외적(外的)인 덕(德)으로 나타내게 하는 도리이다.>
ㅇ故時措之宜也(고시조지의야) : 고로 때맞추어 바르게 다스려야 한다.

[集註] (1) 誠雖所以成己 然旣有以自成 則自然及物 而道亦行於彼矣.

(1) 비록 성(誠)이 자기를 완성되게 하는 것이지만, 그러나 이미 자신이 완성된 다음에는 이내 자연히 대상에게 미치고, 또 도(道) 역시 사물에 행해지게 된다.

[어구 설명] ㅇ誠雖所以成己(성수소이성기) : 비록 성(誠)이 자기를 완성되게 하는 것이지만. ㅇ然旣有以自成(연기유이자성) : 그러나 이미 자신이 완성되면. ㅇ則自然及物(즉자연급물) : 즉 스스로 사물에 미치고. ㅇ而道亦行於彼矣(이도역행어피의) : 도(道)가 사물에도 행해지게 된다.

[集註] (2) 仁者體之存 知者用之發 是皆吾性之固有 而無內外之殊 旣得於己 則見於事者 以時措之 而皆得其宜也.

(2) 인(仁)은 체(體)를 간직함이다. 지(知)는 용(用)을 발현함이다. 모두가 나의 본성 속에 있는 것으로 안과 밖의 다름이 없다. 이미 <내가 성기(成己)하여> 본성의 인(仁)을 얻게 되면 곧 사물에 나타나게 마련이다. 그러므로 때맞추어 옳게 적용해야 <사물이> 바르게 된다.

[어구 설명] ㅇ仁者體之存(인자체지존) : 인(仁)은 체(體)를 간직함이다. ㅇ知者用之發(지자용지발) : 지(知)는 용(用)을 나타낸다. ㅇ是皆吾性之固有(시개오성지고유) : 모두가 나의 본성 속에 있는 것이며. ㅇ而無內外之殊(이무내외지수) : 안과 밖의 다름이 없다. ㅇ旣得於己(기득어기) : 이미 본성의 인(仁)을 얻게 되면. ㅇ則見於事者(즉현어사자) : 곧 사물에 나타난다. ㅇ以時措之(이시조지) : 때를 맞추어 잘 적용해야. ㅇ而皆得其宜也(이개득기의야) : 그래야 모든 것이 다 옳고 바르게 된다.

[설명주] (1) 右第二十五章 言人道也.

(1) 이상이 제25장이다. 인도(人道)를 말한 것이다.

[참고 보충] 「성(誠)·성기(成己)·성물(成物)」

<1> 우주 천지 자연 만물을 창조하고 사람이나 만물로 하여금 스스로 살고, 또 번성하고 발전(發展)하게 하는 절대자(絶對者)를 하늘이라 한다. 그리고 그와 같은 절대선(絶對善)의 도리를 천도(天道)라고 한다.

<2> 하늘은 진실무망(眞實無妄)하게 사람이나 자연 만물에게 「생명력(生命力), 에너지(energy)」를 주고 있다. 이를 특히 「성(誠)」이라고 한다. 거듭 말하겠다. 「성(誠)」은 곧 「사람은 물론, 자연 만물을 생육화성(生育化成)하는 진실무망(眞實無妄)한 하늘의 생명력, 에너지이자 도리(道理)」이다.

<3> 사람은 절대로 혼자 살다가 죽는 그런 삶을 살지 않는다. 나의 생존(生存)이나 생활은 자연만물에게도 영향을 준다. 특히 나의 생존이나 생활은 타인(他人)과 불가분(不可分)의 관계 속에 이루어지고, 또 상호작용(相互作用)을 한다. <* 그러므로 개인주의·이기주의적 삶을 살면 안 된다.>

<4> 사람은 만물의 영장(靈長)이다. 사람은 탁월한 지능(知能)을 지니고 있다. 지능은 곧 「생명의 근원인 하늘의 성(誠)과 절대선(絶對善)의 도리를 알고 따르고 행하는 능력」이다.

<5> 거듭 말하겠다. 「성(誠)」은 곧 「우주 천지 자연 만물을 창조하고 사람이나 만물을 살게 하고, 또 발전되게 하는 진실무망한 하늘, 하늘의 생명력, 에너지 및 도리」를 다 포함한 뜻이기도 하다.

<6> 그러므로 사람은 「성(誠)」을 따르고 실천하는 삶을 살아야 한다. 그와 같은 지능을 갖추는 것을 성기(成己)라고 한다. 성기는 곧 「자기완성(自己完成), 인격완성(人格完成)」이다.

<7> 성인(聖人)은 지성(至誠)을 바탕으로 인애(仁愛)의 덕치(德治)를 실현(實現)한다. 이를 성물(成物)이라고 한다.

中庸　제26장 (총10절)

1절　故至誠無息.

2절　不息則久　久則徵.

3절　徵則悠遠　悠遠則博厚　博厚則高明.

4절　博厚　所以載物也　高明　所以覆物也　悠久　所以成物也.

5절　博厚配地　高明配天　悠久無疆.

6절　如此者　不見而章　不動而變　無爲而成.

7절　天地之道　可一言而盡也　其爲物不貳　則其生物不測.

8절　天地之道　博也　厚也　高也　明也　悠也久也.

9절　今夫天　斯昭昭之多　及其無窮也　日月星辰繫焉　萬物覆焉
　　今夫地一撮土之多　及其廣厚　載華嶽而不重　振河海而不洩
　　萬物載焉　今夫山一券石之多　及其廣大　草木生之　禽獸居
　　之　寶藏興焉　今夫水一勺之多　及其不測　黿鼉蛟龍魚鼈生
　　焉　貨財殖焉.

10절　詩云　維天之命　於穆不已　蓋曰天之所以爲天也　於乎不顯
　　　文王之德之純　蓋曰文王之　所以爲文也　純亦不已.

중용 제26장 1절 :「至誠無息」

故至誠無息.

고(로) 지성(은) 무식(이라)

그런 고로 지극한 정성은 쉬지 않는다.

[어구 설명] ○至誠無息(지성무식) : 지극한 정성은 쉬지 않는다.

[集註] (1) 旣無虛假　自無間斷.

(1) 원래 거짓과 꾸밈이 없으므로 자연히 사이가 나거나 중단하는
일이 없다.

[어구 설명] ○旣無虛假(기무허가) : 원래 거짓과 꾸밈이 없으므로. ○自無間斷(자

무간단) : 자연히 사이나 중단이 없다. <* 한결같이 지성(至誠)을 따른다.>

[참고 보충] 「지성무식(至誠無息)」
<1> 일차적인 지성(至誠)은 하늘의 지성이다. 하늘은 참되고 알찬 생명력과 정성
으로 자연 만물을 쉬지 않고 줄기차게 생육하고 발전케 하고 있다.
<2> 이차적인 지성은 성인의 지성이다. 즉 하늘과 하나가 된 성인(聖人)이나 성군
(聖君)은 지극한 정성으로 쉬지 않고 덕치(德治)를 펴서 인류의 역사와 문화를
더욱 새롭게 창조적으로 발전되게 한다.
<3> 그러므로 배우는 사람이나 군자(君子)도 지극한 정성으로 쉬지 않고 자기
완성, 즉 성기(成己)하고 더 나가서 대상을 완성하는 성물(成物)을 해야 한다.

중용 제26장 2절 : 「久則徵」

不息則久 久則徵.

불식즉구(하고) 구즉징(하니라)

쉬지 않으니깐 오래 지속하고, 오래 지속하니깐 그 징험이 밖으로
나타난다.

[어구 설명] ㅇ不息則久(불식즉구) : 쉬지 않으므로 오래 지속한다.
ㅇ久則徵(구즉징) : 오래 지속하니깐 그 징험(徵驗)이 밖으로 나타난다.

[集註] (1) 久常於中也 徵驗於外也.

(1) 「구(久)」는 항상 속에 <성(誠)이> 있다는 뜻이다. 「징(徵)」은
밖으로 그 효험이 나타남이다.

[어구 설명] ㅇ久常於中也(구상어중야) : 「구(久)」는 항상 속에 <성(誠)이> 있음
이다. ㅇ徵驗於外也(징험어외야) : 「징(徵)」은 밖으로 <천리의> 효험이 나타나다.

[참고 보충] 「불식즉구(不息則久) 구즉징(久則徵)」
하늘이나 성인은 쉬지 않고 「속에 있는 성(誠)=천리(天理)」를 항상 밖으로 발현한
다. 그러므로 그 징험(徵驗)이 나타난다. 성인의 경우는 하늘과 같은 마음으로
「성(誠)=천리(天理)」를 간직하고 발현하므로 덕으로 나타난다.

중용 제26장 3절 : 「悠遠·博厚·高明」

徵則悠遠 悠遠則博厚 博厚則高明.

징즉유원(하고) 유원즉박후(하고) 박후즉고명(하니라)

나타나는 징험(徵驗)이 유연하고 멀리 나타난다. 유연하게 멀리까지 나타나니깐, 즉 넓게 번지고 두텁게 쌓인다. 넓고 두터우니 곧 고대(高大)하고 광명(光明)하게 된다.

[어구 설명] ○徵則悠遠(징즉유원) : 징험(徵驗)이 유연하고 멀리 퍼진다.
○悠遠則博厚(유원즉박후) : 유연하고 머니깐, 넓게 번지고 두텁게 쌓인다.
○博厚則高明(박후즉고명) : 넓고 두터우니 고대(高大)하고 광명(光明)하다.

[集註] (1) 此皆以其驗於外者言之 鄭氏所謂至誠之德著於四方者 是也 存諸中者旣久 則驗於外者盍悠遠而無窮矣 悠遠 故其積也 廣博而深厚 博厚 故其發也 高大而光明.

(1) 이상은 다 밖으로 나타난 징험(徵驗)을 말한 것이다. 정현(鄭玄)이 말한 바, 「지성의 덕이 사방으로 나타난다」고 한 것이 바로 그것이다. 속에 간직한 지가 이미 오래되면, 즉 밖으로 나타나는 징험이 더욱 유연하게 멀리 퍼지고, 또 무궁하다. 유연하게 멀리 퍼지는 고로 그 축적되는 것도 광범위하게 넓고, 또 깊으면서 두텁게 된다. 넓고 두터우니깐 고로 그 나타나는 징험도 높고 크고, 또 빛나고 밝다.

[어구 설명] ○此皆以其驗於外者言之(차개이기험어외자언지) : 이상은 다 밖으로 나타난 징험(徵驗)을 말한 것이다. ○鄭氏所謂(정씨소위) : 정현(鄭玄)이 말한 바. ○至誠之德著於四方者(지성지덕저어사방자) : 「지성의 덕이 사방으로 나타난다」고 한 것이. ○是也(시야) : 바로 이것이다. ○存諸中者旣久(존제중자기구) : 속에 간직한 지가 이미 오래되면. ○則驗於外者(즉험어외자) : 밖으로 나타나는 징험이.

○益悠遠(익유원) : 더욱 유연하게 멀리 퍼지고. ○而無窮矣(이무궁의) : 또 무궁하다. ○悠遠(유원) : 유연하게 멀리 퍼지니. ○故其積也(고기적야) : 고로 축적되는 바도. ○廣博而深厚(광박이심후) : 광범위하게 넓고, 또 깊으면서 두텁게 된다. ○博厚(박후) : 넓고 두터우니깐. ○故其發也 高大而光明(고기발야 고대이광명) : 고로, 그 나타나는 징험도 높고 크고, 또 빛나고 밝다.

[참고 보충] 「유원(悠遠)·박후(博厚)·고명(高明)」

「지성(至誠)」은 「우주의 에네지, 만물을 낳고 키우는 생명력」이다. 하늘이나 성인(聖人)의 경지에서 「지성무식(至誠無息)하고」 「오래되면 즉 나타난다.(久則徵)」 <* 속에 지성이 넘치면 밖으로 나타난다> 그것이 곧 「지성의 덕(德)」이고 「징험(徵驗)」이다. 그 「나타나는 징험의 품」을 「유원(悠遠)·박후(博厚)·고명(高明)」하다고 한 것이다.

중용 제26장 4절 : 「載物·覆物·成物」

博厚 所以載物也 高明 所以覆物也 悠久 所以成物也.

박후(는) 소이재물야(요) 고명(은) 소이복물야(요) 유구(는) 소이성물야(니라)

박후(博厚)는 모든 사물을 싣는 바탕이다. 고명(高明)은 모든 사물을 한결같이 통괄하는 바탕이다. 유구(悠久)는 모든 사물을 성취하는 바탕이다.

[어구 설명] ○博厚所以載物也(박후소이재물야) : 「박후(博厚)」는 사물을 싣는 바탕이다. <* 박후(博厚)하니깐 만물을 싣는다.>

○高明所以覆物也(고명소이복물야) : 고명(高明)하니깐 모든 사물을 통괄한다. <* 복(覆)은 「덮고 가린다」는 뜻이 아니고 「총체적으로 통괄한다」는 뜻이다.>

○悠久所以成物也(유구소이성물야) : 유구(悠久)하니깐 만물을 성취한다. 「유구」는 「유연하고 느긋하고 오래 지속된다」는 뜻.

[集註] (1) 悠久卽悠遠 兼內外而言之也 本以悠遠致高厚 而高厚又悠久也 此言聖人與天地同用.

(1) 「유구(悠久)」는 즉 「유연하게 멀리 번진다」는 뜻이다. 안(內)과 밖(外)을 겸해서 말한 것이다. 근본이 유원(悠遠)하니깐 고후(高厚)하게 된다. 그래서 고후하고, 또 유구하다. 이 말은 성인과 천지의 용(用)이 같음을 말한 것이다.

[어구 설명] ㅇ悠久卽悠遠(유구즉유원) : 「유구(悠久)」는 즉 「유연하게 멀리 번진다」는 뜻이다. 「구(久)」와 「원(遠)」에는 공간적으로나 시간적으로나 「멀리 또 오래」라는 뜻이 포함되어 있다. ㅇ兼內外而言之也(겸내외이언지야) : 아울러 안(內)과 밖(外)을 겸해서 말한 것이다. ㅇ本以悠遠致高厚(본이유원치고후) : 근본이 유원(悠遠)하니깐 고후(高厚)하게 된다. ㅇ而高厚又悠久也(이고후우유구야) : 그래서 고후(高厚)하고, 또 유구(悠久)하다. ㅇ此言聖人與天地同用(차언성인여천지동용) : 이는 성인과 천지가 그 용(用)에 있어 같다는 뜻을 말한 것이다.

[참고 보충] 「재물(載物)·복물(覆物)·성물(成物)」
<1> 박후재물(博厚載物) : 「지성(至誠)의 덕(德)」이 넓게 번지고 두텁게 쌓인다. 그래서 대지(大地)가 만물을 싣고 키워주고 있는 것이다. 그러므로 성인(聖人)도 천하 만민을 인애덕치(仁愛德治)로 잘살게 해준다.
<2> 고명복물(高明覆物) : 「지성의 덕」이 하늘같이 높고 밝으니깐 성인도 하늘처럼 모든 사람과 사물을 다 통괄하고 다스리고 빛나게 할 수 있다.
<3> 유구성물(悠久成物) : 「지성의 덕」이 유연하게 멀리까지 미치고, 또 오래 지속된다. 고로 성인이 온 천하를 영원히 다스리고 키워서 사람이나 만물이 저마다 성취되게 할 수 있는 것이다.
<* 예나 지금이나, 또 동양이나 서양이나 현실적 정치는 대개가 지성(至誠)을 따라 행하지 않고, 개인주의(個人主義), 극단적인 이기적 욕심(欲心)을 바탕으로 한다. 그래서 서로 싸우고 쟁탈을 하게 마련이다.>

중용 제26장 5절 : 「配地·配天·無疆」

博厚配地 高明配天 悠久無疆.

박후(는) 배지(하고) 고명(은) 배천(하고) 유구(는) 무강(이니라)

성인의 박후(博厚)한 덕은 대지(大地)의 덕과 합치한다. 성인의 고명(高明)한 덕은 하늘(天)의 덕과 합치한다. 성인의 유구(悠久)한 덕은 무궁무진한 천지(天地)의 덕과 합치한다.

[어구 설명] ㅇ博厚配地(박후배지) : 박후(博厚)한 덕은 대지의 덕과 합치한다. ㅇ高明配天(고명배천) : 고명(高明)한 덕은 하늘(天)의 덕과 합치한다. ㅇ悠久無疆(유구무강) : 유구(悠久)한 덕은 <공간적으로나 시간적으로나> 무궁무진한 천지(天地)의 덕과 합치한다.

[集註] (1) 此言聖人　與天地同體.

(1) 이 구절은 성인(聖人)과 천지(天地)가 본체(本體)와 <지덕(地德)을> 같이하고 있음을 말한 것이다.

[어구 설명] ㅇ此言(차언) : 이 구절은 <다음 같은 뜻을> 말한 것이다. ㅇ聖人(성인) : 성인은 지성무식(至誠無息)한다. 즉 진실무망(眞實無妄)하게 자연 만물을 생육화성(生育化成)하는 천도(天道)를 지극한 정성으로 따르고 실천한다. ㅇ與天地同體(여천지동체) : <그러므로> 하늘과 땅과 체(體)를 같이한다. 이때의 체(體)는 「본체(本體)로서의 천도(天道)」, 「도를 행해서 얻은 형체(形體)로서의 덕(德)」을 다 포함한다.

[참고 보충] 「박후(博厚)·고명(高明)·유구(悠久)」

<1> 천도(天道)를 따른 지덕(地德)은 박후(博厚)하다. 이를 「박후배지(博厚配地)」라 했다.

<2> 만물을 생육화성(生育化成)하는 천도는 고명(高明)하다. 이를 「고명배천(高明配天)」이라 했다.

<3> 천지인(天地人) 삼재(三才)의 덕(德)은 공간적으로나 시간적으로나 무궁무진하게 나타난다. 이를 「유구무강(悠久無疆)」이라 했다.

중용 제26장 6절 : 「無爲而成」

如此者　不見而章　不動而變　無爲而成.

여차자(는) 불현이장(하며) 부동이변(하며) 무위이성(이니라)

이 같은 성인(聖人)은 남에게 내보이려고 애를 쓰지 않아도, 저절

로 아름답게 나타나고, 애를 쓰고 움직이지 않아도 스스로 변하게
되고, 인위적(人爲的)으로 꾸미고 작동하지 않아도 스스로 이루어
진다.

[어구 설명] ㅇ如此者(여차자) : 지성무식(至誠無息)한 경지의 성인(聖人).
ㅇ不見而章(불현이장) : 내보이려고 애를 쓰지 않아도 아름답게 나타난다.
ㅇ不動而變(부동이변) : 애쓰고 움직이지 않아도 스스로 변한다.
ㅇ無爲而成(무위이성) : 인위적(人爲的)으로 하지 않아도 스스로 이루어진다.

[集註] (1) 見猶視也 不見而章 以配地而言也 不動而
變 以配天而言也 無爲而成 以無疆而言也.

(1) 「현(見)」은 <애를 쓰고 남에게> 「내보인다」는 뜻이다. 「불현
이장(不見而章)」은 <성인의 덕(德)이> 땅(地)과 합치한다는 뜻을
말한 것이다. 「부동이변(不動而變)」은 <성인의 덕이> 하늘(天)과
합치한다는 뜻을 말한 것이다. 「무위이성(無爲而成)」은 <성인의
덕이> 하늘과 땅이 무궁무진함과 같다는 뜻을 말한 것이다.

[어구 설명] ㅇ見猶視也(현유시야) : 「현(見)」은 <애를 쓰고 남에게> 「내보인다」
는 뜻이다. ㅇ不見而章 以配地而言也(불현이장 이배지이언야) : 「불현이장(不見
而章)」은 <성인의 덕(德)이> 땅(地)과 합치한다는 뜻을 말한 것이다. ㅇ不動而變
以配天而言也(부동이변 이배천이언야) : 「부동이변(不動而變)」은 <성인의 덕이>
하늘(天)과 합치한다는 뜻을 말한 것이다. ㅇ無爲而成 以無疆而言也(무위이성 이
무강이언야) : 「무위이성(無爲而成)」은 <성인의 덕이> 하늘과 땅이 무궁무진함과
같다는 뜻을 말한 것이다.

[참고 보충] 「하늘과 성인(聖人)의 덕(德)」

<1> 「불현이장(不見而章)」 : 자연 만물은 대지에 터를 잡고 삶을 누린다. 봄이
되면 꽃을 피우고, 가을이 되면 열매를 맺는다. 동식물이 번식하고, 인류의 문화가
발전한다. 이 모든 것이 땅의 덕이며, 자연스럽게 이루어진다.

<2> 「부동이변(不動而變)」 : 하늘이나 하늘의 도리는 눈에 보이지 않는다. 그러나
시간과 공간적으로 만물을 지배하고 만물을 변하게 한다. 이것이 하늘과 성인의

덕이다.

<3> 「무위이성(無爲而成)」 : 하늘과 땅은 자연스럽게 만물을 낳고 키우고 번성하고, 또 「생생불이(生生不已)」한다. 이것이 「천지의 대덕(大德)」이자 「지극한 성(至誠)」이다. 이와 합치하는 사람이 성인(聖人)이다. 그래서 요순(堯舜)의 「무위자연(無爲自然)의 덕치(德治)」를 높이는 것이다.

중용 제26장 7절 : 「一言而盡」

天地之道 可一言而盡也 其爲物 不貳 則其生物 不測.

천지지도(는) 가일언이진야(이니) 기위물(이) 불이(라) 즉기생물(이) 불측(이니라)

하늘과 땅이 어울려 만물을 낳고 키우고 발전케 하는 길이나 도리를 한마디로 말할 수 있으니, 그것은 둘이 아니고, 하나인 「성(誠)」이다. 그래서 만물을 헤아릴 수 없이 많이 낳고 키운다.

[어구 설명] ㅇ天地之道(천지지도) : 하늘과 땅이 생육(生育)하는 도리.
ㅇ可一言而盡也(가일언이진야) : 한마디로 말할 수 있다.
ㅇ其爲物不貳(기위물불이) : <만물을 낳고 키우는> 하늘의 도리나 땅의 도리는 둘이 아니다. <하나다. 즉 성(誠)이다.>
ㅇ則其生物不測(즉기생물불측) : 그래서 만물을 헤아릴 수 없다.

[集註] (1) 此以下 復以天地 明至誠無息之功用 天地之道 可一言而盡 不過曰誠而已 不貳所以誠也 誠故不息而生物之多 有莫知其所以然者.

(1) 이 「6절」 다음의 글은 다시 하늘과 땅을 가지고 지성무식(至誠無息)의 공용(功用)을 밝힌 것이다. 천지의 도를 한마디로 추려 말할 수 있으니, 즉 「성(誠)」이라 한다. 「불이(不貳)」, 즉 「하늘과 땅이 둘이 아니다」라는 뜻은 <하늘과 땅이 다> 성(誠)을 바탕으로

하고 있기 때문이다. 성(誠)이기 때문에 쉬지 않고 만물을 많이 낳고 자라게 한다. 그러면서 그렇게 되는 까닭을 알 수 없다.

[어구 설명] ○此以下(차이하) : 이 다음은. ○復以天地(부이천지) : 다시 하늘과 땅을 가지고. ○明至誠無息之功用(명지성무식지공용) : 지성무식의 공용을 밝힌 것이다. ○天地之道 可一言而盡(천지지도 가일언이진) : 천지의 도를 한마디로 추려 말할 수 있다. ○不過曰誠而已(불과왈성이이) : 오직 「성(誠)」이라고 한다. ○不貳所以誠也(불이소이성야) : 「불이(不貳)」, 즉 「둘이 아니다」라는 뜻은 <하늘과 땅이 다> 「성(誠)」을 바탕으로 하고 있기 때문이다. ○誠故(성고) : <하늘과 땅이> 「성(誠)」을 바탕으로 하고 있기 때문에, 고로, 따라서. ○不息而生物之多(불식이생물지다) : 쉬지 않고 만물을 많이 낳고 자라게 한다. ○有莫知其所以然者(유막지기소이연자) : 그러면서 그렇게 되는 까닭을 알 수 없다.

[참고 보충] 「한마디로 말할 수 있다」

<1> 하늘과 땅이 어울려 만물을 낳고 키우고, 또 대를 이어가면서 번식하고 발전한다. 그 도리를 「천지의 도(天地之道)」라고 한다.

<2> 이를 다시 한마디로 줄여 「성(誠)」이라 한다.

중용 제26장 8절 : 「天地之道」

天地之道 博也 厚也 高也 明也 悠也 久也.

천지지도(는) 박야 후야 고야 명야 유야 구야(니라)

천지의 도는 <성(誠)이다.> 그래서 <그 공용(功用)이> 넓게 퍼지고, 두텁게 쌓이고, 높게 오르고, 밝게 빛나고, 유연하게 뻗어나고, 또 오래 지속한다.

[어구 설명] ○天地之道(천지지도) : 천지의 도(道)는.

○博也(박야) : 넓게 퍼진다.

○厚也(후야) : 두텁게 쌓인다.

○高也(고야) : 높게 오르다.

○明也(명야) : 밝게 빛난다.

○悠也(유야) : 유연하게 멀리 뻗는다.

○久也(구야) : 오래 지속한다.

[集註] (1) 言天地之道 誠一不貳 故能各極其盛 而有下文 生物之功.

(1) 이 구절은 천지의 도는 성(誠) 하나뿐이고, 둘이 아니다. 그러므로 저마다 극성(極盛)함을 다할 수 있다는 <뜻을 말한 것이다.> 그리고 다음의 글에서는 <하늘과 땅이> 만물을 낳고 키우는 공용을 말했다.

[어구 설명] ○言(언) : 이 구절은 <다음 같은 뜻을> 말한 것이다. ○天地之道 誠一不貳(천지지도 성일불이) : 천지의 도는 성(誠) 하나다. 둘이 아니다. ○故能各極其盛(고능각극기성) : 그러므로 저마다 극성(極盛)함을 다할 수 있다. <「언(言)」은 여기까지 걸린다.> ○而有下文 生物之功(이유하문 생물지공) : 그리고 다음의 글에는 <하늘과 땅이> 만물을 낳고 키우는 공용이 있다.

[참고 보충] 「박후고명유구(博厚高明悠久)」

<1> 하늘과 땅이 어울려 만물을 낳고 키우고 더욱 번식하고 인류의 경우는 역사와 문화를 새롭게 발전되게 하고 있다. 그「원동력 생명력 에너지」를 중용에서는 「성(誠)」이라고 일컬었다.

<2> 제24장에서는 「지성은 신 같다(至誠如神)」고 했다. 그 신비한 「성(誠)」이 발현하여 「일월성(日月星)」이 되고, 또 천체를 운행하고 있다.

<3> 하늘에는 연비(鳶飛)하고, 물에는 어약(魚躍)하고, 산에는 초목이 자라고, 숲에는 동물이 달리고 있다.

<4> 인류는 수백만년에 걸쳐 대를 이어가면서, 문화적으로 발전하고 있다.

<5> 이와 같이 천지가 운행하고, 자연 만물이 공간적으로나 시간적으로나 생육(生育)하고 번식 발전하는 근원적인 힘이 곧 「성(誠)」이다.

<6> 이 8절에서는 「성(誠)의 발현(發現), 공효(功效)의 범위와 양상」을 「박(博)·후(厚)·고(高)·명(明)·유(悠)·구(久)」라고 표현했다.

<7> 이 8절은 앞에 있는 「3절, 4절 및 5절」을 요약한 것이다. 즉 3절에서는 「징즉유원(徵則悠遠) 유원즉박후(悠遠則博厚) 박후즉고명(博厚則高明)」이라고 했다. 4절

에서는 「박후소이재물야(博厚所以載物也) 고명소이복물야(高明所以覆物也) 유구소이성물야(悠久所以成物也)」라고 했다. 5절에서는 「박후배지(博厚配地) 고명배천(高明配天) 유구무강(悠久無疆)」이라고 했다.

중용 제26장 9절 : 「其無窮也」

<* 9절을 「2단」으로 나누어 풀이한다.>

[9-1] 今夫天斯昭昭之多 及其無窮也 日月星辰繫焉 萬物覆焉 今夫地一撮土之多 及其廣厚 載華嶽而不重 振河海而不洩 萬物載焉.

[9-2] 今夫山一卷石之多 及其廣大 草木生之 禽獸居之 寶藏興焉 今夫水一勺之多 及其不測 黿鼉蛟龍魚鼈生焉 貨財殖焉.

[9-1] 금부천(이) 사소소지다(이니) 급기무궁야(하야는) 일월성신(이) 계언(하며) 만물(이) 복언(이니라) 금부지(이) 일촬토지다(이니) 급기광후(하야는) 재화악이부중(하며) 진하해이불설(하며) 만물(이) 재언(이니라)

[9-2] 금부산(이) 일권석지다(이니) 급기광대(하야는) 초목(이) 생지(하며) 금수(이) 거지(하며) 보장(이) 흥언(이니라) 금부수(이) 일작지다(이니) 급기불측(하야는) 원타교룡어별(이) 생언(하며) 화재(이) 식언(이니라)

[9-1] 지금 <우리가 대하고 보는> 저 하늘은 <말하자면> 맑고 빛나는 투명한 공간이 많이 모인 것이다. <그러나> 무궁함에 이르러서는 그 하늘, 곧 우주에 일월성신(日月星辰)이 매여 있고, 또 만물을 덮고 <자라게 하고 있다.> 지금 <우리가 대하고 있는> 대지는 <말하자면> 한줌의 흙이 많이 모인 것이다. <그러나> 그 넓고 두터움에 이르러서는 화산(華山)이나 악산(嶽山) 같은 산들을 신고도 무겁게 여기지 않고, 또 강이나 바닷물을 담고도 새지 않게 하고, 또 만물을 신고 생육(生育)하고 있다.

[9-2] 지금 <우리가 대하고 있는> 산은 <말하자면> 한 덩어리
돌들이 많이 모인 것이다. 그러나 그 산이 광대하게 되면 초목들이
살아서 우거지고 금수가 <산속에서> 살고, 여러 가지 보물을 감추
어 두었다가 나타나게도 한다. 지금 <우리가 대하고 있는> 강물이
나 바닷물도 <말하자면> 한 국자의 물이 많이 모인 것이다. <그러
나> 그 물이 헤아릴 수 없이 많이 모이면, 큰 자라, 악어, 이무기,
용, 고기, 자라 등이 살아서 번식하며 여러 가지 보화 재물이 불어
난다.

[어구 설명] [9-1] ○今夫天(금부천) : 지금 <보는> 저 하늘은.

○斯昭昭之多(사소소지다) : 맑고 빛나는 투명한 공간이 많이 모인 것이다. 「소소
(昭昭)」는 「경경(耿耿)」과 같은 뜻이다.

○及其無窮也(급기무궁야) : 그 무궁함에 이르러서는. <즉 공간적으로나 시간적
으로 무궁무진한 하늘(天)은 곧 우주(宇宙)다.>

○日月星辰繫焉(일월성신계언) : 일월성신(日月星辰)이 매여 있고, 또 운행하고
있다.

○萬物覆焉(만물복언) : 만물을 덮어 싸고. <살고 자라게 하고 있다.>

○今夫地一撮土之多(금부지일촬토지다) : 지금 <우리가 대하고 있는> 대지는
<말하자면> 한줌의 흙이 많이 모인 것이다.

○及其廣厚(급기광후) : 그 넓고 두터움에 이르러서는. <즉 대지의 넓이가 끝없
이 광대하고, 또 그 두께가 헤아릴 수 없이 두텁다.>

○載華嶽而不重(재화악이부중) : 그래서 화산(華山)이나 악산(嶽山) 같은 산들
을 싣고도 무겁게 여기지 않는다. <*「화악(華嶽)」을 화산(華山)이라고 해석하기
도 한다.>

○振河海而不洩(진하해이불설) : 강이나 바닷물을 담고 새지 않게 하고 있다.
「진(振)」은 「수(收)」와 같다. 즉 강물이나 바닷물을 다 거둬들이다.

○萬物載焉(만물재언) : <대지나 지구가> 만물을 싣고. <생육(生育)하고 있다.>

[9-2] ○今夫山一卷石之多(금부산일권석지다) : 지금 <우리가 대하고 있는>

산은 한 덩어리 돌들이 많이 모인 것이다.
ㅇ及其廣大(급기광대) : 그러나 그 산이 광대하게 되면.
ㅇ草木生之(초목생지) : 초목들이 살아서 우거지고.
ㅇ禽獸居之(금수거지) : 금수가 <산속에서> 살고.
ㅇ寶藏興焉(보장흥언) : 보물을 감추어 두었다가 나타나게도 한다.
ㅇ今夫水一勺之多(금부수일작지다) : 지금 <우리가 대하고 있는> 강물이나 바닷물도 <말하자면> 한 국자의 물이 많이 모인 것이다.
ㅇ及其不測(급기불측) : 그 물이 헤아릴 수 없이 많이 모이면.
ㅇ黿鼉蛟龍魚鼈生焉(원타교룡어별생언) : 큰 자라, 악어, 이무기, 용, 고기, 자라 등이 살아서 번식한다. 「黿(자라 원), 鼉(악어 타), 蛟(이무기 교), 龍(용 룡), 鼈(자라 별)」
ㅇ貨財殖焉(화재식언) : 보화 재물이 불어난다.

[集註] (1) 昭昭 猶耿耿小明也 此指其一處而言之 及其無窮 猶十二章及其至也之意 蓋擧全體而言也 振收也 卷區也 此四條 皆以發明由其不貳不息 以致盛大而能生物之意 然天地山川 實非由積累而後大 讀者不以辭害意可也.

(1) 「소소(昭昭)」는 「경경소명(耿耿小明)」이며, 즉 「작게 빛난다」는 뜻이다. 이는 하늘의 한 구석을 말한 것이다. 「그 무궁함에 이르러서는」, 즉 제12장에서 말한 「급기지야(及其至也)」와 같은 뜻이다. 무릇 <하늘> 전체를 다 들고 말한 것이다. 「진(振)」은 「받아들인다」, 즉 「수(收)」와 같은 뜻이다. 「권(卷)」은 「하나(區)」, 즉 「한 덩어리」의 뜻이다. 이 네 가지 조목의 구절은 모두가 저마다 지니고 있는 한결같은 성(誠)을 바탕으로 쉬지 않으므로써 성대하게 되고, 능히 만물을 생육(生育)한다는 뜻을 밝힌 것이다. 그러나 천지산천이 사실에 있어 공간이나, 흙이나, 돌이나, 물만이 모이고

쌓여서 크게 된 것이 아니다. 독자들은 겉의 뜻을 가지고 본의를 해치지 않게 해야 한다. <즉 물질이 모여서 천지산천의 기능이 위대하게 된 것이 아니고, 「우주의 생명의 근원인 성(誠)이 쉬지 않고 기능한 결과」라는 깊은 뜻을 바르게 알아야 한다.>

[어구 설명] ㅇ昭昭猶耿耿小明也(소소유경경소명야) : 「소소(昭昭)」는 「경경소명(耿耿小明)」이다. 「경(耿)」은 반짝이다, 「소명(小明)」은 「작게 빛나다」. ㅇ此指其一處而言之(차지기일처이언지) : 이는 하늘의 한 구석을 말한 것이다. ㅇ及其無窮(급기무궁) : 「그 무궁함에 이르러서」는, 즉 「하늘의 무궁무진한 총체를 말하면」의 뜻. ㅇ猶十二章及其至也之意(유십이장급기지야지의) : 제12장에서 말한 「급기지야(及其至也)」와 같은 뜻이다. ㅇ蓋擧全體而言也(개거전체이언야) : 무릇 <하늘> 전체를 다 들고 말한 것이다. ㅇ振收也(진수야) : 「진(振)」은 「받아들인다」, 즉 「수(收)」와 같은 뜻이다. ㅇ卷區也(권구야) : 「권(卷)」은 「하나(區)」, 즉 「한 덩어리」의 뜻이다. ㅇ此四條(차사조) : 이 네 가지 조목의 구절은. ㅇ皆以發明由其不貳不息(개이발명유기불이불식) : 모두가 저마다 지니고 있는 한결같은 성(誠)을 바탕으로 쉬지 않으므로써. ㅇ以致盛大而能生物之意(이치성대이능생물지의) : 성대하게 되고 능히 만물을 생육(生育)한다는 뜻을 밝혀낸 것이다. 「발명(發明)」은 여기까지 걸린다. ㅇ然天地山川(연천지산천) : 그러나 천지산천이. ㅇ實非由積累而後大(실비유적루이후대) : 사실에 있어 공간이나, 흙이나, 돌이나, 물만이 모이고 쌓여서 크게 된 것이 아니다. ㅇ讀者不以辭害意可也(독자불이사해의가야) : 독자들은 겉의 뜻을 가지고 본의를 해치지 않게 해야 한다. 즉 물질이 모여서 천지산천의 기능이 위대하게 된 것이 아니고 「우주의 생명의 근원인 성(誠)이 쉬지 않고 기능한 결과」라는 깊은 뜻을 바르게 알아야 한다.

[참고 보충] 「천지산천(天地山川)」

<1> 하늘(天) : 하늘은 물리적으로 말하면, 아무것도 없는 공간이다. 그런데 어떻게 거대한 태양과 달과 뭇 별들이 매달려 질서정연하게 억만년을 돌고 운행하며, 또 빛과 열을 발산하고, 또 사계절에 따라 기상변화를 일으키고 만물을 생육하고 있는가.

<2> 땅(地) : 지금 우리가 대하고 있는 땅도 말하자면 한줌의 흙이 많이 모인 것이다. 그런데 어떻게 해서, 화산(華山)이나 악산(嶽山) 같은 산들을 싣고도 무겁

게 여기지 않고, 또 강이나 바닷물을 담고도 새지 않게 하고, 또 만물을 싣고 생육(生育)하고 있는가.

<3> 산(山) : 지금 우리가 대하고 있는 산도 말하자면 한 덩어리 돌들이 많이 모인 것이다. 그런데 어떻게 그 산에 초목들이 살아서 우거지고 금수가 살고 여러 가지 보물을 감추어 두었다가 나타나게 하는가.

<4> 하해(河海) : 강물이나 바닷물도 말하자면 한 국자의 물이 많이 모인 것이다. 그런데, 어떻게 그 물속에 헤아릴 수 없이 많은 자라, 악어, 이무기, 용, 고기 및 기타의 해산물과 기타의 보화 재물이 쏟아져 나오는가.

<5> 중용(中庸)에서 자사(子思)는 그 원동력(原動力)을 「성(誠)」이라 하고, 그 도리를 「천도(天道) 천리(天理)」로 보았다.

<6> 주자는 집주에서 말했다. 「모두가 저마다 지니고 있는 한결같은 성(誠)을 바탕으로 쉬지 않으므로써, 성대하게 되고 능히 만물을 생육(生育)한다.」 성인(聖人)이 바로 「지성무식(至誠無息)」으로 만인을 교화하고 평천하(平天下)한다.

중용 제26장 10절 : 「於穆不已」

詩云 維天之命 於穆不已 蓋曰天之所以爲天也 於乎不顯 文王之德之純 蓋曰文王之所以爲文也 純亦不已.

시운 유천지명(이) 오목불이(라하니) 개왈천지소이위천야(이오) 오호불현(가) 문왕지덕지순(이라하니) 개왈문왕지소이위문야(이니) 순역불이(니라)

시경(詩經) 주송(周頌) 유천지명편(維天之命篇)」에 있다. 「참으로 하늘의 명이 깊고 그윽하며 끝남이 없다.」 <이 구절은> 무릇 하늘의 하늘 됨을 말한 것이다. 「아아! 나타나지 않으랴! 문왕의 덕이 순수하시니!」 <시경의 이 구절은> 문왕의 문왕 되심을 말한 것이다. <문왕의> 「순수한 덕도 역시 끝이 없다」는 뜻을 말한 것이다.

[어구 설명] ○詩云(시운) : 「시경(詩經) 주송(周頌) 유천지명편(維天之命篇)」의 시. 문왕(文王)을 제사지낼 때 읊는 시다.

○維天之命 於穆不已(유천지명 오목불이) : 「하늘의 명이 깊고 그윽하며 끝남이 없다.」

○蓋曰天之所以爲天也(개왈천지소이위천야) : <시경의 구절은> 무릇 하늘의 「하늘 됨을」 말한 것이다.

○於乎不顯 文王之德之純(오호불현 문왕지덕지순) : 「아아! 나타나지 않으랴? 문왕의 덕이 순수하시니!」 <시경의 구절이다.>

○蓋曰文王之所以爲文也(개왈문왕지소이위문야) : 무릇 문왕의 「문왕 되심을」 말한 것이다.

○純亦不已(순역불이) : <문왕의> 「순수한 덕도 역시 끝이 없다」는 뜻을 말한 것이다.

[集註] (1) 詩周頌維天之命篇 於歎辭 穆深遠也 不顯猶言豈不顯也 純純一不雜也 引此 以明至誠無息之意.

(1) 시는 시경(詩經) 주송(周頌) 유천지명편(維天之命篇)의 구절이다. 「오(於)」는 감탄사다. 「목(穆)」은 「깊고 원대하다」는 뜻이다. 「불현(不顯)」은 「어찌 나타나지 않으랴」의 뜻과 같다. 「순(純)」은 「순수하고 한결같고 잡티가 없다」는 뜻이다. 이 시를 인용해서 「지성무식(至誠無息)」의 뜻을 밝힌 것이다.

[어구 설명] ○詩周頌維天之命篇(시주송유천지명편) : 시는 시경(詩經) 주송(周頌) 유천지명편(維天之命篇)의 시다. ○於歎辭(오탄사) : 「오(於)」는 감탄사다. ○穆深遠也(목심원야) : 「목(穆)」은 「깊고 원대하다」는 뜻이다. ○不顯猶言豈不顯也(불현유언기불현야) : 「불현(不顯)」은 「어찌 나타나지 않으랴?」의 뜻과 같다. ○純純一不雜也(순순일부잡야) : 「순(純)」은 「순수하고 한결같고 잡티가 없다」는 뜻이다. ○引此以明至誠無息之意(인차이명지성무식지의) : 이 시를 인용해서 「지성무식(至誠無息)」의 뜻을 밝힌 것이다.

[集註] (2) 程子曰 天道不已 文王純於天道 亦不已 純則無二無雜 不已則無間斷先後.

(2) 정자가 말했다. 천도는 끝이 없다. 문왕은 천도를 순수하게 지키고 따랐으므로 그의 덕도 끝이 없다. 순수하니깐 곧 하나이고 잡티가 없으며, 끝이 없으니깐 앞과 뒤가 사이가 나거나 중단되는 일이 없다.

[어구 설명] ○程子曰(정자왈) : 정자가 말했다. ○天道不已(천도불이) : 천도는 끝이 없다. ○文王純於天道 亦不已(문왕순어천도 역불이) : 문왕은 천도를 순수하게 지키고 따랐다. 그러므로 그의 덕도 끝이 없다. ○純則無二無雜(순즉무이무잡) : 순수하니깐 곧 하나이고 잡티가 없다. ○不已則無間斷先後(불이즉무간단선후) : 끝이 없으니깐 앞과 뒤가 사이가 나거나 중단되는 일이 없다.

[설명주] (1) 右第二十六章 言天道也.

(1) 이상이 제26장이다. 천도를 말한 것이다.

[참고 보충] 「천도(天道)와 지성무식(至誠無息)」

<1> 「제26장 1절」에서 「지성무식(至誠無息)」을 내세웠다.

<2> 그리고 제26장의 마지막인 「10절」에서 시경의 구절을 인용했다.

<3> 주(周)나라의 문왕(文王)은 유가(儒家)에서 최고로 높이는 성군(聖君)이다.

<4> 문왕은 하루아침에 성군이 된 것이 아니다. 주나라 선조의 공덕, 문왕의 백부들의 양보, 문왕의 출생과 은(殷)나라 때의 고생, 태공망(太公望) 여상(呂尙)과의 만남, 아들 무왕(武王), 주공(周公) 등의 효성(孝誠)이 합해서 주나라가 천명(天命)을 받게 된 것이다.

<5> 결국 「지극한 정성으로 쉬지 않고 세운 덕(德)이다」. 그래서 지성무식을 강조한 「제26장 마지막」에 내세웠던 것이다.

<⇒ 「고대중국의 인간상」 「고대중국의 제왕학」 명문당 간행 참고>

中庸 제27장 (총7절)

1절 大哉 聖人之道.

2절 洋洋乎 發育萬物 峻極于天.

3절 優優大哉 禮儀三百 威儀三千.

4절 待其人而後行.

5절 故曰 苟不至德 至道不凝焉.

6절 故君子 尊德性而道問學 致廣大而盡精微 極高明而道中庸
　　溫故而知新 敦厚以崇禮.

7절 是故居上不驕 爲下不倍 國有道 其言足以興 國無道 其默
　　足以容 詩曰 旣明且哲 以保其身 其此之謂與.

　　* 중용 제27장은 총 7절이다. 성인(聖人)이 천리(天理)를 바탕으로 복
잡다단한 문물제도를 꾸미고 예치(禮治)를 폈다. 그러나 그 핵심은 사
람이다. 즉 임금이나 군자가 덕성을 높이고 학문을 따라야 함을 밝혔다.
즉 「군자존덕성 이도문학(君子尊德性 而道問學)」해야 비로소 「온고이
지신(溫故而知新)」「돈후이숭례(敦厚以崇禮)」「명철보신(明哲保身)」
함을 강조했다.

중용 제27장 1절 : 「大哉聖人之道」

大哉 聖人之道.

대재(라) 성인지도(여)

위대하다. 성인의 도여!

[어구 설명] ○大哉(대재) : 참으로 위대하다! <술어가 앞으로 나왔다.>
○聖人之道(성인지도) : 성인의 도는. <주어다.>

[集註] (1) 包下文兩節而言.

(1) 「이 1절」은 다음의 「2절, 3절」을 포함해서 말한 것이다.

중용 제27장 2절 : 「發育萬物」

洋洋乎 發育萬物 峻極于天.

양양호 발육만물(하야) 준극우천(이로다)

<성인의 도(道)와 덕(德)이> 사방으로 넘쳐, 흘러 퍼지고, 만물로 하여금 스스로 발동케 하고, 또 자라게 하며, 그 높고 위대함이 하늘에까지 치솟는다.

[어구 설명] ㅇ洋洋乎(양양호) : <사방으로> 넘치고 흘러 퍼지다.
ㅇ發育萬物(발육만물) : 만물을 발육케 하다. 「발(發)」은 발동하다. 즉 본성 속에 있는 「천리(天理)=성(誠)=생명력=에너지」를 스스로 발동케 하다.
ㅇ峻極于天(준극우천) : <성인의> 높고 위대한 도덕이 하늘에까지 도달하다. 즉 하늘과 같은 경지에 이르다.

[集註] (1) 峻高大也 此言道之極於至大而無外也.

(1)「준(峻)」은 높고 크다는 뜻이다. 이 구절은 「성인의 도(道)와 덕(德)의 극점이 지대(至大)함에 이르고, 더는 밖이 없다」는 뜻을 말한 것이다.

[어구 설명] ㅇ峻高大也(준고대야) :「준(峻)」은 높고 크다는 뜻이다. ㅇ此言 (차언) : 이 구절은 <다음 같은 뜻을> 말한 것이다. ㅇ道之極於至大(도지극어지대) : 성인의 도(道)와 덕(德)의 극점이 지대(至大)함에 이르다. ㅇ而無外也(이무외야) : 그리고 <그 이상의> 밖이 없다.

중용 제27장 3절 : 「禮儀三百」

優優大哉 禮儀三百 威儀三千.

우우대재(라) 예의삼백(과) 위의삼천(이로다)

참으로 우아하고 성대하다. <성인이 제정한> 대강이 되는 예의가 3백 가지나 되고, 작은 예의범절의 조목이 3천 가지나 된다.

[어구 설명] ㅇ優優大哉(우우대재) : 참으로 우미(優美)하고 성대(盛大)하다. 「우우(優優)」를 주자(朱子)는 「충분히 족하고 여유가 있다」로 풀었다.
ㅇ禮儀三百(예의삼백) : 기본적인 예의가 3백 가지나 된다.
ㅇ威儀三千(위의삼천) : 실제로 지키고 행할 예의범절의 항목(項目)이나 조목(條目)이 3천 가지나 된다.

[集註] (1) 優優充足有餘之意 禮儀經禮也 威儀曲禮也 此言道之入於至小而無間也.

(1) 「우우(優優)」는 충족(充足)하고 여유가 있다는 뜻이다. 「예의(禮儀)」는 기본적 대강(大綱)이 되는 예의를 말한다. 「위의(威儀)」는 「곡례(曲禮)」의 뜻이다. 이 구절은 「도가 지극히 작은 일이나 행동 속에도 들어가고 빈틈이 없다」는 뜻을 말한 것이다.

[어구 설명] ㅇ優優充足有餘之意(우우충족유여지의) : 「우우(優優)」는 충족(充足)하고 여유가 있다는 뜻이다. ㅇ禮儀經禮也(예의경례야) : 「예의(禮儀)」는 기본적 대강(大綱)이 되는 예의. ㅇ威儀曲禮也(위의곡례야) : 「위의(威儀)」는 「곡례(曲禮)」의 뜻이다. 「곡례」는 작고 세밀한 예의범절을 말한다. ㅇ此言(차언) : 이 구절은 <다음 같은 뜻을> 말한 것이다. ㅇ道之入於至小(도지입어지소) : 도(道)가 지극히 작은 일이나 행동 속에도 들어가고. ㅇ而無間也(이무간야) : 빈틈이 없다는 뜻을. <말한 것이다.>

중용 제27장 4절 : 「待人後行」

待其人而後行.

대기인이후(에) 행(이니라)

모두가 성인이 나타나야 비로소 행하게 된다.

[어구 설명] ㅇ待其人而後行(대기인이후행) : <예의의 대강 3백 개도, 작은 조목 3천 개도 그것을 행할 만한> 성인이 나타나야 비로소 행하게 마련이다.

[集註] (1) 總結上兩節.

(1) 이 구절은 「앞의 2절과 3절」을 묶은 말이다.

[참고 보충] 「대인후행(待人後行)」

옛날의 성왕이 제정한 예의범절이 많아도, 그 도리를 알고 행할 수 있는 성인(聖人)이 나타나야 비로소 예치(禮治)와 덕치(德治)가 구현될 수 있다. 「제20장 2절」에서 「기인존 즉기정거(其人存 則其政擧)」 「기인망 즉기정식(其人亡 則其政息)」이라고 한 것과 같다.

중용 제27장 5절 : 「至道不凝」

故曰 苟不至德 至道不凝焉.

고왈 구부지덕(이면) 지도불응언(이라하니라)

고로 말한다. 적어도 지극한 덕이 아니면, 지극한 도에 묶어서 이루지 못한다.

[어구 설명] ○故曰(고왈) : 고로 말했다.

○苟不至德(구부지덕) : 적어도 지극한 덕에 이르지 못하면. <즉 나라를 다스리는 임금의 덕이 지극하지 못하면.>

○至道不凝焉(지도불응언) : <예법 속에 있는 도리가> 천도(天道)에 응결되지 않으며. <* 예의 대강 3백 개와, 작은 항목 3천 개는 모두 천도를 바탕으로 한 것이다. 성인의 지극한 덕이 아니면 천도에 집중하고, 또 맞게 성취할 수 없다.>

[集註] (1) 至德謂其人 至道指上兩節而言 凝聚也 成也.

(1) 「지덕(至德)」은 「성인(聖人)」의 지극한 덕을 말한다. 「지도(至道)」는 앞의 「2절, 3절」에서 말한 「지극한 도리」를 말한다. 「응(凝)」은 <하나인 천도로> 「집약하고 성취한다」는 뜻이다.

[어구 설명] ○至德謂其人(지덕위기인) : 「지덕(至德)」은 「성인(聖人)」의 지극한 덕을 말한다. ○至道指上兩節而言(지도지상량절이언) : 「지도(至道)」는 앞의 「2절, 3절」에서 말한 「지극한 도리」를 말한다. <* 즉 2절 : 「하늘에 달할 만큼 넘치는 생육하는 성인의 지극한 도리」이다. 3절 : 「수많은 예법 속에 살아 있는 성인의

지극한 도리」이다.> ○凝聚也 成也(응취야 성야) : 「응(凝)」은 「집약하고 성취한다」는 뜻이다. <* 즉 만물을 발육하는 성인의 지극한 도리, 예법에 담겨진 성인의 많은 지극한 도리를 하나인 천도로 집약하고 완성케 해야 한다. 지극한 덕이 아니면, 도리를 하나인 천도로 집약하고 성취할 수 없다.(苟不至德 至道不凝焉)>

중용 제27장 6절 : 「溫故而知新」

故君子 尊德性 而道問學 致廣大 而盡精微 極高明 而道中庸 溫故而知新 敦厚以崇禮.

고(로) 군자(는) 존덕성 이도문학(이니) 치광대 이진정미(하며) 극고명 이도중용(하며) 온고이지신(하며) 돈후이숭례(니라)

고로 군자는 덕성을 높이고, 그리고 도(道)를 묻고 배운다. 광대한 <도(道)를> 알고, 그리고 정밀(精密)하고 미세(微細)하게 한다. 높고 큰 <도(道)를> 끝까지 구명해 알고, 그리고 중용의 도를 따르고 행한다. 옛날의 학문을 익히고 새것을 알고 다스린다. <덕성을> 돈독히 두텁게 함양하고 예의범절을 높이고 지킨다.

[어구 설명] ○故君子(고군자) : 고로 군자는.
○尊德性 而道問學(존덕성 이도문학) : 덕성을 높이고 도(道)를 묻고 배운다.
○致廣大 而盡精微(치광대 이진정미) : 광대한 <도(道)를> 알고 <실제로 사물을 대하고 처리함에 있어> 정밀(精密)하고 미세(微細)하게 한다.
○極高明 而道中庸(극고명 이도중용) : 높고 큰 <도(道)를> 끝까지 구명해 알고 <실제로 사물을 대하고 처리함에 있어> 중용의 도를 따르고 행한다.
○溫故而知新(온고이지신) : 옛 학문을 익히고, 그리고 새것을 알고 다스린다.
○敦厚以崇禮(돈후이숭례) : <덕성을> 돈독히 두텁게 함양하고 나가서 예의범절을 높이고 지킨다.

[集註] (1) 尊者恭敬奉持之意 德性者 吾所受於天之正理 道由也 溫猶燖溫之溫 謂故學之矣 復時習之也 敦加厚也.

(1) 「존(尊)」은 공경하고 받들어 지닌다는 뜻이다. 「덕성(德性)」은 「내가 하늘로부터 받은 바 바른 도리」라는 뜻이다. 「도(道)」는 「따라간다」는 뜻이다. 「온(溫)」은 「삶고 따뜻하게 한다[燖溫]는 온(溫)」과 같은 뜻이다. <온(溫)은> 곧 이전에 배운 것을 거듭 때에 따라 익힌다는 뜻을 말한 것이다. 「돈(敦)」은 「더욱 두텁게 한다」는 뜻이다.

[어구 설명] ○尊者恭敬奉持之意(존자공경봉지지의) : 「존(尊)」은 공경하고 받들어 지닌다는 뜻이다. ○德性者 吾所受於天之正理(덕성자 오소수어천지정리) : 「덕성(德性)」은 「내가 하늘로부터 받은 바 바른 도리」라는 뜻이다. ○道由也(도유야) : 「도(道)」는 「따라간다」는 뜻이다. ○溫猶燖溫之溫(온유심온지온) : 「온(溫)」은 「삶고 따뜻하게 한다[燖溫]는 온(溫)」과 같은 뜻이다. 「燖(삶을 심), 溫(따뜻할 온)」○謂故學之矣(위고학지의) : <온(溫)은> 곧 이전에 배운 것을. ○復時習之也(복시습지야) : 거듭 때에 따라 익힌다는. <뜻을 말한 것이다.> ○敦加厚也(돈가후야) : 「돈(敦)」은 「더욱 두텁게 한다」는 뜻이다.

[集註] (2) 尊德性 所以存心 而極乎道體之大也 道問學 所以致知 而盡乎道體之細也 二者修德凝道之大端也.

(2) 덕성을 존중하는 것이 곧 마음을 존양(存養)하고 도체(道體)의 큼을 끝까지 알게 하는 바탕이다. 도를 묻고 배우는 것이 앎을 이루는 바탕이며, 또한 <큰 도체를> 알고 도체를 정밀하게 하는 바탕이다. 이 두 가지, 즉 「존덕성(尊德性)과 도문학(道問學)」이 자신의 덕성을 수양하고 <자신의 행동이나 예의범절 모든 것을> 천도(天道)에 집결케 하는 기본 바탕이다.

[어구 설명] ○尊德性(존덕성) : 덕성을 존중하는 것이. ○所以存心 而極乎道體之大也(소이존심 이극호도체지대야) : 마음을 존양(存養)하고 도체(道體)의 지극함에 이르는 바탕이다. ○道問學(도문학) : 도를 묻고 배우는 것이. ○所以致知 而盡

乎道體之細也(소이치지 이진호도체지세야) : <큰 도체를> 알고, 도체의 작은 조목을 온전하게 행하는 바탕이다. ○二者(이자) : 이 두 가지가. <즉 존덕성(尊德性)과 도문학(道問學)이> ○修德凝道之大端也(수덕응도지대단야) : 자신의 덕성을 수양하고, <자신의 행동이나 예의범절 모든 것을> 천도(天道)에 집결케 하는 기본 바탕이다.

[集註] (3) 不以一毫私意自蔽 不以一毫私欲自累 涵泳乎其所已知 敦篤乎其所已能 此皆存心之屬也.

(3) 터럭만큼의 사사로운 뜻에 덮이지 않고, 터럭만큼의 사사로운 욕심에 묶이거나 매이지 않고, 자기가 이미 아는 바, 바른 도리만을 깊이 간직하고 따르고, 또 자기가 이미 행할 수 있는 바 예의범절을 더욱 돈독히 하고 행한다. 이와 같이 하는 것은 다 「존심함양(存心涵養)」에 속한다.

[어구 설명] ○不以一毫私意自蔽(불이일호사의자폐) : 터럭만큼의 사사로운 뜻에 덮이지 않고. ○不以一毫私欲自累(불이일호사욕자루) : 터럭만큼의 사사로운 욕심에 묶이거나 매이지 않고. ○涵泳乎其所已知(함영호기소이지) : 자기가 이미 아는 바, 바른 도리만을 깊이 간직하고 따라 행한다. ○敦篤乎其所已能(돈독호기소이능) : 자기가 이미 행할 수 있는 바, 예의범절을 더욱 돈독히 하고 행한다. ○此皆存心之屬也(차개존심지속야) : 이와 같은 것은 다 존심함양(存心涵養)에 속한다. 「존심함양」은 「마음속에 주어진 천리를 깊이 간직하고 더욱 발전되게 한다」는 뜻이다.

[集註] (4) 析理則不使有 毫釐之差 處事則不使有過 不及之謬 理義則日知其所未知 節文則日謹其所未謹 此皆致知之屬也.

(4) <존덕성(尊德性) 도문학(道問學)하면> 사리를 분석함에 있어, 털끝만큼의 차질도 없게 되고, 사물을 처리함에 있어, 지나치거나 못 미치는 잘못도 없게 되고, 의리를 밝힘에 있어 전에 알지 못했던

바를 날로 더 알게 되고, 다양한 예절을 행함에 있어 전에 잘 행하지 못한 바 예절을 날로 더욱 삼가 행하게 된다. 이들은 모두 치지(致知)에 속하는 일들이다.

[어구 설명] ○析理則不使有 毫釐之差(석리즉불사유 호리지차) : <존덕성(尊德性)하고 도문학(道問學)하면> 사리를 분석함에 있어 털끝만큼의 차질도 없게 되고. ○處事則不使有過不及之謬(처사즉불사유과불급지류) : 사물을 처리함에 있어, 지나치거나 못 미치는 잘못이 없게 되고. ○理義則日知其所未知(이의즉일지기소미지) : 의리를 밝힘에 있어 전에 알지 못했던 바를 날로 더 알게 되고. ○節文則日謹其所未謹(절문즉일근기소미근) : 다양한 예절을 행함에 있어 전에 삼가 행하지 못한 바를 날로 더욱 삼가 행하게 된다. ○此皆致知之屬也(차개치지지속야) : 이들은 모두 치지(致知)에 속하는 일들이다.

[集註] (5) 蓋非存心 無以致知 而存心者 又不可以不致知.

(5) 무릇 <본성 속에 주어진 천리를> 「존심함양(存心涵養)」하지 않으면 치지(致知)하지 못한다. 그리고 존심함양하기 위해서도 역시 치지하지 않을 수 없다.

[어구 설명] ○蓋非存心 無以致知(개비존심 무이치지) : 무릇 <본성 속에 주어진 천리를> 「존심함양(存心涵養)」하지 않으면 치지(致知)하지 못한다. ○而存心者 又不可以不致知(이존심자 우불가이불치지) : 그리고 존심함양하기 위해서도 역시 치지하지 않을 수 없다.

[集註] (6) 故此五句 大小相資 首尾相應 聖賢所示入德之方 莫詳於此 學者宜盡心焉.

(6) 고로 위의 다섯 구절은 큰 것과 작은 것이 서로 받쳐주고 머리와 꼬리가 서로 호응한다. 성현이 지시한 바, 덕에 들어가는 방도에 있어, 이보다 더 자상한 것이 없으니 배우는 사람들은 마땅히 마음을 다하여 익혀야 한다.

[어구 설명] ○故此五句(고차오구) : 그러므로 위의 다섯 구절. ○大小相資(대소상자) : 큰 것과 작은 것이 서로 받쳐주고. ○首尾相應(수미상응) : 머리와 꼬리가 서로 호응한다. ○聖賢所示入德之方(성현소시입덕지방) : 성현이 지시한 바, 덕에 들어가는 방도에 있어. ○莫詳於此(막상어차) : 이보다 더 자상한 것이 없다. ○學者宜盡心焉(학자의진심언) : 배우는 사람들은 마땅히 마음을 다하여야 한다.

중용 제27장 7절 : 「明哲保身」

是故 居上不驕 爲下不倍 國有道 其言足以興 國無道 其默足以容 詩曰 旣明且哲 以保其身 其此之謂與.

시고(로) 거상불교(하며) 위하불배(라) 국유도(에) 기언(이) 족이흥(이오) 국무도(에) 기묵(이) 족이용(이니) 시왈 기명차철(하야) 이보기신(이라하니) 기차지위여(인져)

그러므로 군자는 위에 있어도 교만하지 않고, 아래에서도 천리(天理)나 예(禮)에 어긋나지 않는다. 나라에 도가 있으면 그의 말이 족히 나라를 흥하게 하고, 나라에 도가 없으면 그의 은퇴와 침묵이 족히 용납될 것이다. 시경(詩經) 대아(大雅) 증민편(烝民篇)에 「이미 밝고, 또 지혜로워서 자기 몸을 보전한다」고 있다. 이 말이 바로 군자를 말한 것이다.

[어구 설명] ○居上不驕(거상불교) : 위에 있어도 교만하지 않는다.
○爲下不倍(위하불배) : 아래에서도 천리(天理)나 예(禮)에 어긋나지 않는다.
○國有道(국유도) : 나라에 도가 있으면.
○其言足以興(기언족이흥) : 그의 말이 족히 나라를 흥성케 한다.
○國無道(국무도) : 나라에 도가 없으면. 정치가 혼란하면.
○其默足以容(기묵족이용) : 그의 은퇴와 침묵이 족히 용납될 것이다.
○詩曰(시왈) : 시경(詩經) 대아(大雅) 증민편(烝民篇)에 있다.
○旣明且哲(기명차철) : 이미 밝고 또 지혜로움이.

ㅇ以保其身(이보기신) : 자기 몸을 보전한다.

ㅇ其此之謂與(기차지위여) : 바로 이와 같은 군자를 말한 것이다.

[集註] (1) 興謂興起 在位也 詩大雅烝民之篇.

(1) 「흥(興)」은 흥기(興起)의 뜻이다. 「재(在)」는 「자리에 오르다」의 뜻이다. 「시(詩)」는 시경(詩經) 대아(大雅) 증민편(烝民篇)의 구절이다.

[설명주] (1) 右第二十七章 言人道也.

(1) 이상이 제27장이다. 사람이 지키고 행할 길과 도리를 말한 것이다.

[참고 보충] 「명철보신(明哲保身)」

<1> 주자(朱子)는 말했다. 「명철보신은 어디까지나 천하의 모든 사리를 밝게 알고, 천리를 따라 순리대로 행한다. 그러므로 자연히 재해가 자기 몸에 미치지 않음을 말한다.(明哲 只是曉天下事理 順理而行 自然災害不及其身)」 <大全註疏>

<2> 그러나 많은 사람들은 「사심(邪心)을 가지고 악한 짓을 하고도 약삭빠르게 재난이나 벌을 모면하는 것」이라고 잘못 해석하고 있다.

[참고 보충] 「위대하다, 성인의 도리(大哉 聖人之道)」

<1> 제26장에서는 「지성무식(至誠無息)」한 「천지(天地)의 위대한 도(道)」를 말하고 끝의 10절에서는 「순수한 문왕(文王)의 덕(德)」을 높였다.

<2> 그 연장선에서 성인(聖人)이 천도를 따라 만물을 양육(養育)하는 예치(禮治)를 확립했다. 군자(君子)도 자강불식(自强不息)하여 덕성(德性)을 높이고 학문으로 수양하고 중용(中庸)을 실천했다. 이를 온고지신(溫故知新)이라 했다.

<3> 이렇게 하는 것이 인도(人道)다. 도(道)의 근원은 천(天)이다. 천명(天命)으로 부여된 성리(性理)를 순수하게 따르고 행하는 사람이 곧 성인(聖人)이다. 그래서 앞 10장의 집주(集註)에서 주자(朱子)는 다음같이 말했다. 「천도는 끝이 없다. 문왕은 천도를 순수하게 지키고 따랐으므로 그의 덕도 끝이 없다. 순수하니깐 성(誠)과 하나가 되었다.」

<4> 주(周)나라에서 제정한 「예의삼백(禮儀三百) 위의삼천(威儀三千)」도 내면적으로는 「천리(天理)=성(誠)」을 따른 것이다.

中庸 제28장 (총5절)

1절 子曰 愚而好自用 賤而好自專 生乎今之世 反古之道 如此
者 災及其身者也.

2절 非天子 不議禮 不制度 不考文.

3절 今天下 車同軌 書同文 行同倫.

4절 雖有其位 苟無其德 不敢作禮樂焉 雖要其德 苟無其位 亦
不敢作禮樂焉.

5절 子曰 吾說夏禮 杞不足徵也 吾學殷禮 有宋 存焉 吾學周禮
今用之 吾從周.

* 제28장은 총 5절이다. 각 절의 뜻을 요약하면 다음과 같다. 1절 :
우매하고 하천한 사람은 제 고집을 세우고, 멋대로 행동하고, 이상적인
주나라의 문물제도를 부정하고 옛날로 돌아가자고 주장한다. 그러다
가는 재앙을 초래한다. 2절 : 천자가 아니면 예법이나 제도를 논하지
말라. 3절 : 지금은 주나라에 의해 천하의 문물이 통일되었다. 4절 :
덕 있는 천자만이 예악(禮樂)을 제정할 수 있다. 5절 : 공자의 말이다.
「내가 아는 한 하(夏)나라나 은(殷)나라의 예법은 주(周)나라의 예법같
이 찬란하지 못하다. 그러므로 나는 오늘날 쓰이는 주(周)의 예법을
따르겠다.」

중용 제28장 1절 : 「災及其身」

子曰 愚而好自用 賤而好自專 生乎今之世 反古之道 如此者 災及其身者也.

자왈 우이호자용(하며) 천이호자전(이요) 생호금지세(하야) 반고지도(면) 여차자
(는) 재급기신자야(니라)

공자가 말했다. 어리석으면서 자기의 편견이 쓰여지기를 좋아하고,
천하면서 제멋대로 하기를 좋아하고, 오늘의 세상에 태어나 살면

서, 옛날의 <무도한> 방식으로 돌아가려고 한다. 이 같이 하는 자들에게는 재난이 그 몸에 미칠 것이다.

[어구 설명] ○子曰(자왈) : 공자가 말했다.

○愚而好自用(우이호자용) : 도(道)도 모르고 덕(德)도 없는 우매한 자가 무턱대고 자기의 그릇된 주장이나 방식이 쓰여지기를 좋아한다.

○賤而好自專(천이호자전) : 높은 자리에 오르지 못한 하천(下賤)한 자가 제멋대로 하기를 좋아한다.

○生乎今之世(생호금지세) : 지금 세상에 태어나 살면서.

○反古之道(반고지도) : 옛날의 방식으로 돌아가려고 한다. 「반(反)」을 주자(朱子)는 집주(集註)에서 「반(返)」이나 「복(復)」의 뜻으로 풀이했다. <* 주(周)나라 문무주공(文武周公)이 세운 찬란한 예악(禮樂) 따르기를 주장한 것이다.>

○如此者(여차자) : 이들같이 하면.

○災及其身者也(재급기신자야) : 재난이 그 몸에 미친다.

[集註] (1) 以上孔子之言 子思引之 反復也.

(1) 이상은 공자의 말이다. 자사가 인용한 것이다. 「반(反)」은 「복(復)」의 뜻이다.

[참고 보충] 「재급기신(災及其身)」

<1> 유교의 도통사상(道統思想)은 우주(宇宙)의 이법(理法)이다. 절대선(絶對善)인 천도(天道)를 바탕으로 천지 자연 만물이 조화를 이루고 함께 잘살고 번성하는 도리다. 그러므로 「온고지신(溫故知新)」해야 한다.

<2> 유교사상은 「생명철학적 발전관(生命哲學的 發展觀)」을 바탕으로 사해일가(四海一家)의 평화세계(平和世界)를 창건(創建)하는 위대한 사상이다.

<3> 이와 같은 사상은 이미 주(周)나라에 실증되었다. 그런데 후세에 태어난, 우매(愚昧)하고 하천(下賤)한 자들은 도통사상의 높은 경지를 모르고 반대로 무지막지(無知莫知)하고 잔인포학(殘忍暴虐)한 악덕통치(惡德統治)만을 일삼고자 한다. 그래서 공자가 말했다. 「재화가 미친다.(災及其身)」

<4> 오늘의 인류세계가 바로 공자가 말한 대로 「옛날의 도덕정치를 반대하고 그 결과 재난에 빠져 있는 것이다.(反古之道 如此者 災及其身者也)」

중용 제28장 2절 : 「非天子不議禮」

非天子 不議禮 不制度 不考文.

비천자(면) 불의례(하며) 부제도(하며) 불고문(이니라)

천자가 아니면 예를 논하지 못하고, 나라의 제도를 제정하지 못하고, 문물을 살펴보지 못한다.

[어구 설명] ○非天子(비천자) : 천명을 받은 덕(德)이 높은 천자가 아니면.
○不議禮(불의례) : 예절이나 규범을 제정하지 못한다.
○不制度(부제도) : 문물제도를 정하지 못한다.
○不考文(불고문) : 국가의 문서나 기록을 살펴보고 교정하지 못한다.

[集註] (1) 此以下 子思之言 禮親疎貴賤相接之禮也 度品制 文書名.

(1) 이 다음의 글은 자사의 말이다. 「예(禮)」는 「친소(親疎), 귀천(貴賤)이 서로 접대하는 예절」이다. 「도(度)」는 「품격에 따라서 제도한다」는 뜻이다. 「문(文)」은 「글로 적는다」는 뜻이다.

[어구 설명] ○此以下 子思之言(차이하 자사지언) : 이 다음은 자사의 말이다. ○禮親疎貴賤相接之禮也(예친소귀천상접지례야) : 「예」는 「친소, 귀천이 서로 접대하는 예절」이다. ○度品制(도품제) : 「도(度)」는 「품격에 따라 제도한다」는 뜻이다. ○文書名(문서명) : 「문(文)」은 「글이나 문자로 나타낸다」는 뜻이다.

중용 제28장 3절 : 「今天下車同軌」

今天下 車同軌 書同文 行同倫.

금천하 차동궤(하며) 서동문(하며) 행동륜(이니라)

오늘의 천하에서는 <주(周)나라 천자(天子)가 제정한 바에 따라> 수레의 규격이 통일되고, 글이나 서류의 문자가 통일되고, 행동의 윤리규범이 통일되어 있다.

[어구 설명] ㅇ今天下(금천하) : 오늘의 천하. <＊ 춘추(春秋)나 전국(戰國)시대를 말한다. 비록 주(周)나라가 쇠약해도 주나라의 예치(禮治)를 높이고 한 말이다.>
ㅇ車同軌(차동궤) : 수레의 규격이 같다. 차궤(車軌)는 바퀴의 간격.
ㅇ書同文(서동문) : 글이나 서류의 문자가 통일되었다.
ㅇ行同倫(행동륜) : 행동의 윤리 규범이 통일되었다.

[集註] (1) 今子思自謂當時也 軌轍迹之度 倫次序之體 三者皆同 言天下一統也.

(1)「금(今)」은 자사가 스스로 말하는 당시다. <즉 전국시대 초기다. 비록 주나라가 쇠약해도 명목상으로는 주나라 시대였다.>「궤(軌)」는 수레의 두 바퀴 사이의 척도(尺度)다.「윤(倫)」은 차등과 순서의 기본 강령[體]이다. <차궤(車軌), 문자(文字), 윤리(倫理) 등> 셋이 통일되었다. <그러므로> 천하가 하나로 통일되었다고 말한 것이다.

[어구 설명] ㅇ今子思自謂當時也(금자사자위당시야) :「금(今)」은 자사가 스스로 말하는 당시다. 공자는 춘추시대에 살았으며, 자사의 시대는 전국시대 초기다. 그러므로 비록 주나라가 쇠약해도, 명목상으로는 주나라 시대였다. ㅇ軌轍迹之度(궤철적지도) :「궤(軌)」는 수레의 두 바퀴자국의 척도(尺度). ㅇ倫次序之體(윤차서지체) :「윤(倫)」은 차등과 순서의 기본 강령[體]의 뜻이다. ㅇ三者皆同(삼자개동) :「차궤(車軌), 문자(文字), 윤리(倫理)」셋이 통일되었다. ㅇ言天下一統也(언천하일통야) : <그러므로> 천하가 하나로 통일되었다고 말하는 것이다.

중용 제28장 4절 :「聖人作禮樂」

雖有其位 苟無其德 不敢作禮樂焉 雖有其德 苟無其位 亦不敢作禮樂焉.

수유기위(나) 구무기덕(이면) 불감작예악언(이며) 수유기덕(이나) 구무기위(면) 역불감작예악언(이니라)

비록 그 자리에 있어도 만약에 그에 어울리는 덕이 없으면, 감히

예악(禮樂)이나 문물제도를 제정하지 못한다. 비록 그만한 덕이
있어도, 만약에 그에 어울리는 자리, 즉 임금자리에 있지 않으면,
역시 감히 예악을 제작할 수 없다.

[어구 설명] ㅇ雖有其位(수유기위) : 비록 그 자리에 있어도.
ㅇ苟無其德(구무기덕) : 만약에 그에 어울리는 덕이 없으면.
ㅇ不敢作禮樂焉(불감작예악언) : 감히 예악(禮樂)을 제정하지 않는다.
ㅇ雖有其德(수유기덕) : 비록 그만한 덕이 있어도.
ㅇ苟無其位(구무기위) : 만약에 그에 어울리는 임금자리가 아니면.
ㅇ亦不敢作禮樂焉(역불감작예악언) : 역시 감히 예악을 제작할 수 없다.

[集註] (1) 鄭氏曰 言作禮樂者 必聖人在天子之位.

(1) 정현이 말했다. 이 구절은 예악을 제작할 사람은 반드시 천자의
자리에 오른 성인이라야 한다는 뜻을 말한 것이다.

[어구 설명] ㅇ鄭氏曰(정씨왈) : 정현(鄭玄)이 말했다. ㅇ言作禮樂者(언작예악
자) : 예악을 만드는 사람은. ㅇ必聖人在天子之位(필성인재천자지위) : 반드시 천
자의 자리에 있는 성인이라야 함을 말한 것이다.

중용 제28장 5절 :「吾從周」

子曰 吾說夏禮 杞不足徵也 吾學殷禮 有宋存焉 吾
學周禮 今用之 吾從周.

자왈 오설하례(나) 기부족징야(요) 오학은례(호니) 유송(이) 존언(이어니와) 오학
주례(호니) 금용지(라) 오종주(호리라)

공자가 말했다. 내가 하(夏)의 예(禮)를 논하려고 해도, 하의 후예
인 기(杞)의 자료가 부족하다. 나는 은(殷)의 예를 배워서 알고 있
으며, 은의 후손이 봉해진 송(宋)나라가 있다. 한편 나는 주(周)나
라의 예(禮)도 배워서 잘 알고 있으며, 오늘 실지로 주례(周禮)가
쓰이고 있다. 그러므로 나는 주나라의 예를 따르겠다.

[어구 설명] ㅇ子曰(자왈) : 공자가 말했다.

ㅇ吾說夏禮(오설하례) : 나는 하(夏)의 예악(禮樂)이나 문물(文物)에 대해서 말하고자 하나.

ㅇ杞不足徵也(기부족징야) : 하의 후예 나라인 기(杞)나라를 증거할 자료가 부족하다. 「기(杞)」는 주무왕(周武王)이 하우(夏禹)의 후예 동루공(東樓公)으로 하여금 우(禹)의 제사를 지내게 하기 위해 세운 나라이다.

ㅇ吾學殷禮(오학은례) : 나는 은(殷)나라의 예를 배워서 알고 있다.

ㅇ有宋存焉(유송존언) : 그리고 은의 후손이 봉해진 송(宋)나라가 있다. 은나라를 멸한 주무왕(周武王)이 주(紂)의 아들 무경(武庚)을 송나라에 봉하고 제사를 받들게 했다. 그러나 그가 반란했으므로 주공(周公)이 무경을 주멸(誅滅)하고 주(紂)의 서형인 미자(微子)를 봉했다.

ㅇ吾學周禮(오학주례) : 나는 주(周)나라의 예(禮)도 배워서 잘 안다.

ㅇ今用之(금용지) : 오늘에 실지로 주례(周禮)가 쓰이고 있다.

ㅇ吾從周(오종주) : 나는 주나라의 예를 따르겠다.

[集註] (1) 此又引 孔子之言 杞夏之後 徵證也 宋殷之後.

(1) 이것도 역시 공자의 말을 인용한 것이다. 「기(杞)」는 하(夏)나라의 후예 나라다. 「징(徵)」은 증명한다는 뜻이다. 「송(宋)」은 은(殷)나라의 후예 나라다.

[어구 설명] ㅇ此又引 孔子之言(차우인 공자지언) : 이것도 역시 공자의 말을 인용한 것이다. ㅇ杞夏之後(기하지후) : 「기(杞)」는 하(夏)나라의 후예 나라다. ㅇ徵證也(징증야) : 「징(徵)」은 「증명한다」는 뜻이다. ㅇ宋殷之後(송은지후) : 「송(宋)」은 「은(殷)나라의 후예 나라」다.

[集註] (2) 三代之禮 孔子皆嘗學之 而能言其意 但夏禮 旣不可考證 殷禮雖存 又非當世之法 惟周禮 乃時王之制 今日所用 孔子旣不得位 則從周而已.

(2) 「하(夏)·은(殷)·주(周)」 3대의 예(禮)를 공자는 이전에 다

배워서 알고 있으며, 따라서 그 대의를 능히 말할 수 있다. 그러나 하나라의 예는 이미 고증할 수 없고, 은나라의 예는 비록 남아 있기는 하나, 역시 당대의 예법이 아니다. 오직 주나라의 예법만이, 곧 현세의 임금의 제도이고, 현재 쓰이고 있는 예법이고 제도이다. 공자는 성인이지만 자리를 얻지 못했으므로 <예법을 제정할 수 없으며> 주나라의 예법을 따를 뿐이다.

[어구 설명] ○三代之禮(삼대지례) : 「하(夏)·은(殷)·주(周)」 3대의 예(禮). ○孔子皆嘗學之(공자개상학지) : 공자는 이전에 다 배워서 알고 있으며. ○而能言其意(이능언기의) : 그 대의(大意)를 능히 말할 수 있다. ○但夏禮 既不可考證(단하례 기불가고증) : 단 하나라의 예에 대해서는 이미 고증할 수가 없고. ○殷禮雖存(은례수존) : 은나라의 예는 비록 남아 있기는 하나. ○又非當世之法(우비당세지법) : 역시 당대의 예법이 아니다. ○惟周禮(유주례) : 오직 주나라의 예법만이. ○乃時王之制(내시왕지제) : 곧 현세의 임금의 제도이고. ○今日所用(금일소용) : 현재 쓰이고 있는 예법이고 제도이다. ○孔子既不得位(공자기부득위) : 공자는 성인이지만, 자리를 얻지 못했다. <즉 성왕이 되지 못했다. 그래서 자신은 예법을 제정할 수 없다.> ○則從周而已(즉종주이이) : 이에 주나라의 예법을 따를 뿐이다.

[설명주] (1) 右第二十八章 承上章 爲下不倍而言 亦人道也.

(1) 이상이 「제28장」이다. 앞의 장 「아랫사람이 되어 반대하지 않는다(爲下不倍)」는 뜻을 풀이한 것이다. 역시 인도(人道)이다.

[참고 보충] 「나는 주를 따른다(吾從周)」
<1> 유교는 「요(堯)·순(舜)·우(禹)」를 성제(聖帝)로 높인다. 총명하고 덕이 높고, 공을 세운 사람에게 천하의 대권을 선양(禪讓)했으며, 또 무위(無爲)의 덕치(德治)를 폈다.
<2> 다음은 「하(夏)·은(殷)·주(周)」 3대(代)를 이상적인 왕조(王朝)로 높인다. 하(夏)의 시조 우(禹)는 치수의 공을 세웠다. 은(殷)의 시조 탕(湯)은 포악무도(暴惡無道)한 걸(桀)을 치고 새 나라를 창건했다. 주(周)나라의 「문왕(文王)·무왕

(武王)·주공(周公)」은 천명을 받고 폭군 주(紂)를 멸하고 이상적인 왕국을 세웠다.

<3> 특히 주(周)나라는 천도(天道)에 합치되는 찬란한 문물제도를 제정하고 윤리도덕을 확립하고 예악(禮樂)의 덕치(德治)를 펴서 천하를 흥성케 했다. 그래서 공자(孔子)는 주(周)나라를 최고로 높이고 「주례(周禮)를 따르겠다(吾從周)」고 말한 것이다.

<4> 공자는 다음같이도 말했다. 「현재는 성군에 의해서 제정된 문물제도에 의해서 천하가 통일되었다. 그러므로 따라야 한다.」 「예법이나 문물제도는 자리에 오르고 덕을 갖춘 천자만이 제정한다. 그러므로 둘을 다 갖추지 못한 사람은 함부로 예악(禮樂)을 논하거나 만들려고 하면 안 된다.」 「우매하고 하천한 사람이 자기 주장을 내세우고 멋대로 행동하면 재화가 닥친다.」

<5> 공자는 주(周)나라의 예악(禮樂)과 문물제도와 덕치(德治)와 교화(敎化)를 최고로 높였다. 그래서 「오늘에 살면서 옛날로 돌아가자고 하면 안 된다」고 말한 것이다.

[참고 보충] 「비천자 불의례(非天子 不議禮)」

<1> 천자(天子)는 아무나 될 수 없다. 선조 대대로 천도(天道)를 따르고 행해서, 지덕(地德)을 세운 가문에서 나온다. 하늘의 운세와 때가 맞았을 때, 하늘의 뜻에 맞게 혁혁한 공을 세워야, 비로소 천명(天命)이 내리고, 천자의 자리에 올라, 천하 만민을 다스리게 된다. 그 대표적인 예가 주(周)나라의 왕실(王室)이다.

<2> 시조 후직(后稷)에서부터 오랜 세월에 걸쳐 인덕을 베푼 끝에, 마침내 문왕(文王), 무왕(武王) 및 주공(周公)에 이르러 천명이 내렸다. 그래서 천하를 통일하고, 새로 문물제도를 제정하고 온 천하를 다스렸던 것이다. 이와 같이 천자가 되는 것도, 새나라를 창건하고 새로운 문물제도, 특히 예악(禮樂)을 제정하는 것도 다 아무나 하는 것이 아니다. 그래서 「참다운 천자가 아니면 예를 논하지 못한다(非天子 不議禮)」고 말한 것이다.

[참고 보충] 「금천하(今天下)」

<1> 자사(子思)는 공자의 아들인 백어(伯魚)의 아들로, 공자의 손자다. 그는 주경왕(周敬王) 40년(B.C. 480)에 출생했으므로, 그가 말하는 「금천하(今天下)」는 「전국(戰國) 초기」이다.

<2> 주(周)나라의 위세는 춘추(春秋)에 이어 전국시대에는 심하게 쇠미(衰微)했다. 그러나 주 왕실은 명목상으로나마 존재했으며, 특히 공자나 자사는 주나라의 문물제도 및 「예악(禮樂)의 덕치(德治)」를 높였다.

<3> 그래서 여기서 말하는 「금천하 차동궤 서동문 행동륜(今天下 車同軌 書同文 行同倫)」을 「주나라에는 차궤(車軌), 문자(文字), 윤리(倫理) 등이 통일되었다」로 해석해야 한다.

<4> 주나라의 예악이나 문물제도는 성인에 의해서 제정되었으며, 천리에 합당하는 문물제도이다. 그래서 다음 5절에서 공자가 「나는 주의 예악을 배웠으며, 지금 쓴다면, 주를 따르겠다(吾學周禮 今用之 吾從周)」라고 말했다.

<5> 주자도 이같이 해석했으며, 이 책에서도 그들의 설을 따랐다. 이렇게 해석하는 것이 유교의 도통사상의 깊은 뜻에 맞는다.

<6> 다른 학설도 있다. 청(淸)의 유월(兪樾)은 「차동궤(車同軌) 서동문(書同文)」은 진(秦)이 이룬 것이다. 따라서 이 글은 후세에 혼입(混入)된 것이라고 하는 설도 있다. 그러나 주자는 주나라에서 모든 문물제도를 새로 제정하고 통일했다는 설을 고집하고 있다. 사실 예기(禮記) 주례(周禮) 및 의례(儀禮) 등의 경서를 보면, 주나라의 예악 문물제도가 「방대하고 치밀하게 제정되었음」을 알 수 있다.

[참고 보충] 「예악(禮樂)」

<1> 「예악(禮樂)」의 뜻을 깊이 알아야 한다.

<2> 「천명으로 부여된 것이 본성이다.(天命之謂性)」 이때의 성(性)은 곧 이(理)다. 이(理)의 대본(大本)은 천리(天理)다. 천리는 형이상(形而上)의 절대선(絶對善)의 도리다. 그 도리를 개인이나, 가정이나, 국가적인 차원에서 구체화해서, 여러 가지 행동규범으로 정한 것이 곧 예의범절, 가정윤리 및 국가의 문물제도이며, 이를 총괄해서 예(禮)라고 한다.

<3> 「예(禮)」의 내면은 「천리(天理)」이고 외형이나 형식은 「예의(禮儀), 의식(儀式), 덕행(德行) 및 덕치(德治)」이다.

<4> 「희노애락(喜怒哀樂)」을 예(禮)에 맞게 하는 것을 「중(中)」이라 한다. 감정을 절도에 맞게 하는 것이 「화(和)」다. 「중화(中和)를 이루어야 천지가 바르게 자리를 잡고, 만물이 잘 자란다.(致中和 天地位焉 萬物育焉)」

中庸 제29장 (총6절)

1절 王天下 有三重焉 其寡過矣乎.

2절 上焉者 雖善無徵 無徵不信 不信民弗從下焉者 雖善不尊
　　 不尊不信 不信民弗從.

3절 故君子之道 本諸身 徵諸庶民 考諸三王而不謬 建諸天地
　　 而不悖 質諸鬼神而無疑 百世以俟聖人而不惑.

4절 質諸鬼神而無疑 知天也 百世以俟聖而而不惑 知人也.

5절 是故君子 動而世爲天下道 行而世爲天下法 言而世爲天下
　　 則 遠之則有望 近之則不厭.

6절 詩曰 在彼無惡 在此無射 庶幾夙夜 以永終譽 君子未有不
　　 如此 而蚤有譽於天下者也.

　　* 제29장은 모두 6절이다. 그러나 전체의 요점은 천자나 임금이 몸소
　　「세 가지 중대사[三重]」를 실천해서 덕(德)을 세워야 함을 강조했다.
　　덕을 세움은 곧 백성에게 징험(徵驗)을 나타내게 함이다. 실지로 백성
　　을 잘살게 해주어야 한다. 그래야 천지신명도 인정한다.

중용 제29장 1절 : 「有三重焉」

王天下 有三重焉 其寡過矣乎.

왕천하(이) 유삼중언(이니) 기과과의호(인져)

천하를 다스릴 천자에게는 세 가지 귀중한 일이 있다. <세 가지를
잘해야> 허물이 적게 될 것이다.

[어구 설명] ○王天下(왕천하) : 천하를 다스릴 임금은. <즉 천하를 왕도(王道)로
써 덕치(德治)를 할 천자에게는.>

○有三重焉(유삼중언) : 세 가지의 귀중한 일이 있다. 주자(朱子)는 「의례(議禮),
제도(制度), 고문(考文)」의 셋을 들었다. 「의례」는 천하에 통용하는 예법을 논하고
제정함이다. 「제도」는 천하의 문물제도 및 제반 법규를 통일적으로 제정함이다.

「고문」은 서로 다르게 쓰이는 서체(書體)와 혼잡한 뜻의 문자를 비교 연구하고, 전국적으로 문자를 통일함이다. <* 「삼중(三重)」에 대해서는 설이 많다. 여기서는 주자의 설을 따랐다.>

ㅇ其寡過矣乎(기과과의호) : <천자가 세 가지를 신중하게 하면 백성들에게 끼치는> 허물이 적게 될 것이다.

[集註] (1) 呂氏曰 三重謂議禮 制度 考文 惟天子得以行之 則國不異政 家不殊俗 而人得寡過矣.

(1) 여대림(呂大臨)이 말했다. 세 가지 중대한 사항은 곧 「의례(議禮), 제도(制度), 고문(考文)」이다. 오직 천자만이 이 세 가지를 전국적 규모로 통일할 수 있다. 그러면 <천하의 모든> 나라들이 저마다 정치를 달리하지 않을 것이다. <또 모든> 집안이 관습이나 규범을 달리하지 않을 것이다. 그래서, 모든 사람에게 미치는 허물도 적게 될 것이다.

[어구 설명] ㅇ呂氏曰(여씨왈) : 여대림(呂大臨)이 말했다. ㅇ三重謂議禮制度考文(삼중위의례제도고문) : 세 가지 중대한 일은 곧 「의례(議禮), 제도(制度), 고문(考文)」을 말한다. ㅇ惟天子得以行之(유천자득이행지) : 오직 천자만이 이 세 가지를 전국적 규모로 통일할 수 있다. ㅇ則國不異政(즉국불이정) : 그러면, <천하의 모든> 나라들이 저마다 정치를 달리하지 않을 것이다. ㅇ家不殊俗(가불수속) : <천하의 모든> 집안이 관습이나 규범을 달리하지 않을 것이다. ㅇ而人得寡過矣(이인득과과의) : 그러면 모든 사람에게 미치는 허물도 적게 될 것이다.

중용 제29장 2절 :「不信民弗從」

上焉者 雖善無徵 無徵不信 不信民弗從 下焉者 雖善不尊 不尊不信 不信民弗從.

상언자(는) 수선(이나) 무징(이라) 무징(이니) 불신(이라) 불신(이니) 민불종(이니라) 하언자(는) 수선(이나) 부존(이라) 부존(이니) 불신(이라) 불신(이니) 민불종(이니라)

옛날의 <예법은> 좋기는 해도 증거할 수 없다. 증거할 수 없으므로 믿고 따르게 할 수 없다. 믿고 따르게 할 수 없으므로 백성들이 따르지 않는다. <성인이면서 자리에 오르지 못한 공자는> 밑에 있었다. <그러므로 공자가> 비록 예법을 잘 알아도 존귀하지 못했고, 존귀하지 못했으므로 <제후나 신하들이> 믿고 따르지 않았다. 믿고 따르지 않았으므로 백성들도 따르지 않았다. <신(信)은「믿고 따르게 한다」는 뜻.>

[어구 설명] ○上焉者(상언자) : 옛날의. <예법>
○雖善無徵(수선무징) : 비록 좋기는 해도 증거할 수 없다.
○無徵不信(무징불신) : 증거할 수 없으니, 믿고 따를 수 없다.
○不信民弗從(불신민불종) : 믿을 수 없으니 백성들이 믿고 따르지 않았다.
○下焉者(하언자) : <성인이면서 자리에 오르지 못하고> 밑에 있으면. <즉 공자를 가리킨다.>
○雖善不尊(수선부존) : 비록 예법을 잘 알지만, 존귀하지 못했다.
○不尊不信(부존불신) : 존귀하지 못했으므로 <제후나 신하들이> 믿고 따르지 않았다.
○不信民弗從(불신민불종) : 믿고 따르지 않았으므로, 백성들도 믿고 따르지 않았다.

[集註] (1)上焉者 謂時王以前 如夏商之禮雖善 而皆不可考 下焉者 謂聖人在下 如孔子雖善於禮 而不在尊位也.

(1)「상(上)」은 현재의 임금 이전의 시대를 말한다. 예로 말하면, 하(夏) 혹은 은(殷)의 예법이 비록 좋다 해도, 고증할 수가 없다. 「하(下)」라고 한 것은 성인이 아래 자리에 있다는 뜻이다. 예를 들면 공자는 예법을 잘 알았을 것이다. 그러나 <예법을 논하고 제정할 만한> 존귀한 천자 자리에 오르지 못했다는 뜻이다.

[어구 설명] ○上焉者謂時王以前(상언자위시왕이전) :「상(上)」은 현재의 임금 이
전을 말한다. ○如夏商之禮雖善(여하상지례수선) : 예를 들면, 하(夏) 혹은 은(殷)
의 예법이 비록 좋아도. ○而皆不可考(이개불가고) : 다 고증할 수 없다. ○下焉者
(하언자) :「하(下)」라고 한 말은. ○謂聖人在下(위성인재하) : 성인이면서 밑의
자리에 있다는 뜻이다. ○如孔子雖善於禮(여공자수선어례) : 예를 들면 공자는
비록 예법을 잘 알았을 것이다. ○而不在尊位也(이부재존위야) : 그러나 <예법을
논하고 제정할 만한> 존귀한 천자의 자리에 오르지 못했다. <* 앞의「제28장
2절」에 있다.「천자가 아니면 예절이나 규범을 논하거나 제정하지 못한다.(非天子
不議禮 不制度)」

중용 제29장 3절 :「本諸身」

**故君子之道 本諸身 徵諸庶民 考諸三王而不謬 建
諸天地而不悖 質諸鬼神而無疑 百世以俟聖人而
不惑.**

고(로) 군자지도(는) 본제신(하야) 징제서민(하며) 고제삼왕이불류(하며) 건제천
지이불패(하며) 질제귀신이무의(하며) 백세이사성인이불혹(이니라)

고로 천자가 천하를 잘 다스리는 도리는 자신의 덕행을 바탕으로
하고 백성에게 사실로 나타나게 한다. 그러므로 하(夏) · 은(殷) ·
주(周) 3대(代)의 여러 성왕(聖王)에게 계고(稽考)하여도 잘못이
없고, <만물을 생육하는> 하늘과 땅의 도리에도 어긋나지 않으며,
귀신에게 질정(質正)해도 아무런 이의가 없으며, 백세 후에 나타날
성인에게 물어도 아무런 의혹이 없다.

[어구 설명] ○故君子之道(고군자지도) : 고로 천자가 천하를 잘 다스리는 도리.
「군자(君子)」는「천자나 성군(聖君)」의 뜻이다.「도(道)」는「왕도덕치(王道德治)
의 도리」. 바탕은「의례(議禮), 제도(制度), 고문(考文)」이다.
○本諸身(본제신) : 몸을 바탕으로 한다. 즉 자신의 덕행을 바탕으로 한다.
○徵諸庶民(징제서민) : 서민이나 백성에게 나타나는 사실을 징험(徵驗)으로 삼

아야 한다. 백성이 잘살면 잘하는 것이고, 못살면 못하는 것이다.
○考諸三王而不謬(고제삼왕이불류) : 하(夏)·은(殷)·주(周) 3대(代)의 여러
성왕(聖王)에게 계고(稽考)하여도 잘못이 없다.
○建諸天地而不悖(건제천지이불패) : <지성무식(至誠無息)으로 만물을 생육
(生育)하는> 하늘과 땅의 도리 앞에도 어긋나지 않는다. 천지의 도와 일치한다.
○質諸鬼神而無疑(질제귀신이무의) : 귀신에게 질정(質正)해도 아무런 의심이
없다. 즉 인귀(人鬼)와 천신(天神)의 도리와도 일치한다.
○百世以俟聖人而不惑(백세이사성인이불혹) : 백세 후에 나타날 성인에게 물어
도 아무런 의혹이 없다. 백세 후의 성인도 찬성할 것이다.

[集註] (1) 此君子指王天下者而言 其道卽議禮制度 考文之事也 本諸身有其德也 徵諸庶民 驗其所信從也 建立也 立於此而參於彼也.

(1) 「이 군자(君子)」는 천하를 왕도로 다스리는 임금을 말한다. 「그
도(道)」는 즉 「의례(議禮), 제도(制度), 고문(考文)」의 일이다. 「본
제신(本諸身)」은 자기가 덕행을 해야 한다는 뜻이다. 「서민에게
징험(徵驗)한다」는 뜻은 <백성들이 자기를> 믿고 따르는가를 사
실로 징험(徵驗)해 본다는 뜻이다. 「건(建)」은 내세운다는 뜻이다.
<삼중(三重)을> 천지의 도에 맞게 내세우고, <천지화육(天地化
育)에> 동참함이다.

[어구 설명] ○此君子指王天下者而言(차군자지왕천하자이언) : 「이 군자(君子)」
는 천하를 왕도로 다스리는 임금을 말한다. ○其道卽議禮制度考文之事也(기도즉
의례제도고문지사야) : 「그 도(道)」는 즉 「의례(議禮), 제도(制度), 고문(考文)」을
처리하는 도리다. ○本諸身有其德也(본제신유기덕야) : 「본제신(本諸身)」은 자기
가 덕행을 해야 한다는 뜻이다. ○徵諸庶民(징제서민) : 「서민에게 징험(徵驗)한
다」는 뜻은. ○驗其所信從也(험기소신종야) : <백성들이 자기를> 믿고 따르는가
를 사실로 징험(徵驗)해 본다는 뜻이다. ○建立也(건립야) : 「건(建)」은 내세운다
는 뜻이다. ○立於此而參於彼也(입어차이참어피야) : <삼중(三重)을>천지의 도

에 맞게 내세우고 <천지화육(天地化育)에> 참여함이다.

[集註] (2) 天地者道也 鬼神者造化之迹也 百世以俟聖人而不惑 所謂聖人復起 不易吾言者也.

(2)「천지(天地)」는「천지의 도」라는 뜻이다.「귀신(鬼神)」은 곧 <눈에 보이지 않으나> 조화의 흔적이다. 백세 후에 나타날 성인(聖人)도 미혹(迷惑)하지 않을 것이다. 이른바 성인이 다시 나타나도 내 말을 바꾸지 않는다는 뜻이다.

[어구 설명] ㅇ天地者道也(천지자도야) :「천지」는 바로「천지의 도이다」. ㅇ鬼神者造化之迹也(귀신자조화지적야) :「귀신」은「조화의 흔적이다」. ㅇ百世以俟聖人而不惑(백세이사성인이불혹) : 백세 후에 나타날 성인도 망설이지 않고 긍정할 것이다. ㅇ所謂聖人復起 不易吾言者也(소위성인부기 불역오언자야) : 성인이 다시 나타나도 내 말을 바꾸지 않는다는 뜻이다.

중용 제29장 4절 :「知天知人」

質諸鬼神 而無疑 知天也 百世以俟聖人 而不惑 知人也.

질제귀신 이무의(는) 지천야(요) 백세이사성인 이불혹(은) 지인야(니라)

귀신에 질정해도 의아함이 없음은 하늘의 도리를 앎이다. 백세 후의 성인을 기다려 물어도 미혹하지 않음은 사람의 도리를 앎이다.

[어구 설명] ㅇ質諸鬼神 而無疑(질제귀신 이무의) : 귀신에게 질정해도 의아함이 없음은.

ㅇ知天也(지천야) : 하늘의 도리를 알고 다스림이다.

ㅇ百世以俟聖人 而不惑(백세이사성인 이불혹) : 백세 후의 성인을 기다려 물어도 미혹하지 않음은.

ㅇ知人也(지인야) : 사람의 도리를 알고 다스림이다.

[集註] (1) 知天 知人 知其理也.

(1) 「지천(知天), 지인(知人)」은 도리를 안다는 뜻이다.

중용 제29장 5절 : 「爲天下道」

是故君子 動而世爲天下道 行而世爲天下法 言而世爲天下則 遠之則有望 近之則不厭.

시고(로) 군자(는) 동이세 위천하도(이니) 행이세 위천하법(하며) 언이세 위천하칙(이라) 원지즉유망(이오) 근지즉불염(이니라)

그러므로 임금은 움직이면 천하의 도가 되고, 행하면 천하의 법도가 되고, 말하면 천하의 준칙이 된다. 먼 나라도 우러러보고, 이웃 나라도 싫어함이 없느니라.

[어구 설명] ○是故君子(시고군자) : 그러므로 그와 같은 천자나 임금은. <* 군자(君子)는 자리에 있으면서 성인의 도를 따라 덕치(德治)를 하는 천자나 임금.>
○動而世爲天下道(동이세위천하도) : 그의 움직임이 바로 천하의 도가 되고.
○行而世爲天下法(행이세위천하법) : 그의 행함이 바로 천하의 법도가 되고.
○言而世爲天下則(언이세위천하칙) : 그의 말이 바로 천하의 준칙이 된다.
○遠之則有望(원지즉유망) : 먼 나라 사람들도, 그를 우러러 높인다.
○近之則不厭(근지즉불염) : 가까운 신하나 백성 및 이웃도 싫어하지 않는다.

[集註] (1) 動兼言行而言 道兼法則而言 法法度也 則準則也.

(1) 「동(動)」은 언행(言行)을 겸해서 말한 것이다. 「도(道)」는 법칙(法則)을 겸해서 말한 것이다. 「법(法)」은 법도(法度)의 뜻이다. 「칙(則)」은 준칙(準則)의 뜻이다.

[어구 설명] ○動兼言行而言(동겸언행이언) : 「동(動)」은 「언(言)·행(行)」을 겸해서 말한 것이다. ○道兼法則而言(도겸법칙이언) : 「도(道)」는 「법(法)·칙(則)」을 겸해서 말한 것이다. ○法法度也(법법도야) : 「법(法)」은 법도(法度)의 뜻이다. ○則準則也(칙준칙야) : 「칙(則)」은 준칙(準則)의 뜻이다.

중용 제29장 6절 : 「永終譽」

詩曰 在彼無惡 在此無射 庶幾夙夜 以永終譽 君子 未有不如此 而蚤有譽於天下者也.

시왈 재피무오(하며) 재차무역(이라) 서기숙야(하야) 이영종예(라하니) 군자(이) 미유불여차 이조유예어천하자야(니라)

시경(詩經) 주송(周頌) 진로편(振鷺篇)에 있다. 「저기에서도 미워하지 않고, 여기에서도 싫어하지 않는다. 바라노라, 이른 아침부터 밤늦게까지 열심히 해서, 영원히 영광(榮光)과 명예(名譽)를 끝까지 지키고 빛내기를!」 군자로서 이와 같이 하지 않고서는, 일찍이 천하에 이름을 낸 사람이 없었다.

[어구 설명] ○詩曰(시왈) : 시경(詩經) 주송(周頌) 진로편(振鷺篇).

○在彼無惡(재피무오) : 저기에서도 미워하지 않는다.

○在此無射(재차무역) : 여기에서도 싫어하지 않는다. 「射(싫어할 역)」

○庶幾(서기) : 「……하기를 바란다」. 「아마 ……에 가깝다」.

○夙夜(숙야) : 이른 아침부터 밤늦게까지.

○以永終譽(이영종예) : 영원히 영광(榮光)과 명예(名譽)를 빛내다.

○君子未有不如此(군자미유불여차) : 군자는 이와 같이 하지 않고서는.

○而蚤有譽於天下者也(이조유예어천하자야) : 일찍이 천하에 이름을 낸 사람이. <없었다.> <* 앞의 미유(未有)가 여기까지 걸린다.>

[集註] (1) 詩周頌振鷺之篇 射厭也 所謂此者 指本諸身以下六事而言.

(1) 시경(詩經) 주송(周頌) 진로편(振鷺篇)의 시다. 「역(射)」은 「싫어하다」의 뜻이다. 이른바 「차(此)」는 「본제신(本諸身)」 다음의 여섯 가지 일을 지적한다.

[어구 설명] ○詩周頌振鷺之篇(시주송진로지편) : 시경(詩經) 주송(周頌) 진로편

(振鷺篇)의 시다. ○射厭也(역염야) : 「역(射)」은 「싫어하다」의 뜻이다. ○所謂此者(소위차자) : 「차(此)」는. ○指本諸身以下六事而言(지본제신이하륙사이언) : 「본제신(本諸身)」 다음의 여섯 가지 일을 지적한다. <즉 「본제신(本諸身), 징제서민(徵諸庶民), 고제삼왕이불류(考諸三王而不謬), 건제천지이불패(建諸天地而不悖), 질제귀신이무의(質諸鬼神而無疑), 백세이사성인이불혹(百世以俟聖人而不惑)」>

[설명주] (1) 右第二十九章 承上章 居上不驕而言 亦人道也.

(1) 이상이 제29장이다. 앞의 장을 이어받고 「위에 있으면서 거만하지 말라」를 풀이한 말이다. 역시 인도(人道)다.

[참고 보충] 「왕도덕치의 우주적 의의」

<1> 「제29장」의 대의를 요약하면 대략 다음같이 된다.

1절 : 「삼중(三重)」으로 다스려야 허물이 적다.(有三重 其寡過)」

2절 : 선(善)이 징험(徵驗)으로 나타나야, 만민이 믿고 따르고 존경한다. 안 그러면 만민이 믿고 따르지 않는다.(不信 民弗從)」

3절 : 「천자나 임금은 몸소 덕을 세우고 만민에게 사실로 나타내야 한다.(君子之道 本諸身 徵諸庶民)」「천지(天地), 귀신(鬼神), 성인(聖人)」이 찬동해야 한다.

4절 : 결국 천도(天道)와 인도(人道)가 하나 되어야 한다.

5절 : 그러므로 「천자나 임금의 언행(言行)은 천하 만민의 행동 규범이 되고, 따라서 존경을 받게 된다.(爲天下道 爲天下法 遠之則有望 近之則不厭)」

<2> 이상과 같은 경지는 결국 성인(聖人)의 왕도덕치(王道德治)가 우주적인 차원에서 역사적으로나 세계적으로나 공인되고 존경을 받는다는 뜻이다.

[참고 보충] 「예법(禮法)·제도(制度)·문자(文字)의 통일」

<1> 대학의 「평천하(平天下)」를 중용에서는 「중화(中和)」라고 했다.

<2> 가정에서는 아버지를 중심하고 하나로 뭉쳐야 한다. 국가에서는 군주를 중심하고 하나로 뭉쳐야 한다. 천하에서는 천자를 중심하고 하나로 뭉쳐야 한다. 그러므로 천자는 천도를 따라 「예법·제도·문자」를 통일해야 한다. 그래야 사람들이 같은 문화제도 밑에서 하나가 될 수 있다.

中庸 제30장 (총3절)

1절 仲尼 祖述堯舜 憲章文武 上律天時 下襲水土.

2절 辟如天地之無不持載 無不覆幬 辟如四時之錯行 如日月之
代明.

3절 萬物竝育而不相害 道竝行而不相悖 小德川流 大德敦化
此天地之所以爲大也.

 * 제30장은 공자(孔子)가 「요순(堯舜)의 도(道)」를 조술(祖述)하고,
「문무(文武)의 법(法)」을 헌장(憲章)하여 도통(道統)의 가르침을 세상
에 밝혔음을 기술했다.

중용 제30장 1절 : 「祖述堯舜」

仲尼 祖述堯舜 憲章文武 上律天時 下襲水土.

중니(는) 조술요순(하시고) 헌장문무(하시며) 상률천시(하시고) 하습수토(하시니
라)

중니(仲尼)가 요순의 도를 조술(祖述)하고, 문왕 무왕의 법을 헌장
(憲章)하고, 위로는 하늘의 때를 법으로 삼고, 아래로는 지리를 따
랐다.

[어구 설명] ㅇ仲尼(중니) : 공자(孔子). 자(字)가 중니(仲尼).
ㅇ祖述堯舜(조술요순) : 요임금·순임금의 도나 도리를 근본으로 삼고 풀었다.
「조술(祖述)」은 「계승하고 더욱 발전하게 한다」는 뜻이 포함되어 있다.
ㅇ憲章文武(헌장문무) : 「헌장(憲章)」은 「법으로 삼고 높이 내세우다」. 즉 주(周)
나라 문왕(文王)과 무왕(武王)이 제정한 예악(禮樂), 문물(文物), 교령(敎令), 제도
(制度) 등을 당시의 나라가 따르라고 선양(宣揚)했다.
ㅇ上律天時(상률천시) : 위로는 천도(天道)와 사계절(四季節), 즉 자연의 도리를
율법(律法)으로 삼고 지키다.
ㅇ下襲水土(하습수토) : 아래로는 지형(地形)과 지리(地理), 기후(氣候)와 풍토

(風土), 토양(土壤)과 수질(水質) 등을 바탕으로 하고 농업이나 목축 어업 등의 생산과 풍습을 잘 어울리게 제정했다. 「습(襲)」은 「바탕으로 하고 이루다」의 뜻. 「수토(水土)」는 「산천강하(山川江河)의 지세, 혹은 자연의 풍토」라는 뜻도 있다.

[集註] (1) 祖述者 遠宗其道 憲章者 近守其法 律天時者 法其自然之運 襲水土者 因其一定之理 皆兼內外該本末而言也.

(1) 「조술(祖述)」은 「먼 옛날의 도를 으뜸으로 삼는다」는 뜻이다. 「헌장(憲章)」은 「가까운 주나라의 법률을 지키고 따른다」는 뜻이다. 「율천시(律天時)」는 「자연의 운행과 운세를 법도로 삼는다」는 뜻이다. 「습수토(襲水土)」는 「산천지형(山川地形)의 일정한 도리를 바탕으로 하고 따른다」는 뜻이다. 「모두 다 내외(內外)를 겸하고, 본말(本末)을 포함해서 맞게 한다」는 뜻이다.

[어구 설명] ○祖述者 遠宗其道(조술자 원종기도) : 「조술(祖述)」은 「먼 옛날의 도를 으뜸으로 삼는다」는 뜻이다. ○憲章者 近守其法(헌장자 근수기법) : 「헌장(憲章)」은 「가까운 주(周)나라의 법률을 지키고 따른다」는 뜻이다. ○律天時者 法其自然之運(율천시자 법기자연지운) : 「율천시(律天時)」는 「자연의 운행과 운세를 법도로 삼는다」는 뜻이다. ○襲水土者 因其一定之理(습수토자 인기일정지리) : 「습수토(襲水土)」는 「산천지형(山川地形)의 일정한 도리를 바탕으로 하고, 또 따른다」는 뜻이다. ○皆兼內外該本末而言也(개겸내외해본말이언야) : 「다 내외(內外)를 겸하고 본말(本末)을 포함해서 맞게 한다」는 뜻을 말한 것이다.

중용 제30장 2절 : 「聖人之德」

辟如天地之無不持載　無不覆幬　辟如四時之錯行 如日月之代明.

비여천지지무부지재(하며) 무불부도(하며) 비여사시지착행(하며) 여일월지대명(이니라)

비유하면 하늘과 땅이 만물을 받치고 실어주고, 또 덮고 보호해

주지 않음이 없음과 같다. 비유하면 사계절이 바뀌어 나감과 같고, 해와 달이 바뀌면서 낮과 밤이 교체함과 같다.

[어구 설명] ㅇ辟如(비여) : 비유하면 ……와 같다. 「辟(임금 벽)=譬(비유할 비)」 ㅇ天地之無不持載 無不覆幬(천지지무부지재 무불부도) : 하늘과 땅이 만물을 받치고 실어주고, 또 덮고 보호해 주지 않음이 없음과 같다. 「지재(持載)」는 「땅이 만물을 받쳐들고, 땅 위에서 살고 자라게 한다」는 뜻. 「부도(覆幬)」는 「하늘이 땅과 지상의 만물을 덮어 감싸고, 살아 번식하게 해준다」는 뜻. 「覆(뒤집힐 복)」을 여기서는 「덮을 부」로 읽는다. 「幬(휘장 주)」를 여기서는 「덮을 도」로 읽는다.

ㅇ辟如四時之錯行(비여사시지착행) : 비유하면 사계절이 바뀌어 나감과 같다.
ㅇ如日月之代明(여일월지대명) : 해와 달이 바뀌어 밝히면서, 낮과 밤이 교체함과 같다.

[集註] (1) 錯猶迭也 此言聖人之德.

(1) 「착(錯)」은 「갈마들다(迭)」의 뜻이다. 이는 성인의 덕을 말한 것이다.

[어구 설명] ㅇ錯猶迭也(착유질야) : 「착(錯)」은 「갈마들 질(迭)」과 같다. ㅇ此言聖人之德(차언성인지덕) : 이 구절은 성인의 덕을 말한 것이다.

중용 제30장 3절 : 「萬物竝育」

萬物竝育 而不相害 道竝行 而不相悖 小德川流 大德敦化 此天地之所以爲大也.

만물(이) 병육 이불상해(하며) 도병행 이불상패(라) 소덕(은) 천류(이오) 대덕(은) 돈화(이니) 차(이) 천지지소이위대야(니라)

<우주 천지에는> 자연 만물이 다 함께 자라나고 있다. 그러나 서로 해치지 않는다. 도나 도리가 함께 행해지고 나가지만, 서로 반대하고 어긋나지 않는다. 「소덕(小德)」은 냇물처럼 저마다 흐르고, 「대덕(大德)」은 <천지 자연 만물을> 돈독하고 후하게 조화하고 살아

번성하게 한다. 그러니깐, 천지를 위대하다고 말하는 것이다.

[어구 설명] ㅇ萬物竝育(만물병육) : 자연 만물이 다 함께 자란다.
ㅇ而不相害(이불상해) : 그러나 서로 해치지 않는다.
ㅇ道竝行 而不相悖(도병행 이불상패) : 도나 도리가 함께 행해지고 나가지만
서로 반대하고 어긋나지 않는다.
ㅇ小德川流(소덕천류) : 「소덕(小德)」은 냇물처럼 저마다 흐르고.
ㅇ大德敦化(대덕돈화) : 「대덕(大德)」은 <천지 자연 만물을> 돈독하고 후하게
조화(造化)하고, 살아서 번성하게 한다.
ㅇ此天地之所以爲大也(차천지지소이위대야) : 이것이 천지를 위대하게 만든다.
그런 까닭으로 천지가 위대한 것이다.

[集註] (1) 悖猶背也 天覆地載 萬物並育於其間 而不
相害 四時日月 錯行代明而不相悖.

(1) 「패(悖)」는 「어긋나다[背]」와 같은 뜻이다. 하늘은 덮어주고
땅은 실어준다. 만물이 그 사이에 함께 자라나지만 서로 해치지
않는다. 춘하추동(春夏秋冬) 사계절과 해와 달이 서로 바뀌어 나가
고 밝히지만, 서로 어긋나지 않는다.

[어구 설명] ㅇ悖猶背也(패유배야) : 「패(悖)」는 「어긋나다[背]」와 같은 뜻이다.
ㅇ天覆地載(천복지재) : 하늘이 덮어주고 땅이 실어주다. ㅇ萬物並育於其間(만물
병육어기간) : 만물이 하늘과 땅 사이에 함께 자라지만. ㅇ而不相害(이불상해) :
서로 해치지 않는다. ㅇ四時日月(사시일월) : 춘하추동(春夏秋冬) 사계절과, 해와
달, 날과 달이. ㅇ錯行代明而不相悖(착행대명이불상패) : 서로 바뀌어 나가고 교대
로 밝지만, 서로 어긋나지 않는다.

[集註] (2) 所以不害不悖者 小德之川流 所以並育並
行者 大德之敦化 小德者 全體之分 大德者 萬殊之本.

(2) 서로 해치지 않고 어긋나지 않으므로 「소덕(小德)」이 냇물처럼
흐른다. 함께 자라고 함께 나가기 때문에 「대덕(大德)」이 돈독하게

<만물을> 조화한다. 「소덕(小德)」은 전체에서 나누어진 부분이고, 「대덕(大德)」은 만물의 근본이다.

[어구 설명] ○所以不害不悖者(소이불해불패자) : 서로 해치지 않고 어긋나지 않으므로. 「소이(所以)」는 「그런 까닭에」로 풀이한다. ○小德之川流(소덕지천류) : 「소덕(小德)」은 작은 냇물처럼 흐르므로. ○所以並育並行者(소이병육병행자) : 함께 자라고 함께 나간다. ○大德之敦化(대덕지돈화) : 「대덕(大德)」은 <만물을> 돈독하게 조화한다. ○小德者 全體之分(소덕자 전체지분) : 「소덕(小德)」은 전체를 나누어서. <자라게 한다.> ○大德者 萬殊之本(대덕자 만수지본) : 「대덕(大德)」은 만물의 근본이다.

[集註] (3) 川流者 如川之流 脈絡分明 而往不息也 敦化者 敦厚其化 根本盛大 而出無窮也 此言天地之道 以見上文取譬之意也.

(3) 「천류(川流)」는 냇물의 흐름과 같이 물줄기가 분명하며, 쉬지 않고 흘러간다. 「돈화(敦化)」는 그 조화가 돈독하고 후하며 <천지 만물의> 근본이 성대함으로 <만물을 낳고 키우는 조화가> 끝없이 나타난다. 이는 곧 천지의 도를 말함으로써 앞의 글에서 비유한 것의 본의(本意)를 밝힌 것이다.

[어구 설명] ○川流者 如川之流(천류자 여천지류) : 「천류(川流)」는 냇물의 흐름과 같이. ○脈絡分明 而往不息也(맥락분명 이왕불식야) : 저마다의 물줄기가 분명하며, 쉬지 않고 흘러간다. ○敦化者 敦厚其化(돈화자 돈후기화) : 「돈화(敦化)」는 그 조화가 돈독하고 후하며. ○根本盛大 而出無窮也(근본성대 이출무궁야) : <천지 만물의> 근본이 성대함으로 <만물을 낳고 키우는 조화가> 끝없이 나타난다. ○此言天地之道(차언천지지도) : 이는 곧 천지의 도를 말함으로써. ○以見上文取譬之意也(이견상문취비지의야) : 앞의 글에서 비유한 것의 본의(本意)를 밝힌 것이다.

[설명주] (1) 右第三十章 言天道也.

(1) 이상이 제30장이다. <만물을 창조하고 발전케 하는> 하늘의 도리, 즉 천도를 말한 것이다.

[참고 보충] 「우주의 생명력」=「성(誠)」

<1> 공간(空間)을 우(宇)라 하고, 시간(時間)을 주(宙)라고 한다. 우주(宇宙)는 공간과 시간을 통합한 개념이다. 눈에 보이는 체(體)가 없다. 이를 한마디로 「천(天)」이라고 한다. 그리고 「우주의 이법(理法)」을 「천도(天道)」라고 한다.

<2> 우주는 하나의 큰 생명체(生命體)다. 자연 만물은 우주적 존재로 우주의 힘으로 생육화성(生育化成)을 끝없이 되풀이한다. 이를 역경(易經)에서는 「생생불이(生生不已)」라고 한다.

<3> 이와 같이 만물을 낳고 키우고 번성케 하는 힘의 근원을 오늘의 과학에서는 「우주의 에너지」라고 한다.

<4> 이를 중용(中庸)에서는 「성(誠)」이라 했다. 「중용 제20장 17절」에 있다. 「성자 천지도(誠者 天之道)」. 이는 곧 「우주적 에너지, 즉 생명력을 바탕으로 진실무망(眞實無妄)하게 만물을 낳고 키우는 것이 바로 하늘, 혹은 하늘의 도리」라는 뜻이다.

<5> 그와 같은 「성(誠)을 성실하게 받들고 따르는 것이 사람의 도리다」. 그래서, 「성지자 인지도야(誠之者 人之道也)」라고 했다.

<6> 「중용 제30장」에서 말한 바, 「공자(孔子)가 계승한 도통(道統)」은 곧 「하늘과 땅이 어울려 만물을 끝없이 생육(生育)하는 우주의 도리이며, 동시에 그 도리를 따르고 실천해서 얻는 덕(德)이다. 이를 천도(天道) 지덕(地德)이라고도 한다. 하늘은 만물을 덮고, 땅은 만물을 싣고 생육한다.(天覆地載)」

[참고 보충] 「소덕(小德)과 대덕(大德)」

<1> 자연 만물은 「우주의 에너지=생명력」에서 태어나 번성한다.

<2> 만물은 개별적 존재로 생존 활동한다. 즉 시간과, 형상, 기능이 저마다 다르다.

<3> 이와 같은 개별적이고 분립된 존재를 여기서는 「소덕(小德)」이라 했다. 즉 우주(宇宙)에서, 작은 일부를 얻어 가지고 분립되어 있는 물건을 「소덕」이라고 한 것이다.

<4> 한편 공간적으로 무한하고 시간적으로 무궁하며, 만물을 낳고 키워주는 「전체 우주(全體宇宙)」를 「대덕(大德)」이라고 한 것이다. 공자와 자사의 사상은 참으

로 위대하다. 그 위대한 사상을 현대적으로 이해해야 한다.

[참고 보충] 「만물병육(萬物竝育) 도병행(道竝行)」

<1> 자연 만물은 「우주의 에너지=생명력」을 바탕으로 하늘 땅 사이에서 생육(生育)한다. 이 때에 눈에 보이지 않는 형이상의 도리, 혹은 자연법칙을 통틀어 천도(天道)라고 한다.

<2> 지상에 눈에 보이게 나타나고 변화하는 만물과, 그들에 의해서 발생하는 모든 현상을 통틀어 지덕(地德)이라고 한다. 「덕(德)」은 「얻을 득(得)」과 뜻이 통한다. 즉 「도(道)」를 따르고 행해서 얻은 「좋은 성과」를 「덕」이라 한다.

<3> 그러므로 땅 위에서 살고, 또 번식하는 식물 동물 사람 기타 만물은 다 천도(天道)를 따라 지덕(地德)을 누리고 있는 것이다. 천도를 따르지 않으면 지덕도 없게 된다.

<4> 무한한 공간과 무궁한 시간을 통합한 것이 하늘(天), 즉 우주(宇宙)다. 그러므로 우주에는 삼라만상이 다 살고 저마다의 삶을 누리고, 저마다 번식하고 있다. 그래서 「만물이 함께 자라고, 서로 해치지 않는다.(萬物竝育 不相害)」고 말한 것이다. 이것도 하늘의 도리다.

<5> 그런데 악한 사람이나 나쁜 나라는 자연을 파괴하고, 남의 나라를 무력으로 침공하고, 남의 재물을 탈취하고, 혼자만의 탐욕을 채우고 있다. 이는 천도를 어기는 죄악이다 <* 그래서 오늘의 인류세계는 위기에 빠져 있는 것이다.>

<6> 거듭 강조하겠다. 인간과 만물은 모두 「우주의 에너지=생명력」에 의해서 태어나 살고 있다. 근본은 하나다. 그러나 저마다 각기 다른 본성과 도리를 따라 살고 있다. 그래서 「만물의 도리는 저마다 다르지만 함께 나가고 서로 해치지 않는다.(道竝行 不相害)」라고 한다.

[참고 보충] 「성인의 덕(聖人之德)」

<1> 「성인지덕(聖人之德)」은 곧 인류대동(人類大同)의 하나의 평화세계(平和世界)를 창건하는 것이다. 이를 「30장 2절」에서 다음같이 말했다.

<2> 「하늘이 만물을 덮고 보호하고 살아 번식하게 함과 같다.(辟如天地之無不持載 無不覆幬)」 계절과 낮과 밤이 교체하고 시간과 세월이 흐름에 따라, 천지 만물이 더욱 번식하고 인류 문화도 발전한다. 이를 「비여사시지착행 여일월지대명(辟如四時之錯行 如日月之代明)」이라고 했다.

中庸 제31장 (총4절)

1절 唯天下至聖 爲能聰明睿知 足以有臨也 寬裕溫柔 足以有
容也 發强剛毅 足以有執也 齊莊中正 足以有敬也 文理密
察 足以有別也.

2절 溥博淵泉 而時出也.

3절 溥博如天 淵泉如淵 見而民莫不敬 言而民莫不信 行而民
莫不說.

4절 是以聲名洋溢乎中國 施及蠻貊 舟車所至 人力所通 天之
所覆 地之所載 日月所照 霜露所隊 凡有血氣者 莫不尊親
故曰配天.

* 제31장은 「지성선사(至聖先師) 공자(孔子)」를 「하늘과 짝지어서(配
天)」 높인 글이다. 절을 나누어 설명하겠다. 1절 : 공자는 하늘이 내린
지성(至聖)이다. 천성으로 「총명예지(聰明睿知)」한 그는 인의예지(仁
義禮智)의 덕(德)을 갖추고 천하를 교화(敎化)했다. 2절 : 공자의 「지덕
(知德)」은 샘이 솟아, 큰 못을 이룬 것처럼 뿌리깊고, 천지처럼 넓고
두터우며 때에 맞게 발현했다. 3절 : 그래서 만민이 공경하고, 믿고,
좋아했다. 4절 : 공자의 명성은 중국만이 아니라, 온 세계 만민에게 뻗고
퍼진다. 그래서 공자를 하늘에 비기고 짝하는 것이다.

중용 제31장 1절 : 「唯天下至聖」

唯天下至聖 爲能聰明睿知 足以有臨也 寬裕溫柔 足以有容也 發强剛毅 足以有執也 齊莊中正 足以有敬也 文理密察 足以有別也.

유천하지성(이) 위능총명예지(이) 족이유림야(이니) 관유온유(이) 족이유용야(이
며) 발강강의(이) 족이유집야(이며) 제장중정(이) 족이유경야(이며) 문리밀찰(이)
족이유별야(니라)

오직 천하의 지극한 성인만이 능히 총명과 예지로 아랫사람, 즉

백성에게 임할 수 있다. 관용과 온유한 태도로 족히 <모든 사람들을> 포용할 수 있다. 강함을 발휘하고 굳세고 의연한 태도로 족히 정의를 고집할 수 있다. 단정하고 장중하고, 중정(中正)한 태도로, 족히 <모든 사람에게> 예(禮)를 차리고 공경할 수 있다. 학문이나 글의 문리를 세밀하게 살피고 족히 사물의 도리를 분별할 수 있다.

[어구 설명] ○唯天下至聖(유천하지성) : 오직 천하의 지극한 성인만이.
○爲能聰明睿知(위능총명예지) : 총명하고 예지로써 …… 할 수 있다.
○足以有臨也(족이유림야) : 족히 아랫사람, 즉 백성에게 임할 수 있다.
○寬裕溫柔 足以有容也(관유온유 족이유용야) : 관용과 온유한 태도로써 족히 <모든 사람들을> 포용할 수 있다.
○發強剛毅 足以有執也(발강강의 족이유집야) : 강함을 발휘하고 굳세고 의연한 태도로써, 족히 정의를 굳게 지킬 수 있다.
○齊莊中正 足以有敬也(제장중정 족이유경야) : 단정하고 장중하고, 중정(中正)한 태도로써, 족히 <모든 사람에게> 예(禮)를 차리고 공경할 수 있다.
○文理密察 足以有別也(문리밀찰 족이유별야) : 학문이나 글의 문리를 세밀하게 살피고, 족히 사물의 도리를 분별할 수 있다.

[集註] (1) 聰明睿知 生知之質 臨謂居上 而臨下也 其下四者 乃仁義禮智之德 文文章也 理條理也 密詳細也 察明辨也.

(1) 「총명예지(聰明睿知)」는 태어나면서부터 아는 사람의 자질이다. 「임(臨)」은 「윗자리에 올라, 아랫사람에게 임한다」는 뜻이다. 그 아래의 네 구절은, 곧 「인의예지」의 덕을 말한다. 「문(文)」은 문장의 뜻이다. 「이(理)」는 조리(條理)의 뜻이다. 「밀(密)」은 자세하고 세밀한 뜻이다. 「찰(察)」은 밝게 분별한다는 뜻이다.

[어구 설명] ○聰明睿知 生知之質(총명예지 생지지질) : 「총명예지」는 태어나면서부터 아는 사람의 자질이다. ○臨謂居上 而臨下也(임위거상 이림하야) : 「임(臨)」은 「윗자리에 올라, 아랫사람에게 임한다」는 뜻이다. ○其下四者(기하사자) : 그

아래의 네 구절은. ○乃仁義禮智之德(내인의예지지덕) : 곧 「인의예지」의 덕을 말한다. ○文文章也(문문장야) : 「문(文)」은 문장의 뜻이다. ○理條理也(이조리야) : 「이(理)」는 조리(條理)의 뜻이다. ○密詳細也(밀상세야) : 「밀(密)」은 자세하고 세밀한 뜻. ○察明辨也(찰명변야) : 「찰(察)」은 밝게 분별한다는 뜻이다.

중용 제31장 2절 : 「溥博淵泉」

溥博淵泉 而時出之.

보박연천(하야) 이시출지(니라)

<성인의 지극한 지(知)와 덕(德)이> 두루 돌고 넓게 퍼지고 깊은 못에서 샘솟듯이 솟아 나온다. 그리고 때맞추어 나타난다.

[어구 설명] ○溥博淵泉(보박연천) : <성인의 지극한 지(知)와 덕(德)이> 두루 돌고 넓게 퍼지고 깊은 못에서 샘솟듯이 솟아 나온다. 「溥(넓을 보)」
○而時出之(이시출지) : 그리고, 때맞추어 나타난다. 시중(時中)한다.

[集註] (1) 溥博周徧而廣濶也 淵泉靜深而有本也 出發見也 言五者之德 充積於中 而以時發見於外.

(1) 「보박(溥博)」은 두루 미치고 넓게 퍼져 나간다는 뜻이다. 「연천(淵泉)」은 <성인의 덕이> 고요하고 깊고 뿌리가 있다는 뜻이다. 「출(出)」은 밖으로 나타나 발현한다는 뜻이다. 「다섯 가지 덕」<즉 「총명예지(聰明睿知)」와 「인의예지(仁義禮智)」가> 속에 깊이 차고 쌓여 때맞추어 적절하게 밖으로 발현함을 말한 것이다.

[어구 설명] ○溥博周徧而廣濶也(보박주편이광활야) : 「보박(溥博)」은 두루 미치고 넓게 퍼져 나간다는 뜻이다. ○淵泉靜深而有本也(연천정심이유본야) : 「연천(淵泉)」은 <성인의 덕이> 고요하고 깊고 뿌리가 있다는 뜻이다. ○出發見也(출발현야) : 「출(出)」은 밖으로 나타나 발현한다는 뜻이다. ○言五者之德(언오자지덕) : 「다섯 가지 덕」. 즉 「총명예지(聰明睿知)」와 「인의예지(仁義禮智)」의 다섯 가지. ○充積於中(충적어중) : 속에서 깊이 차고 쌓여 가지고. ○而以時發見於外(이이시발현어외) : 때맞추어 적절하게 밖으로 발현한다는 뜻을 말한 것이다.

중용 제31장 3절 : 「民莫不敬」

溥博如天 淵泉如淵 見而民莫不敬 言而民莫不信 行而民莫不說.

보박(은) 여천(하고) 연천(은) 여연(이라) 현이민막불경(하며) 언이민막불신(하며) 행이민막불열(이니라)

성인의 덕이 두루 돌고 넓게 퍼짐이 마치 하늘과 같고, 또 성인의 덕이 깊은 못의 샘처럼 솟아 나와서 넓은 못같이 고인다. 성인의 덕이 발현하면, 만민이 공경하지 않음이 없고, 성인의 덕을 말로 하면, 만민이 믿지 않음이 없고, 성인이 행하면 만민이 기뻐하지 않음이 없다.

[어구 설명] ○溥博如天(보박여천) : 성인의 덕이 두루 돌고 넓게 퍼짐이 마치 하늘 같다.

○淵泉如淵(연천여연) : 성인의 덕이 못의 샘물처럼 솟아 나와 크고 깊은 못같이 고인다.

○見而民莫不敬(현이민막불경) : 성인의 덕이 발현하면 만민이 공경하지 않음이 없다.

○言而民莫不信(언이민막불신) : 성인이 덕을 말로 하면 만민이 믿지 않음이 없다.

○行而民莫不說(행이민막불열) : 성인이 덕을 행하면 만민이 기뻐하지 않음이 없다.

[集註] (1) 言其充積極其盛 而發見當其可也.

(1) 성인의 덕이 충만하고 쌓여서 그 성대함이 극을 이루었으며, 따라서 발현함이 당연함을 말한 것이다.

[어구 설명] ○言其充積極其盛(언기충적극기성) : 성인의 덕이 충만하고 쌓여서 그 성대함이 극을 이루었다. ○而發見當其可也(이발현당기가야) : 따라서 발현함이 당연하고 옳음을 말한 것이다.

중용 제31장 4절 : 「故曰配天」

是以 聲名洋溢乎中國 施及蠻貊 舟車所至 人力所通 天之所覆 地之所載 日月所照 霜露所隊 凡有血氣者 莫不尊親 故曰配天.

시이(로) 성명(이) 양일호중국(하야) 이급만맥(하야) 주거소지(와) 인력소통(과) 천지소부(와) 지지소재(와) 일월소조(와) 상로소추(에) 범유혈기자(이) 막부존친(하니) 고왈배천(이니라)

그런 고로 성인, 즉 공자의 명성이 중국에 넘쳐 퍼지고 오랑캐나 야만 민족이 사는 지방에까지 미치고 뻗는다. 배나 수레가 갈 수 있는 곳, 사람의 힘으로 갈 수 있는 곳, 하늘이 덮고 있는 곳, 땅이 싣고 있는 곳, 해와 달이 비치는 모든 곳, 서리와 이슬이 내리는 곳, <지상세계 어디에서나> 모든 혈기를 가진 사람은, 공자를 존경하고 친애하지 않는 사람이 없다. 그러므로 공자를 하늘에 비기고, 하늘과 짝한다고 말하는 것이다.

[어구 설명] ㅇ聲名洋溢乎中國(성명양일호중국) : 성인, 즉 공자의 명성이 중국(中國)에 넘쳐 퍼지고 「중국」은 황하(黃河) 일대의 모든 나라. 중원(中原), 중하(中夏), 중토(中土)라고도 한다.

ㅇ施及蠻貊(이급만맥) : 오랑캐나 야만 민족이 사는 지방에까지 미친다. 「施(뻗을 이), 蠻(오랑캐 만), 貊(북방 종족 맥)」

ㅇ舟車所至(주거소지) : 배나 수레가 갈 수 있는 곳.

ㅇ人力所通(인력소통) : 사람의 힘으로 통하고 갈 수 있는 곳.

ㅇ天之所覆(천지소부) : 하늘이 덮은 곳, 하늘 아래의 지상세계.

ㅇ地之所載(지지소재) : 땅이 싣고 있는 곳, 즉 지상세계.

ㅇ日月所照(일월소조) : 해와 달이 비치는 모든 곳.

ㅇ霜露所隊(상로소추) : 서리와 이슬이 내리는 모든 곳. 「隊=墜(떨어질 추)」

ㅇ凡有血氣者(범유혈기자) : 모든 혈기를 가진 사람.

ㅇ莫不尊親(막부존친) : 공자(孔子)를 존경하고 친애하지 않는 사람이 없다.
ㅇ故曰配天(고왈배천) : 그러므로 공자를 하늘에 짝한다고 말한다.

[集註] (1) 舟車所至以下 蓋極言之 配天言其德之所及 廣大如天也.

(1)「주거소지(舟車所至)」다음의 글은 <성인의 명성이 미치는 지역을> 대충해서 극단적으로 말한 것이다.「배천(配天)」이라고 한 말은 성인의 덕이 미치는 범위나 지역이 광대하기가 하늘처럼 넓고 크다는 뜻이다.

[어구 설명] ㅇ舟車所至以下(주거소지이하) :「주거소지(舟車所至)」다음의 글은. <성인의 명성이 미치는 곳을> ㅇ蓋極言之(개극언지) : 대충해서 극단적으로 말한 것이다. ㅇ配天言其德之所及(배천언기덕지소급) :「배천(配天)」이라고 한 것은 성인의 덕이 미치는 범위나 지역이. ㅇ廣大如天也(광대여천야) : 광대하기가 하늘처럼 넓고 크다는 뜻이다.

[설명주] (1) 右第三十一章 承上章而言小德之川流 亦天道也.

(1) 이상이 제31장이다. 앞의 장을 받고,「소덕천류(小德川流)」에 대해서 말한 것이다. 역시 천도(天道)이다.

[참고 보충]「보박(溥博)·연천(淵泉)·배천(配天)」

<1>「하늘과 땅이 성실하게 만물을 낳고 자라게 하는 우주의 생명력과 그 도리는 잠시도 쉴 때가 없다. 쉬지 않으므로 오래 쌓이고, 오래 쌓이면 나타나게 마련이다.(至誠無息 不息則久 久則徵)」

<2> 성인(聖人)은「지성무식(至誠無息)」한다. 그러므로 성인의 덕은「하늘처럼 두루 돌고, 넓게 퍼지며(溥博如天)」,「못에서 솟아 나오는 샘물처럼, 쉬지 않고 나와 깊고 넓은 못에 가득 차 있다.(淵泉如淵)」

<3> 성인의 덕은 때맞추어 나타난다. 그래서 만민이 공경하고, 믿고, 또 기뻐하게 마련이다. 만물을 생육화성(生育化成)하는 천지의 대덕이 바로 성인의 덕이다. 그래서 다음 구절에서 하늘에 짝한다고 했다.

中庸 제32장 (총3절)

1절 唯天下至誠 爲能經綸天下之大經 立天下之大本 知天地之
　　化育 夫焉有所倚.
2절 肫肫其仁 淵淵其淵 浩浩其天.
3절 苟不固 聰明聖知 達天德者 其孰能知之.

* 앞의 장, 제31장에서 공자(孔子)의 지성(至聖)을 논하고, 이 장 제32
장에서는 공자의 지성(至誠)을 논했다. 앞의 장에서 공자가 「총명예지
(聰明睿知)」와 「인의예지(仁義禮智)」의 사덕(四德)으로 천하 만민을
교화했음을 말했으며, 그것을 「소덕천류(小德川流)」라 했다. 이 장에서
는 「공자가 지극한 정성(精誠), 즉 지성(至誠)으로 만물을 독실하게 화
육(化育)한다」는 뜻의 「대덕돈화(大德敦化)」를 논했다. 절을 따라, 간
단히 설명하겠다. 1절 : 천하에서 가장 지성(至誠)된 사람, 공자가 윤리
도덕을 바르게 잡고, 사람의 본성 속의 천리를 바르게 세우고, 천지의
화육(化育)에 동참했다. 2절 : 공자의 인덕(仁德)은 하늘처럼 넓고, 또
고요한 못처럼 깊다. 3절 : 공자는 천성으로 타고난 「총명성지(聰明聖
知)」와 「지극한 정성, 즉 지성(至誠)」으로 「천지 대덕(天地大德)」의 높
은 경지에 도달했다.

중용 제32장 1절 : 「天下至誠」

唯天下至誠 爲能經綸天下之大經 立天下之大本 知天地之化育 夫焉有所倚.

유천하지성(이아) 위능경륜천하지대경(하며) 입천하지대본(하며) 지천지지화육
(이니) 부언유소의(리오)

천하에서 가장 지성(至誠)한 공자(孔子)만이 천하의 대경(大經)이
되는 오상(五常)을 바르게 다스릴 수 있다. 천하의 대본(大本)이
되는 본성의 성리(性理)를 온전하게 세울 수 있다. 또 천지 화육(化
育)의 도리를 알고 행할 수 있다. 어찌 다른 것을 의지하겠는가.

[어구 설명] ○唯天下至誠(유천하지성) : 오직 천하에서 가장 지성(至誠)한 사람,
즉 공자(孔子)만이.

○爲能經綸天下之大經(위능경륜천하지대경) : 천하의 대경(大經)을 바로잡고
다스릴 수 있다. 주자(朱子)는 「대경」을 「오상(五常) 인륜(人倫)」이라 했다.

○立天下之大本(입천하지대본) : 천하의 대본(大本)을 바로 세운다. 주자는 「대
본」을 「본성 속에 주어진 천리의 전체(所性之全體)」라고 주를 달았다.

○知天地之化育(지천지지화육) : 천지의 화육(化育)을 알고 행한다.

○夫焉有所倚(부언유소의) : 어찌 <다른 것을> 의지하겠는가. 오직 지성(至誠)
만을 의지하고 행한다.

<* 「경륜(經綸)」은 「국사(國事)나 정치를 바르게 다스린다」는 뜻이다. 그러나 본
래 경륜은 길쌈할 때의 용어다. 실을 추리고 나누는 것을 「경(經)」이라 하고, 비슷
한 실을 견주어 합하는 것을 「윤(綸)」이라 한다.>

[集註] (1) 經綸 皆治絲之事 經者理其緒 而分之 綸者比其類 而合之也 經常也 大經者 五品之人倫 大本者 所性之全體也.

(1) 「경륜(經綸)」은 명주실을 정리할 때 쓰는 용어다. 「경(經)」은
실을 추리고 나눈다는 뜻이다. 「윤(綸)」은 비슷한 실을 견주어 합
한다는 뜻이다. 「경(經)」은 「항상 상(常)」과 같은 뜻이다. <즉 변하
지 않는 기본도리라는 뜻이다.> 「대경(大經)」은 다섯 가지 인간
윤리를 말한다. 「대본(大本)」은 <천명으로 주어진> 「인간의 본성
속에 있는 천리의 전체」이다.

[어구 설명] ○經綸皆治絲之事(경륜개치사지사) : 「경륜(經綸)」은 명주실을 정리
할 때 쓰는 용어다. ○經者理其緒 而分之(경자리기서 이분지) : 「경(經)」은 실을
추리고 나눈다는 뜻이다. ○綸者比其類 而合之也(윤자비기류 이합지야) : 「윤(綸)」
은 비슷한 실을 견주어 합한다는 뜻이다. ○經常也(경상야) : 「경(經)」은 「항상
상(常)」과 같은 뜻이다. 즉 「변하지 않는 기본도리」라는 뜻이다. ○大經者 五品之
人倫(대경자 오품지인륜) : 「대경(大經)」은 다섯 가지 인간 윤리를 말한다. ○大本

者 所性之全體也(대본자 소성지전체야) :「대본(大本)」은 <천명으로 주어진>「인간의 본성 속에 있는 천리의 전체」이다.

[集註] (2) 惟聖人之德 極誠無妄 故於人倫 各盡其當然之實 而皆可以爲天下後世法 所謂經綸之也.

(2) 성인의 덕은 지극히 성실하고 망령됨이 없으므로 오륜에 있어서도, 저마다 당연히 지켜야 할 행실을 다할 것이다. 그래서 모든 면에서, 천하나 후세의 법도가 될 수 있다. 이것을 두고 경륜한다고 말하는 것이다.

[어구 설명] ○惟聖人之德 極誠無妄(유성인지덕 극성무망) : 성인의 덕은 지극히 성실하고 망령됨이 없다. ○故於人倫 各盡其當然之實(고어인륜 각진기당연지실) : 고로 오륜에 있어서도, 저마다 당연히 지켜야 할 바를 다한다. ○而皆可以爲天下後世法(이개가이위천하후세법) : 그래서 모든 면에서 천하나 후세의 법도가 될 수 있다. ○所謂經綸之也(소위경륜지야) : 이것을 「경륜」이라고 말한 것이다.

[集註] (3) 其於所性之全體 無一毫人欲之僞 以雜之 而天下之道千變萬化 皆由此出 所謂立之也.

(3) 성인은 자기의 본성 속에 있는 천리를 온전하게 간직하고 지키며, 털끝만큼의 인간적인 욕심의 거짓됨이 섞이지 않았다. 그래서 천하를 다스리는 도리나 혹은 천변만화(千變萬化)하는 모든 사물을 처리하는 도리가 다 본성 속에 있는 천리(天理)에서 나온다. 이것을 이른바 <바르게> 세운다고 말한 것이다.

[어구 설명] ○其於所性之全體(기어소성지전체) : <성인은> 본성 속의 천리(天理)를 온전하게 간직하고 지킨다. ○無一毫人欲之僞 以雜之(무일호인욕지위 이잡지) : 털끝만큼의 인간적인 욕심의 거짓됨이 섞이지 않는다. ○而天下之道千變萬化(이천하지도천변만화) : 그래서 천하를 다스리는 도리와 <여러 가지> 천변만화(千變萬化)하는 모든 사물이. ○皆由此出(개유차출) : 다 본성 속에 있는 천리(天理)에서 나온다. ○所謂立之也(소위립지야) : 이른바 <바르게> 세운다고 한다.

[集註] (4) 其於天地之化育 則亦其極誠無妄者 有默契焉 非但聞見之知而已.

(4) 천지(天地)가 만물을 화육(化育)하는 것도 역시 지성무망(至誠無妄)한 성인(聖人)과 묵계(默契)가 있을 것이다. <즉 천지의 화육과 성인의 지성이 말없이 일치할 것이다.> 그러므로 다만 보고 듣는 지(知)만이 아니다. <즉 성인의 덕(德)도 천지와 일치한다.>

[어구 설명] ○其於天地之化育(기어천지지화육) : <공자의 지성은> 천지가 만물을 화육(化育)함에도. ○則亦其極誠無妄者(즉역기극성무망자) : 역시 지극히 성실하고 거짓됨이 없는 경지에서는. <천지와 성인은.> ○有默契焉(유묵계언) : 묵계(默契)가 있을 것이다. <* 즉 천지의 화육과 성인의 지성이 말없이 일치할 것이다.> ○非但聞見之知而已(비단문견지지이이) : 그러므로 <공자는> 다만 보고 듣는 지(知)만이 아니다. <덕(德)이 천지(天地)와 일치한다.>

[集註] (5) 此皆 至誠無妄 自然之功用 夫豈有所倚著於物而後能哉.

(5) 이와 같이 <공자의> 지성무망(至誠無妄)은 <천지와 하나가 된> 스스로 이루어진 공용(功用)이다. 어찌 다른 것에 의존해서 그렇게 될 수 있겠느냐. <지성으로써 그렇게 된 것이다.>

[어구 설명] ○此皆 至誠無妄 自然之功用(차개 지성무망 자연지공용) : 이와 같이 모든 것이 지성무망(至誠無妄)한 자연스런 공용이다. ○夫豈有所倚著於物而後能哉(부기유소의저어물이후능재) : 어찌 다른 것에 의해서 그렇게 될 수 있겠느냐.

중용 제32장 2절 : 「其仁淵浩」

肫肫其仁 淵淵其淵 浩浩其天.

준준기인(이며) 연연기연(이며) 호호기천(이니라)

지성스럽고 믿음직한 그의 인덕(仁德)이, 고요하고 깊은 못 같고, 높고 넓은 하늘 그대로이다.

[어구 설명] ㅇ肫肫其仁(준준기인) : 지성스럽고 믿음직한 인덕(仁德).
ㅇ淵淵其淵(연연기연) : 깊고 고요함이 마치 못 같다.
ㅇ浩浩其天(호호기천) : 높고 넓음이 하늘 같다.

[集註] (1) 肫肫懇至貌 以經綸而言也 淵淵靜深貌 以立本而言也 浩浩廣大貌 以知化而言也 其淵其天 則非特如之而已.

(1) 「준준(肫肫)」은 <성인의 인덕(仁德)이> 지성스럽고 믿음직하다는 형용이다. <그와 같은 인덕으로써> 경륜한다는 뜻을 말한 것이다. 「연연(淵淵)」은 고요하고 깊은 모습을 형용한 말이며, 그와 같은 <고요하고 깊은 인덕을 가지고> 근본을 세운다는 뜻을 말한 것이다. 「호호(浩浩)」는 넓고 크고 높다는 뜻이다. 성인이 <하늘처럼 넓고 높고 위대한> 지(知)와 덕(德)으로 천하 만민을 교화한다는 뜻이다. 성인의 지(知)와 덕(德)이 못 같고, 또 하늘 같다고 했으나, 그와 같을 뿐만이 아니다. <성인의 지성(至誠)의 공용(功用)은 바로 천지화육(天地化育)에 일치한다.>

[어구 설명] ㅇ肫肫懇至貌(준준간지모) : 「준준(肫肫)」은 <그의 인덕(仁德)이> 지성스럽고 믿음직하다는 형용이다. ㅇ以經綸而言也(이경륜이언야) : <그와 같은 인덕으로써> 경륜(經綸)함을 말한 것이다. 「경륜」은 나랏일을 바로잡고, 백성을 교화(敎化)한다는 뜻이다. ㅇ淵淵靜深貌(연연정심모) : 「연연(淵淵)」은 고요하고 깊은 모습. ㅇ以立本而言也(이립본이언야) : <고요하고 깊은 인덕을 가지고> 근본을 세운다는 뜻을 말한 것이다. 「입본(立本)」은 「본성 속에 주어진 천리(天理)를 실천해서 덕(德)을 세운다」. ㅇ浩浩廣大貌(호호광대모) : 「호호(浩浩)」는 넓고 크고 높다는 뜻. ㅇ以知化而言也(이지화이언야) : 성인이 <하늘처럼 넓고 높고 위대한> 지(知)와 덕(德)으로 천하 만민을 교화한다는 뜻이다. ㅇ其淵其天(기연기천) : 성인의 「지(知)와 덕(德)」이 못 같고, 또 하늘 같다고 했으나. ㅇ則非特如之而已(즉비특여지이이) : 그와 같을 뿐만이 아니라. <지성(至誠)의 공용(功用)은 바로 천지화육(天地化育)에 일치한다.>

[참고 보충] 「준준기인(肫肫其仁)」

「인(仁)」은 공자가 가장 높이 내세우는 덕목(德目), 덕행(德行)이다. 「인」은 본성 속에 있는 사랑의 뿌리다. 그 뿌리에서 「육친애(肉親愛), 가족애(家族愛), 동포애(同胞愛), 민족애(民族愛), 인류애(人類愛)」가 자라고, 또 우주적으로 확대된다. 「인」은 사람만 사랑하지 않고, 자연 만물을 사랑하고 양육하는 자연애(自然愛)로 확대된다. 「지성(至誠)」은 곧 천하 만물을 하늘처럼 사랑하고 양육함이다. 「공자의 지성」은 하늘처럼 넓고, 또 고요한 못처럼 깊다. 「2절」은 그것을 말한 것이다.

중용 제32장 3절 : 「其孰能知之」

苟不固 聰明聖知 達天德者 其孰能知之.

구불고 총명성지 달천덕자(이면) 기숙능지지(리오)

참으로 천성으로 타고난 「총명성지(聰明聖知)」로 「하늘의 덕(德)」에 도달한 사람이 아니면, 그 누가 능히 알고 잘 다스릴 수 있겠는가. <즉 바르게 경륜(經綸)할 수 있겠는가.>

[어구 설명] ○苟不固(구불고) : 만약, 굳게 지키지 못하면.

○聰明聖知 達天德者(총명성지 달천덕자) : 천성으로 타고난 「총명성지(聰明聖知)」를 바탕으로 「하늘의 덕(德)」에 도달할 정도가 아니면. <＊「구불고(苟不固)」에 걸린다.>

○其孰能知之(기숙능지지) : 그 어떤 사람이 바르게 알고 잘 다스릴 수 있겠는가.

[集註] (1) 固猶實也 鄭氏曰 唯聖人能之聖人也.

(1) 「고(固)」는 「실(實)」의 뜻이다. 정현(鄭玄)이 말했다. 「오직 성인이라야 성인의 경지를 행할 수 있다.」

[어구 설명] ○固猶實也(고유실야) : 「고(固)」는 「실(實)」이라는 뜻이다. ○鄭氏曰 唯聖人能之聖人也(정씨왈 유성인능지성인야) : 정현(鄭玄)이 말했다. 「오직 성인이라야 성인의 경지를 행할 수 있다.」

[설명주] (1) 右第三十二章 承上章 而言大德之敦化 亦天道也.

(1) 이상이 제32장이다. 앞의 장을 이어받고, 「대덕의 독실한 화육」을 말한 것이다. 역시 하늘의 도리다.

[설명주] (2) 前章言至聖之德 此章言至誠之道 然至誠之道 非至聖不能知 至聖之德 非至誠不能爲 則亦非二物矣 此篇 言聖人天道之極致至此 而無以加矣.

(2) 앞의 31장은 「지성(至聖)의 덕(德)」을 말했으나, 이 장 32장은 「지성의 도」를 말했다. 허기는 「지성의 도」는 「지성(至聖)」이 아니면, 행할 수 없다. 또 「지성지덕(至聖之德)」도 「지성」이 아니면 행할 수 없다. 그러므로 둘이 아니다. 이 편에서는 「성인과 천도의 극치」가 더 가할 것이 없음을 말한 것이다.

<* 「지성(至聖)」이나 「지성(至誠)」은 같다. 그 도는 천도(天道)이고, 그 덕은 지덕(地德)이다. 「도(道)=이(理)=본체(本體)」는 「덕(德)=기(氣)=효용(效用)」으로 나타난다.>

[참고 보충] 「지극한 성인(聖人)」

<1> 공간과 시간을 통합한 「하늘(天)」은 무형의 실재(實在)이다. 하늘에 의해 우주가 질서정연하게 운행되고, 자연만물이 끝없이 생육화성(生育化成)한다. 이를 주자학(朱子學)에서는 「천(天)=이(理)」라고 이화(理化)했다.

<2> 지상에서 만물이 살아 번식하는 것을 통틀어 지덕(地德)이라고 한다. 역경(易經)에서는 이를 다시 「하늘과 땅이 어울려 사실적으로 이루어 내는 좋은 성과가 바로 끝없이 이어지는 생이다.(天地之大德 曰生)」라고 했다.

이와 같이 「우주적 차원에서 천도와 지덕을 깨닫고 실천하는 사람」, 「천지의 대덕」과 하나 된 사람을 「지극한 성인, 즉 지성(至聖)」이라고 한다. 공자가 바로 지성이다.

中庸 제33장 (총6절)

1절 詩曰 衣錦尙絅 惡其文之著也 故君子之道 闇然而日章 小
　　人之道 的然而日亡 君子之道 淡而不厭 簡而文 溫而理 知
　　遠之近 知風之自 知微之顯 可與入德矣.
2절 詩云 潛雖伏矣 亦孔之昭 故君子內省不疚 無惡於志 君子
　　之所不可及者 其唯人之所不見乎.
3절 詩云 相在爾室 尙不愧于屋漏 故君子 不動而敬 不言而信.
4절 詩曰 奏假無言 時靡有爭 是故君子 不賞而民勸 不怒而民
　　威於鈇鉞.
5절 詩曰 不顯惟德 百辟其刑之 是故 君子篤恭而天下平.
6절 詩云 予懷明德 不大聲以色 子曰 聲色之於以化民 末也 詩
　　云 德輶如毛 毛猶有倫 上天之載 無聲無臭 至矣.

　　* 각 절마다 풀이하고 설명을 가하겠다.

중용 제33장 1절 : 「衣錦尙絅」

**詩曰 衣錦尙絅 惡其文之著也 故君子之道 闇然而
日章 小人之道 的然而日亡 君子之道 淡而不厭 簡
而文 溫而理 知遠之近 知風之自 知微之顯 可與入
德矣.**

시왈 의금상경(이라하니) 오기문지저야(이라) 고(로) 군자지도(는) 암연이일장
(하고) 소인지도(는) 적연이일망(하나니) 군자지도(는) 담이불염(하며) 간이문(하
며) 온이리(니) 지원지근(하며) 지풍지자(하며) 지미지현(이면) 가여입덕의(리라)

시경에 있다. 「비단옷을 입고, 밖에 홑옷을 덧입는다.」 <그 이유
는> 비단옷의 문채(紋彩)가 드러나는 것을 싫어하기 때문이다. 고
로 군자의 도는 어두운 듯하면서 날로 빛이 나고, 소인의 도는 뚜렷

하지만 날로 시들어진다. 군자의 도는 담박하면서도 싫증나지 않고, 간결하면서도 문채가 나고, 온화하면서도 조리가 바르다. 그러므로 원대한 일도 가까운 일에서 비롯됨을 알고, 바람이 불어도 그 근원을 알고, 은미한 것이 밖으로 나타난다. <이와 같은 것을> 알아야 도에 들어갈 수 있다.

[어구 설명] ○詩曰(시왈) : 시경에 있다. <그러나 시경의 구절과 다르다.>
○衣錦尙絅(의금상경) : 비단옷을 입고, 밖에 홑옷을 덧입는다. 「絅(홑옷 경)」
<* 시경(詩經) 위풍(衛風) 석인편(碩人篇)에는 「의금경의(衣錦褧衣)」라 했고, 정풍(鄭風) 봉편(丰篇)에는 「의금경의(衣錦褧衣) 상금경상(尙錦褧裳)」이라 했다.>
○惡其文之著也(오기문지저야) : 문채(紋彩)가 드러나는 것을 싫어하기 때문에. <홑옷을 덧입는다.>
○故君子之道(고군자지도) : 고로 군자의 도는, 군자가 지키고 행할 도리는.
○闇然而日章(암연이일장) : 어두운 듯하면서도 날로 빛난다. 「闇(어두울 암)」
○小人之道(소인지도) : 소인의 도는.
○的然而日亡(적연이일망) : 뚜렷하지만 날로 시들어진다.
○君子之道(군자지도) : 군자의 도는.
○淡而不厭(담이불염) : 담박하면서도 싫증나지 않고.
○簡而文(간이문) : 간결하면서도 문채가 나고.
○溫而理(온이리) : 온화하면서도 조리가 바르고.
○知遠之近(지원지근) : 원대한 일도 가까운 일에서 비롯됨을 알고.
○知風之自(지풍지자) : 바람의 시발점을 알고.
○知微之顯(지미지현) : 은미한 것이 밖으로 나타나 보인다는 것을 알아야 한다.
○可與入德矣(가여입덕의) : 그래야 도에 들어갈 수 있다. 「가여(可與)」는 「가이(可以)」와 같다.

[集註] (1) 前章 言聖人之德 極其盛矣 此復自下學立心之始言之 而下文 又推之 以至其極也.

(1) 앞의 장, 제32장에서는 성인의 덕이 지극히 성대함을 말했다.

이 장에서는 다시 아래서부터 배우고, 마음을 바르게 세우는 데서
부터 시작해야 함을 말했다. 그리고 다음 글에서는 더 나가서, 지극
한 경지에 이르게 함을 말했다.

[어구 설명] ○前章 言聖人之德 極其盛矣(전장 언성인지덕 극기성의) : 앞의 장,
제32장에서는 성인의 덕이, 지극히 성대함을 말했다. ○此復自下學立心之始言之
(차부자하학립심지시언지) : 이 장에서는 다시 아래서부터 배우고, 마음이나 뜻을
바르게 세우는 데서부터 시작해야 함을 말했다. ○而下文 又推之 以至其極也(이하
문 우추지 이지기극야) : 그리고 다음 글에서는 더욱 미루어 나가, 그 극의 경지에
이르게 함을 말했다.

[集註] (2) 詩國風衛碩人 鄭之丰 皆作衣錦褧衣 褧絅 同 禪衣也.

(2) 시경 국풍(國風) 위풍(衛風) 석인편(碩人篇)이다. <그러나>
정풍(鄭風) 봉편(丰篇)의 시에는, 다 「의금경의(衣錦褧衣)」라고 쓰
여 있다. 경(褧)과 경(絅)은 같고 다 홑옷이라는 뜻이다.

[어구 설명] ○詩國風衛碩人 鄭之丰(시국풍위석인 정지봉) : 시경 국풍(國風) 위풍
(衛風) 석인편(碩人篇)이다. 그러나 정풍(鄭風) 봉편(丰篇)의 시에는. ○皆作衣錦
褧衣(개작의금경의) : 다 「의금경의(衣錦褧衣)」라고 쓰여 있다. ○褧絅同 禪衣也
(경경동 단의야) : 경(褧)과 경(絅)은 같고 「홑옷」이다. 「禪(홑옷 단)」

[集註] (3) 尙加也 古之學者爲己 故其立心如此 尙絅 故闇然 衣錦故有日章之實 淡簡溫 絅之襲於外也 不 厭而文且理焉 錦之美在中也.

(3) 「상(尙)」은 덧입는다는 뜻이다. 옛날에 글을 배우는 사람은 자
기 자신의 수양을 위해서 배웠다. 그러므로 마음 세움을 이와 같이
했다. 비단옷 위에 홑옷을 덧입었다. 그래서 <겉으로는> 어둡고
흐린 듯하지만, 속에는 비단옷을 입고 있으므로, <속에 있는 빛나
는 학식이나 덕이> 날로 실하고 알차게 나타난다. <군자의 태도나

도리가> 담담하고, 간결하고, 온화하게 나타나는 것은, 마치 홑옷을 덧입어서, <문채를 누른 것과 같다.> 그래도 사람들이 군자를 싫어하지 않는 것은 속에 아름다운 비단옷을 입고 있듯이, 군자는 속에 총명하고 지극한 덕을 갖추고 있기 때문이다.

[어구 설명] ○尙加也(상가야) : 「상(尙)」은 덧입는다는 뜻이다. ○古之學者爲己(고지학자위기) : 옛날 글을 배우는 사람은 자신의 수양을 위해서 글을 배웠다. ○故其立心如此(고기립심여차) : 그러므로 마음 세움을 이와 같이 했다. ○尙絅故闇然(상경고암연) : 비단옷 위에 홑옷을 덧입었다. 그래서 어둡고 흐린 듯하다. <속에 빛나고 밝은 덕을 지니고 있어도, 겉으로는 내보이지 않는다.> ○衣錦故有日章之實(의금고유일장지실) : 속에는 비단옷을 입고 있으므로, <속에 있는 덕이> 날로 실하고 알차게 빛난다. ○淡簡溫(담간온) : <군자의 태도는> 담담하고, 간결하고, 온화하다. ○絅之襲於外也(경지습어외야) : 홑옷을 밖에 덧입어서. <문채를 누른 것과 같다.> ○不厭而文且理焉(불염이문차리언) : 사람들이 군자를 싫어하지 않는 까닭은. ○錦之美在中也(금지미재중야) : 속에 아름다운 비단옷이 있듯이 군자는 속에 총명한 예지와 성덕을 갖추고 있기 때문이다. <그래서 사람들이 존경하고, 믿고, 따른다.>

[集註] (4) 小人反是 則暴於外 而無實以繼之 是以的然而日亡也.

(4) 소인은 이와 반대가 된다. 즉 모든 것을 밖에 드러내보인다. 그래서 알찬 열매가 뒤따르지 않는다. 그러므로 소인은 <부분적·일시적으로> 뚜렷하게 내보이지만, 결국은 날로 시들고 스러지게 된다.

[어구 설명] ○小人反是(소인반시) : 소인은 이와 반대가 된다. ○則暴於外(즉폭어외) : 밖에 내보인다. <학식이나 덕이 깊지 못하기 때문에, 경솔하게 내보인다.> ○而無實以繼之(이무실이계지) : 그래서 알맹이나 사실이 뒤따르지 않는다. ○是以的然而日亡也(시이적연이일망야) : 그러므로 소인은 <일시적·부분적으로는> 뚜렷하게 내보이지만, 결국은 <알차지 못하고> 날로 시들고 스러지게 된다.

[集註] (5) 遠之近 見於彼者 由於此也 風之自 著乎外者 本乎內也 微之顯 有諸內者 形諸外也.

(5) 먼 것이 가까운 것에서 비롯된다 함은, 저기서 나타난 것이 여기서 비롯한다는 뜻이다. 바람도 근원지가 있다고 함은, 밖에 나타난 것은 안에 뿌리를 두고 있다는 뜻이다. 은미(隱微)한 것이 나타나 보인다 함은 속에 있는 것이 밖으로 나타난다는 뜻이다.

[어구 설명] ○遠之近(원지근) : 먼 것이 가까운 것에서 비롯된다 함은. ○見於彼者 由於此也(현어피자 유어차야) : 저기서 나타난 것이 여기서 비롯한다는 뜻이다. ○風之自(풍지자) : 바람도 근원지가 있다고 함은. ○著乎外者 本乎內也(저호외자 본호내야) : 밖에 나타난 것은 안에 뿌리를 두고 있다는 뜻이다. ○微之顯(미지현) : 은미(隱微)한 것이 나타나 보인다 함은. ○有諸內者 形諸外也(유제내자 형제외야) : 속에 숨어있는 것이 밖으로 나타난다는 뜻이다.

[集註] (6)有爲己之心 而又知此三者 則知所謹而可入德矣 故下文引詩 言謹獨之事.

(6) 학문을 자기 수양을 위해 하겠다는 마음이 있고, 그리고 또 이 세 가지를 잘 알면, 삼갈 바를 알아서, 덕에 들어갈 수 있다. 그러므로 다음에서 시를 인용해서 「자기 자신을 삼가는 일」에 대한 말을 했다.

[어구 설명] ○有爲己之心(유위기지심) : 자기를 위해 하겠다는 마음이 있고. ○而又知此三者(이우지차삼자) : 또 이 세 가지를 잘 알면. ○則知所謹而可入德矣(즉지소근이가입덕의) : 삼갈 바를 알아서, 덕에 들어갈 수 있다. ○故下文引詩 言謹獨之事(고하문인시 언근독지사) : 고로, 다음에서 시경을 인용해서 「자기 자신을 삼가는 일」에 대한 말을 했다.

중용 제33장 2절 : 「內省不疚」

詩云 潛雖伏矣 亦孔之昭 故君子內省不疚 無惡於 志 君子之所不可及者 其唯人之所不見乎.

시운 잠수복의(나) 역공지소(라하니) 고(로) 군자(는) 내성불구(하야) 무오어지
(니) 군자지소불가급자(는) 기유인지소불견호(인져)

시경(詩經) 소아(小雅) 정월편(正月篇)에 있다. 「<물고기가> 비록
물속에 잠기고 엎드려 있어도, 역시 심히 밝게 드러나 보인다.」
고로, 군자는 자기가 속으로 반성해서, 병폐가 없어야 하고, 자기
마음에 부끄러움이 없어야 한다. <보통사람들이> 군자를 따라갈
수 없는 점은, 오직 <군자가> 남들이 보지 않는 곳에서도 <스스
로> 근신(謹愼)하는 점일 것이다.

[어구 설명] ○詩云(시운) : 시경(詩經) 소아(小雅) 정월편(正月篇)의 시.
○潛雖伏矣(잠수복의) : <물고기가> 비록 물속에 잠기고 엎드려 있어도.
○亦孔之昭(역공지소) : 역시 심히 밝게 드러나 보인다.
○故君子內省不疚(고군자내성불구) : 고로 군자는 속으로 반성하고 병폐가 없어
야 하고.
○無惡於志(무오어지) : 자기 마음에 부끄러움이 없어야 한다.
○君子之所不可及者(군자지소불가급자) : 군자를 따라갈 수 없는 바는.
○其唯人之所不見乎(기유인지소불견호) : 오직 남들이 보지 않는 곳에서도 <스
스로> 근신(謹愼)하는 점이다.

[集註] (1) 詩小雅正月之篇 承上文 言莫見乎隱 莫顯
乎微也 疚病也 無惡於志 猶言無愧於心 此君子謹獨
之事也.

(1) 시경(詩經) 소아(小雅) 정월편(正月篇)의 시다. 앞의 글을 이어
받고, 「숨은 것보다 더 잘 나타나 보이는 것이 없고, 미세한 것보다

더 잘 나타나 보이는 것이 없다」는 뜻을 말한 것이다. 「구(疚)」는 병폐라는 뜻이다. 「뜻에 싫어함이 없다」 함은 마치 「마음에 부끄러운 바가 없다」는 뜻과 같다. 이상은 「군자는 자기를 근신해야 함」을 말한 것이다.

[어구 설명] ㅇ詩小雅正月之篇(시소아정월지편) : 시경(詩經) 소아(小雅) 정월편(正月篇)의 시다. ㅇ承上文(승상문) : 앞의 글을 이어받고. ㅇ言莫見乎隱 莫顯乎微也(언막현호은 막현호미야) : 숨은 것보다 더 잘 나타나 보이는 것이 없고, 미세한 것보다 더 잘 나타나 보이는 것이 없다는 뜻을 말한 것이다. ㅇ疚病也(구병야) : 「구(疚)」는 병폐라는 뜻이다. ㅇ無惡於志 猶言無愧於心(무오어지 유언무괴어심) : 「뜻에 싫어함이 없다」 함은 마치 「마음에 부끄러운 바가 없다」는 뜻과 같다. ㅇ此君子謹獨之事也(차군자근독지사야) : 이 글은 「군자는 자기를 근신해야 함」을 말한 것이다.

<* 군자는 혼자 있거나 남이 모르고 자기만이 아는 마음속에서도, 항상 하늘의 도리를 간직한다. 이 점이 바로 보통사람들이 따를 수 없는 점이다.>

중용 제33장 3절 : 「不愧于屋漏」

詩云 相在爾室 尙不愧于屋漏 故君子 不動而敬 不言而信.

시운 상재이실(혼대) 상불괴우옥루(라하니) 고(로) 군자(는) 부동이경(하며) 불언이신(이니라)

시경(詩經) 대아(大雅) 억편(抑篇)에 있다. 「그대가 방안에 있는 것을 보고, 구석방에서도 부끄럽지 않기를 바라노라.」 고로 군자는 움직이지 않아도 남들이 공경하고, 말하지 않아도 남들이 믿는다.

[어구 설명] ㅇ詩云(시운) : 시경(詩經) 대아(大雅) 억편(抑篇)의 시다.
ㅇ相在爾室(상재이실) : 그대가 방안에 있는 것을 보다.
ㅇ尙不愧于屋漏(상불괴우옥루) : 구석방에서도 부끄럽지 않기를 바란다. 「상(尙)」은 「바란다」는 뜻. 「옥루(屋漏)」는 「서북쪽에 있는 후미진 구석방」.

○故君子(고군자) : 고로 군자는.
○不動而敬(부동이경) : 움직이지 않아도 남들이 공경하고.
○不言而信(불언이신) : 말하지 않아도 남들이 믿는다.

[集註] (1) 詩大雅抑之篇 相視也 屋漏室西北隅也 承上文 又言君子之戒謹恐懼 無時不然 不待言動 而後敬信 則其爲己之功 益加密矣 故下文引詩 并言其效.

(1) 시경(詩經) 대아(大雅) 억편(抑篇)의 시다. 「상(相)」은 본다는 뜻이다. 「옥루(屋漏)」는 서북쪽에 있는 구석방이다. 앞의 글을 이어받고, 다시 군자는 <마음이나 몸가짐에 있어> 경계하고, 근신하고, 겁내고 두려워해야 하며, 항상 그렇게 해야 함을 말한 것이다. <군자가> 말하거나 움직이지 않아도, <사람들이> 그를 존경하고 믿으니, 즉 자기를 위한 공부의 효과가 더욱 치밀하게 된 것이다. 고로 다음에서 시경을 인용하고 아울러 효과를 말했다.

[어구 설명] ○詩大雅抑之篇(시대아억지편) : 시경(詩經) 대아(大雅) 억편(抑篇)의 시다. ○相視也(상시야) : 「상(相)」은 본다는 뜻이다. ○屋漏室西北隅也(옥루실서북우야) : 「옥루(屋漏)」는 서북쪽에 있는 구석방. ○承上文(승상문) : 앞의 글을 이어받고. ○又言(우언) : 다시 말한 것이다. ○君子之戒謹恐懼(군자지계근공구) : 군자는 <마음이나 몸가짐에 있어> 경계하고, 근신하고, 겁내고, 두려워해야 한다. ○無時不然(무시불연) : 항상 그렇게 해야 함을. <말한 것이다.> ○不待言動而後敬信(부대언동 이후경신) : <군자가> 말하거나 움직이지 않아도, <사람들이> 그를 존경하고 믿는다. ○則其爲己之功(즉기위기지공) : 즉 자기를 위한 공부의 효과가. ○益加密矣(익가밀의) : 더욱 치밀하게 된 것이다. ○故下文引詩 并言其效(고하문인시 병언기효) : 고로 다음에서 시경을 인용하고 아울러 효과를 말했다.

중용 제33장 4절 :「不賞而民勸」

詩曰 奏假無言 時靡有爭 是故君子 不賞而民勸 不

怒而民威於鈇鉞.

시왈 주격무언(하야) 시미유쟁(이라하니) 시고(로) 군자(는) 불상이민권(하며) 불노이민위어부월(이니라)

시경(詩經) 상송(商頌) 열조편(烈祖篇)에 있다. 「제단 앞에 나가서 <정성으로 제사를 드리면> 신령이 감동하여 강림한다. <그래서 사람들도 감동하고> 말없이 조용하다. 그래서 그 때에 다투거나 예의를 어기는 일이 없다.」 그러므로, 임금이 상을 주지 않아도 백성들이 스스로 부지런히 일하고, 임금이 성을 내지 않아도 백성들이 작두나 도끼보다 더 두려워한다.

[어구 설명] ㅇ詩曰(시왈) : 시경(詩經) 상송(商頌) 열조편(烈祖篇)의 시다.

ㅇ奏假無言(주격무언) : 주자(朱子)는 「제단 앞에 나가서 <정성으로 제사를 드리면> 신령이 감동하여 강림한다. <그래서 사람들도 감동하고> 말없이 조용하다」로 풀이했다. 「가(假)」를 「격(格)」으로 읽고, 또 뜻을 풀이한다.

ㅇ時靡有爭(시미유쟁) : 그래서 그 때에 다투거나 예의를 어기는 일이 없게 된다.

ㅇ是故君子(시고군자) : 그런 고로 군자. 여기서는 임금의 뜻.

ㅇ不賞而民勸(불상이민권) : <임금이> 상을 주지 않아도 백성들이 스스로 부지런히 일하고.

ㅇ不怒而民威於鈇鉞(불노이민위어부월) : <임금이> 성을 내지 않아도 백성들이 작두나 도끼보다 더 두려워한다. <임금의 총명과 덕이 높고 밝기 때문이다.>

[集註] (1) 詩商頌烈祖之篇 奏進也 承上文而遂及其效言 進而感格於神明之際 極其誠敬 無有言說而人自化之也 威畏也 鈇莝斫刀也 鉞斧也.

(1) 시경(詩經) 상송(商頌) 열조편(烈祖篇)의 시다. 「주(奏)」는 <신령 앞에> 나간다는 뜻이다. 앞의 글을 이어받고, 마침내 <자신을 성실하고 경건하게 간직한> 효험에 대해서 언급한 것이다. <제주(祭主)가> 앞에 나가서 <제사를 드리고> 신명을 감동케 하고, 또

강림케 할 때에 정성과 존경을 다하면, <제사를 드리는 종묘 안에 있는 모든 사람들이> 말하지 않고 모두 감화된다. 「위(威)」는 「경외(敬畏)한다」는 뜻이다. 「부(鈇)」는 「여물을 베는 작두다.」 「월(鉞)」은 도끼다.

[어구 설명] ○詩商頌烈祖之篇(시상송열조지편) : 시경(詩經) 상송(商頌) 열조편(烈祖篇)의 시다. 은(殷)나라 탕왕(湯王)을 제사 지내는 시다. ○奏進也(주진야) : 「주(奏)」는 <신령 앞에> 나간다는 뜻이다. ○承上文而邃及其效言(승상문이수급기효언) : 앞의 글을 이어받고, 마침내 경성(敬誠)의 효험에 대해서 말했다. ○進而感格於神明之際(진이감격어신명지제) : <제주(祭主)가> 나가서 <제사를 드리고> 신명을 감동케 하고, 또 강림케 할 때에. ○極其誠敬(극기성경) : 정성을 다하면. ○無有言說而人自化之也(무유언설이인자화지야) : 사람들이 말하지 않고 스스로 감화된다. ○威畏也(위외야) : 「위(威)」는 경외(敬畏)한다. ○鈇莝斫刀也(부좌작도야) : 「부(鈇)」는 여물을 베는 작두다. 「莝(여물 좌)」 ○鉞斧也(월부야) : 「월(鉞)」은 도끼다.

중용 제33장 5절 : 「不顯惟德」

詩曰 不顯惟德 百辟其刑之 是故君子篤恭 而天下平.

시왈 불현유덕(을) 백벽기형지(라하니) 시고(로) 군자(는) 독공 이천하평(이니라)

시경(詩經) 주송(周頌) 열문편(烈文篇)에 있다. 「천자의 드러나지 않는 덕을 모든 임금, 즉 제후들이 본받고 따른다.」 그러므로 천자가 독실하고 공경하고 <덕을 드러내 보이지 않아도> 천하가 평화롭게 다스려진다.

[어구 설명] ○詩曰(시왈) : 시경(詩經) 주송(周頌) 열문편(烈文篇)의 시다.
○百辟其刑之(백벽기형지) : 모든 임금, 즉 제후(諸侯)들이 본받고 따른다. 「형(刑)」은 「본으로 삼는다, 법도로 삼는다」는 뜻이다. 「벽(辟)」은 지방을 다스리는 제후(諸侯), 임금.

◦君子篤恭 而天下平(군자독공 이천하평) : 천자가 독실하고 공경하고 <덕을 드러내 보이지 않아도> 천하가 평화롭게 다스려진다.

[集註] (1) 詩周頌烈文之篇 不顯說見二十六章 此借引以爲幽深玄遠之意 承上文 言天子有不顯之德 而諸侯法之 則其德愈深 而效悠遠矣 篤厚也 篤恭言不顯其敬也 篤恭而天下平 乃聖人至德淵微 自然之應 中庸之極功也.

(1) 시경(詩經) 주송(周頌) 열문편(烈文篇)의 시다. 「임금이 덕(德)을 보이지 않음」에 대한 설명은 제26장에 있다. 여기서는 「불현(不顯)」을 인용해서, 「유심현원(幽深玄遠)」의 뜻으로 삼았다. 앞의 글을 이어받고, 천자가 「불현지덕(不顯之德)」을 가지고 있으면, 그러면 <지방을 다스리는> 제후들도 법도로 삼고 모방하고, 따라서 그 덕이 더욱 깊고, 또 효험이 더욱 멀리까지 나타남을 말한 것이다. 「독(篤)」은 두텁다는 뜻이다. 「독공(篤恭)」은 「그 공경(恭敬)을 내 보이지 않는다」는 뜻이다. 천자가 덕을 깊이 간직하고 내보이지 않아도 천하가 태평하게 됨은 곧 성인의 지극한 덕이 못같이 깊고 고요하고 은미(隱微)하고, 이에 천하가 자연히 응한 것이다. 그것이 곧 중용(中庸)의 지극한 공이다.

[어구 설명] ◦詩周頌烈文之篇(시주송열문지편) : 시경(詩經) 주송(周頌) 열문편(烈文篇)의 시구다. ◦不顯說見二十六章(불현설현이십륙장) : 「임금의 덕(德)을 내보이지 않음」에 대한 설명은 제26장에 있다. ◦此借引以爲幽深玄遠之意(차차인이위유심현원지의) : 여기서는 「불현(不顯)」을 인용해서, 「유심현원(幽深玄遠)」의 뜻으로 삼았다. 「유심현원」은 「임금이 덕을 깊이 간직하고 현묘하고 원대하게 퍼진다」는 뜻이다. ◦承上文(승상문) : 앞의 글을 이어받고. ◦言天子有不顯之德(언천자유불현지덕) : 천자가 「불현지덕(不顯之德)」을 가지고 있으면. <* 「언(言)」은 「효유원의(效悠遠矣)」까지 걸린다.> ◦而諸侯法之(이제후법지) : 그러면 <지

방을 다스리는> 제후들도 법도로 삼고 모방한다. ○則其德愈深 而效悠遠矣(즉기덕유심 이효유원의) : 그러므로, 즉 그 덕이 더욱 깊고, 또 효험이 더욱 멀리까지 뻗는다. ○篤厚也(독후야) :「독(篤)」은 두텁다는 뜻이다. ○篤恭言不顯其敬也(독공언불현기경야) :「독공(篤恭)」은「그 공경(恭敬)을 내보이지 않는다」는 뜻이다. ○篤恭而天下平(독공이천하평) : 천자가 덕을 깊이 간직하고 내보이지 않아도 천하가 태평하게 되는 것은. ○乃聖人至德淵微(내성인지덕연미) : 곧 성인의 지극한 덕이 못같이 깊고 고요하고 은미(隱微)한 것이다. ○自然之應(자연지응) : 천하가 자연히 응한 것이다. ○中庸之極功也(중용지극공야) : <그것이 곧> 중용(中庸)의 지극한 공이다.

중용 제33장 6절 :「無聲無臭」

詩云 予懷明德 不大聲以色 子曰 聲色之於以化民 末也 詩云 德輶如毛 毛猶有倫 上天之載 無聲無臭 至矣.

시운 여회명덕(의) 부대성이색(이라하야늘) 자왈 성색지어이화민(에) 말야(라하시니라) 시운 덕유여모(이라하니) 모유유륜(어니와) 상천지재 무성무취(아) 지의(니라)

시경(詩經) 대아(大雅) 황의편(皇矣篇)에 있다.「나는 그대의 명덕을 좋게 생각한다. 큰 소리를 내지 않고, 얼굴빛을 꾸미지 않기 때문이다.」<이에 대해서> 공자가 말했다.「성색(聲色)을 가지고 백성을 교화하는 것은 말단에 속한다.」<그리고 공자가 시경을 인용했다.>「덕은 가볍기가 터럭 같다.」<그리고 또 공자가 말했다.>「터럭은 그래도 비교할 것이 있다.」<그리고 또 시경의 말을 인용했다.>「하늘은 만물을 낳고 키우는 일을 하면서도, 소리도 없고 냄새도 없다.」<그리고 또 공자가 말했다.>「이렇게 하는 것이 지극한 경지이다」

[어구 설명] ○詩云(시운) : 시경(詩經) 대아(大雅) 황의편(皇矣篇)의 시다.

○予懷明德(여회명덕) : 원래는 상제(上帝)가 문왕(文王)에게 한 말이다. 「나는 그대의 명덕을 좋게 생각한다」는 뜻이다.

○不大聲以色(부대성이색) : <그 이유는 문왕이> 「큰 소리를 내지 않고, 얼굴빛을 꾸미지 않기 때문이다.」<상제가 문왕을 칭찬한 말이다.> 「성(聲)」은 「명령(命令)이나 호령(號令)을 크게 한다」는 뜻. 「색(色)」은 「여러 가지로 꾸미는 의식(儀式)이나 의용(儀容) 등을 상징한 말이다.」

○子曰(자왈) : <시경의 구절을 바탕으로> 공자가 말했다. <이하 전부를 공자의 말로 보는 것이 좋다.>

○聲色之於以化民 末也(성색지어이화민 말야) : 성색(聲色)을 가지고 백성을 교화하는 것은 말단에 속한다.

○詩云(시운) : 시경 대아(大雅) 증민편(烝民篇)의 시.

○德輶如毛(덕유여모) : 덕은 가볍기가 터럭 같다.

○毛猶有倫(모유유륜) : 터럭은 그래도 비교할 것이 있다.

○上天之載 無聲無臭(상천지재 무성무취) : 「하늘이 만물을 낳고 키우는 일을 하지만, 하늘은 소리도 없고 냄새도 없다.」<대아(大雅) 문왕편(文王篇)의 구절>

○至矣(지의) : <이와 같은 경지가> 지극하고 최고다. <공자가 시를 인용하고 덧붙인 말이다.>

[集註] (1) 詩大雅皇矣之篇 引之以明 上文 所謂不顯之德者 正以其不大聲與色也.

(1) 시경(詩經) 대아(大雅) 황의편(皇矣篇)의 시다. 이 시를 인용해서 앞의 글에서 말한 「불현지덕(不顯之德)」이 바로 음성과 안색을 크게 하지 않기 때문임을 밝힌 것이다.

[어구 설명] ○詩大雅皇矣之篇(시대아황의지편) : 시경(詩經) 대아(大雅) 황의편(皇矣篇)의 시다. ○引之以明(인지이명) : 인용해서 <다음의 뜻을> 밝힌 것이다. ○上文 所謂不顯之德者(상문 소위불현지덕자) : 앞의 글에서 말한 「불현지덕(不顯之德)」이. ○正以其不大聲與色也(정이기부대성여색야) : 바로 음성과 안색을 크게 하지 않기 때문임을. <밝힌 것이다.>

[集註] (2) 又引孔子之言 以爲聲色 乃化民之末務 今

但言不大之而已 則猶有聲色者存 是未足以形容不顯
之妙.

(2) 또 공자의 말을 인용해서, 성색(聲色)으로 백성을 교화하고 다
스리는 것이 말단이라고 말했다. 그러나 <시경에서는> 다만 「성
색」을 크게 하지 않았다고 <말했으니>, 「성색이 여전히 있음을」
<말한 것으로 그 경지는> 아직도, 「불현의 묘(不顯之妙)」의 경지
를 형용하기에는 부족하다.

[어구 설명] ㅇ又引孔子之言(우인공자지언) : 또 공자의 말을 인용해서. ㅇ以爲聲
色 乃化民之末務(이위성색 내화민지말무) : 성색(聲色)으로 백성을 교화하고 다
스리는 것이 말단이라고 말했다. ㅇ今但言不大之而已(금단언부대지이이) : 그러
나 <시경에서는> 다만 「성색」을 크게 하지 않았다고. <말했으니> ㅇ則猶有聲色
者存(즉유유성색자존) : 「성색이 여전히 있음을」. <말한 것으로 그 경지는.> ㅇ是
未足以形容不顯之妙(시미족이형용불현지묘) : 아직도 「불현의 묘(不顯之妙)」의
경지를 형용하기에는 부족하다.

[集註] (3) 不若烝民之詩所言 德輶如毛 則庶乎可以
形容矣 而又自以爲謂之毛 則猶有可比者 是亦未盡其
妙 不若文王之詩所言 上天之載 無聲無臭 然後 乃爲
不顯之至耳.

(3) 증민편(烝民篇)의 시에서 말한 바에 미치지 못한다. <증민편의
시에서> 덕의 가볍기가 털끝 같다고 했으니, 그만하면 거의 가깝
게 형용했다고 할 수 있다. 그러나 그래도 역시 「털」이라고 하면,
역시 비길 물건이 있게 되며, 역시 「불현지덕」을 형용하기에는 충
분하지 못하다. <그래서> 차라리 문왕편(文王篇)에서 말한 구절,
「하늘의 하는 일은 소리도 없고 냄새도 없다」는 구절을 인용한
것이다. 이에 비로소 「불현지덕」의 지극함을 형용할 수 있게 된
것이다.

[어구 설명] ㅇ不若烝民之詩所言(불약증민지시소언) : 증민편(烝民篇)의 시에서 말한 바에 미치지 못한다. ㅇ德輶如毛(덕유여모) : <증민편의 시에서> 「덕이 가볍기가 털끝 같다고 했다」. ㅇ則庶乎可以形容矣(즉서호가이형용의) : 그만하면 거의 가깝게 형용했다고 할 수 있다. ㅇ而又自以爲謂之毛(이우자이위위지모) : 그러나 그래도 역시 「털」이라고 하면. ㅇ則猶有可比者(즉유유가비자) : 역시 비길 물건이 있게 되며. ㅇ是亦未盡其妙(시역미진기묘) : 역시 「불현지묘」를 형용하기에는 충분하지 못하다. ㅇ不若文王之詩所言(불약문왕지시소언) : <그래서> 차라리 문왕편(文王篇)에서 말한 시 구절. ㅇ上天之載 無聲無臭(상천지재 무성무취) : 「하늘의 하는 일은 소리도 없고 냄새도 없다」는 구절을 인용한 것이다. ㅇ然後 乃爲不顯之至耳(연후 내위불현지지이) : 그래서 비로소 「불현지덕」의 지극함을 형용할 수 있게 된 것이다.

[集註] (4) 蓋聲臭 有氣無形 在物最爲微妙 而猶曰無之 故惟此可以 形容不顯篤恭之妙 非此德之外 又別有是三等 然後爲至也.

(4) 허기는 소리나 냄새는 기(氣)만 있고, 형체는 없으며, 물질 중에서는 가장 미묘한 것이며, 역시 없다고 말할 수 있다. 그러므로 「성취(聲臭)」를 가지고 「불현독공지묘(不顯篤恭之妙)」를 형용할 수 있다. 그 덕 이외로 또 다른 세 등급이 있고, <그 등급을 거쳐야> 그 다음에 지극한 경지에 이른다는 뜻이 아니다.

[어구 설명] ㅇ蓋聲臭(개성취) : 허기는 소리나 냄새는. ㅇ有氣無形(유기무형) : 기만 있고, 형체는 없다. ㅇ在物最爲微妙(재물최위미묘) : 물질 중에서는 가장 미묘한 것이며. ㅇ而猶曰無之(이유왈무지) : 역시 없다고 말할 수 있다. ㅇ故惟此可以(고유차가이) : 그러므로 「성취(聲臭)」를 가지고. ㅇ形容不顯篤恭之妙(형용불현독공지묘) : 「불현독공지묘(不顯篤恭之妙)」를 형용할 수 있다. ㅇ非此德之外(비차덕지외) : 그 덕 이외로. ㅇ又別有是三等(우별유시삼등) : 또 다른 세 등급이 있고. <그 등급을 거쳐야.> ㅇ然後爲至也(연후위지야) : 비로소 지극한 경지에 이른다는 뜻이 아니다. 앞의 「비(非)」는 여기까지 걸린다.

[설명주] (1) 右第三十三章 子思因前章極致之言 反求其本 復自下學爲己謹獨之事 推而言之 以馴致乎篤恭 而天下平之盛 又贊其妙 至於無聲無臭而後已言.

(1) 이상이 제33장이다. 자사는 앞장, 즉 제32장에서 「성인이 덕의 극치를 이루었다」고 한 말을 바탕으로, <이 장 33장에서는> 돌이켜 그 근본을 구하고, 또 처음 배우는 사람은 학문을 자기수양을 위해서 하고 아울러 자기 홀로 있을 때도 근신해야 함을 <강조했다.> 그리고 다시 미루어 말했다. <천자는> 「자기의 덕을 내보이지 않는 독공(篤恭)으로 제후나 만민을 순치(馴致)하면, 천하가 태평 성세를 이룬다」. 또 천자가 자기의 덕을 내보이지 않는 독공을 칭찬하고 「무성무취(無聲無臭)」의 경지에 이르게 해야 한다고 말했다.

[어구 설명] ○右第三十三章(우제삼십삼장) : 이상이 제33장이다. ○子思因前章極致之言(자사인전장극치지언) : 자사는 앞장, 즉 제32장에서 「성인이 덕의 극치를 이루었다」고 한 말을 바탕으로. <이 장 33장에서는.> ○反求其本(반구기본) : 돌이켜 그 근본을 구하고. ○復自下學爲己謹獨之事(부자하학위기근독지사) : 또 처음 배우는 사람은 학문을 자기수양을 위해서 하고, 아울러 자기 홀로 있을 때도 근신해야 함을. <강조했다.> ○推而言之(추이언지) : 그리고 다시 미루어 말했다. ○以馴致乎篤恭 而天下平之盛(이순치호독공 이천하평지성) : <천자는> 「자기의 덕을 내보이지 않는 독공(篤恭)으로 제후나 만민을 순치(馴致)하면, 천하가 태평 성세를 이룬다」고 말했다. ○又贊其妙(우찬기묘) : 천자가 자기의 덕을 내보이지 않는 독공(篤恭)이. ○至於無聲無臭而後已言(지어무성무취이후이언) : 「무성무취(無聲無臭)」의 경지에 이르게 해야 함을 말했다.

[설명주] (2) 蓋擧一篇之要而約言之 其反復丁寧示人之意 至深切矣 學者其可不盡心乎.

(2) 무릇, 제33장은 중용(中庸) 전편을 요약해서 말한 것이며, 반복해서 친절하게 사람에게 뜻을 전함에 있어, 지극히 깊고 절실하다. 그러므로, 배우는 사람이 정성을 다해야 한다.

[어구 설명] ○蓋擧一篇之要而約言之(개거일편지요이약언지) : 무릇, 제33장은 중용(中庸) 전편을 요약해서 말한 것이며. ○其反復丁寧示人之意(기반복정녕시인지의) : 반복해서 친절하게 사람에게 뜻을 전함에 있어. ○至深切矣(지심절의) : 지극히 깊고 절실하다. ○學者其可不盡心乎(학자기가부진심호) : 배우는 사람이 정성을 다해야 한다.

[참고 보충] 「제1장과 제33장」

<1> 중용 「제1장 첫 구절」은 「천명지위성(天命之謂性)」이다.

<2> 마지막 장 「제33장 마지막 구절」은 「무성무취지의(無聲無臭至矣)」다.

<3> 「천명지위성(天命之謂性)」은 곧 「하늘이 절대 명령으로 내려준 본성 속에 주어진 천리이다」. 천리는 보이지 않는 형이상(形而上)의 도리, 즉 「천도 천리」이며 「소리도 없고 냄새도 없다」.

<4> 중용 첫 장에서 다시 말했다. 「본성 속에 주어진 천리를 따르는 것이 사람의 도리다.(率性之謂道)」 「그 도리를 따르고 행하기 위해 사람은 저마다의 품격을 조절하는 것이 교육 교화다.(修道之謂敎)」

<5> 「교육과 교화의 최종 목표는 천리를 따라 진정한 평화세계를 창건하는 것이다」.

<6> 그래서 공자는 말했다. 「천자가 천리를 돈독하게 따르고 공경하면 평천하를 이룬다.(君子篤敬而天下平)」

<7> 결론을 내렸다. 「무성무취한 천리를 따라 평천하하는 것이 최고다.(無聲無臭至矣)」 「하나에서 시작하고, 만 가지로 퍼졌다가 다시 하나로 돌아오는 것이 천도(天道)다」.

<8> 그러므로 임금이나 군자도 다음같이 해야 한다. 「군자의 길은 어두운 듯하지만 날로 빛난다.(君子之道 闇然而日章)」

[참고 보충] 「독공이천하평(篤恭而天下平)」

중용의 마지막 「제33장」을 간략하게 복습해보자.

1절 : 군자는 속에 총명하고 고명한 학식과 인덕(仁德)을 깊이 간직하고 있어도, 경솔하게 내보이지 않고, 더욱 자신의 학식과 인덕을 넓히고 높여야 한다.

2절 : 속에 깊이 숨어 있는 것 같은 마음은 결국은 밝게 나타나게 마련이다. 그러므로 군자는 자기 마음속을 항상 하늘이나 하늘의 도리와 하나되게 해야 한다.

3절 : 남이 안보고, 혼자 있을 때의 몸가짐이나, 남은 모르고 자기 혼자만이 아는 마음가짐에도, 항상 근신(謹愼)하고, 천리(天理)를 존양(存養)하고 아울러 사사로운 욕심을 경계하고 겁내야 한다. 즉 계구(戒懼)해야 한다. 그렇게 수양하면, 「움직이지 않아도 사람들이 존경하고, 말하지 않아도 사람들이 믿는다.(不動而敬 不言而信)」

4절 : 제사지낼 때 정성을 다하면, 신령이 감동하고 강림하듯이, 지성(至聖)과 지성(至誠)으로 천도를 따르고 행하면, 천하 만민이 감동하고 교화되어, 상을 주지 않아도 스스로 분발하고, 벌을 내리지 않아도 죄를 짓지 않게 된다.

5절 : 뿐만 아니다. 지방을 다스리는 모든 임금들도 따르고 행한다. 그러므로 천자가 「독경(篤敬)」하면, 참다운 평천하(平天下)가 이루어진다.

6절 : 천자가 성색(聲色), 즉 명령이나 법령 혹은 의식이나 제도를 가지고 백성을 교화하는 것은 말단에 속한다. 역시 「소리도 없고 냄새도 없는 하늘(上天之載 無聲無臭)」같이 「학식이나 인덕조차도 나타내지 않고 교화하는 경지」가 최고의 지극한 경지이다.

[참고 보충] 「중용(中庸)의 현대적 의의(意義)」

<1> 「중(中)과 용(庸)」의 뜻을 현대적으로 풀이하고 그 깊은 뜻을 알자.

<2> 결론부터 말하자. 「하늘의 도리가 중용의 도리다.」 우주 천지 자연 만물은 실제로 있으며, 저마다 도리를 따라 생육화성(生育化成)한다. 이와 같은 실존하는 만물을 창조하고, 또 생화(生化)하는 도리의 근원적 본체를 기독교에서는 「하느님, 하느님의 진리」, 유교에서는 「하늘[天], 하늘의 도리[天道]」라고 한다.

<3> 하늘은 자연 만물에게 저마다의 형상(形狀)과 저마다의 본성(本性)과, 또 그 본성에 딱 맞는 도리를 내려주었다.

<4> 식물에는 식물의 본성과 도리를, 동물에게는 동물의 본성과 도리를, 인간에게는 인간의 본성과 도리를 내려주었다.

<5> 그 도리는 모든 사물에게 딱 맞는다. 치우치거나, 지나치거나, 모자라지도 않는다. 또 그 도리는 우주 천지 만물에 편재하고, 또 언제나 변하지 않고 항상 있고, 또 작용을 한다. 그것을 가리켜 「불편불의(不偏不倚) 무과불급(無過不及)」 및 「만물에 평등하게 있고, 또 항상 있다는 뜻」으로 「평상(平常)」이라고 한 것이다.

<6> 결국 중용(中庸)은 「하늘의 도리가 만물의 본성 속에 딱 맞게 있고 작용한다」는 뜻이다.

<7> 만물의 영장인 사람은 중용에 맞게 살고, 또 사물을 처리하고 인류의 역사 문화 발전에 이바지해야 한다.

[참고 보충] 「중용(中庸)의 체(體)와 용(用)」

<1> 신안 진씨가 말했다. 「불편불의는 발하지 않은 중이고, 마음을 논한 것이며, 중의 체다. 무과불급은 때를 맞춘다는 중이고, 사물을 논한 것이고 중의 용이다.(新安陳氏曰 不偏不倚 未發之中 以心論者也 中之體也 無過不及 時中之中 以事論者也 中之用也)」<大全註疏>

<2> 사물(事物)에 내재(內在)하고 있는 도리나 법칙은 원래 보이지 않는다. 그것을 「발현하지 않은 중(未發之中)」이라고 한다. 그러나 도리나 법칙은 때와 장소와 경우에 맞게 발현한다. 그것을 「때에 맞게 나타나는 중(時中之中)」이라고 한다. 이상을 다음같이 도시할 수 있다.

중용지중(中庸之中) ─┬─ 미발지중(未發之中) ── 체(體) ─┐
　　　　　　　　　　└─ 시중지중(時中之中) ── 용(用) ─┴─ 심(心)

보통 사람들은 「미발지중(未發之中)」을 알지 못한다. 그러나 사물을 처리할 때에는 「하늘의 도리」에 맞게 해야 한다. 그래야 「시중지중(時中之中)」하게 된다.

[참고 보충] 「중용(中庸) 공부의 3단계」

경전의 공부는 다음과 같이 3단계를 포괄해야 한다. 그 예를 중용(中庸)의 뜻풀이를 가지고 설명하겠다.

<1> 일반적 기본 의미 : 하늘의 절대선의 도리는 우주 천지 만물에 편재하고 만고에 변하지 않는다.

<2> 나의 인식과 수양 : 하늘의 절대선의 도리는 동서고금(東西古今) 모든 사람에게 주어져 있다. 나도 본성 속에 주어져 있으므로 수양하면 성인 군자가 될 수 있다.

<3> 나의 사물 처리 : 나는 남과 함께 살고 또 모든 사물을 처리해야 한다. 그 때의 남들도 절대선의 하늘의 도리를 본성 속에 지니고 있으며 또 모든 사물도 본성 속에 하늘의 도리가 주어져 있다. 그러므로 남을 대하거나 사물을 처리함에

있어, 나는 절대선의 도리를 기준하고 해야 한다.

<4> 이와 같은 삼 원칙을 바탕으로 「수기치인(修己治人)」해야 한다. 이를 대학(대학)에서는 「삼강 팔조(삼강팔도)」로 설명했다.

[참고 보충] 「심법(心法)」

<1> 「심법(心法)」이란 「마음을 다스리는 법」이다. 주자는 말했다. 「마음은 몸의 주체다.(心者 身之主也)」 즉 마음을 주체로 하고 몸이 기능하고 활동한다. 착한 마음은 착한 행동으로 나타나고 악한 마음은 악한 행동으로 나타난다.

<2> 또 주자는 말했다. 「마음은 성과 정을 통솔한다.(心統性情)」 즉 「마음이 본성 속에 내재하는 이(理)와 육신과 형기를 바탕으로 나타나는 정(情)을 통솔한다」는 뜻이다.

<3> 「정(情)」은 「인정(人情), 정서(情緒), 감정(感情)」과 아울러 「사물에 나타나는 사정(事情)」을 포함한다. 덕성(德性)을 바탕으로 다스리면 덕치(德治)가 된다. 수심(獸心)을 바탕으로 하면 악덕정치(惡德政治)가 된다.

<4> 사랑의 마음을 실천하면, 사랑의 세계를 건설한다. 욕심과 악덕한 감정을 바탕으로 하면 생지옥(生地獄)이 된다.

<5> 여기서 말하는 「심법」은 곧 「본성 속에 주어진 천리와 도덕성을 기준으로 하고 사랑의 세계를 창건하는 법이다」.

[참고 보충] 「착한 마음과 악한 욕심」

<1> 사람은 이중적(二重的) 존재다. 육신(肉身)을 지닌 동물이면서 동시에 정신(精神)을 가진 영특한 영장(靈長)이다.

<2> 「동물적 존재로서의 인간」은 「동물적 본능적 욕구가 있다. 배고프면 먹고, 남녀가 어울려 자손을 생육(生育)하려는 본능이 있다.」 이를 인심(人心)이라고 한다. 인심도 하늘에 의해서 주어졌으므로 그 자체는 나쁘지 않다. 그러나, 인심은 「개별적, 이기적, 외형적, 물질적, 일시적, 쾌락적 욕구(欲求) 욕심(欲心)」에 빠지기 쉽다. 그래서 「인심은 위태롭다(人心惟危)」라고 말한다.

<3> 한편 「영적(靈的), 정신적(精神的) 존재로서의 인간」은 「천도천리(天道天理)를 깨닫고 윤리 도덕을 실천하는 도심(道心)」을 바탕으로 하고 「인류대동(人類大同)의 평화세계(平和世界)를 창건할 도덕정치(道德政治)」를 할 수 있다.

<4> 사람의 마음은 하나다. 그 하나의 마음속에 「동물적 욕구와 관능적 쾌락을

채우려는 이기심(利己心)」과 「천도천리를 따라 서로 사랑하고 함께 잘 살려는 도덕심(道德心)=인심(仁心)」이 공존한다.

<5> 수시(獸心)을 버리고 도심(道心)의 덕치(德治)를 넘어가야 한다.

[참고 보충] 「중용(中庸)과 도통(道統)」

<1> 주자(朱子)는 「중용장구서(中庸章句序)」에서 자사(子思)가 중용을 저술한 목적은 「도통(道統)」을 전하기 위해서라고 말했다.

<2> 도통은 「요·순(堯舜)」 같은 성제(聖帝)가 도심(道心)을 바탕으로 덕치(德治)를 한 전통을 말한다. 옛날의 순(舜) 임금은 우(禹)에게 「인간의 사사로운 욕심은 위태롭다. 하늘이 사람에게 내려준 도심(道心)은 은미(隱微)하지만 정성(精誠)되고 한결같다. 그러므로 그 속마음을 잘 지키고 행해야 한다.(人心惟危 道心惟微 惟精惟一 允執厥中)」라고 했다.

<3> 「윤집궐중(允執厥中)」의 「중(中)」은 곧 「은미(隱微)하고 정성(精誠) 되고 또 한결(惟一)같은 도심(道心)」이다.

<4> 하늘은 사람에게만 「도심」을 주었다. 「도심」은 곧 「천도천리」를 따르고 행하는 「도덕심(道德心)」이다.

<5> 도덕심은 인간의 본성이자 도리를 따르려는 이성(理性)이기도 하다. 그래서 주자는 「성즉리(性卽理)」라고 했다.

<6> 사람도 동물이므로 「인심(人心)」이 없을 수 없다. 「인심」은 「형기지사(形氣之私)」에서 나온다. 그러나 동물적 욕구, 관능적 쾌락을 추구하는 욕심이 지나치거나 한 쪽으로 쏠리면 덕치(德治)를 할 수 없다.

<7> 그래서 평천하(平天下)의 덕치(德治)를 하기 위해서는 「유미(惟微) 유정(惟精) 유일(惟一)」한 「도심(道心)」을 바탕으로 해야 한다. 그것이 곧 「윤집궐중(允執厥中)」이다.

<8> 「중(中)」은 곧 「절대선(絶對善)의 천리를 굳게 지키고 실천함이다」. 이를 「존천리 멸인욕(存天理 滅人欲)」이라고도 한다.

색　인

대학장구(大學章句)

민선능구의(民鮮能久矣)　179

ㅂ

박야(博也)　359
박학·심문·신사·명변·독행　322
박학지(博學之)　321
박후(博厚)·고명(高明)·유구(悠久)　356
박후고명유구(博厚高明悠久)　360
박후배지(博厚配地)　355
박후(博厚) 소이재물야(所以載物也)　354
박후즉고명(博厚則高明)　353
반구제기신(反求諸其身)　232
반도이폐(半途而廢)　205
발육만물(發育萬物)　369
발이개중절(發而皆中節) 위지화(謂之和)　166
백벽기형지(百辟其刑之)　425
백세이사성인이불혹(百世以俟聖人而不惑)
　390 392
백인가도야(白刃可蹈也)　193
벌가벌가(伐柯伐柯)　218
범사(凡事)는 예즉립(豫則立)　311
보박여천(溥博如天)　406
보박(溥博)·연천(淵泉)·배천(配天)　408
보박연천(溥博淵泉) 이시출지(而時出之)　405
보우명지(保佑命之)　248
본제신(本諸身)　390
부대성이색(不大聲以色)　427
부모(父母) 기순의호(其順矣乎)　234
부모지상(父母之喪) 무귀천일야(無貴賤一也)
　255
부제도(不制度) 불고문(不考文)　380
부효자(夫孝者)　260
북방지강야(北方之强也)　198
북방지강여(北方之强與)　196
불가이위도(不可以爲道)　217

불감작예악언(不敢作禮樂焉)　381
불구어인(不求於人)　230
불노이민위어부월(不怒而民威於鈇鉞)　424
불명호선(不明乎善)　312
불보무도(不報無道)　197
불성무물(不誠無物)　346
불성호신의(不誠乎身矣)　312
불식즉구(不息則久) 구즉징(久則徵)　352
불신민불종(不信民弗從)　388
불언이신(不言而信)　422
불원호기외(不願乎其外)　228
불조야(弗措也)　322
불초자불급야(不肖者不及也)　181
불현유덕(不顯惟德)　425
불현이장(不見而章)　356
비례부동(非禮不動)　302
비이은(費而隱)　209
비자성기이이야(非自成己而已也)　348
비천자(非天子) 불의례(不議禮)　380 385

ㅅ

사망여사존(事亡如事存)　266
사사여사생(事死如事生)　266
사유사호군자(射有似乎君子)　232
사이불염(死而不厭)　198
사전정즉불곤(事前定則不困)　310
사친(事親)　280
상률천시(上律天時)　396
상불원천(上不怨天) 하불우인(下不尤人)　230
상언자(上焉者) 수선무징(雖善無徵)　388
상재이실(相在爾室)　상불괴우옥루(尙不愧于
　屋漏)　422
상천지재(上天之載) 무성무취(無聲無臭)　427
생이지지(生而知之)　287
생지(生知)·학지(學知)·곤지(困知)　290

朱子集註 四書講讀

改訂新釋 大學章句 · 中庸章句

초판 인쇄 – 2008년 10월 27일
초판 발행 – 2008년 10월 31일

편저자 – 張 基 權
발행인 – 金 東 求
발행처 – 명 문 당(창립 1923년 10월 1일)
　　　　서울특별시 종로구 안국동 17-8
　　　　우체국 010579-01-000682
　　　　전 화 (02) 733-3039, 734-4798
　　　　FAX (02) 734-9209
　　　　Homepage www.myunmundang.net
　　　　E-mail mmdbook1@kornet.net
　　　　등록 1977.11.19. 제1-148호

＊ 낙장 및 파본은 교환해 드립니다.
＊ 불허 복제
＊ 정가　25,000원
ISBN 978-89-7270-902-2 93140